日本の公共債市場の数量経済史

釜江廣志 [著]

同文舘出版

はじめに

　近年，ギリシャを始め欧州では経済・財政危機が続き，国債のデフォルトに近い状況が発生した。南米ではかつてアルゼンチンがデフォルトを起こした。わが国でも止まるところを知らない国債の累積は著しく，国債などの公共債の市場，特にその引受と消化に変革をもたらしている。日本国債の引受シ団は明治40年代に形成されたが，2006年3月債で終了し，現在は全て入札で行われている。直近では日本銀行のマイナス金利導入で国債市場にも影響が及び，市場は機能障害を起こしている，との見方も出ている。

　筆者の一連の研究の目的は，戦後わが国の債券とりわけ長期国債の引受と流通の構造を調べて，流通市場は効率的であるか，効率的でないならそのような構造をもたらした要因は何かを分析することであるが，併せて，このような構造は戦前でもあるいは他の債券の市場でも同様であったか，流通市場は均衡状態にあったか，1965年度の長期国債発行再開時になぜシ団引受中心の引受・消化の形態が取られたか，その後の変化は何によってもたらされたか，従来の引受・消化の構造は将来の国債管理にいかなる含意を持つか，国債消化構造がこのようになった歴史的要因は何か，なども分析の視野に入れている。

　本書ではこれらいくつかの課題のうち，2000年頃までのとりわけ公共債市場について主に計量経済学の手法を用いて検討する。公共債には国債など本来の公共債の他，戦前は準国債とも称された金融債と満鉄債を，戦後では公共債であった加入者引受電電債の他に60年代に流通市場の主役であった金融債も対象に含める。明治時代までさかのぼって国債などの引受シ団の形成とそれに至る事情を調べるとともに，大正から昭和戦間期においては各種の債券市場への介入が行われたが，これらの流通市場は果たして均衡状態にあったか，準強度（semi-strong form）の効率性は成立していたのか，などを検証する。戦後については，終戦前後の債券市場の変化，その後の国債や政保債の引受などの状況などを調べ，さらに電電債，地方債，政保債，国債の各市場の他に，利付金融債と，85年以降盛んに取引がなされるようになった国債先物も加えて，これらの諸市場の効率性と均衡状態の検証を行う。

使用するのは主として日次データであるが，日次データがアベイラブルでない一部の時期では月次データである。戦前は1920（大正9）年から最長で42（昭和17）年まで，戦後は1955（昭和30）年から最長で2000（平成12）年まで，国債先物のみ2008年までの期間が対象である。

　本書の諸テストからは戦前戦後の各種の債券市場において非効率性が残存していたことが示される。いずれの債券も公的部門が高シェアを持つことが非効率性をもたらした一因であるのではないか，が本書の結論である。

　筆者はこれまでに何冊かの著書を刊行した。とりわけ前著（2012）は本書と一対のものとも言うべき書物であり，内容的にも本書と重なる部分がかなりある。本書では重複を恐れず，とりわけ戦前と戦後についての総論部分である第1章と第5章は，内容が同様であってもより詳細な説明を試みるように努めたが，必ずしも十分でない箇所が残存するかもしれない。読者のご寛恕をお願いするとともに，今後の課題としたい。

　ここで前著との違いについて申し述べると，総論，つまり戦前シ団，戦後の国債・政保債の引受の部分を詳述していること，戦後については終戦前後の市場と公的部門の活動を取り上げたこと，記述をより精緻にする，史実の根拠をより正確に示すように努めたこと，また計量的方法に基づく部分では，戦前の社債市場とコール市場，戦後の政保債（公営企業債）と国債先物市場を新たに取り上げ，これらも含めて各債券等の需給を計測し利回りあるいは価格・レート決定を分析したこと，インパルス反応を取り上げたことなどがあげられる。さらに，準強度の効率性分析も対象期間を拡大している。

　今後も分析手法をいっそうブラッシュ・アップするとともに，歴史的な分析を含めて様々な時期を対象として取り上げ，国債を初めとする各種の債券市場について研究を進めていきたいと念じている。

2016年8月

炎熱の折の国分寺の研究室にて
釜江　廣志

◎ もくじ

はじめに　i

序章　本書の概説と要約　3

§1　債券市場の推移 …………………………………………… 3
- §1-1　明治期　3
- §1-2　戦間期　4
- §1-3　戦時期　6
- §1-4　戦後復興期　6
- §1-5　高度成長期　8
- §1-6　低成長期　9

§2　本書の内容 ……………………………………………………… 10

第1章　戦前の債券市場 ――発行・引き受けと流通　13

§1　はじめに ……………………………………………………… 13
§2　国債の発行と引き受け ……………………………………… 13
- §2-1　明治期　13
- §2-2　戦間期　17
- §2-3　戦時期　35

§3　地方債・社債・金融債の発行と引き受け ………………… 37

iii

- §3-1　地方債・社債・金融債の発行　37
- §3-2　地方債・社債・金融債の引き受け　43

§4　国債の引き受け手の状況 ………………………………………… 46
- §4-1　預金部などの公的部門　46
- §4-2　民間金融機関　50

§5　債券流通市場 …………………………………………………… 60
- §5-1　国債流通制度の推移　60
- §5-2　国債取引の推移　62
- §5-3　地方債・社債・金融債の流通市場　65

§6　おわりに ………………………………………………………… 66

第2章　戦前におけるコール・レートの決定　83

§1　はじめに ………………………………………………………… 83
§2　コール市場の推移 ……………………………………………… 84
§3　コール需給関数の定式化とデータ …………………………… 86
§4　計測結果 ………………………………………………………… 87
§5　おわりに ………………………………………………………… 90

第3章　戦前国債市場の利回り決定と効率性　93

§1　はじめに ………………………………………………………… 93
§2　テストの方法 …………………………………………………… 94

§2-1　均衡テストの定式化とデータ　94
　　§2-2　効率性テストの方法　97
　§3　計測結果 …………………………………………………… 105
　　§3-1　均衡テストの結果　105
　　§3-2　因果関係テストの結果　116
　　§3-3　効率性テストの結果　122
　§4　おわりに …………………………………………………… 136

第3章付論　戦前国債市場の弱度効率性テスト　141

　§1　はじめに …………………………………………………… 141
　§2　テストの方法と結果 ……………………………………… 141

第4章　戦前地方債・社債・金融債の分析　155

　§1　はじめに …………………………………………………… 155
　§2　各市場の概観 ……………………………………………… 156
　§3　定式化とデータ …………………………………………… 157
　§4　計測結果 …………………………………………………… 162
　§5　おわりに …………………………………………………… 170

第4章付論　戦前社債市場の効率性分析　173

第5章 戦後の公共債市場の推移　181

- §1　はじめに……………………………………………………………181
- §2　高度成長期より前の債券市場……………………………………181
- §3　政保債の引き受け…………………………………………………186
- §4　国債の発行と引き受け……………………………………………191
    - §4-1　国債の発行と引き受け　191
    - §4-2　シ団の構成と引受シェア　194
    - §4-3　窓販とディーリング　198
    - §4-4　入札　198
    - §4-5　公的部門の引き受けと売買　201
- §5　その他の債券………………………………………………………209
- §6　おわりに……………………………………………………………211

第6章 電電債市場の利回り決定と効率性　221

- §1　はじめに……………………………………………………………221
- §2　市場の状況…………………………………………………………222
- §3　テスト法とデータ…………………………………………………225
    - §3-1　均衡テスト　225
    - §3-2　効率性テスト　226
- §4　計測結果……………………………………………………………228
    - §4-1　均衡テスト　228
    - §4-2　効率性テスト　231
- §5　おわりに……………………………………………………………240

第6章付論 電電債市場の弱度効率性　243

第7章 戦後の利付金融債利回りの決定と効率性　251

§1　はじめに………………………………………………251
§2　テスト法………………………………………………252
　§2-1　均衡テスト　252
　§2-2　効率性テスト　253
§3　計測結果………………………………………………255
　§3-1　均衡テスト　255
　§3-2　効率性テスト　257
§4　おわりに………………………………………………268

第7章付論 利金債市場の弱度効率性　271

第8章 東京都債市場の効率性　279

§1　はじめに………………………………………………279
§2　テスト法と用いるデータ……………………………282
§3　テスト結果……………………………………………283

§4　おわりに ……………………………………………………293

第8章付論　都債市場の弱度効率性　295

第9章　公営企業債の利回り決定と市場効率性　303

§1　はじめに ……………………………………………………303
§2　テストの方法 ………………………………………………305
　§2-1　均衡テスト　305
　§2-2　効率性テスト　307
§3　テストの結果 ………………………………………………308
　§3-1　均衡テスト　308
　§3-2　効率性テスト　311
§4　おわりに ……………………………………………………320

第9章付論　公営企業債市場の弱度効率性　323

第10章　国債現物の利回り決定　331

§1　はじめに ……………………………………………………331
§2　市場の状況とテスト法 ……………………………………331

§3　テストの方法と結果 ……………………………………………332
§4　おわりに ……………………………………………………………335

第11章　国債先物の価格決定と効率性　337

§1　はじめに ……………………………………………………………337
§2　市場の概要と分析の対象 …………………………………………337
§3　テストの方法 ………………………………………………………338
§4　テスト結果 …………………………………………………………340
　　§4-1　均衡テスト　340
　　§4-2　効率性テスト　343
§5　おわりに ……………………………………………………………351

終章　分析の含意と残された課題　353

あとがき　355

参考文献　357

索　引　369

日本の公共債市場の数量経済史

本書の概説と要約

この章では，§1において明治以降近年までのわが国債券市場がどのように推移したかのあらましを述べ，§2で本書の内容を要約する。

§1　債券市場の推移

§1-1　明治期

　一般に低開発国では株式会社は未発達であり，証券市場は債券の市場として始まる。わが国も同様であり，最初の証券としては1870（明治3）年に鉄道建設のための英貨ポンド建て9分利（クーポン・レート9％）の公債（つまり国債）がロンドンで発行された後，初期の国債が以下のような目的のために発行された。

　制度の変更のために秩禄公債（武士の家禄の代わりに交付，8分利），金禄公債（武士の禄を廃止しその代わりに交付，5分～1割利）が発行され，通貨の整理のために金札引換公債（6分利と9分利）なども交付された。次いで，殖産興業を目指して最初の公募公債である起業公債（6分利）が，また軍事費を調達するべく海軍公債（5分利）が，それぞれ発行された。

　近代的な国債制度は1886（明治19）年の5分利の整理公債発行で始まった。それまでに発行されていた上記のような高利の国債を整理するためのものであった。日清・日露両戦争の戦費はかなりの部分を国債に依拠した。また1908（明治41）年に17の私設鉄道会社を国有化するために，それらの株主に甲号5分利公債が交付されて国債累積が進んだ。

1894（明治27）年に日清戦争の戦費を調達するべく国債が発行された際，大蔵大臣・日本銀行総裁が民間銀行代表に応募の勧誘を依頼した。日露戦争直前にも政府・日本銀行が民間銀行と国債の発行条件を協議した。1910（明治43）年に，国債の引受シンジケート（シ団）が市中の銀行を代表する三井・三菱など13の普通銀行と横浜正金・日本興業の両特殊銀行によって結成され，第1回・第2回の4分利公債発行に関わった。以後は発行条件等についてシ団と大蔵省が協議することが慣行となった。証券業者は従来，自己売買と委託売買が主で，引受業務はほとんどなかったが，1910年の第1回4分利公債の発行時に下引受を行った。

　地方債は1889（明治22）年に初めて発行され，外貨地方債の募集も行われた。地方債の引き受けは資力をもつ銀行によって開始され，シ団によってもなされた。最初の社債は1890年に発行された。1900（明治33）年頃以降は産業が発展して社債発行が増加した。銀行が社債と地方債の募集の取り扱いを行い，証券業者も元引受を開始した。また，1900年前後に日本勧業銀行・日本興業銀行などが特殊銀行として設立され，金融債を発行した。

　債券の引き受け手のうち，1885（明治18）年に発足した大蔵省預金部（戦後の資金運用部の前身）には郵便貯金や簡易保険の余裕金・積立金，郵便年金が預託されて，国債などでの運用が行われた。預金部資金は地方還元，つまり地方債の引き受けや地方団体への貸し付けなども行った。また日本銀行は明治期に公債の引き受けを行い，第1回4分利公債発行の際にはシ団メンバーとして引き受けに参加した。

§1-2　戦間期

　第1次世界大戦中とその直後には軍事費調達や鉄道・植民地経営のために国債が発行された。大戦後の戦後反動恐慌（1920［大正9］年恐慌）から昭和恐慌（1930年）のころにかけ不況期が続いて原敬・高橋是清らによって積極財政が展開され，特に1923年の関東大震災，1927年の金融恐慌などの際には国債が増発された。日本銀行は1917（大正6）年以降も短期物の臨時国庫証券と5分利国庫債券の発行・借り換えに際し，これを引き受けて，同時に，あるいは後

に，売却した。

　1930（昭和5）年1月の金解禁で金本位制となった。国際収支を均衡させるために国内需要を抑制するデフレーション政策と緊縮財政が採用された。金本位制の自動調節作用をとおして国際収支均衡が図られたが，1929年の世界恐慌の影響で不況は深刻化し昭和恐慌を引き起こした。1931年末からの高橋財政期では低金利政策が始まり，1932年6月に赤字国債の発行が決定された。時局匡救費など巨額財政支出の財源として発行された国債は公募と預金部の引き受けでは消化できなくなり，日本銀行の引き受けに依拠することとなった。同年12月には貨幣供給増を避けるために日本銀行は保有する長期国債を市中へ売却し始めた。

　これらの政策は次のように効果の波及をねらった。国債を日本銀行が引き受けて国庫預金が増加→予算執行により民間へ資金を散布し，日銀券流通量が増大して民間資金が潤沢に→景気に好影響を与え→その後，資金が市中銀行へ還流→日本銀行が手持ちの国債を市中銀行に売却し資金を回収，という順序である。これらは日清・日露戦争の際にとられた日本銀行の対政府貸し付け策の効果波及，つまり，日本銀行が政府に貸し付け→政府が戦費として散布して市中の流動性を高め→国債を公募発行して売却→その代金で日本銀行に借り入れを返済，と同様の考え方に依った。

　高橋財政期の後期である1935（昭和10）年後半には日本銀行保有国債の市中売却の割合が低下し，国債の過剰発行からインフレーション発生のおそれが生じたため公債漸減方針が打ち出されて，財政健全化と軍事費抑制が企図された。しかし軍部の反発で1936年に2・26事件が引き起こされ，高橋財政は終焉を迎えた。

　債券流通市場においては1920（大正9）年9月に東京株式取引所で国債市場が分設され，その後，先物である長期清算取引も開始されて，国債売買高は著しく増加した。1929年後半などにおいては国債の価格支持策がとられた。取引は甲号5分利公債，第1回4分利公債，さらには1910年に発行され，その後，輸入されて国内で流通した仏貨4分利公債などに集中した。

　社債市場では大正時代後半から無担保社債が増大してデフォルト（償還不能）

が頻発した。1931（昭和6）年から社債浄化運動が起こり、銀行・信託・保険の各業界は社債を有担保でかつ減債基金付（定時償還制）で発行することを申し合わせた。

§1-3　戦時期

　1936（昭和11）年の2・26事件の後に公債漸減方針が放棄されるとともにいっそうの低金利政策が行われるようになり、空前の低利である3分半利債が発行された。この頃から経済の統制化が始まった。

　翌年には臨時軍事費特別会計の設置をきっかけに国債発行が急増し、さらに1941（昭和16）年の太平洋戦争開戦で激増した。国債の消化が急務となって、1937年にシ団による引き受けがなされたが、金融梗塞などの悪影響が生じたため、以後は日本銀行と預金部により引き受けられた。日本銀行引受の増加は戦中・戦後のインフレを誘発することになった。

　国債増に対処するために、金融統制が強化されるとともに国民に貯蓄が奨励された。1937（昭和12）年に臨時資金調整法が制定され、国債の引き受けと割り当てが強制的に行われた。また、1941年に国民貯蓄組合法が制定、1943年に国債郵便貯金制度が発足して、強制的に貯蓄と国債購入を勧めた。

　国債市場も統制された。起債市場では発行条件が固定、流通市場でも政府の価格支持政策により1938（昭和13）年以降、価格は下方硬直的となった。1938年から国債発行額が急増したにもかかわらず市場での売却は抑制された。取引所における取引高は1940年がピークであった。

　地方債は中央政府の統制下におかれ、1938（昭和13）年以降発行は急減した。1940年には社債発行をコントロールするために起債計画協議会が設立され、大蔵省・逓信省・企画院・日本銀行・日本興業銀行がメンバーとなった。

§1-4　戦後復興期

　戦中・戦後のインフレーションをもたらした赤字長期国債の発行と国債の日本銀行引受による発行を1947（昭和22）年の財政法が禁止した。にもかかわらず復興国債や交付国債などは発行された。また、1947年から復興金融金庫の債

券が日本銀行引受で発行されて，同金庫による融資とともにインフレを引き起こして，戦時に大量に発行されていた国債の実質価値は減価した。インフレ収束を目指すドッジ・ラインにもとづき1950年度から国債発行額は急減した。

社債は日本銀行の適格担保制度やひも付きオペなどにより育成策がとられた。1947（昭和22）年に大蔵省・日本銀行と大手銀行などで構成する起債調整協議会が発足して債券の発行をコントロールした。

長短金融を分離するとのGHQの方針にもとづき，日本勧業銀行などの特殊銀行が再編された。日本興業銀行は1952（昭和27）年に長期信用銀行に転換したが，債券発行は1946年に再開していた。これと商工組合中央金庫・農林中央金庫（ともに1950年に債券発行を再開），新設の日本長期信用銀行（1952年発行開始）・日本不動産銀行（1957年発行開始）が，外国為替専門銀行に転換した東京銀行（旧横浜正金銀行，1962年発行開始）とともに金融債を発行した。債券の中心は1951年以降社債から金融債へ移行した。

1946（昭和21）年に廃止されていた政府保証債（政保債）は国鉄と電電の2公社が1953年8月に発行を再開した。引き受けにはシ団が編成され，また公募の残額は別口として引き受ける制度がとられた。政保債は地方債とともに1950年代後半から増加して，1966年に長期国債の発行が再開されるまでは公共債市場の中心であった。国債の発行再開時には政保債のシ団にならい，かつそれよりもメンバーを増やして国債シ団が作られた。

赤字地方債は地方財政法で発行が禁止されたが，1952（昭和27）年に財政赤字が増大したため公募債の発行が再開された。

債券の流通市場では，店頭取引として1945年に勧業債などの小額債券の集団売買が開始され，1956（昭和31）年3月まで続いた。東京・大阪・名古屋の証券取引所が1949年5月に開設されて市場集中と先物取引禁止が原則とされた。1948年に証券取引法が改正され，その第65条で銀行が公共債を除く証券に関する業務を行うことが禁止された。1951年に証券投資信託法が制定されて投資信託が再開された。

大蔵省預金部は1951（昭和26）年に資金運用部と改称された。運用する資金の原資は郵便貯金が主で，運用先は国債・地方債と一定限度の金融債などのほ

か，政府関係機関への貸し付けとその発行債券であった。資金運用部資金は53年度に開始された財政投融資の財源の構成要素であった。

§1-5 高度成長期

1950年代半ばから1970年代半ばまで（昭和30-40年代）において，戦後わが国の金融市場の構造を特徴づける間接金融の優位が確立された。これを促した要因は，証券取引法第65条で銀行が証券市場から排除されていたこと，金融資産は未蓄積であって資金がリスクの相対的に大きい証券投資に向かわなかったこと，日本銀行の通貨供給が銀行の貸し出しを経由して行われたことなどであった。

債券発行市場では，電電債のうち政府保証が付かない一種の縁故債である加入者引受電電債が利付債として1953（昭和28）年から，割引債としても1959年から，それぞれ毎月発行された。また，1965年度から長期国債が赤字国債として，翌年度以降は建設国債としてもそれぞれ発行され，政保債の比重は減少した。これらの債券は人為的な低金利政策の下で「金利体系」に従って発行された。国債の引き受けは資金運用部とシ団により行われ，政保債シ団に加入していなかった相互銀行・信用金庫・生命保険会社なども加わった国債シ団には，損害保険会社が1972年度から，外国銀行も1984年度からそれぞれ参加してほとんどすべての金融機関が網羅され，各機関の資金量に応じて割り当てがなされた。

債券流通市場においては1955（昭和30）年に加入者引受電電債の気配交換取引（店頭集団取引）が開始された。この債券は1950年代後半から1960年代にかけて流通市場の主役であった。1956年には東京・大阪の両証券取引所で債券売買市場が再開されて少数の銘柄が取引されるようになり，店頭市場の気配交換も同時に開始された。しかし，低金利政策下で自由な価格形成は行われず，また間接金融の優位も影響して一般債の売買は振るわなかったため，1962年から66年初まで電電債以外の債券は取引所での取引が停止された。

日本銀行は1962（昭和37）年から新金融調節方式を採った。債券の条件付オペが金融機関との間でなされ，債券が流通市場で取引される途が開かれた。そ

の後，取引所取引の再開を準備するために，1965年に社債・政保債・地方債・金融債の，翌年には国債の，それぞれ店頭気配価格の発表が開始された。1966年に国債が東証・大証に上場されたが，1967年から発行1年後に日本銀行が国債をオペ対象にして銀行・証券会社から買い入れを行ったこと，国の国債費増大と投資家のキャピタル・ロスをさけるために証券会社が協調買いを行って人為的に価格維持策を行ったこともあって，国債の流通市場は実際には存在しないに等しかった。

1960年代後半には金融債や非公募地方債を中心に現先取引が急増した。これは相対取引であって自由金利で行われたため，金利自由化を促すことになった。現先には公社債流通金融としての役割もあった。

§1-6 低成長期

1970年代半ば以降，国債の大量発行と大量流通，金融資産の蓄積，内外の資金の流れの増大がそれぞれ進展して，金融諸市場の変化を引き起こした。具体的には，1977（昭和52）年に国債の流通市場が実質的に成立して（「国債流動化」），その後拡大した。1980年代には外国為替及び外国貿易管理法（外為法）と銀行法がともに改正され，さらに円の国際化の推進などを内容とする「日米円・ドル委員会報告書」が作られて金融自由化を進展させる要因となった。

金融自由化の構成要素である金利自由化は，1979（昭和54）年の自由金利の譲渡性預金の創設に続き80年に非居住者の円預金金利の自由化によって，進展した。もう1つの要素である業務分野の自由化は金融機関による国債の窓口販売と公共債ディーリングから始まり，外国銀行の信託業務への参入，業態別子会社方式の相互乗り入れなどへと進んだ。

債券発行市場では国債が量的に拡大し，発行条件の弾力化，期間と種類の多様化をもたらした。まず3年物利付国債の発行が1978（昭和53）年に公募入札で開始され，国債の入札発行がスタートした。10年物長期利付国債は1987年に引受額入札方式が始められ，シ団メンバーは各月の発行額の20％について引受希望額を入札した。1989（平成元）年に導入された部分的（価格）競争入札では，先にクーポン・レートと発行額が決まり，次にシ団メンバーが発行額の40

%部分について価格の入札を行い,残りの60%は入札の平均価格によって引き受けた。その後,シ団引受分の割合は逓減,入札部分が逓増して2005(平成17)年度末にシ団引受はなくなった。2004年には国債市場特別参加者(プライマリー・ディーラー)制度が発足した。

国債以外では,地方債はその引き受けが政府資金と縁故資金に多く依存しており市場公募分は少なかったが,1970年代後半と1990年代に公募債が増加し,縁故債も1990年代に著増した。発行量の増加につれて1970(昭和45)年頃からシ団を形成した上での引き受けが多くなった。利付金融債の発行条件は1970年代半ば以降,預金金利自由化の進展につれて流通市場の実勢を反映するようになった。社債の発行に関しても1980年代に規制緩和と無担保化が進展し,銀行・証券会社で構成され起債調整を行っていた起債会は1990年代初頭に廃止された。

債券流通市場でも整備が進んだ。上記の1977(昭和52)年春の国債流動化の後,国債売買が増大して,1979年に国債大口取引が始められ,1989年に債券貸借市場が発足,1990年に債券先物オプション取引開始,国債の移転登録と資金決済を同時に処理できる日本銀行の債券・資金同時決済システムが1994年から稼働した。その後,1998年の取引所集中義務の廃止により取引所取引は減少した。

国債以外の流通市場では,利付金融債が1960年代後半において主役であり,90年代末まで多く取引された。次いで1970年代前半以降90年代まで流通市場の中心となったのが地方債,とりわけ東京都債であった。1980年代後半以降は政府保証債,中でも公営企業金融公庫の発行する公営企業債が多く取引された。

§2 本書の内容

序章に続いて,第1章は戦前の債券市場を概観する。本序章§1は第1章と第5章の要約である。第2章〜第4章は戦前の諸市場に関する各論であり,それぞれの市場における需給の分析と利回りの決定,ならびに章によって準強度(セミストロング・フォーム)の効率性の分析も試みる。また,戦前・戦後とも一部の章では付加的に付論で弱度(ウイーク・フォーム)の効率性を分析す

る。

　債券市場を取り上げるに先立って，まず第2章ではコール市場を対象とする。これは，コール市場が債券市場と関連を有しており，債券流通金融に用いられて債券市場発展の基盤となっていたためである。最初にコール資金の需給を分析し，その結果を用いて均衡レートを求めて，レートが需給を均衡させるに足りるほど弾力的に変動していたかを調べる。

　第3章は戦前においても債券市場の中心であった国債を取り上げる。1920（大正9）年またはそれよりも後からの約20年間の流通市場における国債の需給を日次データなどによって分析する。得られる需給関数と需給均衡条件とから利回りを推計し，実現値との乖離の程度を調べて，利回りが市場均衡をもたらすのに十分弾力的であったか，あるいは人為的に規制されていたかを判定する。取り上げる銘柄は実物取引・長期清算取引の甲号5分利公債と第1回4分利公債である。次に，マクロ経済指標の公表値から利回りの変化への因果関係をテストするとともに，準強度の効率性を調べる。最後に付論で弱度効率性の分析を試みる。

　第4章では地方債・社債・金融債を取り上げてテストする。地方債は大阪と東京の両市債，社債は南満州鉄道（満鉄）のそれ，金融債はデータが利用可能な最長期物を使うので勧業（日本勧業銀行）債，愛知農工銀行債，大阪農工銀行債を適宜組み合わせている。なお，弱度の効率性の分析は，釜江（2012）で地方債と金融債について試みているので，本書では社債のみについて行う。

　第5章では，政保債と国債のとりわけ発行市場の動きを主に，戦後の債券市場を概観する。第6章～第11章は戦後の各論であって，まず第8章以外では各市場の需給分析と利回りの決定を検討し，その後に第6章～第9章と第11章で準強度の効率性を，第6章～第9章の付論では弱度効率性を，それぞれ分析する。

　第6章は1950年代～70年代の加入者引受電電債についてである。この債券は50年代後半から60年代前半において，債券流通市場の主役であった。

　第7章は1960年代後半における流通市場の中心であり，その後も90年代末まで多く取引された利付金融債を1960年代～90年代のデータを使って分析する。

第8章では1970年代前半～90年代に流通市場の主役の1つであった地方債を取り上げるが，特に地方債の中で大きなウエートをもつ東京都債に焦点を当てて準強度の効率性を調べる。

　第9章は政府保証債についてであり，そのうち大きなシェアを占める公営企業金融公庫債を対象に，1980年代～90年代末までを分析する。

　第10，11章は国債が対象で，10章は現物，11章は先物をそれぞれ分析する。期間は現物が1980年代～90年代であり，先物は取引開始が1985年と遅かったので1985～2008年までを取り上げる。また，現物の効率性は釜江（2012）で分析しているので本書では試みず，先物の効率性は準強度のそれのみを取り上げている。

　終章では残された課題にふれる。

第1章 戦前の債券市場
――発行・引き受けと流通

§1 はじめに

本章では明治から昭和戦前期までの国債・地方債と，付随的に，準国債とも称された[1]一部の社債・金融債の各市場を対象として，とりわけ引受シ団との関係を中心に市場がどのように変遷してきたかを調べる。第2節ではシ団の関わりに重点を置いて国債発行市場の状況を概観する。第3節では同じくシ団を中心にして地方債・社債の発行市場の状況にふれる。第4節は債券の引き受け手としての公的部門とシ団など民間金融機関の状況を調べる。第5節は債券流通市場を取り上げる。

なお，釜江（2012）では第2章で戦前債券市場の推移を概観したが，本章ではとりわけ発行市場と公的部門の部分などを前著よりも詳しく説明する。また，政府保証債と金融債は前著で取り上げたので，本書では詳述しない。

§2 国債の発行と引き受け

本節では国債の発行と引き受けを，特にシ団と関連する部分を中心に概観する。

§2-1 明治期

明治期においては，まず1870（明治3）年4月に最初の国債である9分利付外国公債（英貨建）を発行しロンドンで募集した。明治10年代にデフレーション政策を行った後，それまでに発行されていた金禄公債（5分〜1割利付），

最初の公募債である起業公債（6分利付）など高利の国債[2]の整理を行うべく，1886年以降に5分利の整理公債を発行して近代的な国債制度が始まった。その発行方法は公募，引き受け[3]，証券交換（既発債券との交換）であった[4]。一時的な歳入の不足をカバーするための大蔵省証券も1886年に発行が開始された[5]。

　国債増加の第2期である対外膨張期では，日清（1894［明治27］～95年）・日露（1904～05年）両戦争の戦費調達に国債（内国債）を（後記§4-2参照），また日露戦争の戦費調達には外債（英貨債）もとりわけ初期には6分利7年物の厳しい条件で，それぞれ発行した。明治から昭和戦前期までに発行された主要な国債銘柄は表1-1に示している。

　なお，日清・日露両戦争時の国債発行に先立って日本銀行は政府に資金の「貸上」を行った。政府はそれを戦費として散布し市中の流動性を高めた後で，国債を公募発行して市中へ売却し，その代金を吸収して，日本銀行に借り入れを返済した。このプロセスは本章§2-2に後掲する高橋財政期における日本銀行引受による国債発行と類似の方法であった[6]。これらの比較は§2-2で述べる。

　次いで，国債を整理して価格支持を行うとともに外国人投資家に対する信用を確保することなどを目的として，1906（明治39）年に国債整理基金特別会計法を制定した。一般会計からの剰余金を国債整理基金特別会計へ繰り入れることにより国債の元利払いを行って減債することを目指した。これは初の減債基金制度であったが，実際には元金償還はわずかしか行われなかった[7]。1908年に国債の登録制度が開始されペーパーレス化が進んだ。

　1908（明治41）～09年には鉄道国有化のために甲号5分利公債が交付発行された[8]（甲号債の詳細は本章§5-2参照）。日露戦争後，政府は緊縮財政と非募債主義，つまり国債不発行主義を採るとともに，金融緩和を踏まえて既発行の5分利債を借り換えるために4分利公債を1910年に2回計2.8億円発行した[9]。その際，「下請銀行組合」と称した引受シ団が組成され，政府・日本銀行は発行についてシ団と協議した。この間の経緯については後記§4-2で詳述する。しかし第3回目の発行はシ団の了解が得られなかったので，金融緩和が進んでいた外国での発行を試み，英貨と仏貨の4分利公債が実現した。§5-2でふれるように，仏貨4分利公債は1920年以降国内に輸入されて活発に売買され，債

14

券流通市場では甲号5分利公債・第1回4分利公債に次ぐ代表的銘柄となった。シ団引受開始時に証券業者はシ団を組織して元引受者と契約を結んで下引受（再下請け）を行い，発行市場への進出を始めた[10]。

表1-1　戦前における主要な国債銘柄*1

銘柄	利率（％）	発行年	償還	備考
9分利付外国公債	9	1870（明治3）年	3年据置後10年以内	100万ポンド(0.05億円)発行
新公債	4	1873年	3年据置後22年以内	0.12億円発行
旧公債	0	1873年	50年	0.11億円発行
金札引換公債	6	1873年	3年据置後12年以内	0.07億円発行
7分利付外国公債	7	1873年	2年据置後23年以内	240万ポンド(0.12億円)発行
秩禄公債	8	1874-76年	2年据置後7年以内	0.17億円発行
金禄公債	5-10	1877年	5年据置後25年以内	1.7億円発行
起業公債	6	1878年	2年据置後23年以内	0.13億円発行
金札引換無記名公債	6	1884年	5年据置後30年間	0.08億円発行
中山道鉄道公債	7	1884年	5年据置後25年間	0.2億円発行
海軍公債	5	1886年	5年据置後30年間	0.2億円発行
整理公債	5	1887-97年	5年据置後50年間	1.75億円発行。6分利以上の公債整理のため1910年全額償還
5分利公債*2	5	1893-1932（昭和7）年	5年据置後50年以内	16.7億円発行。鉄道公債，事業公債など。引受(預金部と日銀)か公募，または両方
軍事公債	5	1894-96年	5年据置後50年以内	1.2億円発行。日清戦争戦費調達。公募(残は日銀も引受)と預金部引受
英貨公債*3	4-6	1899-1930年	7-60年	2.0億ポンド(推計で約16億円)発行，うち日露戦争費に0.8億ポンド
明治37，38年国庫債券（第1-5回発行国庫債券）	5(第1-3回), 6(第4,5回)	1904-05年	5(第1回のみ)-7年（第2回以降）	4.8億円発行。軍備補充と日露戦費。発行を銀行団と協議。全額公募。財政整理のため第4，5回は06年償還
特別5分利公債（臨時事件公債）	5	1906年	5年据置後25年以内	3.5億円発行。日露戦後の戦費不足調達。公募2億円，預金部引受1.5億円。発行時に銀行団と協議
甲号5分利公債（鉄道買収公債）	5	1908-09年	5年据置後50年以内	4.8億円発行。1906-07年の鉄道会社買収後にそれらの株主に交付
4分利公債*4	4	1910年	10年据置後50年	2.8億円発行。シ団組成。5分利以上の公債を2回借換
仏貨4分利公債*5	4	1910年	10年据置後50年	4.5億フラン(1.7億円)発行。5分利以上の公債借換
仏貨国庫債券	5	1913年	10年	2億フラン発行。鉄道特会の負債償還

5分利国庫債券*6	5	1916(大正5)-32年	1-25年,多くは5-7年	47億円発行。短・中期債。軍事費,植民地事業,震災手形損失補償など。多くは公募	
臨時国庫証券*7	2(短期物),5	1917-24年	5年以内,多くは2-6か月	新発5.3億円,借換20.7億円発行。ロシア,支那両政府への貸付金を調達	
米貨公債	5.5-6.5	1924-30年	30-35年	2.2億ドル発行。24年発行分は第3回6分利英貨公債と同時発行で震災善後公債	
4分半利国庫債券	4.5	1932-33年	11-13年	7.2億円発行。日銀引受。歳入補てん,満州事件費と鉄道・朝鮮各事業費	
4分利国庫債券	4	1933-36年	21-27年	31億円発行	
3分半利国庫債券*8	3.5	1936-45年+	11-19年	135億円発行。北支事件公債(11年2か月物)等	
支那事変国庫債券	3.5	1938-41年	17年	168億円発行	
支那事変特別国庫債券	3.5	1938-39年	17年	0.2億円発行	
支那事変割引国庫債券	3.5	1939-41年	10年	3.7億円発行	
大東亜戦争国庫債券	3.5	1941-45年	17年	142億円発行	
大東亜戦争割引国庫債券	3.5	1941-45年	10年	4.9億円発行	

注:*1 公募またはシ団が関与して1910年度以降に発行された個別銘柄の詳細は後掲の表1-15に記載。
　　*2 1922年11月まで「帝国5分利公債」,23年5月まで「雑5分利公債」と称した。23年6月から償還期日で1種(据置期間[5年]を経過済)と2種(据置期間未経過)に,26年8月から1種(明治年間発行),2種(大正年間発行),3種(大正年間発行で据置期間未経過)にそれぞれ分けた。東洋経済新報社(各年)1924年p.164,武田(2012)p.73,「大阪毎日新聞」1926年7月28日参照。
　　*3 1930年発行の5分半利英貨債の邦貨換算額が不明のため,全体の発行額の邦貨換算額は推計値。
　　*4 1回債(1億円)は1910年3月発行,1969-71年償還,利払いは6,12月,2回債(1億円)は1910年4月発行,1969年償還,利払いは6,12月。51年12月に繰上償還。なお,借換の申し込みを躊躇した投資家に対し第1回債(0.76億円)の特別発行を1910~12年に行った。
　　*5 1920年以降,国内に輸入され,国内の取引所に上場された。
　　*6 震災善後処理公債は1925~27年に発行,発行から5年据置後50年以内に償還。
　　*7 貸し付けが返済されなかったので,この国債は何度も借り換えられた。1924(大正13)年以降,普通の5分利国庫債券に切り替えた。藤崎(1954)p.6参照。
　　*8 +は戦後も発行されたことを示す。
出所:大蔵省(1936),大蔵省(各月)1953年4月,大蔵省理財局(各年b),藤崎(1954)。

ところで，郵便貯金は1875（明治8）年に創設され，その資金は78年から大蔵省国債局[11]へ預け入れられた。85年の預金規則の制定により大蔵省預金局が設置されて郵便貯金資金の管理は国債局から預金局へ移り[12]，国庫勘定に預金部が設けられた[13]。90（明治23）年には預金局預金特別会計法が成立し，預金部を資金の安全な保管機関と位置づけた[14]。93年の預金局廃止とともにこれらの事務は主計局に引き継がれ，97年からは理財局に移管された[15]。預金部資金は当初国債のみで運用したが[16]，1902年に外国国債である支那政府債券の購入を始め[17]，同年から金融債（興業債券）の引き受け[18]，04年に京釜鉄道社債の購入[19]，06年からの地方団体への迂回貸付[20]，10年からの地方債の引き受け[21]などにも運用先は拡大した。

§2-2 戦間期

大正から昭和初めまでの戦間期のうち，まず大正期において金融はほぼ緩慢であった。第1次世界大戦中（1914［大正3］～18年）と戦後の好景気時に日銀金利は引き上げられたが，20年の戦後反動恐慌，23年の関東大震災後の復興金融などのため緩慢化した。

国債は第1次大戦中と戦後に軍事費調達や鉄道・植民地経営のために多く発行された。戦後反動恐慌，1922（大正11）年の銀行動揺，23年の関東大震災，27（昭和2）年の金融恐慌など経済の不振が続き，これらの時期には震災手形損失補償公債などの交付公債[22]が5分利債として発行された。20～21年の金融緩和期に遊資の増大と金利低下によって債券への需要が高まった。昭和初期には緊縮財政で国債縮減を図ったが失敗した。§4-2に後記する28年の例外を除いて，25年以降は新規債の公募は中止され，大蔵省預金部による引き受けが増加した。民間銀行の保有も市場での購入により25～29年に増大した[23]（表1-2a，b参照）。また20年代後半以降，国債の短期化が進んだ（§4-2参照）。

1925（大正14）年に預金部預金法・大蔵省預金部特別会計法が制定されるとともに預金部は組織として正式に設置された[24]。同年に預金部への預託が義務づけられた[25]郵便貯金資金は地方から集まっていたために，預金部資金の地方還元が課題となった。これについては本章§3-2で言及する。

表1-2a 金融機関の国債保有額（単位百万円）

年	日銀	民間銀行	特殊銀行	信託会社	産業組合系統	保険会社	預金部	簡保・郵便年金	地方公共団体	小計	国債現在高
1877	0	20	0	0	0	0	0	0	0	20	227
1887	18	49	1	0	0	0	22	0	0	91	238
1897	40	78	12	0	0	0	33	0	0	163	399
1907	80	128	22	0	0	0	110	0	0	340	2,277
1912	51	232	33	0	0	18	113	0	0	448	2,608
1914	56	198	35	0	0	36	69	0	0	394	2,506
1916	37	273	41	0	0	36	69	0	0	456	2,468
1918	32	524	112	0	0	68	104	0	0	840	3,052
1920	109	765	166	0	0	73	116	1	0	1,230	3,821
1921	102	1,082	261	0	0	98	169	2	0	1,713	4,097
1922	170	1,059	240	0	0	93	240	2	0	1,804	4,357
1924	240	1,231	316	0	2	103	309	3	0	2,204	4,901
1926	264	1,282	304	31	4	110	418	18	0	2,430	5,178
1928	203	1,883	402	78	1	111	582	32	0	3,292	5,846
1930	176	1,814	372	94	1	130	888	81	0	3,556	6,154
1932	565	1,913	373	105	19	115	1,137	123	59	4,409	7,346
1934	647	2,959	467	245	59	178	1,718	0	50	6,323	9,613
1935	729	3,282	454	277	72	219	1,790	189	48	7,012	10,308
1936	829	3,587	530	360	69	238	2,134	247	45	8,039	11,019
1937	1,387	3,656	545	238	94	293	2,796	307	48	9,364	13,270
1940	3,949	8,592	1,699	327	398	889	7,412	555	0	23,821	30,895

注：各年末の簿価。現在高は額面で1897年以降は年度末の数値。地方公共団体を除き，外貨債，政府短期証券を含む。地方公共団体は年末の計数で，1931-36年以外は不明。
出所：志村（1980），大蔵省理財局資金課（各年）。

　1927（昭和2）年の金融恐慌の後には銀行動揺が発生して預金は大銀行と郵便貯金に集まった。市中銀行は預金準備としてコールではなく国債保有を増加させていたが，金解禁が懸念されたこと，金利の低下に限界がありいずれ上昇する，つまり国債価格は下落するとの不安があったことなどから，30〜31年に国債保有を減少させ[26]，預金部の保有が増加した。

　第1次大戦を契機として1917（大正6）年に禁止していた金輸出を30（昭和5）年に解禁し，金本位制のもとで物価の引き下げ・国際競争力の強化・国際収支の均衡を目指した。しかし29年からとられていた緊縮的財政政策とデフレーション政策，同年の世界恐慌，31年9月の英国の金本位制離脱などの影響で不況が深刻化し，同月に満州事変も勃発したため，金輸出再禁止を見込んでのドル思惑買いが増えて日本銀行の正貨準備減少が懸念され[27]，31年12月に金輸

表1-2b 金融機関の国債保有シェア1（単位%）

年	日銀	民間銀行	特殊銀行	信託会社	産業組合系統	保険会社	預金部	簡保・郵便年金	地方公共団体	小計
1877	0	100	0	0	0	0	0	0	0	100
1887	20	54	2	0	0	0	25	0	0	100
1897	25	48	7	0	0	0	20	0	0	100
1907	24	38	6	0	0	0	32	0	0	100
1912	11	52	7	0	0	4	25	0	0	100
1914	14	50	9	0	0	9	18	0	0	100
1916	8	60	9	0	0	8	15	0	0	100
1918	4	62	13	0	0	8	12	0	0	100
1920	9	62	13	0	0	6	9	0	0	100
1921	6	63	15	0	0	6	10	0	0	100
1922	9	59	13	0	0	5	13	0	0	100
1924	11	56	14	0	0	5	14	0	0	100
1926	11	53	12	1	0	5	17	1	0	100
1928	6	57	12	2	0	3	18	1	0	100
1930	5	51	10	3	0	4	25	2	0	100
1932	13	43	8	2	0	3	26	3	1	100
1934	10	47	7	4	1	3	27	0	1	100
1935	10	47	6	4	1	3	26	3	1	101
1936	10	45	7	4	1	3	27	3	1	100
1937	15	39	6	3	1	3	30	3	1	100
1940	17	36	7	1	2	4	31	2	0	100

注：小計（金融機関と地方公共団体の合計）に対する比率。表1-2a参照。
出所：表1-2aに同じ。

出は再禁止された。

　1930（昭和5）年の金解禁後は不況のために日銀割引歩合が引き下げられて救済融資がなされ、翌年年央には短期資金市場に遊資があふれた。ドル買いを防ぐために31年末まで日銀金利を引き上げたが、32年後半からの日本銀行引受による赤字国債の発行開始後は低金利政策への転換を図った。31年のドル買いへの対処時を除いてコール・レートは低下傾向をたどって[28]債券への投資を促し、同時にコール資金が債券流通金融に用いられて債券市場の活性化をもたらした[29]。大蔵省証券は31年から32年にかけて入札による発行が行われた[30]。

　1931（昭和6）年末からの高橋財政期では、翌年3月の公定歩合引き下げで低金利政策が始まった。満州事件費の追加予算が3月に成立して5月にも国債を発行し、6月に歳入補塡公債（赤字国債）の発行を決定した。時局匡救費な

表1-2c 金融機関の国債保有シェア2（単位%）

年	日銀	民間銀行	特殊銀行	信託会社	産業組合系統	保険会社	預金部	簡保・郵便年金	地方公共団体	小計	国債現在高
1877	0	9	0	0	0	0	0	0	0	9	100
1887	7	21	1	0	0	0	9	0	0	38	100
1897	10	20	3	0	0	0	8	0	0	41	100
1907	4	6	1	0	0	0	5	0	0	15	100
1912	2	9	1	0	0	1	4	0	0	17	100
1914	2	8	1	0	0	1	3	0	0	16	100
1916	1	11	2	0	0	1	3	0	0	18	100
1918	1	17	4	0	0	2	3	0	0	28	100
1920	3	20	4	0	0	2	3	0	0	32	100
1921	2	26	6	0	0	2	4	0	0	42	100
1922	4	24	6	0	0	2	6	0	0	41	100
1924	5	25	6	0	0	2	6	0	0	45	100
1926	5	25	6	1	0	2	8	0	0	47	100
1928	3	32	7	1	0	2	10	1	0	56	100
1930	3	29	6	2	0	2	14	1	0	58	100
1932	8	26	5	1	0	2	15	2	1	60	100
1934	7	31	5	3	1	2	18	0	1	66	100
1935	7	32	4	3	1	2	17	2	0	68	100
1936	8	33	5	3	1	2	19	2	0	73	100
1937	10	28	4	2	1	2	21	2	0	71	100
1940	13	28	6	1	1	3	24	2	0	77	100

注：国債現在高に対する比率。表1-2a参照。
出所：表1-2aに同じ。

ど巨額財政支出の財源として発行された公債は公募と預金部引受では消化できなくなり、日本銀行引受に依拠することとなった。4分半利国庫債券い号[31]（11年物）2億円を32年11月に発行し、翌年1月からは歳入補塡などのために4分半利国庫債券ろ号（12年物）と同は号（13年物）を計5.15億円発行した[32]。1886（明治19）年の海軍公債以来、1910（明治43）年の4分利債を除いて5分利付きの公債発行が続いており、4分半利債は初めての発行であった（表1-1参照）。日本銀行は長期国債の保有増によるマネー・サプライ増大とさらにはインフレーションを避けるべく、32年12月以降、保有国債を市中に売却した[33]（表1-3、1-4参照）[34]。

金解禁時には正貨が流出してその準備が激減し、マネー・サプライ減少をもたらして金融梗塞を引き起こしていたため、日本銀行の国債引受は以下のよう

なプロセスでの効果をねらった[35]。すなわち，国債を日本銀行が引き受けて国庫預金が増加→予算執行により民間へ資金が散布されて日銀券流通量が増大し民間資金が潤沢に→時間をかけて景気に好影響を与えた後で，資金が市中銀行へ還流→日本銀行が手持ちの国債を市中銀行に売却して資金を回収，という順序である。

　ここで，高橋財政の以上のような方法と§2-1で述べた日清・日露両戦争時の日本銀行の対政府貸し付けを比べると，散布する資金の出所は日本銀行で共通であり，違いは資金の出し方（日本銀行による，国債購入か政府への貸し付けか）と，国債の最終保有者（金融機関のみか実業界・一般国民を含む公衆か）であった。また，高橋財政の効果発揮には資金の散布と回収（市中銀行への国債売りオペ）の間に，景気浮揚のためにある程度のタイム・ラグが必要であったのに対し，明治期には資金の散布と回収（銀行家を含む公衆の国債公募）の間に，市中の流動性を高めるために一定のラグを要した[36]。

　ところで，高橋財政期にシ団銀行は国債の引き受けをまったく行わなかったのに日本銀行の国債売却には応じた。これは，シ団の資金繰りが1932（昭和7）年秋以前は苦しかったが，それ以後は余裕ができたためである（表1－5参照）[37]。余裕ができたのにシ団引受がなされず日本銀行引受と売却に依ったのは，シ団引受の場合，引き受けから財政支出がなされるまでの間に一時的にマネー・サプライ減が起こることに[38]加えて，銀行は予約申込料[39]・取扱手数料[40]を受け取るので安く買え[41]，売り崩しを行うおそれがあったこと[42]などが理由にあげられるかもしれない。しかし実際には日本銀行による売却後，流通市場で売買高は顕著には増大しておらず，購入した市中銀行がそれほど売却しなかったことを示している（表1－4e，表1－6参照）。

表1-3　日銀などの引受・売出国債銘柄（1917-1937年）

銘柄	発行年度	日銀引受	預金部引受	他の引受先	郵便局売出	備考・出典
臨時国庫証券(割引債)	1917	○				後に売却(「百年史4」p.43)，読売17.9.27
5分利公債ふ	1917		○			「史」上，p.648
臨時国庫証券(割引債)	1918		○			「史」下，p.458
臨時国庫証券(割引債)	1918	○				日銀売出。大朝18.9.19
臨時国庫証券(割引債)	1918		○			「史」下，p.458
臨時国庫証券に	1918			正金		一部は公募。「史」下，p.450
5分利公債え	1918		○	台銀		読売19.3.21
臨時国庫証券(割引債)	1919		○			読売19.5.22
臨時国庫証券(割引債)	1919		○			東朝19.6.2
臨時国庫証券に	1919			正金		「史」下，p.487
臨時国庫証券へ	1919				○	「史」下，p.453
臨時国庫証券と	1919				○	「史」下，p.454
臨時国庫証券(割引債)	1919	○				日銀売出。読売19.9.13, 19.9.17
臨時国庫証券ち	1919				○	「史」下，p.455
臨時国庫証券(割引債)	1919		○			「史」下，p.489
臨時国庫証券(割引債)	1919		○			「史」下，p.489
臨時国庫証券り	1919				○	「史」下，p.456
臨時国庫証券ぬ	1919				○	「史」下，p.456
5分利国債券と	1920				○	「史」上，p.1034
臨時国庫証券(割引債)	1920		○			読売20.5.11
5分利国庫債券ち	1920				○	「史」上，p.1037
臨時国庫証券に	1920			正金		「史」下，p.487
5分利国庫債券り	1920				○	「史」上，p.1040
5分利国庫債券り	1920		○			「史」上，p.1040
5分利国庫債券る	1920				○	「史」上，p.1046
5分利国庫債券ぬ	1920			台銀		「史」上，p.1041
臨時国庫証券(割引債)	1920		○			「史」下，p.490
5分利国庫債券わ	1920		○			「史」上，p.1052
5分利国庫債券か	1920				○	「史」上，p.1054
5分利国庫債券よ	1920				○	「史」上，p.1054
5分利国庫債券れ	1921				○	「史」上，p.1060
5分利国庫債券つ	1921				○	「史」上，p.1065
5分利国庫債券ね	1921	○				日銀売出。「史」上，p.1066，大時事21.5.15
臨時国庫証券に	1921			正金		「史」下，p.487
5分利国庫債券な	1921				○	「史」上，p.1067
5分利国庫債券ら	1921		○	台銀		「史」上，p.1068
5分利国庫債券う	1921				○	「史」上，p.1073
5分利国庫債券う	1921		○			「史」上，p.1073
5分利国庫債券ゐ	1921				○	「史」上，p.1073
臨時国庫証券(割引債)	1921		○			「史」下，p.490
5分利国庫債券く	1921					大毎21.12.17
5分利国庫債券や	1921				○	大毎21.12.17
臨時国庫証券(割引債)	1921	○				「史」下，p.490
5分利国庫債券ま	1921				○	「史」上，p.1084

第1章　戦前の債券市場　―発行・引き受けと流通

債券名	年				備考
5分利国庫債券ま	1921		○		「史」上, p.1084
5分利国庫債券ふ	1921			＊	＊鮮銀,小池銀,拓銀。「史」上, p.1090
5分利国庫債券こ	1922			○	東朝22.8.9
臨時国庫証券わ	1922		○		「史」下, p.470
5分利国庫債券て	1922	○			日銀売出。東朝22.8.9
5分利国庫債券あ	1922			○	東朝22.8.9
臨時国庫証券に	1922			正金	「史」下, p.487
5分利国庫債券あ	1922			台銀	「史」上, p.1100
5分利国庫債券さ	1922			小池銀	「史」上, p.1101
5分利国庫債券ゆ	1922			○	東朝22.8.9
5分利国庫債券み	1922			○	「史」上, p.1113
臨時国庫証券か	1922		○		「史」下, p.470
臨時国庫証券よ	1922	○			日銀売出。東朝23.1.7
5分利国庫債券も	1922			○	「史」上, p.1119
臨時国庫証券た	1922	○			「史」下, p.472
5分利国庫債券1回	1922			＊	＊鮮銀,小池銀,拓銀。「史」上, p.1129
5分利国庫債券2回	1923			○	中外23.7.28
臨時国庫証券れ	1923		○		「史」下, p.472
5分利国庫債券4回	1923			○	中外23.7.28
5分利国庫債券5回	1923	○			日銀売出。大朝23.5.23
臨時国庫証券に	1923			正金	「史」下, p.487
5分利国庫債券7回	1923			○	「史」上, p.1145
5分利国庫債券8回	1923				日銀売出。大時事23.8.29,「史」上, p.1146
臨時国庫証券そ	1923		○		「史」下, p.473
臨時国庫証券ね	1923		○		日銀売出。読売24.2.13
5分利国庫債券10回	1923			○	「史」上, p.1153
5分利国庫債券11回	1923			＊	＊鮮銀,小池銀,拓銀。「史」上, p.1154
5分利公債め	1923		○		「史」上, p.680
5分利国庫債券12回	1923		○		「史」上, p.1155
5分利国庫債券14回	1924			○	「史」上, p.1161
臨時国庫証券な	1924		○		「史」下, p.479
臨時国庫証券ら	1924	○			日銀売出。大朝24.5.27,「史」下, p.479
5分利国庫債券15回	1924			○	「史」上, p.1162
5分利国庫債券16回	1924			○	「史」上, p.1164
臨時国庫証券う	1924		○		「史」下, p.486
5分利国庫債券18回	1924			○	「史」上, p.1170
臨時国庫証券の	1924		○		「史」下, p.486
5分利国庫債券19回	1924			○	「史」上, p.1172
5分利国庫債券21回	1924		○		「史」上, p.1178
5分利公債み	1924			＊	＊鉄道共済。「史」上, p.680
臨時国庫証券く	1924	○			日銀売出。大時事25.2.13
5分利公債み	1924		○		「史」上, p.831
5分利公債み	1925		○	＊	＊教育改善・農村振興基金特会。「史」上, p.831
5分利国庫債券23回	1925			○	大朝25.5.7

名称	年				備考
5分利公債み	1925		○		「史」上，p.850
5分利国庫債券24回	1925	○			日銀売出。大朝25.5.27
5分利国庫債券26回	1925			○	「史」上，p.1193
5分利国庫債券28回	1925			○	「史」上，p.1200
5分利国庫債券30回	1925			○	「史」上，p.1206
5分利国庫債券31回	1925	○			日銀売出。大朝26.2.11，「史」上，p.1207
5分利公債ひ	1926			*	*教育改善・農村振興基金特会。「史」上，p.816
5分利国庫債券33回	1926			○	「史」上，p.1214
5分利国庫債券35回	1926			○	「史」上，p.1220
5分利公債も	1926		○		「史」上，p.831
5分利国庫債券38回	1926	○			日銀売出。大朝27.2.26，「史」上，p.1232
5分利国庫債券39回	1926			○	「史」上，p.1234
5分利公債も	1926		○		「史」上，p.680
5分利国庫債券42回	1927		○		「銀行通信録」499号，p.244
5分利国庫債券42回	1927		○		大毎27.8.20
5分利国庫債券42回	1927		○		中外27.11.19
5分利国庫債券42回	1927		○		大朝27.12.1
5分利国庫債券42回	1927		○		東朝27.12.20
5分利国庫債券42回	1927		○		東朝27.12.27
5分利国庫債券42回	1927		○		東朝28.3.31
5分利公債せ	1927		○		東朝28.3.31
5分利公債せ	1928		○		大朝28.12.4
5分利公債す	1928		○		大朝28.12.4
5分利公債す	1928		○		読売29.4.2
5分利公債す	1928			鉄道共済	読売29.4.2
5分利公債す	1929		○		読売29.5.7
5分利公債す	1929		○		東朝29.9.3
5分利公債す	1929		○		読売29.11.1
5分利公債す	1929		○		東朝29.12.1
5分利公債す	1929		○		東朝29.12.13
5分利公債す	1929		○		東朝29.12.24
5分利公債1回	1929		○		東朝30.2.7
5分利公債1回	1929		○		東朝30.3.1
5分利公債1回	1929		○		読売30.3.23
5分利公債1回	1929		○		東朝30.3.28
5分利公債1回	1930		○		中外30.8.31
5分利公債1回	1930		○		吉田・藤田(1962)p.64
5分利公債1回	1930		○		藤崎(1954)p.146
5分利公債1回	1930		○	鉄道共済	国民30.12.20
5分利公債1回	1930		○		国民30.12.20
5分利公債2回	1930		○		読売31.3.29
5分利公債2回	1931		○		東朝31.9.26
5分利公債2回	1931		○		東朝31.10.7
5分利国庫債券58回	1931			正金	読売31.12.5
5分利公債3回	1931				中外32.2.2
5分利公債3回	1931		○		読売32.3.3
5分利公債3回	1931		○		読売32.3.17

第1章　戦前の債券市場　―発行・引き受けと流通

債券名	年					出典
5分利公債3回	1931		○			読売32.4.1
5分利公債3回	1932		○	*		*内訳は不明*¹。読売・東朝・東日・中外32.5.25
5分利公債3回	1932		○			満州日報32.7.2
5分利公債3回	1932		○	*		*鉄道共済・簡保。東朝32.7.19
4分半利国庫債券い	1932	○				大朝32.11.25
4分半利国庫債券ろ	1932	○				東朝33.1.21
4分半利国庫債券は	1932	○				読売33.3.30
4分利国庫債券い	1933	○				読売33.9.1
4分利国庫債券ろ	1933	○	○			大時事33.10.8
4分利国庫債券は	1933	○				読売34.3.30
4分利国庫債券は	1933	○	○			東朝34.3.30
4分利国庫債券に	1934	○				大時事34.5.24
4分利国庫債券ほ	1934	○				東朝34.7.14
4分利国庫債券へ	1934	○	○			読売34.11.30
4分利国庫債券と	1934	○	○			読売35.3.30
4分利国庫債券と	1934			*		*教育改善・農村振興基金特会。読売35.3.30
4分利国庫債ち	1935	○				読売35.7.19
4分利国庫債り	1935	○	○			読売35.10.15
4分利国庫債ぬ	1935	○				読売35.10.31
4分利国庫債る	1935	○	○			読売35.11.27
4分利国庫債を	1935	○				読売36.2.15
4分利国庫債わ	1935	○				大朝36.3.19
3分半利国庫債券い	1936	○				大朝36.4.8
3分半利国庫債券ろ	1936	○				*² 大毎36.5.1
3分半利国庫債券は	1936	○				*³ 大毎36.5.30
3分半利国庫債券に	1936	○				*³ 大毎36.7.10
3分半利国庫債券ほ	1936	○				*³ 東朝36.8.7
3分半利国庫債券へ	1936	○				読売36.9.13
3分半利国庫債券と	1936	○	○			読売36.12.20
3分半利国庫債券ち	1936	○	○			読売37.3.31
3分半利国庫債券ぬ	1937	○				大毎37.8.25
3分半利国庫債券る	1937	○	○			読売37.11.2
3分半利国庫債券を	1937	○				読売37.9.26
3分半利国庫債券わ	1937	○	○			読売37.12.10
3分半利国庫債券か	1937	○				読売37.12.28
3分半利国庫債券よ	1937	○	○			読売38.2.1
3分半利国庫債券た	1937	○	○			読売38.1.26
3分半利国庫債券れ	1937	○				読売38.3.30

注：出典欄の「史」は大蔵省（1936）、「百年史」は日本銀行百年史編纂委員会（1982-86）、大時事は「大阪時事新報」、東朝は「東京朝日新聞」、大朝は「大阪朝日新聞」、大毎は「大阪毎日新聞」、国民は「国民新聞」、東日は「東京日日新聞」、中外は「中外商業新報」。
*1　新聞各紙には「預金部その他」との記載があり、5分利公債3回の最後と同じく鉄道共済・簡保であろう。「大阪時事新報」1932年4月13日参照。
*2　日銀の引き受け後、旧債保有者、簡保、年金、預金部に売却。
*3　乗換分のみ公募、現金応募は日銀引受。
出所：大蔵省（1936）、大蔵省（各月）1953年4月、日本銀行百年史編纂委員会（1982-86）、野村総合研究所（各年）1978年、藤崎（1954）、吉田・藤田（1962）。

表1-4a 国債発行と日銀引受・売却高（単位百万円，%）

年度	国債発行	日銀引受	日銀売却	日銀売却/同引受	郵便局売出
1932	1,097	715	703	98	
1933	1,066	760	755	99	
1934	1,063	678	675	100	
1935	1,051	661	510	77	
1936	2,871	565	519	92	
1937	2,260	1,780	1,555	87	119
1938	4,548	3,275	2,811	86	475
1939	5,563	3,519	2,749	78	497
1940	6,983	4,396	3,204	73	601
1941	10,638	7,325	6,007	82	722
1942	14,973	11,209	10,614	95	1,141
1943	22,439	15,247	13,851	91	1,302
1944	31,233	20,084	17,484	87	666
1945	33,401	7,192	9,268	129	149

注：国債発行は新規と借換の合計で交付債を含まない。45年度は8月まで。郵便局売出は年の計数。
　　日銀引受・売却は交付債を含まず，37年度以後は郵便局売出分を含む。
出所：大蔵省理財局（各年b）1976年，日本銀行特別調査室（1948），藤崎（1954），井上（1957）。

表1-4b 国債発行と日銀引受・売却高（単位百万円，%）

年	月	国債発行	日銀引受	日銀売却	日銀売却/同引受
1932	11〜12	200	200	16	8
1933	1〜12	1,215	1,115	789	71
	1〜6		515	462	90
	7〜12		600	326	54
1934	1〜12	916	701	900	128
	1〜6		251	602	240
	7〜12		450	298	66
1935	1〜12	1,048	751	655	87
	1〜6		228	352	154
	7〜12		522	303	58
1936	1〜12	2,810	1,580	686	43
	1〜6		1,151	505	44
	7〜12		430	181	42
計		6,189	4,347	3,045	70

注：表1-4aの注に同じ。
出所：日本銀行百年史編纂委員会（1984），大蔵省理財局（各年b）1976年，日本銀行特別調査室（1948）。

第1章 戦前の債券市場 ―発行・引き受けと流通

表1-4c 日銀売却先の割合（1932-35年）

売却先	%
金融機関	78
銀行	65
信託	5
保険	4
証券業者	9
預金部など官庁	10

出所：日本銀行特別調査室（1948）。

表1-4d 日銀引受の4分半利国庫債券の内訳

銘柄	発行額	発行日	償還日	上場日
い号	2億円	1932/11/25	1944/6/1	1933/3/16
ろ号	2億円	1933/1/21	1945/3/1	1933/6/16
は号	3.15億円	1933/3/30	1946/3/1	1933/5/8

注：上場日は長期取引のそれ。
出所：東京株式取引所（1938）。

表1-4e 4分半利国庫債券の実物取引の売買高（単位万円）

年	い号	ろ号	は号
1933	294	116	349
1934	518	685	1,140
1935	931	908	1,542
1936	1,090	1,413	1,393
1937	618	1,053	809

出所：東京株式取引所（1938）。

表1-5　1932～33年の金融の状況

年月	状況
1931年	(10/6と11/5　公定歩合上げ)
1932年1月	引き締み呈せず。金融業者の手元逼迫
2月	銀行手元窮屈
3月	梗塞状態，のち緩和（3/12　公定歩合下げ）
4月	銀行手元寛ぐ
5月	短期は緩和，長期は梗塞
6月	短期市場，銀行手元とも潤沢（6/8　公定歩合下げ）
7月	長期もやや緩和
8月	緩和に至らず，のちやや緩和（8/18　公定歩合下げ）
9月	緩和，銀行手元余裕
10月	緩和，銀行手元潤沢
11月	緩和，銀行手元潤沢
12月	緩慢，銀行手元潤沢
1933年1月	緩和傾向抑制
2月	緩和傾向濃厚
3月	警戒から緩和へ
4月	緩和促進
5月	ますます緩慢
6月	緩慢
7月	金利低下（7/3　公定歩合下げ）
8月	金融繁忙
9月	緩慢
10月	市場繁忙
11月	緊張緩む
12月	軟化

出所：日本銀行調査局（各月）。

表1-6　東株における債券売買高（額面，単位百万円，％）

| 年 | 債券合計額 | 国債 | | | 地方債金額 | 社債金額 |
| | | 合計額 | 内訳（％） | | | |
			長期清算	実物		
1912	5	5	25	75	0.0	0.0
1913	6	6	0	100	0.0	0.0
1914	4	4	0	100	0.0	0.0
1915	42	42	0	100	0.1	0.1
1916	46	46	0	100	0.0	0.0
1917	55	55	0	100	0.0	0.3
1918	32	32	0	100	0.2	0.1
1919	5	4	0	100	0.1	0.1
1920	34	32	0	100	0.1	1.6
1921	267	245	0	100	2.4	19.4
1922	184	162	0	100	4.1	15.5
1923	146	136	0	100	1.7	6.6
1924	198	179	0	100	3.6	14.3
1925	334	283	12	88	5.2	33.2
1926	361	321	40	60	2.9	15.7
1927	601	551	21	79	13.6	24.1
1928	1,485	1,389	30	70	9.7	29.8
1929	805	743	41	59	1.1	19.4
1930	670	643	42	58	1.0	7.5
1931	1,204	1,074	71	29	4.4	12.0
1932	1,041	1,021	78	23	3.2	16.7
1933	986	692	67	33	7.0	31.2
1934	801	778	62	38	9.6	11.3
1935	1,145	1,013	44	56	8.3	18.6
1936	1,278	1,167	41	59	3.4	9.9
1937	1,247	1,077	49	51	21.5	65.8
1938	980	833	41	59	11.2	127.5
1939	1,791	1,434	52	48	25.6	228.6
1940	2,215	1,775	58	42	7.8	282.4
1942	919	710	44	56	6.4	212.6
1945	169	―	―	―	―	―

注：長期清算取引は1913～24年休止，25年（社債共で9.3百万円），26年（社債共で13.7百万円）を除きネグリジブル。国債の内訳は比率。地方債・社債は実物取引の計数。社債は金融債を含む。
出所：東京証券取引所（1970），東京株式取引所（1928）。

また，国債の多くの銘柄は上場されており流通市場で売却できた（表1-4 d参照）。4分半利国庫債券の直前に発行された5分利国庫債券は多くが上場されていたから，1932（昭和7）年発行の公債も上場されることは予想できたはずである[43]。しかし，銀行は買った国債の一部を流通市場へ出したが上記のように量的には僅少であり，多くを保有した。これは銀行以外の買い手がほとんどなかったためであろう。したがって，シ団銀行の資金繰りに余裕がないと日本銀行の売却は不可能であったと考えられる。

　さらに，高橋財政の政策効果が発揮されるためには引き受けと売りオペの間にある程度の時間の経過が必要であったはずであるが，1932（昭和7）年11月25日の引き受けから翌月末[44]以降の売却までは短期間であり，他の時期でも引き受けと売りオペの間にあまり時間をおいていない（表1-4b参照）。その理由は，この時期には金融が緩和されており（表1-5），加えて表1-7に示されるように普通銀行の預貸率が32年以前よりも下がっていて[45]，資金繰りが容易になっていた。そのため，十分な時間をおかないでも売りオペを行うことができたのであろう。

　時間の経過を待たないでも政策効果が出現したかは実物経済への影響を調べればよい。表1-8によれば，1932（昭和7）年あるいは33年頃から実物経済が好転していることがうかがわれる。32年以降GNP，国民所得，第2次産業国民所得は多くが名目で5％以上の増加率を示し，実質GNPが特に高い成長率を示すのは34年と37年である。

表1-7　全国普通銀行勘定（単位百万円，%）

年	月	季節調整前			季節調整済		
		預金	貸出	預貸率	預金	貸出	預貸率
1930	1	9,053	7,083	78	9,059	7,057	78
	2	8,964	7,064	79	8,971	7,075	79
	3	8,864	7,075	80	8,918	7,049	79
	4	8,768	6,948	79	8,865	6,992	79
	5	8,776	7,023	80	8,812	7,050	80
	6	8,955	7,098	79	8,774	7,095	81
	7	8,778	7,071	81	8,735	7,075	81
	8	8,589	6,995	81	8,662	7,018	81
	9	8,653	6,937	80	8,687	6,965	80
	10	8,601	6,913	80	8,638	6,908	80
	11	8,525	6,838	80	8,548	6,827	80
	12	8,659	6,748	78	8,522	6,685	78
1931	1	8,507	6,693	79	8,513	6,668	78
	2	8,494	6,663	78	8,500	6,672	78
	3	8,589	6,792	79	8,647	6,768	78
	4	8,468	6,677	79	8,556	6,719	79
	5	8,448	6,559	78	8,475	6,584	78
	6	8,650	6,562	76	8,479	6,560	77
	7	8,454	6,561	78	8,411	6,568	78
	8	8,314	6,498	78	8,382	6,520	78
	9	8,276	6,483	78	8,316	6,512	78
	10	8,140	6,510	80	8,177	6,503	80
	11	8,097	6,485	80	8,119	6,469	80
	12	8,174	6,549	80	8,046	6,488	81
1932	1	7,915	6,538	83	7,924	6,513	82
	2	7,872	6,459	82	7,877	6,468	82
	3	7,724	6,482	84	7,785	6,459	83
	4	7,582	6,388	84	7,648	6,426	84
	5	7,622	6,363	83	7,630	6,387	84
	6	7,759	6,307	81	7,613	6,308	83
	7	7,533	6,215	83	7,494	6,228	83
	8	7,677	6,229	81	7,737	6,253	81
	9	7,641	6,181	81	7,687	6,212	81
	10	7,749	6,147	79	7,788	6,137	79
	11	7,887	6,153	78	7,906	6,127	78
	12	8,132	6,176	76	8,007	6,115	76
1933	1	8,073	6,099	76	8,089	6,077	75
	2	8,115	6,047	75	8,121	6,059	75
	3	8,098	6,030	74	8,174	6,007	73
	4	8,119	5,984	74	8,170	6,016	74
	5	8,292	5,936	72	8,275	5,959	72
	6	8,615	6,131	71	8,465	6,136	72

	7	8,604	6,138	71	8,561	6,159	72
	8	8,417	5,994	71	8,485	6,022	71
	9	8,394	5,984	71	8,453	6,014	71
	10	8,529	6,046	71	8,574	6,031	70
	11	8,555	6,062	71	8,568	6,026	70
	12	8,727	6,032	69	8,596	5,968	69
1934	1	8,701	5,971	69	8,726	5,955	68
	2	8,813	5,919	67	8,828	5,936	67
	3	8,758	5,910	67	8,852	5,882	66
	4	8,950	5,826	65	8,980	5,850	65
	5	9,065	5,826	64	9,021	5,855	65
	6	9,144	5,816	64	8,992	5,825	65
	7	9,106	5,774	63	9,070	5,798	64
	8	9,034	5,790	64	9,111	5,823	64
	9	8,944	5,744	64	9,008	5,773	64
	10	9,026	5,800	64	9,077	5,779	64
	11	9,132	5,830	64	9,139	5,786	63
	12	9,354	5,872	63	9,217	5,805	63
1935	1	9,150	5,856	64	9,183	5,849	64
	2	9,189	5,832	63	9,215	5,854	64
	3	9,141	5,908	65	9,250	5,875	64
	4	9,321	5,852	63	9,324	5,871	63
	5	9,494	5,835	61	9,427	5,870	62
	6	9,545	5,886	62	9,394	5,898	63
	7	9,525	5,868	62	9,500	5,894	62
	8	9,417	5,872	62	9,501	5,909	62
	9	9,550	5,918	62	9,615	5,946	62
	10	9,609	6,012	63	9,668	5,985	62
	11	9,710	6,099	63	9,711	6,050	62
	12	9,874	6,121	62	9,727	6,047	62
1936	1	9,861	6,015	61	9,904	6,017	61
	2	9,634	5,993	62	9,674	6,021	62
	3	9,758	6,047	62	9,881	6,007	61
	4	9,999	6,244	62	9,979	6,256	63
	5	10,099	6,239	62	10,015	6,285	63
	6	10,255	6,245	61	10,095	6,261	62
	7	10,201	6,216	61	10,190	6,241	61
	8	10,159	6,285	62	10,252	6,327	62
	9	10,527	6,439	61	10,589	6,467	61
	10	10,532	6,570	62	10,603	6,537	62
	11	10,724	6,597	62	10,719	6,543	61
	12	10,932	6,660	61	10,765	6,576	61
1937	1	10,857	6,711	62	10,911	6,717	62
	2	10,967	6,824	62	11,020	6,861	62
	3	11,261	7,035	62	11,406	6,985	61
	4	11,367	7,073	62	11,333	7,083	62

	5	11,474	7,043	61	11,371	7,100	62
	6	11,704	7,209	62	11,525	7,230	63
	7	11,457	7,377	64	11,453	7,407	65
	8	11,536	7,465	65	11,647	7,516	65
	9	11,644	7,490	64	11,706	7,520	64
	10	11,627	7,555	65	11,708	7,517	64
	11	11,851	7,614	64	11,841	7,552	64
	12	12,352	7,712	62	12,161	7,612	63

注：預貸率は貸出/預金。
出所：日本銀行調査局（1964）第9巻。

表1-8a 国民総生産（単位 十億円，％）

年	名目GNP	変化率	実質GNP	変化率	GNPデフレータ	国民所得第2次産業	変化率
1930	13.9		13.5		1.03	3.2	
1931	12.5	－10.1	13.9	3.0	0.90	2.8	－12.5
1932	13.0	4.0	14.1	1.4	0.93	3.1	10.7
1933	14.3	10.0	14.7	4.3	0.98	3.5	12.9
1934	15.7	9.8	16.2	10.2	0.97	4.0	14.3
1935	16.7	6.4	16.6	2.5	1.01	4.5	12.5
1936	17.8	6.6	17.2	3.6	1.04	4.8	6.7
1937	23.4	31.5	21.2	23.3	1.10	5.6	16.7
1938	26.8	14.5	21.9	3.3	1.22	6.9	23.2
1939	33.1	23.5	22.1	0.9	1.50	8.7	26.1
1940	39.4	19.0	20.8	－5.9	1.89	11.1	27.6

注：1934～40年は原則として暦年ベース，GNPデフレータは1934～36＝1。
出所：日本銀行統計局（1966），原資料は経済企画庁『国民所得白書』（昭和38，40年度版）。

表1-8b 生産国民所得（単位 十億円，％）

年	山田推計				大川推計			
	総額	変化率	第2次産業	変化率	総額	変化率	第2次産業	変化率
1930	11.2		3.4		11.6		3.2	
1931	10.7	－4.5	3.2	－5.9	10.6	－8.6	2.9	－9.4
1932	11.6	8.4	3.6	12.5	11.6	9.4	3.9	34.5
1933	13.0	12.1	4.0	11.1	12.6	8.6	4.9	25.6
1934	13.7	5.4	4.5	12.5	13.6	7.9	5.9	20.4
1935	15.0	9.5	5.0	11.1	14.6	7.4	6.9	16.9
1936	16.6	10.7	5.6	12.0	15.6	6.8	7.9	14.5
1937	19.3	16.3	6.7	19.6	16.6	6.4	8.9	12.7
1938	22.6	17.1	8.5	26.9	17.6	6.0	9.9	11.2
1939	29.3	29.6	11.9	40.0	18.6	5.7	10.9	10.1
1940	31.9	8.9	13.1	10.1	19.6	5.4	11.9	9.2

出所：日本銀行統計局（1966），原資料は山田（1957），Ohkawa（1957）。

ただし，これらは年次データであり，政策効果の出現までにどれほどの時間を要したか，は正確に計り得ない。そこで日本銀行調査局（各月）によって32年10月以降の月別状況をたどると，軍需・時局匡救関連の事業は32年10月に「需要増加」がみられ，以後もほぼ好調の時期が続いた[46]。しかし，それら以外の一般の産業では，33年4月に生糸・小麦粉・銅など一部の商品の相場が騰貴，肥料・セメントは売行良好となって，一部の産業に明るさが出たが他は沈滞，5月に繊維工業界は活況を呈したが他は凡調，6-9月は全般にほぼ好調，10-12月は内外情勢緊張で景気は低下した。このように政策効果は1年以内に出現した。

なお，実物経済のこういった浮揚は狭義の「財政」政策の効果であるとみるよりも，経済が復調した外国，特に米国経済の影響を受けた輸出の効果による，とみなすべきかもしれない。なぜなら，32-36年の実質GNPへの寄与度は輸出が15%，政府支出が5%であった[47]，また32-36年の総需要への増減寄与度（各年度の対前年度比）は輸出が政府（経常支出と粗固定資本形成）をかなり上回っていた[48]，かつ31-36年の実質GNE（支出）の構成をみると，32年以外は輸出と海外からの所得の合計が政府（経常購入と資本形成）を上回った[49]からである。

また，高橋財政期には，1932（昭和7）年7月公布の「国債の価額計算に関する法律」により国債標準価格を設定して，市価にかかわらず標準発行価格により資産評価もできることになった[50]。さらに，同年から日本銀行は国債担保貸出を優遇し，最低公定歩合の適用を一律・無制限に拡大した[51]。これらも与って34年まで国債消化は順調に進んだ。32年11月から35年度末までの売却額／引き受け額の比率は平均で85%であった[52]。35年10月には市中銀行の短期資金の調達を容易にするために，国債の売戻約款付買い入れを行うようになった[53]。しかし，35年後半には金融機関に対する資金需要が増大し，表1-4bに示されるように市中銀行への国債売却が困難となって[54]国債の価格下落と金利上昇を引き起こしたため，公債漸減の方針をとった。

§2-3 戦時期

戦時期では、まず1936（昭和11）年2月の2・26事件の後、増大する軍事費を賄うために公債漸減方針を放棄し、国債を円滑に消化するべく低金利政策を続行して、空前の低利である3分半利債へ借り換えた。表1-1に示されるように、これ以降の国債は償還期限が短くなり、従来の30～50年物の長期債中心から中期化して19年物以下となった。36年後半には、生産力拡充計画で資金需要が増えて金融市場は逼迫し金融梗塞が起こった。

1937（昭和12）年半ばにかけ短期金利が上昇して債券価格は下落したが、その後の財政支出増と日銀金利引き下げが金融緩和をもたらした。同年7月の日中戦争（日華事変）勃発後には臨時軍事費特別会計が設置され、同年9月以降、臨時軍事費が国債で支弁されることになったのを契機として国債発行は急増した[55]。赤字公債、軍事費公債のほかに、広義の国債である米穀証券などの短期証券も増加した[56]。39年9月には第2次世界大戦が始まって資金需要が増加し、金融梗塞も引き起こされて債券は消化難となったため、40年に緩和策をとった。

1941（昭和16）年12月に太平洋戦争が勃発して国債発行は一層激増した（表1-9参照）。起債目的別では軍事費調達と歳入補填が大きなウエートを占め、鉄道・通信・外地事業などの事業費調達目的の比率は低下していった。40年度から南満州鉄道（満鉄）・日本製鉄や新設の国策会社・営団・金庫への政府出資を賄うために3分半利債を発行した[57]。

国債の引き受けは次のように推移した。1937（昭和12）年10月発行の3分半利国庫債券り号（北支事件［日華事変］公債第1回）1億円の全額をシ団が引き受けたが、民間企業による設備投資資金の需要増のためさらなる金融梗塞が発生したこと、国債発行準備中の同年8、9月に株価が暴落したこと、国債発行が巨額になる見通しがあったことなどから、その後シ団引受は行われず日本銀行と預金部が引き受けた[58]。民間部門の引き受け可能額以上に発行して預金部に依拠する方法はこのとき始まった[59]。証券会社への売りさばき取次制度[60]や国民への奨励策などにより、日本銀行は引受のうちかなりの部分、すなわち36～45年度で約90％以上を銀行以外も含む民間に売却した（表1-4a参照）。

表1-9　内国債等発行・現在高（単位100万円）

年度	国債 発行高	国債 現在高	政府短期証券 現在高
1912	51	1,116	
1916	70	1,097	
1918	431	1,741	
1919	602	1,967	
1920	792	2,353	
1921	738	2,718	
1924	791	3,356	
1926	538	3,711	6
1927	742	3,944	57
1928	689	4,380	15
1929	559	4,513	44
1930	266	4,477	207
1933	1,066	6,724	544
1935	1,051	8,522	453
1938	4,548	16,065	492
1940	6,983	28,611	1,047
1942	14,973	55,444	1,554
1945	33,495	139,924	3,020

出所：志村（1980），大蔵省（各月）1953年4月。

　臨時資金調整法が1937（昭和12）年9月に施行されて国債の消化を優先し[61]，金融機関に半強制的に国債を割り当てた[62]。消化を促進するために日本銀行が国債担保貸付利率を引き下げたので[63]，日本銀行からの借り入れは国債利回りより低利となり金融機関はいくらでも借り入れができた。そのため国債の売却減をもたらして，国債の価格支持と発行・消化が容易になった。日本銀行は取引先銀行の国債保有増に対処するために国債の買い入れも行った。買い入れは35年10月から売戻約款付（条件付）で，37年8月からは無条件で，となった[64]。

　金融統制の強化とともに国民への貯蓄奨励と国債の引き受け勧誘を推し進めた。大規模な貯蓄奨励運動を進めるべく1941（昭和16）年6月に国民貯蓄組合法を施行，43年6月からの国債郵便貯金制度により半ば強制的に貯蓄と国債購入を奨励し，さらに国債の消化も推進した。小額公債・割引国債を発行し，また戦時債券として日本勧業銀行が小口の貯蓄債券（37年12月〜）・報国債券（40

年5月〜）を売り出し，その代金は預金部に預け入れられて国債購入に向けられた[65]。

§3　地方債・社債・金融債の発行と引き受け

§3-1　地方債・社債・金融債の発行

　明治期には地方制度の整備が進んだ。地方債は1889（明治22）年に6分利の長崎市水道公債が初めて発行され，外貨地方債は1899年に6分利付神戸市水道公債がロンドンで募集された。1891年には6分利付東京市債が発行されて[66]（翌年東京株式取引所に上場[67]），第一国立，第三国立，三井の各銀行が募集取扱を行った[68]。

　最初の社債は1890（明治23）年の商法公布後に1割利付で大阪鉄道会社[69]が発行した[70]。これは同年に初の資本主義的恐慌が起こり，株価下落で増資が困難になったのを補うためであった[71]。98年に房総鉄道社債が東京株式取引所に上場された[72]。1900年頃以降は産業発展が進み社債の発行が増加した。

　1903（明治36）年に6分利付京釜鉄道債が[73]，07年にはポンド建ての5分利付南満州鉄道債が[74]それぞれ政府保証付きで発行された[75]。日露戦争（1904〜05年）後の金融緩和時には社債・地方債の発行が急増した。05年に外資の導入を促進するべく担保付社債信託法が公布されて担保付社債の発行が可能になり，銀行が引受業務をほぼ独占した。担保付社債信託制度では，委託者（社債発行会社）と受益者（投資家）の間に受託者（信託会社）が介在して，担保権を保存し実行する。06年に北海道炭礦鉄道が5分利付英貨社債を初めて担保付で発行した[76]。11年に社債の委託募集などの規定を商法に新設した。22（大正11）年には信託業法が施行されて信託会社が引受業務に進出した[77]。

　1900年前後（明治30年代）には農・工業へ長期資金を供給する金融機関が必要となって，以下の特殊銀行が設立され金融債[78]が発行された[79]。まず，1897（明治30）年に農・工業振興のための不動産抵当貸付を行う日本勧業銀行が発足して利付勧業債券を翌年から発行したが，これはその後発行された他の金融債と

異なり割増金付き（勧業小券）であって，抽選で当選者を決め1等は額面の10倍の割増金が付いた。割増金なしの勧業大券は1909年以降発行された。引き受けの状況は表1-10に示している[80]。

次いで1898（明治31）年から府県ごとに農工銀行[81]が順次設立されてそれぞれ農工債券を，1900年設立の北海道拓殖銀行が05年から拓殖債券を，動産である株式を抵当とする貸し付けを行うべく02年に設立された日本興業銀行が同年から興業債券を，それぞれ発行した。さらに18（大正7）年設立の朝鮮殖産銀行が翌年から朝鮮殖産債券を[82]，23年に設立された産業組合中央金庫（43［昭和18］年に農林中央金庫と改称）が産業債券を翌々年から[83]，36年設立の商工組合中央金庫が商工債券を翌年から，順次発行した。

金融債の募集法としては直接募集，または他の銀行が募集を取り扱う，あるいはシ団銀行[84]・証券業者が引き受け・募集を取り扱うなどの方法があった。1912（明治45）年には発行者が債券を売り出す売出発行が認められ[85]，割引債も20（大正9）年から発行が始まった。

戦間期において債券市場は拡大し活発になった[86]。大正期には第1次世界大戦後の反動で地方財政は圧迫され，地方債が増発された。1916（大正5）年に創設された簡易生命保険は23年から地方債の引き受けを行った（表1-11b参照）[87]。昭和期には東京市・横浜市の外貨公債3銘柄の元利払いに政府保証が付けられた[88]。金解禁時の緊縮政策で29（昭和4）年7月に発せられた内務省訓令が地方債の発行を抑制したが[89]，32年1月に内務・大蔵両次官の通牒が出されて緩和が図られ[90]，高橋財政時には時局匡救事業のために増大した。

戦間期の社債は低金利政策，起債市場の整備，シ団引受の増大[91]によって発行額が増加した。まず第1次大戦期（1915［大正4］～18年）に正貨の流入と金融緩和があり，起債の増加をもたらした。戦後反動期（20～26年）に金融は緩慢であったが株式市場が低迷して株式による資金調達が困難になったため[92]，鉄道業・電力業などの社債発行が増大した。金融恐慌期（27［昭和2］～28年）には企業の資金需要は停滞し，日本銀行の救済融資が行われて金融緩慢状態となり，預金の集中した大銀行は社債への投資を増やした。29年下期から31年にかけては金解禁を控えて銀行が手元資金を充実させたため，起債は低

調であった。32～36年の市場では自由な取引がさかんで，金融緩慢と低金利で活況がもたらされた。昭和初期は社債黄金時代といわれ[93]，起債は34年上半期に最初のピークとなって（表1-12参照），外資と預金部・簡易生命保険などの資金がそれを支えた。37年の日中戦争勃発前までは遊資増の金融機関が社債への投資を増やし，加えて低金利期であったので借入金が社債に切り替わった。

表1-10 勧業大券等の引受先別の消化状況（単位%，百万円）

年度	政府・公共団体	都市金融機関	農村金融機関	個人	合計額
1898	82.2	—	—	1.6	3.0
1910	2.9	9.0	—	23.2	25.0
1915	21.5	39.5	0.0	38.1	26.0
1922	6.6	69.6*	—	18.4	37.5
1926	10.8	54.0*	—	17.9	19.9
1930	54.5	8.4	10.6	17.6	22.0
1935	19.5	6.3	5.1	34.7	6.5
1940	7.0	7.7	60.5	21.2	20.0

注：部門別の計数は引受シェア（単位%）。1898年のみ勧業小券。＊は銀行・会社の合計。—は不明。
出所：日本勧業銀行調査部（1953）。

表1-11a 預金部の資金運用（単位億円，%）

年	資金合計額	内訳（%）				貸付
		国債	地方債	各種債券	うち勧業債	
1910	2.3	55.8	—	11.2	6.9	5.6
1913	3.1	36.3	5.1	24.2	15.7	19.7
1918	5.7	9.7	2.4	21.3	—	18.5
1920	9.8	10.6	3.8	22.4	—	16.9
1922	12.9	12.9	6.5	25.5	—	13.3
1924	15.4	15.2	9.1	22.3	—	16.7
1926	17.0	17.9	11.5	25.3	—	25.2
1928	23.1	21.0	14.1	21.4	11.8	19.1
1930	28.9	26.7	16.0	23.1	12.7	18.8
1932	36.3	30.0	20.2	24.1	11.2	18.4
1934	40.7	39.7	21.9	21.9	—	11.5
1936	46.9	40.7	22.0	16.6	—	15.7
1938	56.3	49.7	19.0	14.6	4.8	11.9

注：各年3月の計数。資金合計は金額，内訳は比率。各種債券は勧業債，興業債，農工債などで，地方資金の一部。—は不明部分。
出所：日本勧業銀行調査部（1953），大内（1974），大蔵省理財局（1942），農林中央金庫（1956）第1巻，吉田・藤田（1962）。

表1-11b 簡易生命保険の資金運用 (単位億円, %)

年	資金合計額	内 訳 (%)			
		国債	地方債	各種債券	預金部預金
1920	0.1	11.1	0.0	0.0	33.3
1925	0.9	11.8	5.4	0.0	25.8
1930	4.6	15.2	14.6	0.9	7.4
	4.8	16.7	16.7	0.8	9.3
1935	10.1	15.8	33.7	10.9	2.0
	10.9	17.4	36.6	10.2	1.7
1940	18.8	25.0	21.8	19.1	0.2
	20.7	26.8	26.3	20.2	0.1

注：各年度末の計数。資金合計は金額，内訳は比率。積立金のみで余裕金を含まない。1930年以降の下段は郵便年金との合計。
出所：簡易生命保険郵便年金事業史編纂会 (1953)，郵政省 (1971)。

表1-12 地方債・社債の発行額と残高 (単位百万円)

年	地 方 債		社 債		金 融 債	
	発行額	残高	発行額	残高	発行額	残高
1903	18	67	24	—	10	28
1910	13	168	37	—	55	150
1912	24	306	16	210	77	288
1914	25	327	7	242	46	355
1916	25	344	48	293	47	425
1918	11	338	79	391	198	590
1920	47	376	145	510	209	898
1921	102	462	228	686	250	1,069
1922	94	553	216	828	206	1,141
1923	135	675	299	983	289	1,288
1926	228	1,030	524	1,848	223	1,634
1927	388	1,168	627	2,107	355	1,678
1929	200	1,456	616	2,823	482	1,850
1930	203	1,510	191	2,940	449	2,039
1932	230	1,790	287	3,045	425	2,265
1934	833	2,402	1,472	3,198	396	1,976
1935	426	2,511	850	3,369	448	1,930
1937	243	2,670	330	3,462	639	2,278
1938	125	2,820	675	3,943	782	2,484
1940	271	3,020	1,365	6,111	964	3,221

注：地方債の1916年のみ年度の計数，他は年の計数。外貨債を含む。社債は金融債を含まない。
出所：志村 (1980)，日本興業銀行 (1957)。

ところで，1920年代から無担保社債が増大して[94]デフォルトが頻発した。デフォルトの発生率は担保付きの方が高かったにもかかわらず，無担保債の方が高いという認識が一般にもたれていたこともあって[95]，31（昭和6）～33年に社債浄化運動が起こり，33年に銀行・信託[96]・保険の各業界が社債発行を有担保で減債基金付（定時償還制）とすることを申し合わせた。同年に改正された担保付社債信託法は，社債を同一担保・同一順位の抵当権によって分割発行できるようにオープン・エンド・モーゲージ制度を整備した[97]。従来は，担保額の限度内で発行されても発行順序に従い社債権者の担保権順位は2位以下になるため，発行は困難であったが，この制度の採用により，発行順位にかかわらず担保額限度に達するまで担保権順位は同一となり，発行が容易になった。引受業者間の競争が激しかったため，引き受けなどの手数料も下がるとともに[98]，35年から南満州鉄道などの無担保債のウエートが高まったが，39年以降は社債浄化が徹底されて有担保債が増加した[99]。

地方債・社債・金融債の発行条件の推移は図1-1のとおりであり[100]，戦後と同様に「金利体系」にしたがって[101]，応募者利回りはほぼ国債，地方債，利付金融債，事業債の順に高くなっている。これは，本章§4-2で後述のように，国債については市場実勢が比較的考慮されていたが，地方債や金融債などは政府による指導や干渉があったことにも起因するとみられる[102]。

なお，地方債の利回りが利付金融債より高くなっているのは1927（昭和2）～28年であり，21～22，24～25年にも差はわずかであるが金利の順序逆転がみられる。27～28年は金融恐慌時で金利低下が著しく，低利債券への借り換えが行われたが[103]，そのような時期では地方債よりも利付金融債の方が金融情勢変化への対応がより素早く，かつ弾力的に条件形成ができたためであろう。なぜなら，前述のように地方債と金融債はともに政府の指導の下に発行されるが，前者は公共部門の債券であって起債には政府の認可が必要であるのに対し，金融債は民間が発行するもので，その指導の程度は相対的に緩やかであった[104]と考えられるからである。

戦時期には地方債は中央政府のコントロール下に置かれて預金部などの官庁による引き受けのウエートが増大したが，1937（昭和12）年9月に抑制される

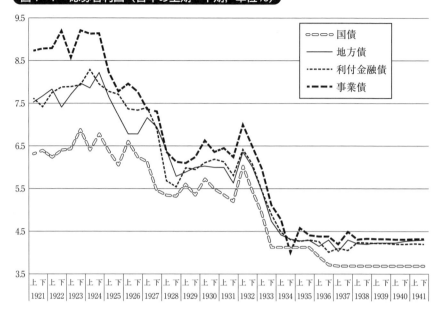

図1-1 応募者利回（各年の上期・下期，単位％）

ようになった[105]。翌年2月には社債と同様に発行の条件・時期について日本銀行の内認可を得ることが必要となり[106]，同年8月に発行は原則として認可しないとの通達が出され，以後発行は急減した[107]。

社債に対しても各種の統制が加えられた。1937（昭和12）年1月に輸入為替管理令を公布した。9月に設備資金を統制し，軍需産業の育成をはかる目的もあって臨時資金調整法が施行された。翌年1月には起債の条件・時期を日本銀行と相談することが必要となったが[108]，重化学産業，軍需産業，国策会社，新設の営団・金庫などはその債券発行が優遇された。同年5月に社債権者集会制度を導入した改正商法が公布された。39年の第2次大戦開戦の後，梗塞状態に陥っていた起債市場を改善するために起債の計画化が40年10月に実施され[109]，同年12月には大蔵省・逓信省簡易保険局[110]・企画院[111]・日本銀行・日本興業銀行がメンバーとなって社債の起債計画協議会を設立した[112]。シ団は社債を引き受けたが転売を自制して，社債は市場性を失った。

また，この時期には日本興業銀行の戦時金融機関としての役割が高まった。これは，1939（昭和14）年の「会社利益配当及資金融通令」により生産力拡充のための資金供給の融資命令先に同行が指定されたことも与っていた[113]。興業債券・商工債券などの金融債は日本発送電・大日本航空などの特殊会社の社債，帝都高速度交通営団・住宅営団などの発行する営団債券とともに戦時金融体制の中心であった[114]。臨時資金調整法実施後の1937年に一部の興業債券[115]，38年から庶民金庫（同年設立）債券のほか，帝国燃料興業・日本発送電・台湾拓殖・満州拓殖などの国策会社や公社の社債にも政府保証が付けられ[116]，発行限度の大幅拡大が認められて発行額は激増した[117]。興業債券は臨時資金調整法によってその発行限度が拡張されるとともに金資金特別会計が買い入れ，1940年からは資金に余裕があった地方銀行へも社債の計画的消化の一環として割り当てられた[118]。ほかに産業組合中央金庫・貯蓄銀行・庶民金庫・共同融資銀行（45年設立）も興業債券を引き受けた（表1-13参照）[119]。42年2月からすべての興業債券に政府保証が付いた[120]。恩給金庫（38年設立）なども債券を発行した。

表1-13 興業債引受先別消化状況（単位％，百万円）

年度	預金部	他の政府部門	金融機関	公募	合計額
1902	45.0	—	—	55.0	3.0
1911	25.9	—	—	74.1	13.5
1921	72.0	0.0	0.0	14.0	107.0
1926	20.2	0.0	0.0	79.8	37.6
1930	1.0	0.0	0.0	99.0	85.9
1937	1.4	95.9	0.0	2.2	410.0
1940	20.1	7.4	34.8	31.4	676.0

注：部門別の計数は引受シェア（単位％）。—は不明。他の政府部門は金資金特別会計と簡易保険局からなり，公募は一般投資家。
出所：日本興業銀行（1957）。

§3-2 地方債・社債・金融債の引き受け

次に地方債・社債の引き受けであるが，民間銀行などは1890年代に引受業務をまず地方債・社債について開始した[121]。資金力のあった銀行は，これらの債

券発行を仲介すること，総額を引き受ける総額引受を行ってその後一般に売り出すこと，または募集を受託し残額が生じた場合に引き受ける引受募集，つまり残額引受，などを行った。

地方債の最初の引き受けは1897（明治30）年11月に大阪市築港公債について行われた。引受銀行は第三銀行であったが，「其実第三銀行を始め安田，日本商業，明治商業の四銀行は共同営業を為すことに當初より決定し居ることは豫々聞及ぶところなりしが，阪地の北濱銀行をも右組合の中に加[122]」えた。つまり「同行［第三銀行-引用者］を始め安田，明治商業，日本商業の四銀行シンヂケートを形造りて引受けたるものにて今回更に北濱銀行に交渉し……五銀行の間に契約成立[123]」してシ団を組成した。第三銀行と大阪市との契約書は「乙［第三銀行-引用者］は市公債應募者の有無に係はらず募集市公債の代金悉皆を甲［大阪市参事会-引用者］の指定する募集期日後三十日以内に甲に納付する[124]」とされていて，残額引受であった[125]。§4-2で後述する国債引受シ団はその主目的であった4分利公債の引き受け後も活動を続け，1911（明治44）年には大阪市債のシ団[126]が国債シ団（§4-2に後掲の表1-15参照）とほぼ同じメンバー（第一，三井，安田，第三，十五，第百，住友，三十四，鴻池，北浜，浪速，山口，近江，加島，日本興業の15行と三菱合資銀行部）で組織された[127]。

社債の募集取り扱いは，1893（明治26）年に山陽鉄道社債が発行された際，第一国立・横浜正金などの銀行が行った[128]。引き受けは，1898年発行の阪鶴鉄道社債を北濱・住友・百三十・四十二[129]・大阪共立の5銀行が「社債應募数不足の節は右五銀行にて引受くる[130]」こととしたのが最初である[131]とみることができよう[132]。また，1903（明治36）年発行の大阪商船社債は「日本興業，三井，三菱，浪速，山口，三十四，住友の七行にて引受け，シンジケート組織に成るもの[133]」とあり，シンジケートの表記がある。さらに，担保の受託は銀行がほぼ独占した[134]。1910年に証券業者も元引受を開始し，京都電気鉄道社債を曾野作太郎商店が，箕面有馬電気軌道社債を野村・竹原・黒川・高木の各商店が，江之島電気鉄道社債を小池合資[135]が左右田銀行[136]とともに，また地方債は名古屋市債を紅葉屋商会が，それぞれ引き受けた[137]。

戦間期では，まず1914（大正3）年に東京市の公募債を日本興業，第一，三

井,十五,三菱の5銀行から成るシ団が引き受け,小池(小池合資)・神田(紅葉屋商会)・福島(福島浪蔵商店[138])といった証券業者が下引受を行った[139]。金融恐慌後はシ団の再編が行われて大銀行が大都市の地方債を引き受けるとともに,証券会社・信託会社・保険会社が大都市債の下引受とそれ以外の地方債の引き受けに進出した[140]。同様に,社債についても銀行が主としてシ団の形態で引き受けを,証券会社・信託会社[141]・保険会社[142]が下引受もしくは引き受けを行った[143]。

預金部に預託された郵便貯金資金は地方から集まっていたため預金部資金の地方還元が課題となった。本章§2-2で既述のように,地方還元は特殊銀行が地方団体に融資する[144]際に預金部が特殊銀行の債券を引き受けるという迂回的な方法で行われ,その対象は1906(明治39)年の勧業債券からであった。また,預金部の引き受けによる資金供給を受けて日本興業銀行は対外投資など国策遂行に協力した[145]。さらに,日本勧業銀行は日露戦争時の04年から浮動購買力の吸収を目的として政府から受託した貯蓄債券を発行し[146],その募集金を預金部に預け入れたが,貯蓄債券を消化するために勧業債券は05年に発行中止となって同行が資金不足に陥ったので,預金部が勧業債券を引き受けた[147]。この勧業債券は市場性をもたず「特殊債券」と呼ばれた。

以後もこういった迂回的な融資を行った。特に昭和期の金融恐慌後には預金部が地方債を直接引き受け,それ以外に日本興業銀行が対外・一般公共・中小商工業への貸し付けを行う場合と,日本勧業銀行が地方団体・各種の組合・地方産業者に融資する場合に[148],預金部がこれら特殊銀行の債券を引き受ける方法も採用した。

しかし,このような間接的方法では特殊銀行に支払う利子が地方団体の負担になった。そこで,預金部は1927(昭和2)年度から道府県と6大都市(東京,横浜,名古屋,京都,大阪,神戸)の,32年度から市町村の,それぞれの地方債を直接引き受ける方式に変更した[149]。なお,預金部が引き受ける地方債は簡易生命保険資金が引き受けるそれとは異なり非市場性の債券であって,これは証書貸付けの変形であった[150]。戦時期にはシ団が社債を引き受けたが,転売を自制して市場性喪失の時代に入っていく。預金部は1939年にその資金を庶民金

庫・恩給金庫といった特殊法人発行の債券のほか，それ以外の法人の政府保証債[151]でも運用できるようになって[152]国策会社などの政府保証債を多く引き受け，かつ引受シ団のメンバーとしても活動した[153]。預金部の資金運用における地方資金の比重は減少し，33年度において全運用額の45％であったのが41年度に17％，45年度は5％になった。

また，簡易生命保険は，その積立金を1923（大正12）年から地方債で，33年から南満州鉄道などの社債で，それぞれ運用するようになった（表1-11b参照）[154]。

§4　国債の引き受け手の状況

§4-1　預金部などの公的部門

§2-2と3-2で既述のように，1885（明治18）年に発足した預金部はその資金を当初は日本国債に，1902年以降は外国国債と金融債にも拡げて運用した。1925（大正14）年制定の預金部預金法により郵便貯金は預金部への預託が義務づけられ，その後増大した。また16年創設の簡易生命保険の余裕金・積立金や26年創設の郵便年金がそれぞれ21年と26年に預金部に預託されるようになった[155]ことなどにより，預金部資金は増加した。預金部は関東大震災後の不況期においても，§3-2で言及した地方還元を行うとともに国債への投資も増やし（表1-2参照），資金の運用先は国債[156]・金融債の引き受けのほか，地方債引受，地方団体貸付などに広がった（表1-11a参照）。

1920（大正9）年の戦後反動恐慌から27（昭和2）年の金融恐慌までの時期に震災手形損失補償公債などの交付国債の増発があった。他方，公募債への応募は不振で，預金部引受と郵便局売り出し[157]に依拠した。23年以降，新規国債のシ団引受はほぼ中止となったため預金部による引き受けが増加した[158]。29～36年の預金部の保有シェアは10％を超えた。§5-2に後記するように，特に29～31年は国債価格支持のため買い入れを増した[159]。37年にシ団引受が行われたが§2-3で既述のとおり成功せず，それ以後は預金部が日本銀行とともに引き受

けを行った。預金部の資金運用は国債が中心となり，運用全体に占めるそのウエートは急増して36年において約40％，45年では70％に達した（表1-11a参照）[160]。

預金部が買い入れを行ったことに関しては，「東京朝日新聞」1923年5月9日に「四月十五日から同月末日迄の間に於て預金部資金を以て雑五分公債[161]一千萬圓餘を国債市場より買入運用を実行」，同紙1931年8月9日に「八日国債市場において日銀筋の買入が行われた形跡があるが，そのうちには日銀自身の買入もあったにせよ多くは預金部が日銀を通じて買入を行っているもの」，「大阪毎日新聞」1936年12月8日に「大蔵省は預金部資金をもって十一月末の短資市場引締緩和に功を奏したるに鑑み，引つづき近く発行さるべき第二回赤字公債に支障なきよう興銀から日興証券を通じ公債を買出動する等金融工作に出ている」などと報じられている。

1906（明治39）年に創設された減債基金である国債整理基金は27年の法改正で国債保有が明示的に可能になった[162]。減債基金による買い入れについては，「大阪毎日新聞」1924年4月10日に「近時公債発行の激増で市価の低落甚しきに鑑み，政府は昨年以来非募債主義を採り，一面減債基金の運用に依って其価格を維持する事に努めているが，……復興及復旧事業公債が今後数年に亘り発行せらるる……。昨年十二月二十八日の相場が何れも略ほ震災前の相場に恢復しているのは減債基金による買付が盛んに行われたの……に基く」（下線は引用者）の記事と，「東京朝日新聞」1927年2月10日の「減債基金使用額調べ」に「国債市場より買入れたる内国債」の数表がある。

また減債基金は国債の買い入れ消却を随時行い，第3章の計測期間（1920-40年）では1927（昭和2）年4月以降について確認できる[163]。減債基金の資金を使った日本銀行の買い入れについては，「東京朝日新聞」1928年10月5日に「日興証券が七百七十萬圓の買に出たので注目されているが，これは政府の国債市価維持策の発動であって，……政府，日銀が打合せて甲号五分利九十三円以下，第三五分利九十二円以下なれば買向い，もってこの辺に市価を維持せんとする方針のようである。なおかく市価維持策として公債を買うについて最初通貨統制問題から日銀側は反対であったが，政府の減債基金を使うにおいては統制問

題についての不安はそう問題でなくなるので,政府の減債基金を使うことにして実行を開始した」と報じられている[164]。

なお,1929(昭和4)年9月6日の「大阪毎日新聞」には「大蔵當局は減債基金の使用時期・程度および方法を大体日銀當局に一任することに方針を決定した由で,日銀では昨今市場の實情に應じ右による買入償還を實行しているが,右は前内閣時代,減債基金の使用は全く大蔵當局の指図通りで非常に不便であったのに鑑みたものである」,また同日の「中外商業新報」には「井上蔵相は[29年7月-引用者]就任とともに土方日銀総裁と協議の結果市価支持のため日銀に減債基金の使用を一任した」との記事がある[165]。

1927(昭和2)年の金融恐慌を経験した後,中小金融機関から郵便貯金へ資金が流れた[166]。その一因は郵貯金利が硬直的であって,市中の定期預金金利とほとんど同水準の時期があったことであろう(表1-14参照)。加えて,奨励策

表1-14 預金金利の比較(年利,%)

年	郵貯	銀行定期
1912	4.20	5.30
1913	4.20	6.09
1914	4.20	6.13
1915	4.65	5.18
1916	4.80	4.27
1917	4.80	4.45
1918	4.80	5.12
1919	4.80	5.59
1920	4.80	6.47
1921	4.80	5.99
1922	4.80	6.16
1923	4.80	6.37
1924	4.80	6.37
1925	4.80	6.37
1926	4.80	6.37
1927	4.80	5.89
1928	4.80	5.57
1929	4.80	4.94
1930	4.62	4.84
1931	4.20	4.64
1932	3.90	4.80

注:銀行定期は東京銀行集会所社員銀行の6か月定期預金金利。
出所:大蔵省理財局(各年a)。

がとられたこと，41年に定額貯金が創設されたこともあいまって郵便貯金は増大した[167]。簡易生命保険はその積立金を19（大正8）年から国債などで運用するようになった（表1-11b参照）[168]。27年と32年に国債の引き受けを行っているが[169]，他の年には記事が見あたらず，他方24年，26，34，38年などには購入予定が報じられているので[170]，これらの年は市場などから買い入れたのであろう。また，「読売新聞」1933年8月31日の「簡易保険初め官庁筋は額面以上でも［国債に-引用者］投資できるようになった」との記事も買い入れを示唆する。さらに郵便年金も余裕金が26年から国債で運用され，積立金は28年から国債での運用が始まった[171]。

なお，公的部門の国債保有シェアを預金部と簡易生命保険・郵便年金の合計で計ると前掲表1-2に示されるように戦間期までは10～20％台，戦時期で20～30％台であり，必ずしも大きくはない。

次に，日本銀行は明治期に引き受けを次のように行った。1896（明治29）年に軍事公債を[172]，1902年に大蔵省証券[173]をそれぞれ引き受けた。10年の第1回4分利公債発行の際，シ団メンバーとしての引き受けのほかに，公衆への募集に対して応募も行った。全体の応募額が募集額を上回ったためシ団の引き受けは結局わずかであったが（§4-2参照），日本銀行はその応募分を引き受けたとみられる[174]。1917（大正6）～26年にも短期物である臨時国庫証券と短期物中心の5分利国庫債券[175]の発行と借り換えに際し，これらを引き受けて後に売却すること，あるいは引き受けと同時に売り出すことなど[176]を行った（表1-3参照）。こういった引き受けの目的は政府の短期的な資金繰りを助けること，または公募の困難を救済することであった[177]。さらに本章§2-2で前述のように，高橋財政期以後には多くの11年超物を引き受けかつ市中へ売却したが，これは「従来の原則の廃棄」であった[178]。

国債の買い入れとしては，日清戦争後の恐慌時に企業へ資金を融通するために1898（明治31）年に日本銀行史上初の買いオペを行った[179]。既述のように減債基金の資金を使った買い入れ消却を1920～30年代に行ったが，1930年代は自行資金を使って国債を買い入れ[180]，35年10月から売戻条件付きで買い入れ，37年8月以降は無条件で買い入れた（本章§2-3参照）。国債の対市中売却は17（大

正6）年，27（昭和2）年にも行ったことがある[181]。17年10月には臨時国庫証券を引き受けた後，市中に売却した[182]。27年5月から翌年3月にかけての売却は，金融恐慌時の日銀特融によって生じた市中銀行の余資を吸収するためであった[183]。

§4-2　民間金融機関

　1878（明治11）年に最初の公募国債として起業公債（6分利付）が発行された際に第一国立銀行と三井銀行が募集と元利金支払い事務の取扱いを行った[184]。次いで，1894（明治27）年8月には日清戦争の戦費調達のために第1回軍事公債（5分利付）3千万円が公募でも発行されたが，その際，大蔵大臣・日本銀行総裁が民間銀行の代表に応募の勧誘を依頼した。依頼の相手は関東同盟銀行の代表である第一・第十五・第三の各国立銀行などのほか，大阪・名古屋・奥羽北海・中国四国・九州の各同盟銀行の代表であった[185]（表1-15参照）。同年11月に行われた同第2回債の発行は第1回債の募集発表3ヵ月後で，第1回債の応募金がまだ払い込み中であったため[186]さらなる勧誘が必要であり，大蔵大臣・日本銀行総裁が銀行の代表を集めて応募を依頼し[187]，日本銀行が各銀行の負担額を決めた[188]。第2回債も公募が行われた。最後の第4回債は3,500万円のうちの2,500万円が預金部の引き受けにより，1千万円は公募によりそれぞれ発行され，売れ残りの約842万円は預金部・日本銀行による引き受けを併用した[189]。

　また，1899（明治32）年に鉄道建設などのためにロンドンで第1回4分利付英貨公債を発行したが，その際，横浜正金・パース[190]・香港上海・チャータード[191]の各銀行がシ団を組成して[192]引き受けを行い，応募不足を共同して引き取った。つまり，残額引受であった[193]。それに先立ち，ロンドンで97年に軍事公債を売却した折にも横浜正金・香港上海・チャータードの各銀行などによりシ団が作られていた[194]。

　さらに，日露戦争直前の1904（明治37）年1月には第1回発行国庫債券（5分利付）1億円の公募について政府・日本銀行が民間銀行と発行条件[195]を協議した[196]（表1-15参照）。「曾禰蔵相は松尾日銀総裁に命じ英国にて行わるる方

法に倣い即ち募集発表前に金融市場に牛耳をとる人々と応募価格，利率，期限等を協議して予めシンジケートを組織しおかしむるの方針を取」[197]っており，蔵相はシ団を組成する方針をこのときすでに考えていた[198]。

政府・日本銀行と民間銀行の協議の論点は，国債発行総額の決定，国債利回りの銀行預金利率と比較しての設定，民間経済に激変を与えないような分割募集をすることなどであった[199]。日本銀行はあわせて，国債担保貸出しに優遇措置を講ずることも提案した[200]。銀行に引き受けさせようとした背景は，1904（明治37），05年頃から日露戦争後の活況のため預金が著増し貸し出しを上回っていたこと，金融が緩慢で市中銀行に資金がだぶついており，かつ国債相場が保持されていたことであった[201]。同第2回〜第5回債の公募発行に際しても協議を行った[202]。第4回債からクーポンを6分に引き上げたが，これは銀行団のイニシアティブによるものであったとみられる[203]。

次いで，日露戦争後に戦費不足分を調達するために特別5分利公債（臨時事件公債）3.5億円を発行したが，そのうち2億円を公募するために1906（明治39）年2月にその発行条件を銀行団と協議した[204]。

1910（明治43）年2月に下請銀行組合と呼ばれた国債引受シ団が発足した。5分利以上の既発公債を借り換えるために4分利公債が同年2〜3月に2回発行された際，本章§4-1で既述のように日本銀行がそれらの一部を引き受けた。同時に，第一・住友など主要な普通銀行13行と横浜正金・日本興業の特殊銀行2行は政府・日本銀行と協議して，公衆の応募分が1億円の発行額を下回る場合に不足分を引き受けるという引受募集[205]を行うべく，シ団を結成した[206]（表1-15参照）。シ団は，国債の公募発行と借り換えが行われる際に条件などについて大蔵省と協議することを要望して政府がこれを受け入れ，以後の慣行となった[207]。

各回の発行額1億円のうちシ団の引受予定額は第1回7,500万円，第2回が8,750万円であったが[208]，「シンジケートは愈各自において若干の引受為すべき危機到来せりと認め，株式仲買の一団をして二千萬圓の引受を為さしむるに当たりても銀行は自家引受の厄を逃れん為一千八百六十萬圓の融通を与え」[209]た。応募総額は第1回が約1.8億円であり，一般応募は「形勢振はず終局において

八千八百萬圓に止まり……俄に帝室並に日本銀行をして一億圓の應募を為さしめ，斯くて辛くも一億八千萬圓を標榜するを得たり。現金應募の一億二千萬圓は斯かる細工あるに由れり」[210]，または「東京方面　三五,000,000円　大阪方面　一五,000,000円　其他各地　二0,000,000円」[211]の計7千万円であったので結局シ団の引き受けはわずかであった。なお，第1回の募集から小池合資・紅葉屋商会・福島浪蔵商店・野村商店などの有力な証券業者が下引受を行った[212]。また，次節で述べるように，引き受けた銀行と証券業者に対して価格支持策への協力を課した。

　4分利公債の第2回募集は応募額が減少したが，同年3月にかろうじて発行できた[213]。第3回募集では「公債の発行銀行及び引受銀行の代表者たる松尾日銀，高橋正金，……の諸氏は十三日午前十一時より日本銀行に会合して第三次借換発行について協議する所ありたるが，据置年限を経過せる五朱［＝分[214]-引用者］利公債は残額僅に一億六千円萬圓に過ざるを以て之は財政上の遣繰にて普通の償還方法に従い，現金償還にても四朱利公債の借換引渡にても公債所有者の希望に委すこととして借換公債の一般募集は見合わせ，万一現金償還希望額が巨大にして財政の事情之を容るの餘地なき場合は引受銀行團に於いて全然責任を負ふ可し，との説最も多数を占めた[215]」ので募集は中止となり，代替措置として本章§2-1に記述した英貨と仏貨の4分利公債が発行された。

　その後のシ団の変遷は表1-15に，公募債またはシ団およびシ団に近い形態による引き受けの債券は表1-17に，それぞれ記載のとおりである[216]。銀行の合併，吸収，休業などが発生したため，1910（明治43）年におけるシ団発足時のメンバーのうち37（昭和12）年に行われた最後のシ団引受まで残ったのは第一，三井，三菱，安田，第百，住友の6行と三十四など3行が合併してできた三和銀行，および横浜正金，日本興業の2特殊銀行であり，シ団発足後に新たに加わり最後までに残っていたのは37年に加入した野村銀行，ともに16年加入の愛知・名古屋の両銀行と，特殊銀行の16年加入の朝鮮銀行，および32年加入の三井など4信託会社であった。

第1章　戦前の債券市場　—発行・引き受けと流通

表1-15　国内での国債シ団の変遷

年　月	対象の債券とシ団の構成
1894（明治27）年11月 （*1）	政府・日銀が次の銀行に軍事公債勧誘を依頼。 横浜正金，第一国立，三菱（1919年まで合資会社銀行部），安田，第三国立，第十五国立。 他に，大阪・名古屋・奥羽北海・中国四国・九州の各地区の代表銀行に募集の協力依頼
1904（明治37）年1月 （*2）	政府・日銀が次の銀行と日露戦争経費のための第1回発行国庫債券の発行を協議。 特殊銀行（日本興業，日本勧業，横浜正金），第一，三井，三菱，安田，十五，第百，帝国商業，二十七（以上東京），七十四，第二，左右田（以上横浜），住友，三十四，鴻池，山口，北浜，浪速，大阪貯蓄，百三十〈23年保善と合併〉（以上大阪），京都商工（京都），名古屋，愛知，十一，伊藤，明治（以上名古屋）
1906（明治39）年2月 （*3）	政府・日銀が次の銀行と日露戦争経費のための臨時事件公債発行を協議。 3特銀（日本興業，日本勧業，横浜正金），第一，三井，三菱，安田，第三，十五，第百（以上東京），七十四，第二〈34年解散〉，左右田（以上横浜），住友，三十四，鴻池，山口，北浜，浪速，大阪貯蓄（以上大阪），京都商工（京都），名古屋，愛知，十一，伊藤，明治（以上名古屋）
1910（明治43）年1月 （*4）	以下の銀行がシ団を結成し，第1回4分利公債を引受。 13行（第一，三井，三菱，安田，第三（*4a），十五，第百，住友，三十四，鴻池，山口，北浜，浪速），2特銀（横浜正金，日本興業）
同年3月 （*5）	上記のシ団に加えて以下が第2回4分利公債の取扱銀行となる。 帝国商業〈44年安田が買収〉，東海〈27年第一と合併〉，八十四，豊国，中井，村井〈以上4行は28年昭和に〉，明治商業〈23年保善と合併〉，丁酉〈20年十五が吸収〉，森村〈29年三菱が買収〉，東京，川崎，二十七〈20年東京渡辺と改称，28年破産〉，二十〈12年第一と合併〉（以上東京），七十四〈37年廃業〉，左右田〈27年横浜興信が買収〉，横浜興信〈27年伊藤と合併して東海に改称〉，明治，愛知，名古屋，関戸〈14年愛知が買収〉，金城〈17年名古屋と合併〉，愛知農商〈33年破産〉（以上名古屋），京都〈23年保善と合併〉，京都商工（以上京都），近江，加島，百三十，大阪貯蓄〈45年日本貯蓄に改称，48年協和に〉，日本貯金〈10年解散〉（以上大阪），六十五〈28年神戸岡崎が買収，36年神戸に〉，日本商業〈23年保善と合併〉，岸本〈31年解散〉，神戸川崎〈20年十五が吸収〉（以上神戸）
1912（明治45）年3月 （*6）	シ団いったん解散
1913（大正2）年4月 （*7）	日銀が銀行と朝鮮事業費国庫債券発行を協議。シ団は組成せず，以下を取次店とした。 13行（第一，三井，三菱，安田，第三，十五，第百，住友，三十四，鴻池，山口，浪速，北浜〈19年摂陽と改称，26年三十四が吸収〉），1特銀（朝鮮）
1915（大正4）年10月 （*8）	鉄道債券い号。12行（第一，三井，三菱，安田，第三，十五，第百，住友，三十四，鴻池，山口，浪速），2特銀（横浜正金，日本興業）
1916（大正5）年4月， 1917（大正6）年5月 （*9）	鉄道債券ろ・は号。19行（第一，三井，三菱，安田，第三，十五，第百，川崎，住友，三十四，鴻池，山口，浪速，加島，近江，百三十，京都商工〈16年第一と合併〉，愛知，名古屋），4特銀（横浜正金，日本興業，朝鮮，台湾）
1916年10月～ 19（大正8）年4月 （*10）	5分利国庫債券。19行（第一，三井，三菱，安田，第三，十五，第百，川崎，住友，三十四，鴻池，山口，浪速，加島，近江，百三十，愛知，名古屋，明治），4特銀（横浜正金，日本興業，朝鮮，台湾）

1917（大正6）年11月 （＊11）		日銀が次の銀行と朝鮮事業費国庫債券発行を協議。 17行（第一，三井，三菱，安田，第三，十五，第百，川崎，住友，三十四，鴻池，山口，近江，浪速〈20年十五が吸収〉，名古屋，明治），4特銀（横浜正金，日本興業，朝鮮，台湾）
1920（大正9）年11月 （＊12）		5分利国庫債券。17行（第一，三井，三菱，安田，第三，十五，第百，川崎，住友，三十四，鴻池，山口，加島，近江，愛知，名古屋，明治），4特銀（横浜正金，日本興業，朝鮮，台湾）
1921（大正10）年 〜22（大正11）年 （＊13）		5分利国庫債券。18行（第一，三井，三菱，十五，第百，川崎，安田，第三，百三十〈23年以上3行などは合併して保善になり，同年安田に改称〉，住友，三十四，鴻池，山口，加島，近江，愛知，名古屋，明治），4特銀（横浜正金，日本興業，朝鮮，台湾）
1924（大正13）年 〜27（昭和2）年 （＊14）		5分利国庫債券。16行（第一，三井，三菱，安田，十五〈27年休業，44年帝国が吸収〉，第百，川崎，住友，三十四，鴻池，山口，加島，近江〈27年昭和が買収〉，28年昭和に改称，愛知，名古屋，明治），4特銀（横浜正金，日本興業，朝鮮，台湾〈27年一時休業〉）
1927（昭和2）年5月 （＊15）		5分利国庫債券。14行（第一，三井，三菱，安田，第百，川崎〈以上2行は合併して27年川崎第百に〉，住友，三十四，鴻池，山口，加島〈29年分割され野村・鴻池・山口の3行が買収〉，愛知，名古屋，明治），3特銀（横浜正金，日本興業，朝鮮）
1928（昭和3）年 〜31（昭和6）年 （＊16）		5分利国庫債券。12行（第一，三井，三菱，安田，川崎第百，住友，三十四，鴻池，山口，愛知，名古屋，明治〈38年廃業〉），3特銀（横浜正金，日本興業，朝鮮）
1932（昭和7）年〜 33年（昭和8）年末 （＊17）		5分利国庫債券。11行（第一，三井，三菱，安田，川崎第百〈36年第百に改称〉，住友，三十四，鴻池，山口〈以上3行合併して33年三和に〉，愛知，名古屋），3特銀（横浜正金，日本興業，朝鮮），4信託会社（三井，三菱，住友，安田）〈32年から参加〉
1937（昭和12）年8月 （＊18）		3分半利国庫債券。10行（第一，三井，三菱，安田，第百〈43年三菱が吸収〉，住友，三和，野村〈37年シ団加入，48年大和に改称〉，愛知，名古屋〈以上2行など合併し41年東海に改称〉），3特銀（横浜正金，日本興業，朝鮮），4信託会社（三井，三菱，住友，安田）

注（＊1）「東京朝日新聞」1894年11月30日，同年12月1日参照。
（＊2）東京銀行集会所（各月）1904年2月，p.165，「東京朝日新聞」1904年1月29日参照。
（＊3）東京銀行集会所（各月）1906年3月，p.397，「読売新聞」1906年2月13日参照。
（＊4）各行の引受額は日本銀行百年史編纂委員会（1983）第2巻，p.255参照。
（＊4a）安田と第三の両社の代表として安田善治郎が政府との協議に参加した。大内（1974）p.117参照。
（＊5）大蔵省（1936）p.905，東京銀行集会所（各月）1910年4月，p.494参照。
（＊6）日本銀行百年史編纂委員会（1983）第2巻，p.258参照。
（＊7）「東京朝日新聞」1913年4月23日，同年4月29日，「読売新聞」1913年4月25日参照。なお，日本興業と横浜正金が含まれないとの説明もある（大蔵省（1936）p.961，「時事新報」1913年4月25日）。
（＊8）大蔵省（1936）p.977，「時事新報」1915年9月27日参照。
（＊9）大蔵省（1936）p.982，987，「東京朝日新聞」1916年4月7日，1917年5月2日，「中外商業新報」1917年4月28日参照。なお，これに先立ち，1916年2月の露国大蔵省証券引き受けに際してシ団には朝鮮・台湾・近江・加島各行が加わり18行となっていた。「東京朝日新聞」1916年2月2日参照。
（＊10）大蔵省（1936）p.1008，「中外商業新報」1916年10月20日，「東京日日新聞」1918年8月4日，「読売新聞」1919年2月13日，「東京朝日新聞」1919年4月8日参照。
（＊11）大蔵省（1936，p.965）は「引受銀行団と発行条件を協定」とするが，「東京日日新聞」（1917年11月3日）は「従来の如くアンダー・ライターたらざる」とする。

(＊12)「大阪時事新報」1920年9月28日, 同年11月26日参照。
(＊13)「読売新聞」1921年4月12日,「中外商業新報」1922年2月24日,「東京朝日新聞」1922年3月3日,「大阪朝日新聞」1922年5月2日参照。
(＊14)「中外商業新報」1924年8月6日,「大阪時事新報」1925年4月23日, 1926年4月29日,「中外商業新報」1926年10月26日, 1927年1月22日参照。なお「中外商業新報」1925年4月24日では朝鮮と山口が記載されていないが, 誤りであろう(「大阪時事新報」同年4月21日, 同23日)。
(＊15)「大阪朝日新聞」1927年5月10日,「国民新聞」1927年10月22日参照。
(＊16)「東京朝日新聞」1929年4月12日, 1931年5月7日,「中外商業新報」1930年4月20日,「報知新聞」1930年11月16日,「東京朝日新聞」・「時事新報」1932年2月17日参照。なお「東京朝日新聞」1928年1月24日では鴻池の代わりに加島が加えられている。「東京朝日新聞」1932年5月6日では明治が含まれていない。また山一證券(1958)p.195では野村が含まれているが誤りであろう。
(＊17)「中外商業新報」1932年7月21日, 後藤(1977)p.8参照。
(＊18)藤崎(1954)p.339,「大阪時事新報」1937年8月13日,「大阪毎日新聞」1939年11月29日, 野村銀行(1938)p.124参照。
出所：銀行の変遷の出所は渡辺・北原(1966)と全国銀行協会銀行変遷史データベース。

表1-16 4分利債の応募者（単位百万円, ％）

応募者	第 1 回		第 2 回	
	金額	シェア	金額	シェア
官庁	35.9	19.9	41.4	27.3
公共団体	8.3	4.6	11.3	7.4
銀行	74.3	41.1	84.9	55.9
会社	8.7	4.8	2.2	1.4
他法人・団体	9.5	5.3	1.5	1.0
個人	13.1	7.2	7.6	5.0
公債売買業者	29.9	16.5	2.3	1.5
総計	180.8	100.0	151.8	100.0

出所：大蔵省(1936)。

表1-17 公募またはシ団関与の国債銘柄（1910-37年度）

銘柄	発行年月	年数+月数	発行額（百万円）	借換	出典，備考
第1回4分利公債	1910年3月	60	176		「史」上，p.886
第2回4分利公債	1910年4月	60	100		「史」上，p.886
鉄道債券い	1915年10月	4+9	30		「史」上，p.977，982，1008
鉄道債券ろ	1916年4月	14+10	40		「史」上，p.977，982，1009
5分利国庫債券い	1916年11月	14+10	20		「史」上，p.977，982，1010
鉄道債券は	1917年5月	14+10	40		中外17.4.28，東朝17.5.2
臨時国庫証券い	1917年8月	3	100		大朝17.8.4，中外17.8.15
朝鮮事業費国庫債券ろ	1917年11月	5	45		大毎17.10.27
臨時国庫証券ろ	1918年1月	4+10	50		東朝18.1.12
5分利国庫債券ろ	1918年5月	5	50		東朝18.5.4，時事18.5.12
臨時国庫証券は	1918年8月	3	100		東日18.8.4
5分利国庫債券は	1919年3月	3+3	52		読売19.2.3
5分利国庫債券に	1919年4月	3+4	82		東朝19.4.8
5分利国庫債券ほ	1919年7月	4+3	80		大朝・読売19.7.11
5分利国庫債券へ	1919年11月	2	50		東朝19.11.4
臨時国庫証券る	1920年3月	3+11	100	○	大朝20.2.27
臨時国庫証券（割引債）	1920年8月	0+6	100	○	大朝20.8.10
5分利国庫債券ぬ	1920年10月	2+10	80		「史」上，p.1041
5分利国庫債券を	1920年12月	4+3	50		大時事20.11.26
臨時国庫証券（割引債）	1921年2月	1	100		東朝21.2.17
5分利国庫債券た	1921年3月	6+2	70		「史」上，p.1058，中外21.2.24
5分利国庫債券そ	1921年4月	7+7	80		読売21.4.12
臨時国庫証券を	1921年8月	4+6	100	○	読売21.7.22，中外21.7.27
5分利国庫債券む	1921年9月	4+11	50		大毎21.9.6
5分利国庫債券の	1921年11月	5+3	55	○	読売21.10.22
5分利国庫債券け	1922年3月	5+2	50		時事22.3.21，東朝22.3.3
5分利国庫債券え	1922年5月	4+6	52	○	大朝22.5.2
5分利国庫債券き	1922年8月	5+3	86	○	大毎22.7.21
5分利国庫債券め	1922年9月	2+11	50		時事25.1.9
5分利国庫債券ひ	1922年11月	5+3	50	○	大時事22.10.24
5分利国庫債券せ	1923年3月	6+5	70		大毎23.3.20
5分利国庫債券す	1923年4月	6+7	38		大朝23.3.27
5分利国庫債券第3回	1923年5月	6+9	70	○	読売23.4.21
5分利国庫債券第6回	1923年8月	7	80	○	中外23.7.28
5分利国庫債券第9回	1923年11月	2	83		時事25.1.9
臨時国庫証券つ	1924年2月	4+6	100	○	大朝24.1.22
5分利国庫債券第13回	1924年4月	4+10	85	○	大朝24.4.19
臨時国庫証券む	1924年8月	4+9	50	○	大時事24.8.5，中外24.8.6
5分利国庫債券第17回	1924年11月	6+9	68	○	大朝24.11.13
5分利国庫債券第20回	1925年2月	7+9	90	○	東朝25.1.24
5分利国庫債券第22回	1925年5月	9	90	○	中外25.4.24，大朝34.4.13
5分利国庫債券第25回	1925年8月	10+6	60	○	大毎25.7.23
5分利国庫債券第27回	1925年11月	10+9	90	○	大毎25.10.22，東朝25.10.17
5分利国庫債券第29回	1926年2月	10+9	65	○	東朝26.1.14，同26.1.16

5分利国庫債券第32回	1926年5月	11	100	○	大時事26.4.29
5分利国庫債券第34回	1926年6月	11+6	60	○	大毎26.7.21，大時事26.7.22
5分利国庫債券第36回	1926年11月	12	60	○	大朝26.10.26
5分利国庫債券第37回	1927年2月	12+2	80	○	中外・大時事27.1.22
5分利国庫債券第40回	1927年5月	12+6	75	○	大朝27.5.10
5分利国庫債券第41回	1927年8月	13	55	○	東朝27.7.19
5分利国庫債券第43回	1927年11月	20	90	○	大毎・国民新聞27.10.22
5分利国庫債券第45回	1928年2月	19+9	155	○	東朝28.1.24
5分利国庫債券第46回	1928年4月	19+8	60		東朝28.3.6
5分利国庫債券第47回	1928年5月	19+6	70		東朝28.5.10
5分利国庫債券第48回	1928年8月	25	230	○	時事28.7.19
5分利国庫債券第49回	1929年5月	24+3	140	○	東朝29.4.12
5分利国庫債券第50回	1929年8月	12	92	○	大毎29.7.21
5分利国庫債券第51回	1929年11月	12+6	40	○	大毎29.10.20
5分利国庫債券第52回	1930年2月	12+3	72	○	大時事30.1.19
5分利国庫債券第53回	1930年5月	12	31	○	中外30.4.20
5分利国庫債券第54回	1930年8月	12	83	○	読売30.7.20
5分利国庫債券第55回	1931年2月	12+3	42	○	大朝31.2.4
5分利国庫債券第56回	1931年5月	13	45	○	東朝31.4.16
5分利国庫債券第57回	1931年8月	18	88	○	大朝31.8.6
5分利国庫債券第59回	1932年3月	7	42	○	時事32.2.17
5分利国庫債券第60回	1932年5月	7+3	53	○	東朝32.5.6
5分利国庫債券第61回	1932年8月	12+9	93	○	中外・東朝32.7.21
3分半利国庫債券は	1936年7月	13+8	362	○	大毎36.5.30
3分半利国庫債券に	1936年8月	14+4	597	○	大毎36.7.10
3分半利国庫債券ほ	1936年9月	14+9	400	○	東朝36.8.7
3分半利国庫債券り	1937年10月	11+2	100	○	東朝37.8.13

注：明示的にシ団を形成しないで銀行団による引受の形態を取るケース，条件決定に関与するケースと発行額の一部を購入するケースも含めている。借換欄に○なしは新規債。年数欄の+の次は月数を示す。出典の表記は表1-3の注参照。
出所：大蔵省（1936），大蔵省（各月）1953年4月，野村総合研究所（各年）1978年。

1923（大正12）年以降では新規債の公募は28（昭和3）年を除いて[217]中止となった。28年の第46回と第47回の5分利国庫債券の発行は，日本銀行の特別融通法適用により金融市場が緩慢になり通貨膨張の懸念が生じたので，資金を市場から吸収するべく公募が行われたものである[218]。その後は，金解禁実施の懸念から債券価格が下落したため債券不増発方針をとり，公募はできなかった[219]。公募の借換債はシ団の要求を入れて次のように従来よりも短期化された[220]。5分利国庫債券の25年物（第48回，1928年発行）のほかに，26〜29年に11〜24年物が発行されたが，29年後半以降では12年物（第50回，29年），7年物（第59回，32年）などが出された。

この時期に民間銀行は市場で国債を購入して保有シェアを増大させた（表1-2a参照）。これは金融恐慌前後から預金が大銀行に集中し，集まった資金を銀行がリスクの少ない国債投資に向けたためであった[221]。このような行動は売れ残りをやむを得ず引き受けたのではなく，採算ベースにもとづくものであったとみられる[222]。具体的には例えば1927（昭和2）年12月において，普通銀行全体で貸付が残高80億円，利率は各種の貸付の平均で日歩2.4銭，つまり年利8.8％，有価証券が残高26億円，重要株式の平均利回りは6.5％である[223]。他方，5分利国庫債券の乗換発行価格と期限は1927年の40回債が92円と12年，同年の43回債が94.75円と20年などであり，複利の応募者利回りはそれぞれ6.13％と5.55％であって，貸付の貸倒れを考慮すると，国債保有は採算ベースにのっていたとみなすこともできよう。

　その後，民間銀行は金解禁後の金利上昇・債券価格下落を見越して国債を売却し，保有シェアは1930（昭和5）～31年に低下した[224]。32年に信託会社がシ団に加入した後，シ団のシェアはわずかに増大し36年にピークをつけた。保険会社，産業組合系統などのシェアは時間の経過とともに遞増した。高橋財政期においてしばらくシ団引受は行われなかったが，前記のように32年12月以降，民間銀行など[225]は日本銀行の売りオペに応じて買い入れた（本章§2-2と表1-4b，1-4c参照）。

　戦時期では1937（昭和12）年にシ団が3分半利の北支事件公債第1回り号1億円の全額を引き受けた[226]。引受額は，第一など8普通銀行と横浜正金など3特殊銀行の計11行が同額，三井など4信託と愛知・名古屋の2銀行は11行の約半分であった（表1-15参照）[227]。しかし，本章§2-3で既述のように，金融梗塞をもたらしたなどの理由でその後は日本銀行と預金部のみが引き受けた（§4-1参照）。同公債の第2回を号は日本銀行引受とし，日本銀行はシ団外の信託会社，貯蓄銀行，生命保険会社，地方銀行などにも買い入れの協力要請を行った[228]。

　ここで大正期以降を総括すれば，大正期では短期物の臨時国庫証券が1924（大正13）年まで発行され（表1-1参照）[229]，これは公募が少なく預金部・日本銀行などの引き受けが多い（表1-3，1-17参照）。長期債は公募と預金部など

の引き受けとが拮抗している（表1-3参照）。昭和期の国債は多くが長期債であるが短期化も進展した。昭和期では公募が預金部などの引き受けをやや上回っている（表1-18参照）。保有シェアの推移は前掲表1-2のとおりであり，銀行部門は特殊銀行を含めると大正期後半から30％以上を維持している。預金部は昭和期に10％以上，1937年以降20％台であり，日本銀行は1937年以降10％超である。

　なお手数料のうち，元利払い手数料と公債証書取扱手数料は1906（明治39）年度にあわせて国債事務取扱手数料とした[230]。引受手数料は100円につき1

表1-18　国債発行のうち公募債の割合（1916-32年，単位百万円，％）

年度	公募債	合計	公募債の割合
1916	60	60	100.0
	60	60	100.0
1917	235	288	81.6
	85	138	61.6
1918	202	428	47.2
	102	107	95.3
1919	312	561	55.6
	212	212	100.0
1920	200	717	27.9
	200	341	58.7
1921	335	726	46.1
	235	393	59.8
1922	259	767	33.8
	259	390	66.4
1923	333	723	46.1
	233	416	56.0
1924	293	764	38.4
	243	448	54.2
1925	305	533	57.2
1926	300	421	71.3
1927	435	557	78.1
1928	300	381	78.7
1929	344	527	65.3
1930	156	250	62.4
1931	175	436	40.1
1932	146	1035	14.1

注：1924年度までの下段は臨時国庫債券を含まない計数。
出所：大蔵省（各月）1953年4月。

円[231]，0.5円[232]，0.75円[233]などと変化した。かつ，前記のように予約申し込み料の割り戻し[234]もあった。下引受の手数料は100円につき0.5円[235]の記述がみられる。

また，発行条件については特に借り換えの場合，前述のようにシ団との協議が行われてコール・レート，日銀金利，流通利回りなどの市場実勢が考慮されたが[236]，それでも図１-１に示し本章§3-1でも指摘したように，「金利体系」はほぼ保持されており，市場実勢に忠実に条件を設定したとは必ずしも断言できない[237]。

§5 債券流通市場

§5-1 国債流通制度の推移

株式取引所は1878（明治11）年に東京・大阪に開設されたが，債券の店頭取引はそれ以前から行われていた[238]。株式取引所は当初，主に債券を取引した。取引所開設後，店頭市場では取引所市場での価格を基準として，決済期限２週間の実物取引のみを行った。店頭市場は大量売買の場であり[239]，取引高は取引所取引の数倍あった。1896年10月に日本国債は国際市場において初めてロンドンで上場された[240]。

1920（大正９）年に国債仲買人制度を新設した[241]。同年９，10月にはそれぞれ東京と大阪の両株式取引所内に国債市場を分設して，国債取引を活発にするべく，裸相場（経過利子を含まない値段）の採用[242]，日本銀行による国債売買の無料取り次ぎの開始[243]，国の受け入れる担保・保証金としての国債の利用拡大[244]など各種の措置がとられた[245]。

現物取引は従来[246]，受け渡しが２日以内で実質は差金決済を行う直取引，および受け渡しが３〜150日以内で双方約定の日限の延べ取引として行われており，1906（明治39）年以降盛んになった。現物取引は22年９月に実物取引と改称して23年１月からは取引所に集中された[247]。実物取引は大部分が相対取引であり[248]，現物の受け渡しで決済した[249]。受け渡し日は約定当日から15日以内の売り手勝手渡しであった。

第1章　戦前の債券市場　—発行・引き受けと流通

　差金決済に依拠する定期取引（期限3ヵ月）は東京株式取引所開設時から行われ，1887（明治20）年までその取引高は現物取引をほぼ毎年上回った。しかし，1899〜1912年では日露戦争後の1907年を除いてほとんど取引はなく，1913（大正2）年に休止状態になった[250]。22年から清算取引となり，25年11月からは長期清算取引と称して再開された[251]。

　長期清算取引は板寄せとザラバの折衷方式による単一値段競争売買であり，一定値段売買法とも呼ばれた[252]。これは2ヵ月3限月制[253]，売買期限は2ヵ月で，2ヵ月を20日ずつの3期に分けて当限・中限・先限の3種の売買を行った。受け渡し日は奇数月が11日，偶数月は1日と21日で，31年12月22日以降は奇数月が15日，偶数月が5・25日となった[254]。受け渡し日が日曜の場合は前日に繰り上げた。受け渡し日では後場は休場した。売買単位は5千円，呼び値の単位は100円で，決済は現物受渡か差金決済によった[255]。

　戦時期においては1937（昭和12）年9月の臨時資金調整法の施行後，起債市場は全般に統制され発行条件が固定された。国債流通市場にも統制が及び，本章§5-2に後述するように，政府の価格支持政策により流通価格も下方硬直性を帯びた[256]。取引所の取引高は40年にピークを迎え，その後はとりわけ長期清算取引が減少して43年には廃止された。なお，取引所外の取引は43年頃も活発であった[257]。

　利回りの計算法は従来，単利が用いられていたが，1928（昭和3）年3月から複利に変更した[258]。また，手数料（額面100円に付き）のうち[259]，取引所における売買手数料は，

　1925（大正14）年11月から，
　　実物取引　　0.005　円
　　長期取引　　本建[260]　0.011　　現落[261]　0.008
　1935年2月から，
　　実物取引　　0.004
　　長期取引　　本建　0.01　　現落　0.007
であり，証券会社への委託手数料は，
　1925年11月から，

実物取引　　0.1　　　　長期取引　　0.125

　1935年2月から，

　　　実物取引　　0.084　　　長期取引　　0.1

であった。

§5-2　国債取引の推移

　東京株式取引所における債券売買の状況は前掲の表1-6のとおりである。国債が債券取引の大部分を占めており，1930（昭和5）年までは実物取引の取引高が長期清算取引を上回っていたがその後逆転した[262]。取引高に特に大きな増減がみられるのは1919（大正8），21，28年と30年頃，40年頃である。これらの増減の第1の原因は発行額の変化であり[263]，表1-9に示されるように，21，28，40年度は発行額の変化を受けて現在高が前年に比べかなり増加し，30年度はわずかではあるが前年より減少している。

　より詳しくみると，このうち1919（大正8）年の減少は，国債の累積増による供給過剰や資金の株式への流出などから国債の価格が急落，つまり利回りが上昇したことによる[264]（図1-2参照[265]）。21年の増加は，20年頃から債券普及（「債券民衆化」）運動[266]が行われたこと，既述のように20年に国債市場が東京株式取引所内に分設されたことと日本銀行が国債の取り次ぎを始めたことなどによる[267]。

　1928（昭和3）年は特に前半において増加したが[268]，これは25年の長期清算取引開始など債券市場の整備が進み，また27年の金融恐慌後の金融緩和と日銀特融の大銀行への集中により大銀行などの国債投資が増加したためである。30年頃の減少は[269]，28年後半における国債発行増大[270]と同年前半までの日本銀行売り出しの増加[271]，および金解禁後の景気沈滞などから国債価格が下落傾向となったことなどによる。40年頃の増加は表1-4aに示されている日銀引受国債の販売増加と国債発行額増大[272]の他，個人資金の国債への吸収などのためである。

　次に部門別の売買状況であるが，これもデータは得られない。そこで金融機関の業態別保有シェアを表1-2cでみると，シェアが10％以上あるのは1937（昭

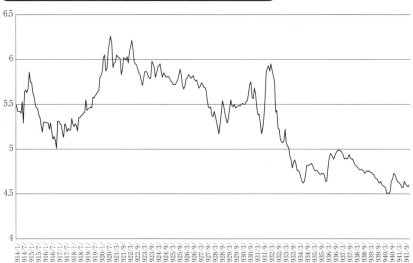

図1-2 甲号債利回り（取引所価格による，単位%）

和12）年以降の日本銀行，1890年頃と1916年以降の民間銀行，28年以降の預金部であり，民間銀行に特殊銀行を加えると10年以降は30％超となる。なお，前記のように流通市場では国債整理基金・預金部・簡易生命保険・日本銀行といった公的部門も売買を行っていた。

　大正・昭和期の国債取引は鉄道国有化に伴い1908（明治41）～09年に交付発行された甲号5分利公債のほか，5分利債借り換えのために1910年に発行された第1回4分利公債と仏貨4分利公債などに集中した。1.8億円が発行された第1回4分利公債は本章§4-2で詳説したので，ここでは甲号5分利公債と仏貨4分利公債について述べる。

　甲号5分利公債は日本・関西・山陽・九州など国内の主要17鉄道会社と朝鮮の京釜鉄道会社の国有化の後，それらの株主に対して1908（明治41）年3月～09年7月に4.8億円が交付発行された。この銘柄は証券を発行せずに登録する甲種登録がなされた。他の帝国5分利（雑5分利）債と区別するために「甲」の字をつけた[273]。株式取引所でも特別扱いされ，立ち会いは他の銘柄に先立って行われた[274]。

また，仏貨4分利公債は1910（明治43）年5月に邦貨換算で1.7億円発行された。発行後10年経過した1920（大正9）年から輸入され[275]，その額は発行額の7割に達したとみられた[276]。20年頃「フランスは戦後財界疲弊の時であり，従って仏貨公債も市価暴落し[277]」たこと，さらに，24年のフラン暴落のため米国で投げ売りされたことも輸入増の原因である[278]。この債券には258フランを100円とする確定換算率が適用された[279]。日本国内で上場され[280]，内債より高利回りであった。例えば，24年3月において4分利債（額面100円，残存44年）の時価が約75円で最終利回りが6.1％であるのに対し，仏貨債（額面500フラン＝193円，残存43年）は時価約120円で利回り7.8％であった[281]。そのため国内では当初から投資目的での買い入れがなされた。

　甲号5分利公債，第1回4分利公債，仏貨4分利の各公債の取引が多かった理由として推測されるのは以下のとおりである。甲号債は国有化ののち，鉄道会社の株主に4.8億円交付されたが，株主は株式の収益を狙っており，債券に対する選好を有していたわけではないから売却されやすかった[282]。さらに利回りが高く市場の需要を集めた[283]。第1回4分利債は1.8億円発行され（表1-1の注4参照），甲号債と同様に発行が一時にまとまっていた，つまり，残存期間とクーポン・レートという属性が同一であるものが多く発行されて流通したため流動性に富んでいた。また，仏貨4分利債は上記のように内債よりも利回りが高かった。さらに，これが他の外貨債に比べてより活発に取引されたのは[284]，国内に多く残存していたことと[285]，国内の日本銀行本支店で元利の支払いが受けられた[286]ことなどのためであろう。

　ところで，国債には価格支持策がとられた時期があった。まず，1910（明治43）年に引受シ団（下請銀行組合）が発足した際，その規約第2条で，「組合銀行は各自下請に依て分担引受を為したる公債発行価格以下にてほかに売り渡さざる事」として引き受けた国債を流通市場において発行価格以下で転売することを禁じ[287]，同6条で組合銀行以外が発行価格以下で転売する場合には組合が買い取ることなど，価格支持をうたった。同年1月以降，シ団は政府・日本銀行と度々協議しており，当然その意を受けていたものと思われる。また同規約第3条では「組合銀行は再下請者に前条の取極めを厳守せしむへき責任ある

ものとす」としており，証券業者などにも同様の制約を課した[288]。

さらに，流通市場への介入が行われて価格が下方硬直的となることもあった[289]。その状況は次のとおりである。1923（大正12）～24年[290]，28年10月[291]，29年4月などにおいて預金部・減債基金・日本銀行が国債を買い支えた[292]。30年頃には金解禁の前後に預金部と日本銀行による介入があり[293]，32年頃からは低金利政策がとられるとともに国債標準価格が設定された（本章§2-2参照）。さらに，32年からと37年からは日本銀行が国債担保貸出を優遇した（§2-2，2-3参照）。36年頃から3分半利債の買い支えで価格は釘付けされた[294]。なお，実物価格には価格支持政策がとられたが[295]，長期清算価格は比較的自由であったといわれる[296]。

市場介入以外にも，1910（明治43）年の4分利債への借り換えの前には，利子所得の所得税免除や，政府に対する保証金充当国債の担保価格を時価から額面への変更，登録国債の担保充用など，価格支持のための各種の手立てが講じられた[297]。

1940（昭和15）年前後の取引所取引は[298]39年～40年前半において盛況であり，取引所の取引高は40年にピークを迎えた。

§5-3 地方債・社債・金融債の流通市場

株式取引所には国債に次いで地方債，社債も順次上場された。初めての上場は地方債では1892（明治25）年の東京市債，社債では1898年の房総鉄道債である[299]。東京株式取引所における地方債，および金融債を含む社債の取引状況はそれぞれ前掲の表1-6のとおりである。債券流通市場においては国債が取引の中心であってそれ以外の債券はウエートが低く[300]，かつ取引は南満州鉄道・東洋拓殖など特定の銘柄に集中した[301]。取引所の取引高は1940（昭和15）年にピークを迎えた。他方，店頭取引は大量取引の場であり，このうち勧業小券[302]，復興貯蓄債券[303]などの小額債券は債券業者の団体が債券交換会を開き現物（実物）取引の仲値（標準値）を決定していた[304]。44～45年でも相当額の取引があった。

東京株式取引所における債券売買の状況を示す前掲の表1-6において地方債・

社債の特に大きな増減がみられるのは1921（大正10），23，27（昭和2），30年であり，社債は38～40年にも激増した。これらの増減を説明するのはまず発行額の変化であり，表1-12に示されるように，20，27，38年は現在高が前年より増加し30年は発行額が減少している。23年は社債発行に増加がみられるが，電力社債を中心とする[305]外貨債を除くと減少している[306]。

売買高変動の背景をさらに詳細に探ると，このうち1921（大正10）年の増加は国債と同様に債券民衆化運動などによるとみられる。23年の減少はデフレーションが深刻化したこと，および前記のように国内債発行条件の悪化により外貨債以外の発行が減少したためである。27（昭和2）年の増加も国債と同様に，25年の長期清算取引開始など債券制度が整備され，かつ金融恐慌後の日銀特融が大銀行へ集中したことにより大銀行の債券投資が増加したのが原因である[307]。30年の減少は金解禁後の価格下落，つまり利回り上昇による[308]（第4章の図4-1c参照）。38年の社債の増加は大陸事業・時局関連産業の社債発行が増大したためである[309]。

§6 おわりに

本章では，公共債の消化構造が公的部門にウエートが置かれるようになった歴史的要因を中心に市場の推移を概観した。このような消化構造は戦後の公共債の引き受け・消化にも引き継がれていく。

注

1 本書第4章で取り上げる金融債や満鉄社債の他，政府保証付きの東洋拓殖などの社債はこのように呼ばれることがあった。例えば，「大阪朝日新聞」1925年7月29日，「東京朝日新聞」1934年4月1日，「大阪毎日新聞」1938年9月11日参照。

2 整理公債の発行により償還されたのは，6～9分利の金禄，金札引換，起業，金札引換無記名，中山道鉄道の各公債と征討費借入金（7分半利）であり，ウエートが大きかったのは金禄公債であった。大蔵省（1936）p.625，伝田（1988）p.200参照。

3 特別募集または特別発行と称して，多くは預金部引受によるが，一部日本銀行引受に

よった。後掲本章§4-1参照。

4 大蔵省（1936）p.620, 624参照。
5 「大阪朝日新聞」1886年8月11日参照。
6 日本銀行百年史編纂委員会（1982）第1巻p.468, 同（1983）第2巻p.171, 渡辺・北原（1966）p.170参照。
7 野村證券（1976）p.35参照。
8 日本銀行沿革史編纂委員会（1913）第9巻p.1188参照。
9 なお，10年2～3月の定期預金金利は1.1～2.7％，貸付金利は1.6～4.4％，コール・レートは2.9～4％程度であった。日本銀行調査局（1960）第7巻（下）p.280, 284, 短資協会（1966）p.51参照。
10 証券業者は一般投資家からの購入を募る。
11 政府の準備金（預金）を取り扱う大蔵省国債寮が1877年に改称された。伝田（1988）p.192参照。
12 大蔵省（1939）p.567参照。
13 預金局預金に属する現金の出納勘定として預金部が設けられた。大蔵省（1939）p.569参照。
14 迎（1977）p.512参照。
15 大蔵省（1939）p.569参照。
16 日本銀行金融研究所（1986）p.504, 志村（1980）巻末統計p.21参照。
17 大蔵省（1939）p.813参照。
18 日本興業銀行に一般貸付資金を供給した。大蔵省（1939）p.935, 日本興業銀行（1957）p.84参照。
19 鈴木（1962）p.106参照。
20 1906年に預金部が勧業債券を引き受け，その資金を使って日本勧業銀行が宮城など東北3県に凶作救済貸付を行った。日本勧業銀行調査部（1953）p.251, 池上（1987）p.292参照。
21 東京他1府7県の風水害復旧のため。大蔵省（1939）p.850参照。
22 交付国債は予算に計上されず，発行市場を経由しないので乱発されがちであるが，発行後の影響は他の国債と変わらない。藤崎（1954）p.48参照。
23 野村総合研究所（1978）p.156, 吉田・藤田（1962）p.61-64, 宇佐美（1957）p.6参照。
24 従来は預金部についての規定はなく，資金の管理運用は理財局内で取り扱われていた。迎（1977）p.490, 同（1987）p.74, 79, 後藤（1980）p.170参照。
25 郵貯資金研究協会（1999）p.3参照。
26 野村證券（1976）p.160, 志村（1980）p.72参照。
27 大島（1978）p.122参照。
28 武藤（1978）p.111, 大和証券（1963）p.106, 浅見（1966）p.217-18参照。

29　東京証券取引所（1974）p.73参照。
30　藤崎（1954）p.106, 149-50参照。なお大蔵省証券は1886（明治19）年度以降発行され，1902（明治35）～03年度には公募入札が行われた。日本銀行（1956）p.30, 大蔵省（1937）p.520参照。
31　満州事件費，鉄道と朝鮮の各事業費を調達する目的で発行された。
32　表1-1に示されるように，国庫債券は「公債」と称されるものに比べて一般的にその期限が短い。
33　東京証券取引所（1963）p.62参照。なお，本章§4-1で後述のように，国債の対市中売却は1917（大正6）年，1927（昭和2）年にも前例がある。
34　4分半利国庫債券い号の場合1932年11月発行，同年12月売却開始，翌年3月上場である。売却価格は発行価格，または相場がある場合には市場価格であった（日本銀行百年史編纂委員会（1984）第4巻p.44）。なお，例えば「中外商業新報」1925年5月13日には「去る六日募集を締切った二十二回五分利国庫債券は十二日その募入を決定したが当日市中の出来値は九十一円八十銭（発行価格九十一円二十五銭）を示した」と記され，また東京株式取引所（1928）p.114にはこの銘柄と思われる「昭和九年六月償還五分利公債」の長期取引の売買開始が25年11月18日との記述があるから，この出来値とは店頭取引のそれを指し，売却はこの値段で行われたのであろう。
35　日本銀行百年史編纂委員会（1984）第4巻p.25参照。
36　注6参照。なお，景気浮揚は明示的には目指されていなかったとみられる。日本銀行百年史編纂委員会（1982）第1巻p.468, 同（1983）第2巻p.173参照。
37　あわせて永廣（2012a）参照。
38　藤崎（1954）p.171, 貝塚（1978）p.126参照。
39　額面100円に付き0.5円（「中外商業新報」1924年4月29日，「大阪毎日新聞」1934年3月27日），0.75円（「大阪朝日新聞」1929年4月20日）などと記されている。30年7月から貯蓄銀行も同様に受け取れるようになった（「読売新聞」1930年7月22日参照）。
40　0.25円の記載がある。「大阪朝日新聞」1929年4月20日参照。
41　「シンヂケート引受の方法で発行する場合には政府は取扱い銀行に対し予約申込み料として額面百円につき五十銭の割戻しを行うほか，売り出し価格においても乗換応募は現金応募に比して二十五銭方安く……，また別に額面百円につき二十五銭の取扱い手数料を負担する。したがって……取扱い銀行は予約申込み料取扱い手数料および乗換応募の利益を合せただけ安く買える」（「大阪毎日新聞」1934年3月27日）との記事があるが，乗換応募はシ団だけではないはずで，この部分の説明は適切ではない。
42　「中外商業新報」1924年4月29日，「大阪毎日新聞」1934年3月27日参照。しかし，日本銀行がシ団と協議して発行条件の決定にシ団の意見を取り入れ，その代わりシ団は引き受けた国債を発行価格以下では3ヵ月間売らないことにしたので（「大阪朝日新聞」1932年4月27日，金融研究会（1937）p.51），売り崩しの可能性は少なかったとみられる。

43 26〜32年発行の5分利債約30銘柄のうち上場されたのは第32, 34〜37, 40〜42, 45, 48, 52, 54, 56, 57, 59〜61回の17銘柄である。東京株式取引所（1938）参照。

44 12月27日に1千万円（「東京朝日新聞」1932年12月28日），あるいは31日に大蔵省証券込みで1千数百万円を売却（金融研究会（1937）p.86），などと伝えられている。

45 表1-7の季節調整済み値が示すように，季節的変動を考慮しても同様である。

46 33年4月から6月までは，軍需のうち鋼材を中心に「行悶（つか-引用者）へ」，「一服」の状況であった。

47 鎮目（2009）p.220参照。

48 三和（2002）p.133参照。

49 日本銀行統計局（1966）p.51参照。

50 志村（1980）p.73，「大阪毎日新聞」1933年12月28日参照。

51 「大阪毎日新聞」1932年4月29日，野村證券（1976）p.166，中島（1977）p.69-71参照。

52 日本銀行特別調査室（1948）p.59参照。

53 藤崎（1954）p.365参照

54 佐藤（2016,p.166-67）は，34年秋を最後に三井・三菱両行がほぼ買い入れを行わず，日銀売却/同引受比も低迷したことから，この時期に売却は頓挫したとしている。

55 藤崎（1954）p.299-300参照。

56 藤崎（1954）p.326参照。

57 藤崎（1954）p.417参照。

58 志村（1980）p.88，日本銀行特別調査室（1948）p.251，「大阪毎日新聞」1937年9月9日参照。

59 林（1978）p.73参照。

60 日本勧業証券（1967）p.80参照。

61 税制上の優遇措置について野村證券（1976）p.162参照。

62 永廣（1995）p.52，野村證券（1976）p.161参照。なお，終戦直後の1946年3月では，保有シェアは金融機関が約6割，政府機関が約3割，公衆他が0.4割であった。加藤（1983）p.14参照。

63 日本銀行特別調査室（1948）p.295，「東京朝日新聞」1937年7月15日参照。なお，同時に社債担保貸付にも便宜が図られたが，これも国債価格支持を企図していた。藤崎（1954）p.362参照。

64 日本銀行百年史編纂委員会（1984）第4巻p.43, 204-205，「東京朝日新聞」1937年8月25日参照。

65 「東京朝日新聞」1937年5月21日，「大阪朝日新聞」1937年9月5日，藤崎（1954）p.344参照。なお，これには日露戦争時の貯蓄債券（§3-2参照），および関東大震災後の復興貯蓄債券（「中外商業新報」1924年3月22日参照）という前例があった。

66 「東京朝日新聞」1891年10月3日参照。

67　山一證券（1958）p.45参照。
68　野田（1980）p.95,「東京朝日新聞」1891年10月8日参照。
69　後に関西鉄道会社に吸収されたが，関西鉄道は1909年に国有化された主要鉄道の１つであった。本章§2-1参照。
70　「東京朝日新聞」1890年5月18日参照。
71　伊牟田（1978）p.24参照。
72　野田（1980）p.96参照。
73　「東京朝日新聞」1903年2月26日，同年4月25日参照。
74　「東京朝日新聞」1907年7月19日参照。
75　ほかに日本興業銀行，東洋拓殖（ともに1908年），台湾電力（31年）が政府保証付き外貨社債を発行した。日本興業銀行（1957）p.100, 東洋拓殖株式会社（1939）p.244,「大阪毎日新聞」1931年6月25日参照。
76　松尾（1999）p.22, 日本興業銀行（1957）p.95参照。
77　竹内（1956）p.40参照。
78　金融債と事業債（社債）を区別して呼ぶのは戦後のことで，戦前は一括して社債と呼んでいたとされるが（山一證券（1958）p.91），興業債などを銀行債として社債と区別する表記もみられる（例えば「中外商業新報」1929年2月21日）。本書では特記する場合を除き区別して扱う。
79　1880年に横浜正金銀行が特殊銀行として設立されていたが債券発行は行わなかった。
80　なお割増金付として，日露戦争時の貯蓄債券，関東大震災時の復興貯蓄債券，本章§2-3に前述の太平洋戦争時の貯蓄債券・報国債券も日本勧業銀行が発行し，その売上金を預金部に預入した。注65,「中外商業新報」1924年3月22日，同年8月29日, 志村（1980）p.90参照。
81　農工銀行は1921（大正10）年9月の山梨・防長・佐賀の各行を皮切りに1944年までに日本勧業銀行に合併された。
82　「大阪毎日新聞」1919年8月14日参照。
83　「大阪毎日新聞」1926年2月28日参照。
84　「大阪時事新報」1923年5月24日参照。
85　「帝国新聞」1912年7月11日, 志村（1980）p.55参照。
86　竹内（1956）p.35, 51, 111参照。
87　簡易生命保険郵便年金事業史編纂会（1953）p.345参照。
88　藤崎（1954）p.122,「大阪毎日新聞」1926年10月7日,「大阪朝日新聞」1926年11月24日参照。
89　藤田（1954）p.117,「大阪毎日新聞」1929年7月17日参照。
90　山一證券（1958）p.236,「読売新聞」1932年1月13日参照。さらに同年9月に，時局匡救予算に関する50万円以下の地方債は主務大臣の許可なく発行できるとの勅令も出された。

藤田（1954）p.391,「東京朝日新聞」1932年9月4日参照。
91 志村（1980）p.56, 野村證券（1976）p.118参照。
92 竹内（1956）p.37参照。
93 日本銀行調査局（1969）p.29参照。
94 日本興業銀行（1957）p.224参照。
95 公社債引受協会（1996）p.8参照。
96 信託会社は1922（大正11）年に起債市場に進出することができるようになっていた。
97 山一證券（1958）p.239参照。
98 引受手数料は100円につき2.25円（1930～32年）から1.5～2円（33～34年）に，利金支払手数料は0.25円（30～32年）から0.2円（33～34年）にそれぞれ下がった。竹内（1956）p.71参照。
99 日本興業銀行（1957）p.356-57, 485-87, 野村證券（1976）p.124, 日本銀行特別調査室（1948）p.347参照。
100 データの出所は野村総合研究所（1978），日本興業銀行「全国公社債調」である。
101 近年の金融自由化の前までの，戦後にも共通の考え方であろう。例えば「地方公共団体の公債に対する大蔵省側の意見として伝えらるゝ所によれば，多少各地方により其事情を異にするも，概して地方は国家又は首都等と比較するに其信用の程度に於て甚だ低く，又一般に金利も割高なる」（「東京経済雑誌」1352号，1906年9月1日）などの記述がみられ，信用度が高いほど利回りは低くなるべき，と考えられた。
102 地方債について，「東京，京都，大阪の三大都市に於ける電車速成並に買収及び築港に要する市債公募の適否に関しては予て大蔵省に於て審査中」（「東京経済雑誌」1959号，1918年6月22日），「「神戸-引用者」市の公債には自ら政府の方針に基く制限と市の財政関係もありまして民間社債の如き自由な条件の下に発行する訳にまいりませぬ」（「神戸又新日報」1924年11月30日），「内務省，大蔵省などが地方財政整理の建前から只管低利率低手数料を勧奨したためであって，依然として実需が短期社債に向かっている起債界の現状から云ってもまた最近の日銀通貨政策から云っても可なりな行き過ぎであるとみられている。従って当局の干渉の結果かかる行き過ぎが益々促進され」（「読売新聞」1934年5月3日），などと伝えられている。また金融債については，「経済界の状況は勧業債券及び農工銀行債券の募集には最も不利なるを以て，大蔵省にては当分農工銀行農工債券発行の計画をなすものあるも之を差止め」（「東京経済雑誌」925号，1898年4月30日），「興業債券を借換える事は頗る困難にして，殊に政府の保障あるが為めに発行条件等も思い切って譲歩し得ない」（「大阪時事新報」1923年5月18日），「大蔵省は不動産銀行［つまり特殊銀行-引用者］の発行する債券条件に対し極力利回低減に努力し高利回の債券は発行を許可しない方針を採り」（「東京朝日新聞」1926年3月27日）などの記事がある。
103 「大阪毎日新聞」1928年1月26日参照。
104 例えば「報知新聞」1930年4月3日に「某特殊銀行は今回債券一千万円発行を計画し

その条件を六分パー,期限七ヶ年とし大蔵省銀行局に発行許可方申請して来た。しかるに銀行間［ママ］は他の条件は兎も角も期限七ヶ年というが如きは特殊銀行債券としてあまりに短きに過ぎ,将来に悪例を残すとの理由を以て,この債券発行を許可せざるの方針をとり,特殊銀行会社債発行に厳正なる対度をとるに至った。大蔵省が今回に限ってかかる厳格なる対度に出た」との記事がある。

105 「大阪朝日新聞」1937年9月14日参照。
106 「報知新聞」1938年2月17日参照。
107 志村（1980）p.123,野村證券（1976）p.173-74,藤田（1954）p.204,山一證券（1958）p.264参照。
108 「大阪朝日新聞」1938年1月13日参照。
109 日本興業銀行（1957）p.484参照。同時に発行条件の基準も作られ,それ以後発行条件は固定化した。日本銀行百年史編纂委員会（1984）第4巻p.316参照。
110 大蔵財務協会（各月）1941年3月,p.213,「東京朝日新聞」「大阪毎日新聞」ともに1941年1月17日参照。
111 内閣直属の政策立案機関であった。
112 これらは戦後の起債懇談会とほぼ同じメンバーで,違いは簡易保険局の代わりに戦後は地方自治庁が入ったことである。釜江（2012）第8章第2節参照。
113 後藤（1980）p.164参照。
114 志村（1980）p.94, 107,野村證券（1976）p.175参照。
115 臨時資金調整法にもとづいて発行される正規限度外の特別枠の債券に付けられることになった。日本興業銀行（1957）p.495参照。
116 「大阪朝日新聞」1941年3月5日,「東京朝日新聞」1938年4月28日参照。
117 山一證券（1958）p.267参照。
118 伝田（1970）p.45-46,野村證券（1976）p.182参照。
119 日本興業銀行（1957）p.626参照。
120 日本興業銀行（1957）p.625参照。なお,政府保証が初めて興業債につけられたのは興銀法改正後の1908（明治41）年である。日本興業銀行（1957）p.100, 495参照。
121 山一證券（1958）p.106,志村（1980）p.22,竹内（1956）p.15参照。
122 「東京朝日新聞」1898年1月11日参照。
123 東京銀行集会所（各月）1898年1月p.140参照。
124 東京銀行集会所（各月）1897年12月p.134参照。なお,参事会は執行機関である。
125 「東京朝日新聞」1898年6月12日参照。
126 「中外商業新報」1911年4月13日参照。
127 「大阪毎日新聞」1911年4月13日,「東京朝日新聞」1911年4月14日参照。なお山一證券（1958）p.110は第三銀行を含めていない。これらと10年1月の国債シ団（表1-15参照）を比べると,市債シ団に横浜正金が入らず近江・加島両行が追加されている点が異なる。

また，同時期に国債シ団のメンバーに台湾銀行を追加して清国借款引受団が組織された。「東京朝日新聞」，「読売新聞」ともに1911年4月14日，「東京朝日新聞」同年4月24日参照。
128 野田（1980）p.95，「東京朝日新聞」1893年4月14日参照。
129 四十二銀行は結局参加しなかったとみられる。小川（1991）p.70参照。
130 「東京朝日新聞」1898年3月27日参照。
131 野田（1980, p.135）は鉄道社債の引き受けとしては最初とする。小川（1991）p.70参照。なお，同年に播但鉄道（引受先は住友・北濱両行），中国鉄道（引受先は安田・第三両行）も発行している。「東京朝日新聞」1898年8月23日，同年11月1日参照。
132 なお，1892年募集の日本郵船会社社債に横浜正金他5行が応募しているが，「目下右募集に應じたるは三菱会社四十八萬圓，正金銀行，第一銀行，三井銀行，安田銀行，明治生命保険会社，各二十萬圓宛，海上保険会社七万圓，明治火災保険会社三万圓都合百五十八萬圓にして残額六十八萬圓は應募者未定の由」（「東京朝日新聞」1892年10月5日），「残額七十萬圓の内三十五萬圓は今回宮内省内蔵寮より募集に應ぜられ，尚残りの三十五萬圓は應募者の申込み非常に多かりし為め十數口に分配して最早悉皆結了せし」（同紙，同年11月30日）とされていて，残額の引き受けは行っていない。
133 「東京朝日新聞」1903年10月7日参照。
134 戸原（1965）p.240参照。
135 山一証券の前身。
136 横浜銀行の前身の1つ。後掲の表1-15参照。
137 東京証券取引所（1974）p.16，野田（1980）p.360-61，「東京朝日新聞」1910年8月5日，同紙同年11月24日参照。
138 山叶証券の前身である。「みずほ証券の歩み」（みずほ証券HP）参照。
139 「中外商業新報」1914年7月14日参照。
140 金沢（1986）p.71参照。21年10月に日興證券が栃木県債を（日興證券（1970）p.132），信託銀行のシ団が神戸市債を27年に（「大阪時事新報」1927年3月6日），第一生命が富山県債を27年11月に（山中（1986）P.238，「大阪朝日新聞」1928年11月1日），それぞれ引き受けた例がある。
141 日興證券が矢作水力社債を，三井信託が西武鉄道社債をそれぞれ引き受けた。「中外商業新報」1923年7月20日，「東京朝日新聞」1925年8月13日参照。
142 「三越の社債五百萬圓を第一，千代田，帝國，愛國，日本の五大生保会社に於いて引受け，頃日又愛國，千代田両社に於いて東武鐵道の社債一千萬圓の引受けをした」（「時事新報」1930年10月26日），「生保證券會社は生保各社の代表機関として三銀行と共に東京ガス社債発行の引受に参加する模様」（「東京朝日新聞」1931年9月3日）などの記事がある。なお，生保証券会社は「巨大な運用資産を有する保険會社が株式投資資産の一部を醵出して協同の団体を作りその団体を通じて堅実にして安全な株式を買収保有せんとする」（「大阪朝日新聞」1930年9月6日）ために30年10月に設立された証券共同購入機関である。

143 石塚（1958）p.93，志村（1980）p.62，竹内（1956）p.89参照．
144 融資条件と貸付先は預金部が決めた．鈴木（1962）p.106参照．
145 日本興業銀行（1957）p.84-85参照．
146 「東京朝日新聞」1904年3月29日，伝田（1970）p.84参照．
147 預金部による勧業債券の引き受けは，大正期の復興貯蓄債券，昭和の貯蓄債券の発行時にも行われた．本章注65，注80参照．
148 日本勧業銀行調査部（1953）p.13, 243, 249, 545-60，斉藤（1966）p.293, 360-62，大島（1955）p.309参照．
149 吉田・藤田（1962）p.140-41，加藤（2001）p.187，「大阪朝日新聞」1927年9月15日，「中外商業新報」1932年8月4日参照．
150 加藤（2001）p.178参照．
151 戦時金融金庫，南方開発金庫（ともに1942年設立）の発行する債券に政府保証がついた．後藤（1980）p.166-67参照．
152 1943年からは貸し付けも可能になった．吉田・藤田（1962）p.465参照．
153 吉田・藤田（1962）p.392, 439参照．なお，これらの政府保証債のうち戦後になって満期償還されたのは帝都高速度交通営団債のみで，他は満期前に清算あるいは政府保証の破棄が行われた．野田（1966）p.51-2参照．
154 簡易生命保険郵便年金事業史編纂会（1953）p.344参照．
155 簡保資金振興センター（1998）p.3参照．
156 整理公債を1888年9月に引き受けている．日本銀行沿革史編纂委員会（1913）第1集第9巻p.767，「東京経済雑誌」437号，1888年9月22日，p.387参照．その前にも1876年度から預金部の前身の国債局が公債での運用（買い入れ），86年度から大蔵省証券の引き受けを，それぞれ行ったとみられる．大蔵省（1927）p.643，同（1939）p.803参照．
157 売れ残りは日本銀行が背負い込んだ．藤崎（1954）p.70参照．
158 本章表1-3に示すように，23～26年度には日本銀行引受もあったが，これは後記のように引き受けと同時の売り出しであった．
159 藤崎（1954）p.154参照．
160 吉田・藤田（1962）p.385, 462参照．
161 特別5分利公債（臨時事件公債）・甲号5分利債を除く5分利公債である．本章表1-1の注2参照．
162 藤崎（1954）p.30参照．
163 「東京朝日新聞」1927年4月13日参照．なお，1914年の消却について東京銀行集会所（各月）1915年4月p.103参照．
164 ほかに，「大阪毎日新聞」1928年3月10日，「大阪時事新報」1928年9月25日，同紙1931年9月19日など参照．
165 なお，「読売新聞」1930年5月14日は「最近に至り……従来の打合せ主義を改め」たと

説明しているが，正確ではないのであろう．

166 吉田・藤田（1962）p.51，藤野・寺西（2000）p.61，金沢（1985）p.274の図参照．
167 日本銀行金融研究所（1986）p.528参照．
168 通信教育振興会（1953）p.344参照．
169 「東京朝日新聞」1927年2月28日，「大阪毎日新聞」1927年3月26日，志村（1980）巻末統計p.13参照．
170 「大阪朝日新聞」1924年8月5日，同1926年4月29日，「国民新聞」1926年12月19日，東京銀行集会所（各月）38年5月参照．
171 簡易生命保険郵便年金事業史編纂会（1953）p.611，626参照．
172 大蔵省（1936）p.636，日本銀行百年史編纂委員会（1983）第1巻p.515，日本銀行沿革史編纂委員会（1913）第9巻p.896，「東京朝日新聞」1896年3月29日参照．
173 日本銀行調査局（各月）1956年6月，p.32参照．
174 本章§4-2，「東京朝日新聞」1910年3月8日，日本銀行百年史編纂委員会（1983）第2巻p.255-256参照．
175 引き受けのうち25年5月発行の第24回のみ10年9ヵ月で，それ以外は1年6ヵ月以下の期限である．
176 日本銀行百年史編纂委員会（1983）第3巻p.213参照．
177 渡辺・北原（1966）p.379参照．
178 渡辺・北原（1966）p.379参照．
179 日本銀行百年史編纂委員会（1983）第2巻p.90-91参照．
180 「東京朝日新聞」1930年9月11日，「大阪時事新報」1930年10月1日など参照．
181 日本銀行百年史編纂委員会（1984）第4巻p.43参照．
182 「読売新聞」1917年9月27日参照．
183 「中外商業新報」1927年5月4日参照．
184 大蔵省（1936）p.606参照．
185 「東京朝日新聞」1894年8月19日，「読売新聞」1894年8月23日，東京銀行集会所（各月）1894年9月参照．
186 大蔵省（1936）p.633参照．
187 東京銀行集会所（各月）1894年12月，日本銀行百年史編纂委員会（1982）第1巻p.464，「東京朝日新聞」1894年11月25日，同年12月1日参照．
188 「東京朝日新聞」1894年12月1日と同月5日参照．
189 大蔵省（1936）p.631-36参照．なお，第3回債は軍関係者へ交付発行された．
190 その後ウエストミンスター銀行を経て，現在はロイヤルバンク・オブ・スコットランド・グループの一員．
191 現スタンダード・チャータード銀行．
192 シ団組成の提案をチャータード銀行などが前年6月に行っている．「東京朝日新聞」

1898年6月14日参照。
193 大蔵省（1937）p.48, 石塚（1958）p.81,「東京朝日新聞」1899年6月10日参照。
194 日本銀行百年史編纂委員会（1983）第2巻p.108参照。また1902年にも同様の例がある。大蔵省（1937）p.424参照。
195 政府に不利な, 民間銀行にとっては商業ベースに乗る条件であった（渡辺・北原（1966）p.171）。特に, 第4回債以後は発行価格90円, 6分利率で, 1-3回債の92-95円, 5分利よりも「頗る有利なる……, 應募高は募集高に対し約五倍に上るの盛況を呈し」た（東京銀行集会所（各月）1905年5月）。
196 東京銀行集会所（各月）1904年2月,「東京朝日新聞」1904年1月29日参照。
197 東京銀行集会所（各月）1904年2月,「東京日日新聞」1904年1月27日参照。
198 日本銀行百年史編纂委員会（1983）第2巻p.163-65参照。
199 「時事新報」1904年1月22日参照。
200 日本銀行百年史編纂委員会（1982）第2巻p.164参照。
201 「時事新報」1904年1月6日, 日本銀行調査局（1960）第7巻（下）p.44-45参照。
202 「東京朝日新聞」1904年5月19日, 同年9月29日, 1905年2月9日, 同年4月21日参照。
203 東京銀行集会所（各月）1905年3月のp.341には「東京及び大阪の銀行家は……募債條件に付意見を交換……種々協議を盡したる所結局利子年六分, 償還期限七箇年, 発行價格九十圓説と利子年五分, 償還期限三箇年, 発行價格九十圓説の二種に分かれ」との記述があり,「東京日日新聞」1905年2月23日にも同内容の記事がある。
204 東京銀行集会所（各月）1906年3月,「東京朝日新聞」1906年2月11日, 同紙同月15日参照。
205 手数料については後記参照。
206 大蔵省（1936）p.889, 竹内（1956）p.32, 志村（1980）p.25, 住友銀行行史編纂委員会（1998）p.79参照。なお, 特別発行が0.76億円あった。表1-1の注と, 大蔵省（1936）p.910参照。
207 日本銀行百年史編纂委員会（1983）第2巻p.255, 野村證券（1976）p.36, 志村（1980）p.25参照。
208 再下請けの銀行・証券会社などの下請額を含む。ほかに日本銀行の引き受け予定が2,500万円（第1回）と1,250万円（第2回）であった。日本銀行百年史編纂委員会（1983）第2巻p.255参照。
209 「東京朝日新聞」1910年3月8日参照。
210 「東京朝日新聞」1910年3月8日参照。また「東洋経済新報」517号, 同年3月15日, p.19もこの見方に言及して「第一回借替の成行を観察し, 此前途を悲観するものは曰く, 第一回の借替額は総額一億八千余萬圓なりと雖, 此内一般公衆の應募に係るもの所謂自然應募と称するものは八千余萬圓に過ぎずして, 其他の一億余萬圓は締切間際に至り株式仲買人に対し, 特に百圓に付十二銭五厘の代理店同様の取扱手数料を与へて應募を奨

励し，以て二千萬圓の付け景気を与へしめたると，日本銀行預金部等政府筋の七八千萬圓を殊更らに應募したるとに依りて得たるものなり，故に，今回の第一回募集の成績は必ずしも成功を以て目すべからず」としている。

211 「東京経済雑誌」1532号，1910年3月5日，p.33参照。またこの記事は「高橋シンジケート団幹事が一億八千萬圓と報告したるは右の七七萬圓を土臺として預金部宮内省及日本銀行の應募高を加へたる高なり」としている。これらの報じている7千万円ないし8千万円は，表1-16の内訳の官庁・銀行・公債売買業者（「東洋経済新報」517号，同年3月15日，p.19参照）以外の合計に，シ団に入っていなかった銀行の應募と証券業者の下引受ではない應募を加えた額であろう。

212 小池合資ほかの東京の証券業者は日本興業銀行を通じて500万円を，野村商店ほかの大阪の証券業者は三十四銀行を通じて200万円を，それぞれ下引受する契約であった。日本銀行百年史編纂委員会（1983）第2巻p.255, 山一證券（1958）p.111, 竹内（1956）p.90, 野村證券（1976）p.37,「東京朝日新聞」1910年2月13日，同3月12日，同3月14日参照。これら以外にも名古屋地区などの銀行や生命保険会社も下引受に加わった。「東京朝日新聞」1910年2月9日，同2月17日，神山（1988）p.22参照。

213 林（1978）p.53参照。「東京朝日新聞」1910年4月13日には「前回の募集も……其の成功の程度が最初当局者の希望せし程にあらざりしや明らかなり。而して今回［第二回-引用者］の成績は第一回に及ばざるなり」，同紙同年4月15日には「第二回借換公債の発行は案外の不結果に終りつつ」と指摘されている。なお今回も証券業者・銀行・生命保険会社が下引受を行った。同紙同年3月12日，「読売新聞」同日，同3月16日，神山（1988）p.22参照。

214 西澤（1994）p.212-13参照。

215 「東京朝日新聞」1910年4月15日参照。

216 大正・昭和期のシ団引受は発行額全額を引き受けたのではない形態が多い。「報知新聞」1937年8月7日参照。

217 藤崎（1954）p.69,「大阪朝日新聞」1928年5月10日参照。

218 「大阪朝日新聞」1928年3月3日参照。

219 藤崎（1954）p.75,「大阪朝日新聞」1928年11月2日参照。

220 藤崎（1954）p.69, 148, 佐藤（2016）p.159参照。なお，32年までの預金部引受分のほとんどは従来通り55年物であった。

221 藤崎（1954）p.77, 野村総合研究所（1978）p.156, 吉田・藤田（1962）p.61-64, 宇佐美（1957）p.6参照。

222 志村（1980）p.78参照。

223 東京銀行集会所（各号）参照。

224 藤崎（1954）p.155参照。

225 銀行，信託，保険，証券，産業組合中央金庫などである。「大阪朝日新聞」1933年2月

14日,同年3月21日,「国民新聞」1933年5月10日参照。
226 藤崎(1954) p.300参照。なお,シ団が公募に応じたのは1932年8月以来との記述があるが(「読売新聞」1937年8月6日),これ以外に36年の3分半利国庫債券の乗換分は公募が行われた。「大阪毎日新聞」1936年5月30日,同36年7月10日,「東京朝日新聞」1936年8月7日参照。
227 「大阪時事新報」1937年8月13日参照。
228 「東京朝日新聞」1937年10月19日参照。
229 臨時国庫証券特別会計はロシアと中国向け債権が主内容であった。同特別会計は24年度に廃止された。「東京朝日新聞」1924年10月16日参照。
230 大蔵省(1936) p.518参照。額面100円に付き0.25円であるとの記載が散見される。「中外商業新報」1924年4月29日,「大阪毎日新聞」1934年3月27日参照。
231 大蔵省(1936) p.889,「東京朝日新聞」1910年2月2日参照。
232 「東京朝日新聞」1910年3月12日,「中外商業新報」1916年4月8日参照。
233 プラス取扱手数料0.25円である。「大阪毎日新聞」1929年4月20日参照。
234 額面100円に付き0.5円である。「中外商業新報」1924年4月29日,「大阪毎日新聞」1934年3月27日参照。
235 「東京経済雑誌」1532号,1910年3月5日,p.6参照。
236 吉野(1976) p.51と,「大阪毎日新聞」1925年7月23日,「大阪時事新報」1928年1月14日,「時事新報」1931年5月7日参照。
237 「借換協議を目前に控えて政府は東西シンヂケート銀行団との条件折衝を都合よく運ばせるため,日銀を通じて先般来市場から浮動公債を買入れさせて市場の形勢を探り,十八日には昭和二十八年九月償還公債を中心として買入れ策動を行わしめて居た」(「大阪時事新報」1929年4月19日),また「減債基金四千二百萬圓を設け,之れに依って公債の償還を行い,公債の信用及価格向上を計る事になったが,此の内既に二千萬圓は抽選償還に依って五六月中に……償還し,残額の二千二百萬圓を以て目下日銀をして買入れ償還を為さしめつつあるが,今日迄の所大なる効果があったと云えず,将来とても二千二百萬圓の少額を以てしては到底価格を維持して公債発行条件をよくし発行を容易にする事が困難であるから,何等かの方法を以て之れが目的を貫徹せんと種種苦心中」(「東京朝日新聞」1923年7月27日),「日銀は昨年金解禁時期の声明当日前後から国債市場(実物)に出動して市価維持のため売崩し物が出る毎に買いさらう態度に出ている。……これがため市価は安定し……十八日の国債借換条件を有利に導く」(「東京朝日新聞」1930年1月18日),などのケースもあったと伝えられている。
238 中山(1978) p.55参照。
239 竹内(1956) p.98,志村(1980) p.74参照。
240 日本銀行金融研究所(1993) p.54参照。
241 「東京朝日新聞」1920年8月19日参照。

242 「東京朝日新聞」1920年8月19日参照．
243 「福岡日日新聞」1920年10月28日，日本銀行百年史編纂委員会（1983）第2巻p.563参照．
244 「大阪毎日新聞」1921年1月21日参照．
245 永廣（2012b）参照．
246 1893（明治26）年以来直取引は受け渡しが5日以内，延べ取引は受け渡しが150日となっていたのが，1914（大正3）年に改訂された．東京才取会員協会（1975）p.291-93，「中外商業新報」1914年7月1日参照．
247 東京証券取引所（1974）p.36，菊一（1978）p.80参照．
248 東京才取会員協会（1975）p.295参照．取引仕法については向井（1932）p.240-42参照．
249 石塚（1958）p.95参照．
250 日本銀行調査局（1932）p.533，志村（1980）p.70，東京証券取引所（1970）p.718参照．
251 再開の理由としては，取引を活発にすること，相場変動を小さくすること，国債の民衆化を促すことなどがあげられていた．「大阪朝日新聞」1925年2月20日，「国民新聞」1925年3月28日参照．
252 東京才取会員協会（1975）p.283, 291, 295，東京株式取引所（1928）p.109-111参照．
253 株式の長期清算取引は1929年に3ヵ月3限月制に変更（復帰）された．
254 31年12月に東京株式取引所の業務規程が改正された．
255 東京株式取引所（1928）p.513, 520参照．
256 東京証券取引所（1974）p.75参照．
257 志村（1980）p.118参照．
258 藤崎（1954）p.75参照．
259 東京株式取引所（1933）p.59，同（1938）p.194，「読売新聞」1928年7月3日参照．
260 新規の売買．
261 同一内容の売りと買いであり，相殺して処理される．
262 1931年以降の長期清算取引増加はこの取引に思惑的色彩が強まったこと，実需筋がこれを大量取引に使ったことなどによる．日本興業銀行調査課（1935）p.9参照．
263 安定的な保有者が多ければ発行額の増加が直ちに取引の増加にはつながらないかもしれない．個人を含む保有シェアのデータが得られないので，個別銘柄の応募者シェアを1921年以降の大蔵省理財局（各年b）でみると，個人は高々20％程度である．また前掲の表1-2cで，21年頃以降は民間金融機関の保有シェアが30％以上である．保有者が応募者に比例するとすれば，売買を頻繁に行うであろう金融機関などのウエートが大きく，買い持ち型と考えられる個人のウエートは大きくはない．したがって，発行額増大は取引増加につながる可能性があると考えてもよいであろう．
264 山一證券（1958）p.597参照．
265 図1-2の取引所価格は1930年12月まで直物・現物，31年1月から長期先限で，出所は東洋経済新報社（各年）である．利回りは価格データから計算した複利利回りである．

31年以降は長期清算価格からExcelのyieldコマンドで計算した。

266　1919年に初めて行われた国債の郵便局売り出しもその一環である。「読売新聞」1919年7月1日，1928年4月18日，「東京朝日新聞」1927年4月7日，「中外商業新報」1933年4月28日参照。

267　山一證券（1958）p.598参照。

268　山一證券（1958）p.682参照。

269　山一證券（1958）p.694参照。

270　5分利国庫債券第48回（1928年8月発行）と5分利公債せ・す号（28年12月〜29年3月発行）の発行額はそれぞれ2.3億円と0.8億円（28年度全体では3.8億円）であった。

271　日本銀行調査局（各月）の1927年5，7，9月号と1928年1，2，4〜7月号と「中外商業新報」1928年1月13日，同年3月6日によれば，27年5〜9月と28年1〜7月の日本銀行の売却額は約1.6億円と約2.6億円であった。

272　山一證券（1958）p.746参照。

273　大蔵省（1937）p.883参照。

274　日本銀行調査局（1932）p.538参照。

275　大和證券（1963）p.79，「東京日日新聞」1921年4月5日，「大阪時事新報」1921年10月9日参照。なお，英貨債・米貨債も輸入された。「大阪朝日新聞」1921年11月2-10日，同1926年11月11日参照。

276　「東京朝日新聞」1925年10月23日参照。なお同紙1926年6月6日は「ほとんど全部が輸入された」としている。

277　大和證券（1963）p.80参照。

278　「大阪朝日新聞」1924年3月14日参照。

279　大蔵省（1937）p.281参照。

280　長期取引は1925年11月18日，実物取引は20年9月開始であろう。東京株式取引所（1928）p.31の表から，5分利仏貨債を併せると実物取引は20年9月に開始されたとみられる。なお25年11月19日の「国民新聞」も実物取引が25年1月以前に上場されていたことを示している。

281　「大阪朝日新聞」1924年3月14日参照。

282　野田（1980）p.344-46参照。

283　日本銀行調査局（各月）1938年9月参照。

284　取引が活発であったのは確定換算率が適用されたためとする見方（例えば「読売新聞」1928年1月21日）もあるが，換算率が確定していたのは多くの英貨債・米貨債も同様であった。大蔵省（1937）p.83，114，181，227，268，303，392参照。

285　英貨債・米貨債はいったん輸入されたもののその後流出して，特に英貨債は国内にはほとんどなかったのに対し（「中外商業新報」1923年4月6日，「大阪毎日新聞」1923年12月10日），仏貨債は国内に多く残存していた（「東京朝日新聞」1925年10月23日）。

286 第3回4分利英貨公債，1913年発行の仏貨国庫債券，6分半利米貨公債，第3回6分利英貨公債も同様であるが，それら以外はこのような規定は見あたらない。大蔵省（1937）p.286, 304, 327, 395参照。

287 大蔵省（1936）p.891参照。ただし，12年3月には空文化していたとされる。「大阪毎日新聞」1912年3月15日，日本銀行百年史編纂委員会（1983）第2巻p.259参照。

288 このことは引受シ団が決定し，証券業者に伝えた（「東京朝日新聞」1910年2月13日参照）。シ団は政府・日本銀行と度々協議を続けていたので，ここにも政府・日本銀行の意向が反映されているのであろう。

289 藤崎（1954）p.150, 250，東京証券取引所（1974）p.75参照。

290 増大する発行を容易にするためであった。「大阪朝日新聞」1923年7月29日と本章§4-1で言及した「大阪毎日新聞」1924年4月10日の記事参照。

291 §4-1の説明とそこでふれた「東京朝日新聞」1928年10月5日の記事など参照。

292 「二十八年物は九十四圓台に騰がり，……引跡は更に強含みを呈したところから，市場では早くも日銀のてこ入れであると観測されている。……国債借換を旬日内に控えて市場が漸次今日以上悪化する時は前回の借換条件と甚だしい差額で発行を余儀なくされるので，かくては政府および日銀のしのび難しとするところであるから，当然日銀の買出動があったものであろう」（「東京朝日新聞」1929年4月12日）と報じられている。

293 「日銀の国債実物市場における買出動は上期末以来続けられているが，……通貨の急激な収縮を緩和する意味が多分に含まれてゐるとみられ，非常に市場の注目を惹いていたが，頃日来日銀の買出動は政府の減債基金によるのみでなく自行資金によっても買入れてゐるというので，急激な金融引締りの緩和策がいよいよ露骨になって来た」（「東京朝日新聞」1930年9月11日）との記事の他，志村（1980）p.73，「大阪時事新報」30年8月13日（本章§4-1に前掲），「東京朝日新聞」1930年9月17日，「読売新聞」1931年10月2日参照。

294 志村（1980）p.117, 日本銀行調査局（各月）1939年3月，「読売新聞」1936年12月4日参照。

295 「東京朝日新聞」1929年4月12日，同紙1930年9月11日，「読売新聞」1931年9月20日参照。

296 志村（1980）p.114-25参照。ただし，月次（月中平均）データを使う後掲第3章の図3-3では明確な差異はうかがえない。

297 林（1978）p.53，「東京朝日新聞」1906年3月14日，同年3月28日，1908年10月18日，同年11月29日，1909年3月3日，および「登録国債ノ担保充用ニ関スル法律」参照。

298 志村（1980）p.114-25, 東京証券取引所（1974）p.74の表，p.75参照。

299 注67と注72参照。

300 志村（1980）p.70, 114参照。なお，長期清算取引はほとんど国債が対象であったが，1913年から25年まで停止され43年8月に廃止された。

301 石塚（1958）p.95参照。

302 本章§3-1参照。
303 注65と80参照。
304 日本勧業証券（1967）p.51，54参照。
305 野村證券（1976）p.75参照。
306 外貨債を除くと社債発行は1億9千万円である。山一證券（1958）p.621参照。
307 山一證券（1958）p.682参照。
308 山一證券（1958）p.694参照。
309 山一證券（1958）p.753参照。

第2章 戦前におけるコール・レートの決定

§1 はじめに

　次章以下では国債を中心とする債券市場の動きを分析していくが，それらに先立ってコール市場の分析を行う。コール市場は債券市場と関連を有しており[1]，コール資金は債券流通金融に用いられて債券市場発展の礎となったからである。本章では大正末期から昭和前期にかけて，つまり1923（大正12）年から1941（昭和16）年までのコール市場を取り上げ，コール・レートの決定メカニズムを探るとともに，市場の需給は均衡していたかを調べる。

　大正期のコール市場で資金の出し手は主に大銀行であり，取り手は台湾・朝鮮・横浜正金・日本興業といった特殊銀行と二流普通銀行であった[2]。翌日物コールが取引の中心であって市場は活況を呈した。昭和期の満州事変（1931年）以前においては，出し手が大銀行，取り手は証券会社が中心であったが，満州事変以後は出し手が大銀行，地方銀行，日本興業・日本勧業・朝鮮の各行など，取り手は横浜正金・台湾・朝鮮の各行，証券会社などとなった。コール・レートは42年以降，低位釘付けされた。コール市場では大正期に市場原理にもとづく行動をとるビル・ブローカーを排除しており[3]，需給不均衡の可能性があった。

　本章では，市場が均衡していたかをみるために，まずコール資金の需要・供給両関数を推定し，市場が均衡していたとの仮定にもとづいてレートを推計する。次いでこの推計レートが実際のレートをうまくトレースするかを調べる。市場が均衡しているとの仮定が正しければ実現値と推計値はそれほど乖離しないはずである。そこで，レートの推計値と実現値を比較する内挿テストを行い，あてはまりの良さ（適合度）を平均平方誤差によって調べることにする。

§2　コール市場の推移

　コール取引は1900（明治33）年に始まった[4]。その背景には，銀行間の資金のやりとりがないと不便であったこと，銀行が乱立していてとりわけ取り付けが起こると資金繰りがつかなくなる銀行が出たこと，さらには銀行の成長に伴い預金が多く集まって資金運用する余裕が生じたこと，などがあった。大正期は翌日物が中心で活況を呈した[5]。関東大震災後の1923（大正12）年9月には一時取引不可能となった。大正末期には月越し物が増えてコール取引は中期の資金貸借に変質した[6]。資金の主要な出し手は大銀行，取り手は特殊銀行（台湾，朝鮮[7]，横浜正金，日本興業の各行）と二流普通銀行であった。

　1914～19年頃には大銀行が特殊銀行と相対で取引を直接行うことによって，市場原理にもとづく行動をとる自己計算ビル・ブローカーを排除しようとした[8]。1914年3月7日の「大阪新報」紙によれば，ビル・ブローカーは「銀行業者と資金需要者との間に介在して盛に低利なる資金を探索し，以て良好なる手形に対し低利資金の融通媒介を図」ろうとしたが，銀行業者は「ブローカーが……競争的に低利の資金を漁る結果，市中金利は常に其一角を崩され従来の如く坐ながら自己の提出する有利の条件を以て資金の貸出をなす事を得ざるに至りたるため，ブローカーの発達を嫉視」した。またその後「ブローカーは……一時世間の信用を失するに至」った際に「金融界は著しく緊縮し，資金貸出しに関し銀行業者は何等苦痛を感ずる事なく高利を以て資金の貸出しを行う事」ができたが，こういったこともビル・ブローカー排除の背景としてあげられよう。しかし，26年頃でもビル・ブローカー経由の取引が圧倒的に多く，その約40％が自己計算ビル・ブローカーによるものであった[9]。17年には東京銀行集会所組合銀行がコール残高の発表を開始した。

　昭和期に入って1927（昭和2）年の金融恐慌の際，台湾銀行が集中的にコールの取り入れを行った。金融恐慌後に銀行動揺が発生して預金は大銀行と郵便貯金に集中した。コール資金の取り入れ需要は急減し，コール・レートの低下を招いた[10]。27年8月の東京と大阪それぞれの「コール協定[11]」により，レートの最低水準が設定された。この協定には東京では大銀行6行（三井，三菱，

第一,安田,住友,横浜正金)が加盟し,後日,川崎第百,三十四,山口,鴻池の各銀行も加わった。また大阪では9銀行(三井,住友,三十四,山口,鴻池,加島,第一,安田,横浜正金)が参加した。金融恐慌後のコール・レート低下は債券への投資を促し,同時に債券流通金融にコール資金が用いられて債券市場を活性化した[12]。

1928年施行の新銀行法でビル・ブローカーは銀行としては消滅したが[13],ブローカー会社や証券会社として存続してビル・ブローカー業務を継続した。ただし活動範囲は狭まり,多くは自己計算ビル・ブローカーではなく仲介専業となった[14]。したがって,コール・レートが需給を反映する程度は従来よりも弱くなったとみられる。

コール取引のうち無担保物と月越し物[15]は取引から排除されて国債担保の原則がとられた。これらの点は銀行法の施行細則・営業報告書でも取り入れられた[16]。コール・レートの変動は小さくなり無条件物が増えて[17]コール取引は「正常化」した。1931年の満州事変以前の主要な出し手は大銀行,取り手は証券会社であった。

1931年秋には金輸出再禁止を見込んでのドル思惑買いが行われ,それを防止するべく日本銀行がドル買い銀行への貸し出しを引き締めたため,コール資金への需要が増し,図2-1に示されているようにコール・レートは高騰した[18]。31年以降の主要な出し手は大銀行,地方銀行,日本興業・日本勧業・朝鮮などの特殊銀行,取り手は横浜正金・台湾・朝鮮などの特殊銀行と証券会社のほか,季節と時期により地方銀行も含まれた。33年後半以降はコール・レートの変動幅は小さくなった。これは,横浜正金銀行がコール・レートの低いときはコールを取り入れて外貨買入資金とし,月末にレートが高くなると日本銀行の外国為替貸付金を借りてコール資金を返済するという行動をとることによって,レート変動に対してクッションの役割を果たしたためである[19]。

1936年にコール市場が逼迫して37年半ばにかけレートは上昇した。同年央からの財政膨張政策で金融緩和がもたらされた。39年9月の第2次大戦開戦後,資金需要が増加し,40年に緩和策がとられて,コール・レートは41年秋まで低下し42年以降は低位に固定された[20]。

図2-1 コール・レート(無条件物と翌日物,単位%)

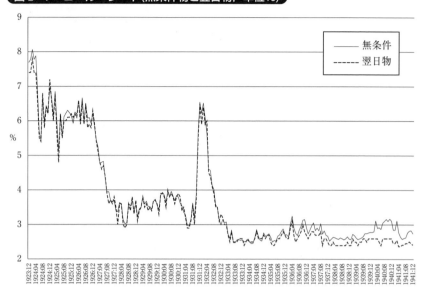

§3 コール需給関数の定式化とデータ

　コール・レートが変化するとコール資金のex anteの供給と需要に影響を与え,取引量を変化させる。コールの出し手は大銀行,地方銀行など,取り手は特殊銀行が中心であったことを考慮して,コール資金の需給関数をそれぞれ,

　　D＝f（コール・レート(−),特殊銀行預貸差(−),［特殊銀行預貸率(＋),］ダミー）

　　S＝g（コール・レート(＋),全国銀行預貸差(＋),［全国銀行預貸率(−),］公定歩合(−)[21]）

とする。説明変数の後のカッコ内に示す符号条件は次のとおりである。コール・レートが上昇すると,コール資金の需要は減少し供給は増加する。全国銀行の預貸差,つまり預金と貸出の差が増えるとコール資金供給は増加し,特殊銀行の預貸差が増えるとコール資金需要は減少する。預貸率,つまり貸出/預金の比率は預貸差と逆方向の影響を及ぼす。公定歩合の引き上げは銀行の手元をタ

イトにしてコール供給を減らす。

データは月次であり，各変数は次のとおりである。

コールの取引高：日本銀行「本邦経済統計」の全国手形交換所組合銀行のB/Sに23年12月～41年12月のコール資金残高があるが[22]，各月の取引額は不明である。取引額は残高の前月との差として得られるものの，月内で取引が終了する短期物のデータは捉えられない。つまり，前月との差としての取引額はあくまで近似値であり，かつ19年分しかない。また，27年4～6月もデータがない。しかし前記のように，大正末期を除いてコールは月越し物が排除されてその取引期間は多くが1ヵ月以内であるので，月末残高の多くは当該月のレートの影響を受けていることになる。データとしてコール資金残高の増分ではなく，コール資金残高そのものを使うことにするが，このようにしてもそれほど不都合は生じない。そこで上記の需給関数の左辺はコール資金残高とする。

コール・レート：翌日物のレート。出所は藤野（1994），短資協会（1966）。

公定歩合：商業手形割引歩合。出所は日本銀行統計局（1966）。

全国銀行と特殊銀行の預金と貸出：それぞれの預金の合計と貸出の合計で出所は大蔵省理財局（各年a）。

ダミー変数：ドル思惑買いからコール・レートが急騰した31年11月から32年4月までの各月に1をとり，それ以外は0をとる。

§4　計測結果

表2-1に示される変数のADF法にもとづく定常性テストから，コール・レート以外の各変数は定常ではない。また，OLSによる計測結果では系列相関が認められる。これらを処理するためにPhillips（1988），Phillips and Hansen（1990）のFM（fully modified）-LS法を取り入れる[23]。

FM-LS法による計測結果は表2-2のとおりである。需要関数のダミー変数と供給関数の公定歩合が有意でなく，需要関数の特殊銀行の預貸差の符号も逆である。これらは改善が必要であるが，他の変数は有意であって符号条件も満たしている。

得られた需給関数と需給均衡条件とから均衡をもたらすレートを推計すると次のようになる。

コール・レート＝0.49＋5.9・全国銀行の預貸率＋0.00141・特殊銀行の預貸差＋0.247・公定歩合＋0.133・ダミー

コール・レートの推計値が実現値にどれほど適合しているかを測るために計算すると，平均平方誤差（RMSE）が0.70，平均平方誤差率（RMSPE）が0.194である[24]。需給均衡をもたらすレートを推計して得られる推計値と実現値とをグラフに描くと図2-2のとおりである。需給が恒に均衡し，かつ需給関数が適切に定式化され推定されていれば，推計される利回りは実現値と大きくは異ならないはずであるが，図からは両者の乖離が持続している時期が認められる。

表2-1　コール・レート等の定常性テスト

トレンドと定数項	ラグ数決定法	コール残高	コール・レート	公定歩合	特銀預貸差	全銀預貸率
ともに有り	BIC	−3.34	−3.85*	−2.75	−1.29	−3.63*
ともに有り	AIC	−1.73	−3.85*	−1.98	−1.19	−3.65*
ともに有り	LM	−2.03	−3.04	−2.75	−1.26	−2.69
定数項のみ有り	BIC	−2.78	−2.91*	−1.97	−1.36	−0.90
定数項のみ有り	AIC	−0.98	−2.91*	−2.23	−1.15	−0.84
定数項のみ有り	LM	−2.27	−2.59	−2.00	−2.80	−0.77
ともに無し	BIC	−0.03	−1.88	−2.57*	−0.09	−1.93
ともに無し	AIC	0.10	−1.50	−2.58*	−0.25	−2.02*
ともに無し	LM	−0.07	−1.97*	−2.20*	−0.09	−1.81

注：ラグ数決定法のうち，BICはSchwarzベイジアン情報量基準により，AICは赤池情報量基準により，LMはLagrange乗数テストによる。＊は「単位根なし」を示す。以下同じ。

第2章 戦前におけるコール・レートの決定

表2-2 FM-LSによるコール資金需要・供給関数の推定結果

需要関数

変数	係数推定値	標準誤差	t値	有意水準
定数項	10359	912	11.35	0.00
コール・レート	−274.31	93.14	−2.95	0.00
特銀預貸差	2.37	0.33	7.16	0.00
ダミー	223.85	838.34	0.27	0.79

供給関数

変数	係数推定値	標準誤差	t値	有意水準
定数項	9530	727	13.11	0.00
コール・レート	1407	209	6.72	0.00
全銀預貸率	−9925	1755	−5.65	0.00
公定歩合	−414.73	282.13	−1.47	0.14

図2-2 コール・レートの推計値（単位%）

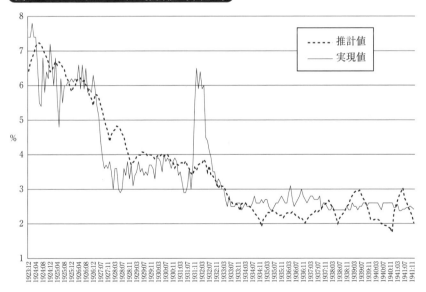

大きな乖離が発生しているのは，24〜25年，27〜28年，31〜32年である。24，25年頃では，23年の関東大震災の復興資金を政府が放出し，外資が導入されて金融が緩和された。また，25年には公定歩合も引き下げられた[25]ことから，コール・レートは低下した。27〜28年は前記のように，金融恐慌，銀行動揺が

続き，特殊銀行のコール資金取り入れが急減してレートが低下した。31年秋からのレート上昇も前記のように，金輸出再禁止見込みのドル買いに対して日本銀行が貸し出しを減らしたためである。

コール・レートは平均平方誤差率が0.2に近く，後の章で検討する国債や地方債・金融債・社債といった諸債券のそれらに比べてかなり大きい。これは図2-1および後掲第3章の図3-3などからも明らかなように，諸債券の利回りの動きに比べるとコールは変動幅と変動の頻度が大きいことも影響して，推計値が実現値をトレースすることが困難になっているのであろう。

以上を考慮すると，諸債券に比べて需給均衡がもたらされている時期は少なかったと判断してもよいであろう。その原因の一端は，大正前半に市場原理にもとづく行動をとっていた自己計算ビル・ブローカーが排除され，銀行同士の直接取引が増えたことであるのかもしれない。

§5 おわりに

本章では大正末期から昭和前期にかけての時期のコール市場を取り上げ，レートの決定メカニズムを探るとともに，市場は均衡していたかを調べた。需給関数を求め，それらと需給均衡条件とから均衡をもたらす利回りを推計する方法をとり，推計値が実現値にどれほど適合しているかを測ったところ，乖離は国債・地方債・金融債・社債のそれらよりかなり大きいとの結果が得られた。これは，コール・レート変動の幅と頻度が債券利回りのそれらを上回るため，推計値が実現値をトレースすることが困難になっていて，債券に比べて需給均衡がもたらされている時期は少なかったと判断できるのではないか，というのが暫定的な結論である。

注
1 竹内（1956）p.102-103参照。
2 藤野（1994）p.153参照。

第2章　戦前におけるコール・レートの決定

3　鴫見（1983）p.43-45参照。
4　短資協会（1966）p.21-29参照。
5　短資協会（1966）p.74参照。
6　短資協会（1966）p.116参照。
7　東京手形交換所組合への加入年は台湾銀行東京出張所が1910年，朝鮮銀行東京支店が1916年との記事がある（東京銀行集会所（各月）302号，p.810，東京銀行集会所（各半期）第44回，p.1243），なお，東京銀行集会所組合への加入は興銀・勧銀が1914年，正金が1910年以前，台湾銀行東京出張所が1910年，朝鮮銀行が1913年である。東京銀行集会所（各月）293，302，334，346，369，503号参照。
8　鴫見（1983）p.42-45，60参照。なお，この自己計算ビル・ブローカーは自己の計算で運用を行って利ザヤを稼ぐブローカーであり，手数料をねらう単なる仲介ビル・ブローカーと区別される。鴫見（1983）p.45，短資協会（1966）p.76参照。
9　短資協会（1966）p.115参照。
10　武藤（1978）p.111，大和証券（1963）p.106，浅見（1966）p.217-18参照。
11　「大阪朝日新聞」，「国民新聞」ともに1927年8月7日参照。
12　東京証券取引所（1974）p.73参照。
13　短資協会（1966）p.136参照。
14　短資協会（1966）p.76，132，163参照。
15　月越し物はコールとして扱われないこととなったが，実際には存続した。短資協会（1966）p.128，132-134参照。ただし量的には多くない。短資協会（同）p.175，194参照。
16　「東京朝日新聞」1927年11月18日，同紙同年12月22日参照。
17　無条件物とは翌日まで据え置きその後は通告して決済するが，通告がなければ約定の状態が継続して月越しのケースもあり得る，という取引であった
18　浅見（1966）p.144参照。
19　短資協会（1966）p.153参照。
20　日本銀行金融研究所（1986）p.529参照。
21　銀行の銀行として，手形割引の形態で資金供給するのは日本銀行の本務であった。日本銀行金融研究所（1986）p.492参照。
22　1922年「銀行局年報」（日本銀行調査局編（1955-61）の第7巻下所収）に22年1～12月の全国銀行のコール・ローン残高のデータがあるが，23年の計数はない。「調査月報」の巻末統計（日本銀行調査局編（1961-74）の第9巻末p.6以降）に29年～41年6月の全国銀行のコール・ローン残高がある。
23　ただし，Phillips（1992,p.315）も指摘するように，係数推定値はOLSとほぼ同じである。
24　MSEは実現値と推計値の差の平方を全期間について合計し期数で割って平均したもの，RMSEはMSEの平方根，MSPEは実現値と推計値の差を実現値で割ったものの平方を全期間について合計し期数で割って平均したもの（Pはパーセンテージ），RMSPEはMSPE

の平方根である。
25 短資協会（1966）p.112参照。

第3章 戦前国債市場の利回り決定と効率性

§1 はじめに

　本章では，戦前の国債市場における利回りの動きを調べてその流通市場が均衡していたかをみるとともに，市場効率性をテストする。対象期間は最長で1920（大正9）年から42（昭和17）年までである。始期の選択は，§2-2で触れるように，1920年に裸相場が採用されるようになったことを考慮するためである。これらの期間の流通市場においても銀行が中心的プレーヤーであった[1]。戦間期にはコール・レートが低下し，コール資金は債券流通金融に用いられて債券市場を活性化した[2]。

　本章ではまず，データの制約を考慮して1923年から42年までの流通市場における国債の需給を取り上げる。これを構造方程式で分析し，需給均衡条件から利回りを計算する。対象とする銘柄は実物取引の甲号5分利公債・第1回4分利公債と，長期清算取引（以下では長期取引または長期と略記）[3]の甲号5分利公債である。これらは戦前国債市場の代表的な存在であって，特に甲号債は多く発行され，売買高もかなりの期間で他の銘柄よりも多かった。

　この分析の目的は，利回りが人為的に規制されていたか，あるいは需給を均衡させるに足りるほど弾力的に変動していたかを明らかにすることである。推計される利回りと現実の利回りを比較し，それらの乖離が小さければ需給均衡が達成されていると判断できる。前章と同様に，利回りの推計値と実現値を比較する内挿テストを行い，あてはまりの良さの判定は平均平方誤差に依ることにする。なおその際，コール・レートを内生化して同時体系とし，第2章で得られたモデル値を用いて計測することも試みる。

次に，マクロ経済指標公表値から利回りの変化への因果関係をテストするとともに，準強度（セミストロング・フォーム）の効率性を調べる。釜江（2012）では1915～38年の期間を取り上げたのに対し，本章では対象期間を変更して20年7月から42年10月までの実物取引の甲号債・第1回4分利債と25年11月から42年10月までの長期取引の甲号債を対象とする。このような期間において，(A)セミストロング・フォームのテストに関連して，マクロ指標の効き方に差があるか，(B)効率性に変化はあるか，を検証する。付論では弱度の効率性を調べる。

§2　テストの方法

§2-1　均衡テストの定式化とデータ

　国債は，その需給のかなりの割合を銀行が担うとみて[4]，需給関数をそれぞれ，

　　D＝f（国債利回り（＋），コール・レート（－）［，貸出金利（－），銀行の預貸率（－）］）

　　S＝g（国債利回り（－），銀行の預貸率（＋）［，銀行の預貸差（－），国債発行額（＋），コール・レート（＋）］）

と定式化する[5]。DとSはそれぞれ国債需要と供給（ともにフロー）である。

　需給が均衡していると仮定するとDとSはともに実現値に等しい。説明変数の影響の符号は上式の変数の後の（　）内のとおりであると考えられる[6]。まず，コール・レートが上昇すると，銀行のコール資金調達コストが増し，(i)コールの取り手は，資金取り入れの困難さが増して余裕資金が減り国債需要を減少させる，あるいは国債供給を増加させる。(ii)コールの出し手は，資金供給を増して余裕資金が減り国債需要を減少させる，あるいは国債供給を増加させる。次に，貸出金利の上昇は銀行のex anteの貸出供給を増加させ，銀行の余裕資金が減少して国債需要を減少させる。さらに，預貸率，つまり貸出/預金の比の上昇は銀行の余裕資金を減らすことによって，国債売却による資金調達を増やすとともに国債買入を減らす。預貸差，つまり預金と貸出の差は預貸率と逆の効果をもつ。国債発行額の増加は国債売却を増やす。

利用するデータは次のとおりである。国債の実物取引の売買代金データ[7]は1915年から42年3月まで存在するが，説明変数である預金・貸出データのアベイラビリティにより制限され，使えるのは23年10月～42年3月の月次データである。長期清算取引の売買代金データは25年12月～42年1月の間存在する。詳細は以下のとおりである。東京株式取引所（1928）に37年までの国債（実物，長期取引とも）および地方債の売買代金と額面金額，東京証券取引所（1970）に42年までの国債（実物，長期取引とも）および地方債の額面金額，大蔵省理財局（各年）に42年6月までの国債と地方債の合計（実物）の売買代金，国債（長期取引）の売買代金と額面金額がそれぞれある。これらから国債の実物[8]と長期取引のそれぞれの売買代金を求める。

次に銘柄別のデータは，東京株式取引所（1928）などで28～37年（実物），もしくは25～37年（長期取引）の売買額が年次で得られるが，月次では存在しない。そこで，年次データが存在する期間については毎月の売買額の比率が年間を通して同じであると仮定して，また存在しない期間については存在する直前または直後の2年間の比率に等しいと仮定して，それぞれの銘柄の毎月の売買額を推計する。

利回りデータは実物・長期取引（先限）の甲号5分利公債と第1回4分利公債のそれである。新聞から日次データが得られる価格をExcelのyieldコマンドで複利利回りとし，コール・レートとともにそれぞれの計数を平均して月次データを作る。銀行（全国銀行）の預金と貸出は23年10月～42年6月が大蔵省理財局（各年）の「昭和4年調」以降に，貸出金利は大蔵省理財局（各年）にそれぞれある。大蔵省理財局（各年）による国債発行額は内国債のそれで，臨時国庫債券を含み大蔵省証券・米穀証券を含まない。

計測期間はデータのアベイラビリティにより，23年10月～42年3月（実物取引），または25年12月～42年1月（長期取引）である。表3-1aから表3-1eまでの定常性テストから，国債需給の実現値は定常ではなく，利回りとコール・レートも定常でない。また，OLSによる計測では系列相関が認められる。そこで前章と同様に，Phillips（1988）などのFM-LS法を取り入れる。

表3-1a 国債売買代金のADFテスト

トレンドと定数項	ラグ数決定法	実物取引	長期取引
ともに有り	BIC	－3.29	－3.57*
ともに有り	AIC	－2.83	－3.93*
ともに有り	LM	－2.77	－3.45*
定数項のみ有り	BIC	－3.19*	－3.39*
定数項のみ有り	AIC	－2.79	－3.44*
定数項のみ有り	LM	－5.05	－3.39*
ともに無し	BIC	－1.36	－1.74
ともに無し	AIC	－1.34	－1.40
ともに無し	LM	－1.36	－1.74

注：＊は「単位根なし」を示す。表3-1eまで同じ。ラグ数決定法は表2-1参照。

表3-1b 国債利回りのADFテスト

トレンドと定数項	ラグ数決定法	実物甲号	実物4分利	長期甲号	長期4分利
ともに有り	BIC	－3.60*	－2.43	－3.22	－2.09
ともに有り	AIC	－3.60*	－2.43	－3.22	－2.09
ともに有り	LM	－3.60*	－2.43	－3.22	－1.68
定数項のみ有り	BIC	－1.52	－0.84	－1.56	－1.13
定数項のみ有り	AIC	－1.52	－0.84	－1.56	－1.13
定数項のみ有り	LM	－1.52	－0.69	－1.56	－0.97
ともに無し	BIC	－1.17	－1.25	－0.93	－1.35
ともに無し	AIC	－1.17	－1.36	－0.93	－1.52
ともに無し	LM	－1.17	－1.54	－1.14	－1.57

表3-1c コール・レートと銀行預貸率のADFテスト

| トレンドと定数項 | ラグ数決定法 | 実物甲号 | | 長期甲号 | |
		コール・レート	預貸率	コール・レート	預貸率
ともに有り	BIC	－3.01	－2.69	－3.68*	－3.08
ともに有り	AIC	－3.63*	－3.83*	－3.68*	－3.17
ともに有り	LM	－3.01	－3.83*	－3.87*	－2.96
定数項のみ有り	BIC	－2.77	－0.17	－3.42*	－0.99
定数項のみ有り	AIC	－3.20*	－0.79	－3.42*	－1.15
定数項のみ有り	LM	－2.77	－0.79	－3.25*	－0.85
ともに無し	BIC	－2.03*	－2.74*	－1.86	－2.91*
ともに無し	AIC	－2.05*	－2.05*	－1.86	－2.63*
ともに無し	LM	－1.85	－1.99*	－1.62	－2.02*

注：コールと預貸率はともに国債銘柄のデータが存在する日に対応する期間について。4分利債に対応する日についても結果はほとんど変わらない。

表3-1d 貸出金利のADFテスト（全期間）

トレンドと定数項	ラグ数決定法	長期 甲号
ともに有り	BIC	−2.50
ともに有り	AIC	−2.50
ともに有り	LM	−2.50
定数項のみ有り	BIC	−0.20
定数項のみ有り	AIC	−0.20
定数項のみ有り	LM	−0.20
ともに無し	BIC	−4.01*
ともに無し	AIC	−4.01*
ともに無し	LM	−4.01*

注：長期甲号債のデータの存在する日が対象。

表3-1e 国債発行額のADFテスト（全期間）

トレンドと定数項	ラグ数決定法	実物 4分利
ともに有	BIC	1.11
ともに有	AIC	1.87
ともに有	LM	0.98
定数項のみ有	BIC	2.94
定数項のみ有	AIC	3.52
定数項のみ有	LM	2.71
ともに無	BIC	3.66
ともに無	AIC	3.85
ともに無	LM	3.66

§2-2 効率性テストの方法

　分析の期間は，実物取引の甲号債と同第1回4分利債については1920（大正9）年7月〜42年10月の22年間，長期取引のそれらは取引が開始された25年11月〜42年10月の17年間で，ともに日次または月次のデータを用いる。始期を20年7月にするのは次の事情による。

　1920年9月の国債市場開設まで国債価格は経過利子を考慮しており，裸相場ではなかった。利払い日（甲号債・4分利債とも毎年6・12月初め）には経過利子が剥落するから，価格は下落して不連続になる。また本章で取り扱うマクロ変数のうち，特に貿易統計は毎月2日に報道されることが多く，利落ちも2

日に報じられる価格に発生することが多い。20年6月までの期間をみると, 15年12月, 16年6・12月, 17年6・12月, 18年12月, 19年6月においてこれらが重なっていて, 影響は看過し得ない[9]。そこでこれらを除き, かつ不連続性がない20年7月以降の期間を対象にすることとする。

また, 1929年4月ころ以降の価格支持策 (第1章§5-2参照) や32年7月からの国債標準価格設定などにより市場構造に変化がもたらされた可能性があるので, 全体の期間を次のように前・後期に分ける。

　実物取引　20年7月～29年3月[10], 29年4月～42年10月 (8.7年と13.5年),
　長期取引　25年11月～32年6月, 32年7月～42年10月 (6.5年と10.3年)。

ここで第1章の図1-2により国債利回りが大きく変化した時期を探してみよう。この図によれば, 顕著な下落の期間は1926年5月～29年2月, 30年10月～31年7月, 32年3月～34年6月, 36年12月～40年7月などであり, 大幅な上昇の期間は20年7月～20年11月, 31年7月～32年1月などである。

下落の期間のうち1928年頃は[11], 25年の長期取引開始など債券市場が整備され, また金融恐慌後の金融緩和と日銀特融の大銀行への集中 (資金の偏在) によりそれらの国債投資が増加したことなどによる。31年前半の下落は金融緩和による[12]。32年頃の下落は, 低金利政策とインフレ期待[13], 他債券との比較[14]などによる。36年以降の下落は, 低金利政策と債券の買い支えによる[15]。上昇の期間のうち, 19, 20年は第一次大戦後の好景気期であったが, 国債の累積による供給過剰や資金の預金・株式への流出 (つまり, 国債への需要減) などから国債価格が急落した[16]。31年後半の上昇は金輸出再禁止の思惑からのドル買いに対抗するため, 金融引締策がとられたことによる。

テスト対象とする甲号5分利債の償還時期は1962年と63年, 第1回4分利債のそれは69年であり, ともに何月かは不明であるが, 中間をとって, 甲号債を63年1月償還, 第1回4分利債は募入決定が3月であることから69年6月償還とみなすことにする。

効率性のテストはイベント・スタディによるが, その方法は以下のとおりである。市場で国債価格へ直接的な影響をもたらしていた要因は,

　(a) 金利の変化と金融情勢全般[17]

(b) インフレ予想，貿易（の入出超額）などのマクロ経済の動向

(c) 国債需給額の変化

などである。これらは新聞などで次のように伝えられている。

まず (a) 金利と金融情勢は，「公社債市場が賑やかになったのも金利低下による金融緩慢の反映」（「東京朝日新聞」1927年2月4日），「国債は玉整理も出来ているので，来春の金利安を見越し強調であった」（同紙33年12月8日），「金解禁，正貨流出，不景気深刻化，株式大暴落など財界異常の変化を起している際として公債の暴落もやむを得ない成行」（「東京日日新聞」30年10月12日），「英蘭銀行利下げの入報あるや本行の利下げ気構え濃化して俄然［国債の］買い気勃興」（日本銀行調査局（各月）32年4月。［ ］内は引用者），「金利の高低が公債市価に及ぼす影響に至りては直接にして亦比較的確実なり」（志村[18]（1908））などの記述がみられる。

(b) マクロ経済の動向については，「何がこんなに国債の市価を吊上げているのか，こんな高値を支持している不思議な力はどこに潜んでいるか，それを考えてみる。郵貯や銀行預金の利下，日銀利下，安全，確実，そして融通性のある好投資物件の少いこと等々，いずれも数えあげられる力には相違ないが，更により強力な支柱は財政を通じて現出するインフレーション，これに伴う金融緩和・金利低落の好影響を今後に期待する人気」（「東京朝日新聞」1932年10月14日），「貿易の出超減は政府の金解禁断行を鈍らしむるものと観られ，前日来やや形勢一変の商状を見せていた公債は更に旗売りの煎[19]と新規の買物続出し」（「大阪朝日新聞」28年11月2日），「公債市価に及ぼす三原因 ……第三 金利の高低と公債 ……我金融市場に及ぼす影響は……輸出貿易の不振に於て之［影響］を発現するに至るべし」（志村（1908）。［ ］内は引用者），などとある。

(c) 国債需給の変化については，「大阪時事新報」1930年8月13日に「国債低落の原因として数えられるものは 一，本年六月下旬一般有価証券と歩調を共にして叩かれた際に，上期末銀行決済を目前にして日銀が減債基金を運用して無理な挺入れを行った反動もあり，日銀としては来年三月迄国債借換えを必要としないから，第五四回五分利の募集後は減債基金の運用を打ち切り自然放

任の姿である事」との記事がある。

　これらのうち,要因(a)を日本銀行の公定歩合変更で代表させると[20],その変更は表3-2のとおりである。公定歩合変更の理由をより詳細に探れば,とりわけ不況期の引き下げには前掲の要因(b),つまり物価や貿易(と為替相場)などのマクロ経済指標の変化などが以下のように考慮されている[21]。

　「大阪朝日新聞」1925年3月15日は「我国一般物価の情勢が,未だ日銀利下による信用及び通貨の膨脹を具合よく消化して事業界に良好な刺戟を与うる程度に達していないのである。今日の有様を以てすれば,動もすれば騰貴の傾向を辿らんとする物価を煽揚し,輸出はますます不振となり,折角回復しかけている対外為替再落を促すのみである。事業資金の高利が商品に転嫁され,随って商品の売行を不振ならしめ,また対外輸出を不可能ならしむる程度よりは,通貨の膨脹がより多く国内市場に諸種の悪影響を及ぼし輸出を不引合ならしむ

表3-2　公定歩合の変更

引き下げ日	変更の理由	新聞初報の日付
1925年4月15日	不況対策,市場金利に追随	大毎4/15,東朝3/6
1926年10月4日	突如。不況対策	東朝10/3
1927年3月9日	市場金利に追随	東朝3/8,大毎2/19
1927年10月10日	市場金利に追随	大朝10/9,時事9/7
1930年10月7日	突如。不況対策[*1],世界的低金利に追随	東朝10/7 (cf.中外7/12)
1932年3月12日	低金利政策,市場をリード[*2]	東朝3/11,大毎2/22
1932年6月8日	市場金利に追随	東朝6/7
1932年8月18日	低金利政策	大朝8/18,読売7/17
1933年7月3日	低金利政策	大朝7/2,大毎6/3
1936年4月7日	低金利政策	大朝4/7,中外3/21
1937年7月15日	低金利政策,国債消化促進[*3]	東朝7/14
1937年9月21日	低金利政策,国債消化促進	東朝9/21
1941年7月21日	生産拡充	東朝7/20

引き上げ日	変更の理由	新聞初報の日付
1931年10月6日	ドル投機買防止,金本位維持	東朝10/6,時事10/3,大毎10/4
1931年11月5日	ドル投機買防止,金本位維持	大朝11/5,読売10/20

注：変更の理由は新聞で伝えられたもの。記事の日付はいずれも公定歩合変更と同年。「時事」は時事新報で,他は表1-3の注参照。
*1　日本銀行百年史編纂委員会(1983)第3巻,p.468参照。
*2　同 (1984)第4巻,p.31参照。
*3　同 (1984)第4巻,p.202参照。

ることが遥かに大である。要するに今日の金融界の実勢は何れの方面から見ても未だ日銀利下を肯定する時機ではない」との見方を示している。

また引き下げ時に政策当局が物価や為替相場を考慮したことについて，「東京朝日新聞」1926年10月4日の片岡蔵相談に「物価指数は本年八月は一八六・一にして前年同期に比し二四・五の低落にして，主要商品たる米，生糸，綿糸等何れも著しく市価低落を告げ物価の下落を示したのみならず，本年九月来の対米為替相場は前年同期に比し八弗を恢復して居る。以上の形勢に鑑み大蔵省として日銀の割引歩合の引下げは妥当にて物価低落の今日此引下げが投機奨励通貨膨脹等の余殃を醸成することのないものと認めて居る」[22]，「大阪朝日新聞」25年4月15日に「大蔵次官談として，『貿易の形勢は前年に比し良好の趨勢を示し為替相場も……恢復し……これ等の形勢に鑑み大蔵省は日本銀行の意嚮を承認した』」[23]，「東京朝日新聞」30年10月8日に「日銀が利子引下の理由とするところは『金輸出解禁以来正貨の流出はあったが世界的低金利の大勢と財界不振による資金需要減退とのため金融は格別引締を見るに至らず，この大勢は今後も持続するものと認め，かつ利下のため国際収支の上に悪影響を与うるの懸念もないからこれを引下げた』というのである」との記事がある。つまり，マクロ指標の変動は金利を通して国債価格に影響を与える可能性があるとみられる。

要因（c）については，新発予定国債の条件が取引中の既発債利回りと比較されて国債需要に影響を与えていることから，需給要因として国債発行を考慮することにする。これについては，例えば「東京朝日新聞」1933年8月10日に「九月初旬に発行される予定の国債条件が既発行のものに比して条件がすこぶる有利を伝えられて以来，長期国債市場には嫌気の売り物絶えず」，「東京朝日新聞」33年11月3日に「新国債の売出しで多少人気を損じ四分利は四，五十銭方低落した」，「大阪毎日新聞」34年7月19日に「五分利国債の低利借替懸念で過般来，五分利債売，四分利債買のオペレーションが国債市場の大勢を支配」などと報じられているとおりである。

なお需要側の要因として，1921年1月に政府への保証金が公債のみに限定されたこと[24]以外に，日本銀行の新発債の引受，減債基金による国債の買入消却，預金部・日本銀行による買入などがある。しかし，日銀引受は発行時に行われ

たので発行のイベントで表しうること，減債基金・預金部の買入などは随時行われて日の特定が容易でないこと，保証金の公債限定などのイベントは事前の情報の漏れがあるかもしれないことを考慮して本章では取り上げない[25]。以上から，国債に影響を与えるイベントとして，3つのマクロ指標（貿易，卸売物価，小売物価）と公定歩合変更，さらに付加的に国債発行を取り上げる。

また，公定歩合変更のうち1926年10月4日と30年10月7日のそれらは突如行われたとの見方があり，必ずしも事前に予想されてはいなかったとみられる。具体的には，26年10月の変更について同月3日の「東京朝日新聞」に「日銀が突然金利引下を発表したに対して一部の株屋は別として金融界の大多数は非常に意外とし，現下の金融界の実勢からすれば全くこの理由を発見するに苦しむ」，同月4日の「中外商業新報」に「日本銀行が電光石火的に利下げを断行した」，同月5日の「時事新報」に「最近の貿易が著しく悪化の兆候を呈せるに際し，当局者としては切に財界を警戒する必要こそあれ，全然この趨勢に逆行する利下を突如として断行する如き，如何にしても其理由を解することを得ない」とある。30年10月の変更については同月7日の「東京朝日新聞」が「日銀突如金利引下」としているほか，同日の「大阪毎日新聞」と「大阪時事新報」も「突如」行われたと記している[26]。

そこで以下では，予想されていなかったこれら2回の変更を一括して1種類のイベント（「予想なしの公定歩合変更」）とし，比較のためにこれら以外の予想された公定歩合変更を一括してもう1種類のイベント（「予想ありの公定歩合変更」）とする。なお，1931年10月6日の変更はその直前に一部で金融緩和が予想されたが利上げの予想もあり[27]，引き上げが必ずしも逆方向の変更とはいえない[28]。

以上から，イベントとしては3つのマクロ指標（貿易，卸売物価，小売物価）と，予想なしの公定歩合変更，予想ありの公定歩合変更，超長期国債（満期までの期間が25年以上）の発行の6種類を取り上げ，ダミー変数を使う。

さらに，貿易，卸売物価，小売物価については，これらマクロ指標の公表値そのものと，公表値と事前の予想値の差であるサプライズ変数も使う。なぜなら，マクロ指標の発表それ自体が国債価格に影響を与えることはもちろんであ

るが,サプライズも公表値と同程度あるいはそれよりも大きな影響を与える可能性があるからである。

予想値はカルマン・フィルターのスムージング法により求める[29]。貿易の入超は変動幅が大きいので,サプライズを入超公表値の絶対値で割り,

（入超の公表値−予想値）／｜入超｜

のようにノーマライズして用いる。なお,3つのマクロ指標の発表以外の公定歩合の変更や国債発行なども影響を与えうるが,これらは予想値を得るのが困難であるためサプライズによる分析は行わない。

ここに,貿易入出超額のデータは1940年9月分（40年10月発表）まで採取可能であり[30],卸売物価・小売物価（22年4月発表分以降のみ利用可能）の両データは一部の期間について日本銀行発表のデータが採集できないので,商工省・東商（東京商工会議所または東京商業会議所）のデータで代用するが,それらもなければ欠損値とする。国債発行については,分析対象の甲号債などが超長期国債であって分析期間中の残存期間は短いケースでも21年であるので,預金部・日本銀行などによる引受以外の公募発行のうち期限が25年以上の超長期国債の発行を対象とし,その発行日のデータを用いる。

また,本章では国債取引は多くが銀行などプロの投資家に依ると想定し,国債価格が影響を受けるのはマクロ指標・公定歩合の変更ともそれらの公表日,つまり通常は新聞報道日の前日においてであると考える。国債価格データは報道されたそれを使っており,取引がなされるのはやはり報道日の前日で,マクロ指標などの公表と同じ日である。

ここで,以下のイベント・スタディに先立ち,マクロ指標公表から利回りの変化への因果関係をテストする。これは,マクロ指標公表→利回り,およびマクロ指標のサプライズ→利回りの回帰関係を問題にする効率性テストの根拠を探るためである。あわせて,逆方向の因果関係も調べておく。Grangerの因果関係のテストでは,一般に変数Yを変数xのラグ値に回帰し,xのラグ値の係数が有意であるかをFテストで調べて,有意であればxからYへのGranger causalityが存在する,と判断する。

具体的なテスト法は次のとおりである。マクロ指標公表（またはサプライズ）

→利回りの因果のテストでは，月のうちマクロ指標公表の日だけのデータ（月次データ）を使い，ラグ付きの説明変数を個別にテストする。第$t+1$営業日と第t営業日の利回りの差Δr_{t+1}を第t営業日に公表された貿易統計Bo_t（またはBoのサプライズ値），第$t-1$営業日に公表されたBo_{t-1day}，……などに別個に回帰する。これは，日の違うBoは同時には得られないからである。

あわせて，利回り（の変化幅）→生起したマクロ指標の因果のテストも行う。月次で公表されるマクロ指標への影響があるとすれば，数日の利回りではなく，利回り変化の1ヵ月全体が影響するはずである。したがってこの場合も月次データでテストする必要がある。その月に生起したBo_tを前月のr_{t-1m}（またはその変化幅），前々月のr_{t-2m}（またはその変化幅），……などの全体に回帰する。このテストでは，まずラグの長さを赤池情報量基準（AIC）とSchwarzベイジアン情報量基準（BIC）を使い，節約の原理[31]にもとづいて決定する。次いで因果のテストをするが，それに先立ち定常性テストを行う。非定常の変数があれば，Toda and Yamamoto（1995）の方法を用いて因果テストを試みる。

使用するデータのうち，実物取引は1920年7月から42年10月または同年3月までで，マクロ指標→利回りへのテストのサンプル数は甲号債が223〜243個，4分利債が221〜238個[32]である。長期取引は25年11月から42年10月まででサンプル数は179〜204個である。

次に，イベント・スタディの方法により，これらの要因を用いて各銘柄の市場が効率的であるかどうかを検討するが，本書では，イベントの即時的な影響のみが有意であれば市場は効率的であり[33]，即時的な影響とともにイベント発生の4営業日[34]以降にも有意な影響が存続すれば市場は非効率的である，とそれぞれ判断することにする。

計測においては当日の国債利回りと前営業日のそれとの差を被説明変数とする。説明変数としてまず，上記の3種類のマクロ指標，2種類の公定歩合変更，および超長期国債発行の計6種類のイベントを表すダミー変数を使い，7日後までの影響を8個のダミーDik（$k=0, 1,\cdots,7$）によって調べる。最初のダミーDi0は第iイベント（$i=1, 2,\cdots,6$）発生の当日にのみ1をとり他の日は0であり，次のダミーDi1は第iイベント発生の1営業日後にのみ1をとる，……などとする。

(1) 　$\Delta r = f(Di0, Di1, Di2, \cdots , Di7, \text{const.})$

このようにすれば，最初のダミーDi0は第iイベント発生当日の利回りへの影響を捉え，k番目のダミーDikはイベント発生のk営業日後の利回りへの影響を捉えることができる。定数項はイベント発生前と8営業日後以降の影響などを示す。市場は開いているが値段の付かない日はサンプルから除去するが，これは以下の方法でも同様である。

次に，説明変数として貿易と卸売・小売の両物価の計3種類のマクロ指標の公表値そのものを使い，7日後までの影響を8個の変数RAWik（k＝0，1，…,7）によって調べる。なお，3つのマクロ指標以外の公定歩合の変更，国債発行なども影響を与えうるが，これらはいわば質的な影響であると考えられること，かつ事前の予想値を得るのが容易ではないことから，この方法および次のサプライズ変数による方法には用いない。最初の変数RAWi0（i＝1，2，3）は第iマクロ指標発表の当日にのみ0でない値をもち，他の日は0であり，RAWikは第iマクロ指標発表のk営業日後にのみ値をもつ。

(2) 　$\Delta r = g(RAWi0, RAWi1, RAWi2, \cdots ,RAWi7, \text{const.})$

最後に，上記3種類のマクロ指標の公表値と事前の予想値の差であるサプライズの影響を調べることにする。最初のサプライズ変数SPi0（i＝1，2，3）は第iマクロ指標発表の当日にのみサプライズの値をとって他の日は0をとり，SPik（k＝0，1,…,7）は第iマクロ指標発表のk営業日後にのみサプライズの値をとるとする。

(3) 　$\Delta r = h(SPi0, SPi1, SPi2, \cdots, SPi7, \text{const.})$

§3　計測結果

§3-1　均衡テストの結果

需給関数の計測結果は表3-3のとおりである。供給関数における利回りは，その符号が予想通りでほぼ有意であるのに対し，需要関数における利回りの符号は実物取引の甲号債を除き予想の逆で，かつ係数推定値が有意ではないこと

表3-3　FM-LSによる戦前国債の推定結果

a1）実物甲号債の需要関数

変数	係数推定値	標準誤差	t値	有意水準
定数項	-7.56	5.23	-1.45	0.15
利回り	3.09	1.24	2.48	0.01
コール	-1.29	0.40	-3.22	0.00

a2）同供給関数

変数	係数推定値	標準誤差	t値	有意水準
定数項	11.02	5.97	1.84	0.07
利回り	-2.46	1.86	-1.32	0.19
銀行預貸率	6.14	4.76	1.29	0.20

b1）長期甲号債の需要関数

変数	係数推定値	標準誤差	t値	有意水準
定数項	41.57	7.66	5.42	0.00
利回り	-6.53	2.50	-2.62	0.01
貸出金利	-1.17	3.39	-0.34	0.73

b2）同供給関数

変数	係数推定値	標準誤差	t値	有意水準
定数項	65.01	8.79	7.39	0.00
利回り	-13.65	2.16	-6.33	0.00
コール	3.09	0.84	3.66	0.00

c1）実物4分利債の需要関数

変数	係数推定値	標準誤差	t値	有意水準
定数項	2.21	0.53	4.14	0.00
利回り	-0.04	0.16	-0.26	0.80
コール	-0.22	0.08	-2.71	0.01

c2）同供給関数

変数	係数推定値	標準誤差	t値	有意水準
定数項	3.26	0.61	5.36	0.00
利回り	-0.43	0.12	-3.55	0.00
国債発行額	-0.0003	0.0003	-0.90	0.37

d1）長期4分利債の需要関数

変数	係数推定値	標準誤差	t値	有意水準
定数項	12.53	2.01	6.24	0.00
利回り	-3.28	1.07	-3.06	0.00
銀行預貸率	6.08	4.71	1.29	0.20

d2）同供給関数

変数	係数推定値	標準誤差	t値	有意水準
定数項	12.73	2.46	5.17	0.00
利回り	-2.18	0.50	-4.34	0.00
国債発行額	-0.0008	0.0013	-0.59	0.56

があり，改善の余地は残る。上記のような需給関数と需給均衡条件とから均衡をもたらす利回りを推計すると次のとおりである。

実物取引の甲号債（1923年10月～42年3月）

(4) 利回り＝3.35＋0.232・コール・レート＋1.11・銀行の預貸率

長期取引の甲号債（25年12月～42年1月）

(5) 利回り＝3.29＋0.434・コール・レート＋0.164・貸出金利

実物取引の4分利債（23年10月～42年3月）

(6) 利回り＝2.69＋0.564・コール・レート－0.000769・国債発行額

長期取引の4分利債（25年12月～42年1月）

(7) 利回り＝0.18＋5.53・銀行の預貸率－0.00073・国債発行額

これら利回りの推計値が実現値にどれほど適合しているかを測るために，前章のように平均平方誤差RMSEと平均平方誤差率RMSPE[35]（カッコ内）を求めると次のとおりである。

　　実物甲号債　　0.19（0.038）
　　長期甲号債　　0.27（0.047）
　　実物4分利債　0.52（0.098）
　　長期4分利債　0.47（0.088）

需給均衡をもたらす利回りの推計値と実現値とをグラフに描くと図3－1a～3－1dのとおりである。需給が恒に均衡し，かつ需給関数が適切に定式化され推定されていれば，推計される均衡利回りは実現値と大きくは異ならないはずであるが，図からは両者の乖離が持続している時期が認められる。

乖離の状況をみると，26年頃にすべての銘柄の，33年頃に長期取引の，それぞれの推計値が実現値を上回っている。これらのうち26年頃は，20年の国債市場分設後に取引が増加したこと[36]，かつ震災復興資金が供給され金融緩和がもたらされて国債投資が増加したこと[37]，などで価格が上昇したためであろう。33年頃は，金輸出再禁止の後，低金利政策が浸透し金融が緩慢になったこととインフレ期待[38]から債券価格が高騰し，利回り低下を招いたためである[39]。また28～31年に長期取引4分利債以外の推計値が実現値を下回り乖離が大きくなっているが，これは第1章§5-2で言及した価格支持策がとられて利回りが硬

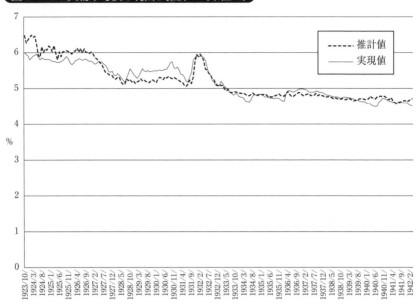

図3-1a 実物甲号債の利回り推計1（単位%）

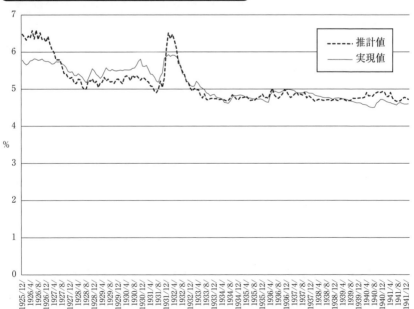

図3-1b 長期甲号債の利回り推計1（単位%）

第3章　戦前国債市場の利回り決定と効率性

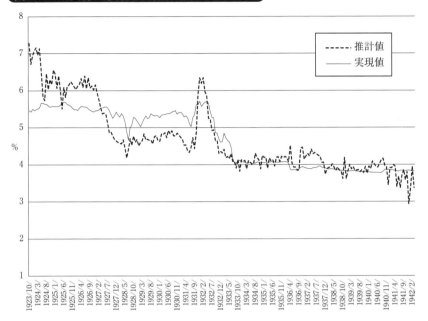

図3-1c　実物4分利債の利回り推計1（単位%）

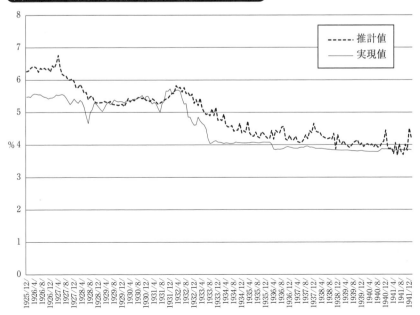

図3-1d　長期4分利債の利回り推計1（単位%）

直的となったため[40]とみられる。以上の乖離は説明変数を変更してもほぼ同様に存在する（図3-2a～3-2d参照）[41]。

　これらの利回りの推計値と実現値の乖離を第4章で示す戦前の地方債，社債，金融債と比べると甲号債はそれらより小さく，4分利債はそれらより大きい。また本書第6，7，9章で示される戦後の電電債，利付金融債，公営債と比べると乖離は小さい。しかし，これらのことから直ちに戦前国債市場，とりわけ甲号債のそれが均衡にあったと考えることには問題があろう。図3-3から明らかなように，戦前の国債，特に甲号5分利公債の利回りはそもそも変動幅が小さい。これは，価格支持策が浸透していたためかもしれないし[42]，またクーポン・レートが一定である[43]ようなデータを使っていることによる影響があるのかもしれない。

　続いて，コール・レートを内生化して同時体系とする方法を試みる。そのため，長期取引の4分利債以外について，計測期間をコール・レートにあわせて

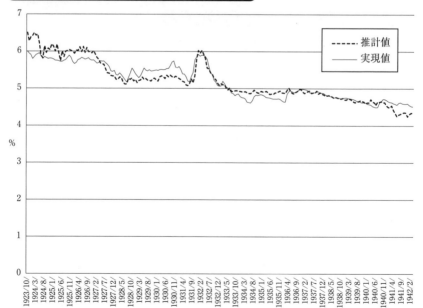

図3-2a　実物甲号債の利回り推計2（単位%）

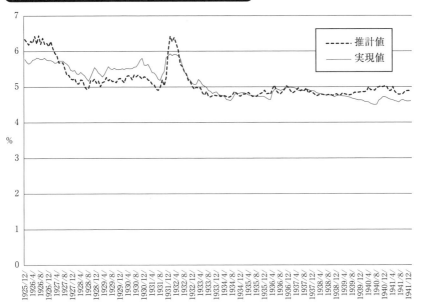

図3-2b 長期甲号債の利回り推計2（単位%）

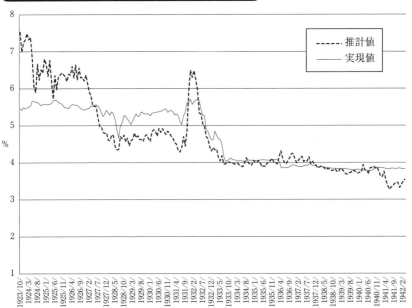

図3-2c 実物4分利債の利回り推計2（単位%）

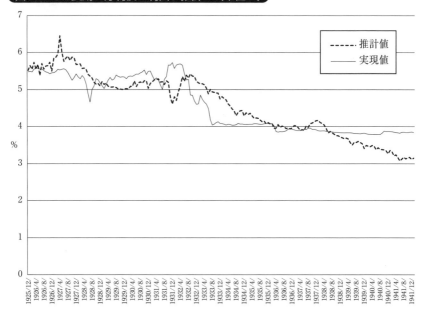

図3-2d 長期4分利債の利回り推計2（単位％）

短縮する。まず需給関数のOLSによる[44]計測結果は表3-3AAのとおりとなり，前掲の短縮していない期間のそれら（表3-3）とほぼ同様である。需給関数と需給均衡条件とから利回りを推計すると次のようになる。

実物取引の甲号債（1923年12月～41年12月）

(8) 利回り = 3.36 + 0.247・コール・レート + 1.04・銀行の預貸率

長期取引の甲号債（1925年12月～41年12月）

(9) 利回り = 3.26 + 0.42・コール・レート + 0.202・貸出金利

実物取引の4分利債（1923年12月～41年12月）

(10) 利回り = 2.42 + 0.61・コール・レート − 0.00056・国債発行額

これら利回りの推計値の平均平方誤差と平均平方誤差率（カッコ内）を求めると次のとおりであり，左側はコール・レートに実現値を用いて計算する場合，右側はコール・レートに第2章で得られたモデル値を用いて計算する場合である。実現値を用いる場合（左側）のRMSEとRMSPEは前掲の(4)-(6)式から得

112

図3-3　国債の利回り（実現値の月中平均）（単位％）

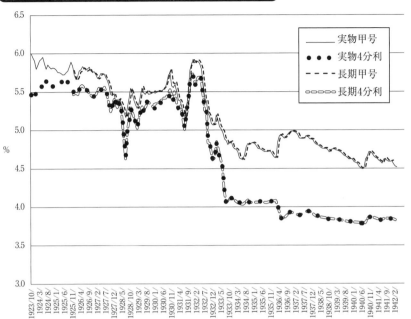

られた結果とほぼ同じである。モデル値を用いる場合（右側）のそれを左側と比べると，実物4分利債のRMSEのみ右側が小さいが，他は右側が大きい。

　　実物甲号債　　0.20（0.036），　0.23（0.043）
　　長期甲号債　　0.26（0.046），　0.29（0.057）
　　実物4分利債　0.50（0.097），　0.47（0.102）

需給均衡をもたらす利回りを推計して得られる推計値と実現値とをグラフに描くと図3-4a～3-4cのとおりであり，推計される利回りと実現値の乖離が持続している時期が認められる。とりわけモデル値を使うと32年頃の利回り上昇期に乖離が著しい（図の曲線のうちの推計値2）。

これらのテストによれば，利回りの推計値と実現値の乖離は他の債券と比べて大きくはないが，このことから，戦前国債市場が均衡にあった，あるいはそれに近かった，と考えられるかは前記と同じ理由で直ちには言えないであろう。

表3-3AA　FM-LSによる戦前国債の推定結果（短縮期間）

a1) 実物甲号債の需要関数

変数	係数推定値	標準誤差	t値	有意水準
定数項	－7.11	5.52	－1.29	0.20
利回り	2.99	1.31	2.28	0.02
コール	－1.27	0.42	－3.02	0.00

a2) 同供給関数

変数	係数推定値	標準誤差	t値	有意水準
定数項	10.18	6.12	1.66	0.10
利回り	－2.16	1.91	－1.13	0.26
銀行預貸率	5.34	4.91	1.09	0.28

b1) 長期甲号債の需要関数

変数	係数推定値	標準誤差	t値	有意水準
定数項	41.67	7.77	5.36	0.00
利回り	－6.41	2.52	－2.54	0.01
貸出金利	－1.51	3.47	－0.43	0.66

b2) 同供給関数

変数	係数推定値	標準誤差	t値	有意水準
定数項	66.04	8.93	7.39	0.00
利回り	－13.89	2.19	－6.35	0.00
コール	3.15	0.85	3.70	0.00

c1) 実物4分利債の需要関数

変数	係数推定値	標準誤差	t値	有意水準
定数項	2.28	0.55	4.12	0.00
利回り	－0.05	0.16	－0.33	0.74
コール	－0.22	0.09	－2.56	0.01

c2) 同供給関数

変数	係数推定値	標準誤差	t値	有意水準
定数項	3.15	0.63	4.99	0.00
利回り	－0.41	0.13	－3.26	0.00
国債発行額	－0.0002	0.0004	－0.42	0.67

第3章　戦前国債市場の利回り決定と効率性

図3-4a　実物甲号債の利回り推計3（単位％）

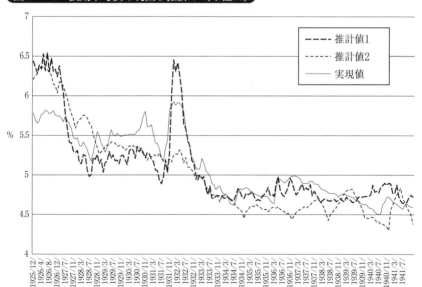

図3-4b　長期甲号債の利回り推計3（単位％）

図3-4c 実物4分利債の利回り推計3（単位%）

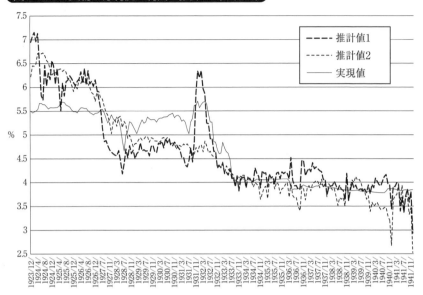

§3-2 因果関係テストの結果

　定常性検定の結果は表3-4a～表3-4c，表3-5a～3-5cのとおりで，利回り変化は定常であるが，利回りと貿易・卸売物価（WPI）・小売物価（CPI）のマクロ3指標はほぼ定常ではない。因果関係のテスト結果は表3-6a～hのとおりで，まとめると，

表3-4a　マクロ変数→実物甲号債利回り変化のADFテスト

トレンドと定数項	ラグ数決定法	利回り変化	貿易	卸売物価	小売物価
ともに有り	BIC	-14.42^*	-9.50^*	-0.67	-0.28
ともに有り	AIC	-5.98^*	-4.15^*	-0.70	-0.75
ともに有り	LM	-14.42^*	-2.74	-0.67	-0.28
定数項のみ有り	BIC	-14.42^*	-8.31^*	0.18	-0.14
定数項のみ有り	AIC	-5.95^*	-2.68	0.01	-1.16
定数項のみ有り	LM	-14.42^*	-1.46	0.18	-0.21
ともに無し	BIC	-14.44^*	-1.53	0.71	0.33
ともに無し	AIC	-5.96^*	-2.32^*	0.67	0.34
ともに無し	LM	-14.44^*	-1.53	0.71	0.88

注：利回り変化は卸売物価と同期間についての結果であり，他のマクロ変数の期間についてもほぼ同様である。＊は「単位根なし」を示す。表3-4b，表3-4cも同様である。

表3-4b　マクロ変数→実物4分利債利回り変化のADFテスト

トレンドと定数項	ラグ数決定法	利回り変化	貿易	卸売物価	小売物価
ともに有り	BIC	-15.06^*	-8.28^*	-2.33	-0.34
ともに有り	AIC	-12.18^*	-2.28	-2.33	-0.30
ともに有り	LM	-15.06^*	-7.32^*	-2.33	-0.34
定数項のみ有り	BIC	-14.97^*	-8.27^*	-2.14	-0.53
定数項のみ有り	AIC	-12.05^*	-2.39	-2.14	-0.07
定数項のみ有り	LM	-14.97^*	-7.32^*	-2.14	-0.42
ともに無し	BIC	-15.00^*	-1.78	0.16	-0.64
ともに無し	AIC	-12.07^*	-1.91	0.16	0.36
ともに無し	LM	-15.00^*	-2.09^*	0.16	0.65

表3-4c　マクロ変数→長期甲号債利回り変化のADFテスト

トレンドと定数項	ラグ数決定法	利回り変化	貿易	卸売物価	小売物価
ともに有り	BIC	-13.11^*	-7.59^*	-1.31	-1.02
ともに有り	AIC	-10.60^*	-3.14	-0.89	-1.02
ともに有り	LM	-13.11^*	-2.28	-1.31	-1.02
定数項のみ有り	BIC	-13.15^*	-6.82^*	0.96	0.97
定数項のみ有り	AIC	-10.63^*	-2.59	1.20	0.97
定数項のみ有り	LM	-13.15^*	-5.77^*	0.96	0.97
ともに無し	BIC	-13.16^*	-6.80^*	1.53	1.34
ともに無し	AIC	-10.63^*	-2.60^*	1.45	0.94
ともに無し	LM	-13.16^*	-5.76^*	1.53	1.34

表3-5a 実物甲号債利回り→マクロ変数のADFテスト

トレンドと定数項	ラグ数決定法	利回り	利回り変化	貿易	卸売物価	小売物価
ともに有り	BIC	－4.25*	－11.52*	－9.32*	－0.80	－0.53
ともに有り	AIC	－3.25*	－6.31*	－4.06*	－0.36	－0.57
ともに有り	LM	－2.25*	－7.28*	－2.63	－0.80	－0.71
定数項のみ有り	BIC	－1.22	－11.65*	－8.22*	－0.01	－0.04
定数項のみ有り	AIC	－1.22	－6.33*	－2.86	0.33	－0.60
定数項のみ有り	LM	－1.36	－6.45*	－1.36	－0.01	－0.01
ともに無し	BIC	－0.86	－11.60*	－1.44	0.91	0.40
ともに無し	AIC	－1.83	－6.05*	－2.24*	0.66	0.32
ともに無し	LM	－1.53	－8.21*	－1.44	0.61	0.23

注：利回りとその変化は貿易と同期間についての結果であり，他のマクロ変数の期間についてもほぼ同様である。＊は「単位根なし」を示す。表3-5b，表3-5cも同様である。

表3-5b 実物4分利債利回り→マクロ変数のADFテスト

トレンドと定数項	ラグ数決定法	利回り	利回り変化	貿易	卸売物価	小売物価
ともに有り	BIC	－1.45	－12.92*	－8.26*	－2.89	－0.19
ともに有り	AIC	－1.28	－9.25*	－2.00	－2.56	－0.30
ともに有り	LM	－1.45	－12.92*	－2.00	－2.89	－0.50
定数項のみ有り	BIC	－0.79	－12.80*	－8.23*	－2.48	－0.10
定数項のみ有り	AIC	－0.59	－9.07*	－2.15	－2.17	－0.58
定数項のみ有り	LM	－0.79	－12.80*	－2.29	－2.48	－0.14
ともに無し	BIC	－0.64	－12.81*	－1.73	－0.11	0.35
ともに無し	AIC	－0.68	－9.06*	－1.57	－0.03	0.33
ともに無し	LM	－0.64	－12.81*	－1.73	－0.11	0.69

表3-5c 長期甲号債利回り→マクロ変数のADFテスト

トレンドと定数項	ラグ数決定法	利回り	利回り変化	貿易	卸売物価	小売物価
ともに有り	BIC	－3.12	－8.93*	－7.86*	－1.43	－1.45
ともに有り	AIC	－3.12	－8.93*	－3.56*	－1.20	－1.31
ともに有り	LM	－3.12	－7.45*	－1.83	－1.43	－1.45
定数項のみ有り	BIC	－1.57	－8.95*	－7.25*	0.85	0.76
定数項のみ有り	AIC	－1.57	－8.95*	－3.16*	1.01	0.22
定数項のみ有り	LM	－1.57	－7.47*	－1.33	0.85	0.22
ともに無し	BIC	－0.87	－8.94*	－7.15*	1.48	1.22
ともに無し	AIC	－0.87	－8.94*	－3.01*	1.45	0.63
ともに無し	LM	－0.86	－8.94*	－1.91	1.48	1.12

第3章　戦前国債市場の利回り決定と効率性

表3-6a　Granger因果テストの結果（貿易公表値→利回り）

結果＼原因	貿易(−1)	貿易(−2)	貿易(−3)	貿易(−4)	貿易(−5)	貿易(−6)	貿易(−7)
実物甲号	1.57	0.62	3.21	1.40	0.32	0.02	0.84
実物4分利	0.38	0.00	1.26	6.69**	6.12**	0.33	2.14
長期甲号	0.12	0.73	2.70	0.12	0.09	0.04	0.15

注：貿易（−1）の列は，利回りのtからt+1日の変化にt日の貿易が与える影響を示すF値。5％でF(1, ∞)＝3.84, 10％でF(1,∞)＝2.71。**は5％で，*は10％でそれぞれ有意を示す。表3-6b〜表3-6hも同様である。

表3-6b　Granger因果テストの結果（卸売物価公表値→利回り）

結果＼原因	卸売(−1)	卸売(−2)	卸売(−3)	卸売(−4)	卸売(−5)	卸売(−6)	卸売(−7)
実物甲号	0.02	3.47	0.73	0.57	0.10	2.81	5.33**
実物4分利	0.15	2.56	0.04	0.12	0.56	0.36	0.01
長期甲号	0.17	1.57	0.01	1.27	0.06	1.99	0.13

表3-6c　Granger因果テストの結果（小売物価公表値→利回り）

結果＼原因	小売(−1)	小売(−2)	小売(−3)	小売(−4)	小売(−5)	小売(−6)	小売(−7)
実物甲号	1.41	3.73*	0.03	0.91	4.65**	0.04	0.03
実物4分利	1.14	0.18	0.23	1.87	0.36	1.41	0.34
長期甲号	0.82	0.97	0.19	2.25	0.21	0.55	0.11

表3-6d　Granger因果テストの結果（貿易サプライズ→利回り）

結果＼原因	貿易(−1)	貿易(−2)	貿易(−3)	貿易(−4)	貿易(−5)	貿易(−6)	貿易(−7)
実物甲号	0.05	0.04	0.03	0.00	0.30	0.04	0.00
実物4分利	0.05	0.04	0.03	0.00	0.30	0.04	0.00
長期甲号	0.92	0.07	0.56	1.47	0.47	0.27	0.05

表3-6e　Granger因果テストの結果（卸売物価サプライズ→利回り）

結果＼原因	卸売(−1)	卸売(−2)	卸売(−3)	卸売(−4)	卸売(−5)	卸売(−6)	卸売(−7)
実物甲号	0.03	0.47	2.43	4.49**	0.93	0.01	0.68
実物4分利	1.69	0.55	0.35	11.63**	2.06	0.00	0.61
長期甲号	0.01	0.21	0.39	0.44	3.29*	0.27	6.87**

表3-6f　Granger因果テストの結果（小売物価サプライズ→利回り）

結果＼原因	小売(−1)	小売(−2)	小売(−3)	小売(−4)	小売(−5)	小売(−6)	小売(−7)
実物甲号	0.92	0.25	4.11**	0.75	0.50	0.43	0.00
実物4分利	0.49	0.02	0.01	0.85	0.68	0.69	0.11
長期甲号	0.02	0.03	0.14	2.15	1.68	0.41	0.41

表3-6g　Granger因果テストの結果（利回り変化→マクロ変数）

結果＼原因	実物甲号	実物4分利	長期甲号
貿易	1.23	1.89	0.93
卸売物価	1.27	1.07	2.01
小売物価	0.82	2.44	0.37

注：5%で$F(1,\infty)$=3.84，10%で$F(2,\infty)$=2.71
　　5%で$F(3,\infty)$=2.60，10%で$F(3,\infty)$=2.08
　　5%で$F(15,\infty)$=1.67，10%で$F(15,\infty)$=1.49
　　5%で$F(24,\infty)$=1.52，10%で$F(24,\infty)$=1.38

表3-6h　Granger因果テストの結果（利回り→マクロ変数）

結果＼原因	実物甲号	実物4分利	長期甲号
貿易	1.68	2.84**	1.85
卸売物価	7.22**	2.39	9.95**
小売物価	26.01**	0.69	40.06**

1) マクロ指標公表値から利回り変化への因果を示す表3-6a～表3-6cでは，WPI→実物取引の甲号債への因果関係のうち7日前のWPIであるWPI（-7）が5％水準で有意に因果があり，CPI→実物甲号債のうちCPI（-5）が5％で有意，CPI（-2）が10％で有意，貿易→実物取引の第1回4分利債のうち貿易（-4）と貿易（-5）がともに5％で有意であり，これら以外で有意なものはない。

2) マクロ指標のサプライズ→利回り変化を示す表3-6d～表3-6fでは，WPI→実物甲号債のうち4日前のWPI（-4）が5％で有意に因果があり，CPI→実物甲号債のうちCPI（-3）が5％で有意，WPI→実物4分利債のうちWPI（-4）が5％で有意，WPI→長期取引の甲号債のうちWPI（-7）が5％で有意，WPI（-5）が10％で有意であり，これら以外で有意なものはない。

3) 利回り変化→マクロ指標を調べると，赤池とSchwarzの両基準によるラグの長さは0であり，利回り変化とマクロ指標の内の貿易の一部のみが定常である。表3-6gでは有意なものはない。

4) 利回り→マクロ指標を調べると，ラグの長さは0であり，利回りは非定常である。表3-6hでは，実物甲号債→WPI・CPI，実物4分利債→CPI，長

期取引甲号債→WPI・CPIがいずれも5％で有意である。

これらの中で特に1), 2) のテスト結果はイベント・スタディを行うことについてのサポートを示しているとみてよいのかもしれない。

また，CPIデータのアベイラブルな期間（22年以降）にあわせてインパルス反応のテストを行うと，結果は図3-5a〜図3-5cのとおりである。図の3本の曲線のうち上と下の2本はインパルス反応±標準偏差の幅を示し，これら2本が正と負の領域に分かれれば反応は非有意である[45]。図から，実物甲号債に対しては貿易・WPIが多くの期間で有意であり，CPIも有意な期間がある。長期取引甲号債に対してはWPIが多くの期間で有意，貿易・CPIも有意な期間がある。実物4分利債に対してもこれらが有意な期間がある。このような結果もイベント・スタディへのサポートを示しているとみてよいのかもしれない。

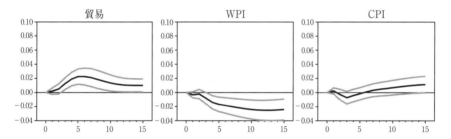

図3-5a　実物甲号債のインパルス反応

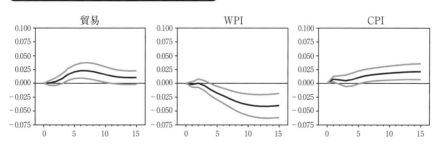

図3-5b　長期甲号債のインパルス反応

図3-5c　実物4分利債のインパルス反応

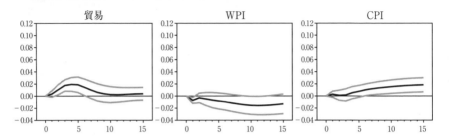

§3-3　効率性テストの結果

　定常性検定では，被説明変数である実物取引の甲号債・第1回4分利債と長期取引の甲号債の利回りは全期間，部分期間とも単位根が存在せず定常である（表3-7a，3-7b参照）。

表3-7a　利回り変化分のADFテスト（全期間）

トレンドと定数項	ラグ数決定法	実物甲号	実物4分利	長期甲号
ともに有り	BIC	-58.1^*	-77.1^*	-54.7^*
ともに有り	AIC	-21.4^*	-18.5^*	-19.7^*
ともに有り	LM	-23.0^*	-22.2^*	-21.2^*
定数項のみ有り	BIC	-58.1^*	-77.1^*	-54.7^*
定数項のみ有り	AIC	-21.4^*	-18.4^*	-19.7^*
定数項のみ有り	LM	-46.2^*	-29.4^*	-54.7^*
ともに無し	BIC	-79.0^*	-77.1^*	-54.7^*
ともに無し	AIC	-21.4^*	-18.4^*	-19.7^*
ともに無し	LM	-23.0^*	-22.2^*	-21.2^*

注：＊は「単位根なし」を示す。表3-7bも同様。

表3-7b 利回り変化分のADFテスト（区分期間）

(前半)

トレンドと定数項	ラグ数決定法	実物甲号	実物4分利	長期甲号
ともに有り	BIC	－35.7*	－49.2*	－35.1*
ともに有り	AIC	－13.6*	－11.9*	－12.4*
ともに有り	LM	－47.7*	－49.2*	－52.9*
定数項のみ有り	BIC	－35.7*	－49.1*	－35.1*
定数項のみ有り	AIC	－13.6*	－11.9*	－12.4*
定数項のみ有り	LM	－47.7*	－49.1*	－52.9*
ともに無し	BIC	－47.7*	－49.2*	－35.1*
ともに無し	AIC	－13.6*	－11.9*	－12.4*
ともに無し	LM	－47.7*	－49.2*	－52.9*

(後半)

トレンドと定数項	ラグ数決定法	実物甲号	実物4分利	長期甲号
ともに有り	BIC	－46.1*	－59.2*	－40.6*
ともに有り	AIC	－16.4*	－14.0*	－15.4*
ともに有り	LM	－16.4*	－14.0*	－15.4*
定数項のみ有り	BIC	－46.1*	－59.2*	－40.6*
定数項のみ有り	AIC	－16.4*	－14.0*	－15.4*
定数項のみ有り	LM	－63.4*	－23.1*	－11.9*
ともに無し	BIC	－63.4*	－59.2*	－40.6*
ともに無し	AIC	－16.4*	－14.0*	－15.4*
ともに無し	LM	－16.4*	－12.5*	－18.6*

効率性テストのうち，ダミー変数を用いる(1)式の推定結果が全期間について表3-8a〜3-8c，部分期間について表3-9a〜3-9cであり，マクロ指標公表値を用いる(2)式の推定結果が表3-10a〜3-10c，部分期間について表3-11a〜3-11c，サプライズ変数を用いて(3)式を推定した結果が表3-12a〜3-12c，部分期間について表3-13a〜3-13cである。

表3-8a 実物甲号（ダミー，全期間）の推定結果

変数	貿易		卸売物価		小売物価		予想なし公定歩合		予想あり公定歩合		長期国債	
	t値	P値	t値	P値	t値	P値	t値	P値	t値	P値	t値	P値
当日	3.38	0.00	−0.80	0.42	−1.12	0.26	−3.08	0.00	−2.70	0.01	−0.41	0.68
1日後	−0.04	0.97	−0.32	0.75	−0.10	0.92	0.33	0.74	1.19	0.23	1.20	0.23
2日後	−1.25	0.21	0.05	0.96	0.89	0.37	−0.42	0.68	−2.08	0.04	1.10	0.27
3日後	−1.71	0.09	−1.25	0.21	1.04	0.30	−2.87	0.00	0.38	0.70	−2.42	0.02
4日後	0.33	0.74	0.07	0.94	0.85	0.40	−1.49	0.14	0.82	0.41	1.03	0.30
5日後	−0.71	0.48	−1.59	0.11	0.95	0.34	0.29	0.77	0.76	0.45	−0.33	0.74
6日後	−0.23	0.82	−0.13	0.90	1.48	0.14	−1.33	0.18	−3.43	0.00	0.45	0.65
7日後	−0.03	0.98	0.09	0.93	−0.76	0.45	−2.00	0.05	1.06	0.29	0.32	0.75

表3-8b 実物4分利（ダミー，全期間）の推定結果

変数	貿易		卸売物価		小売物価		予想なし公定歩合		予想あり公定歩合		長期国債	
	t値	P値	t値	P値	t値	P値	t値	P値	t値	P値	t値	P値
当日	0.18	0.85	0.39	0.70	−0.59	0.55	−1.55	0.12	−1.70	0.09	−1.39	0.17
1日後	−0.76	0.45	−0.39	0.70	0.35	0.72	1.24	0.21	−1.73	0.08	0.87	0.39
2日後	−0.59	0.55	0.22	0.82	−0.21	0.83	0.18	0.85	−3.14	0.00	0.90	0.37
3日後	−0.34	0.73	0.34	0.73	0.18	0.86	−1.89	0.06	−0.20	0.84	−0.65	0.52
4日後	−0.09	0.93	−1.32	0.19	1.77	0.08	−1.18	0.24	0.65	0.52	−0.12	0.91
5日後	−1.81	0.07	0.17	0.86	1.85	0.06	0.02	0.99	−0.36	0.72	−1.07	0.29
6日後	1.26	0.21	1.05	0.29	0.54	0.59	−1.01	0.31	−1.38	0.17	1.78	0.07
7日後	−0.33	0.75	−1.60	0.11	1.94	0.05	−0.66	0.51	−0.33	0.74	−1.05	0.30

表3-8c 長期甲号（ダミー，全期間）の推定結果

変数	貿易		卸売物価		小売物価		予想なし公定歩合		予想あり公定歩合		長期国債	
	t値	P値	t値	P値	t値	P値	t値	P値	t値	P値	t値	P値
当日	−0.84	0.40	0.73	0.47	−0.84	0.40	−2.56	0.01	−0.52	0.60	5.79	0.00
1日後	0.33	0.74	−0.67	0.50	1.02	0.31	−1.32	0.19	0.83	0.41	−5.28	0.00
2日後	−0.67	0.50	−0.13	0.89	1.20	0.23	−0.32	0.75	−1.93	0.05	1.44	0.15
3日後	−1.34	0.18	0.77	0.44	0.49	0.62	−3.19	0.00	−0.08	0.93	−1.60	0.11
4日後	−0.22	0.83	−1.69	0.09	1.94	0.05	−1.70	0.09	1.00	0.32	−0.18	0.85
5日後	−0.43	0.67	−0.66	0.51	0.19	0.85	−0.07	0.95	−2.01	0.04	0.74	0.46
6日後	0.41	0.68	1.09	0.28	0.81	0.42	−2.36	0.02	−0.47	0.64	0.53	0.59
7日後	1.86	0.06	0.66	0.51	0.77	0.44	0.18	0.86	−0.86	0.39	0.00	1.00

第3章　戦前国債市場の利回り決定と効率性

表3-9a　実物甲号（ダミー，区分期間）の推定結果

前半	貿易		卸売物価		小売物価		予想なし公定歩合		予想あり公定歩合		長期国債	
	t値	P値	t値	P値	t値	P値	t値	P値	t値	P値	t値	P値
当日	1.28	0.20	−1.07	0.29	−0.92	0.36	−0.23	0.82	0.30	0.76	−1.21	0.23
1日後	−1.30	0.19	−0.41	0.68	−0.69	0.49	−3.18	0.00	−0.94	0.35	0.17	0.87
2日後	−1.95	0.05	1.45	0.15	−1.38	0.17	0.01	0.99	0.71	0.48	−0.10	0.92
3日後	−1.76	0.08	−0.36	0.72	1.35	0.18	0.25	0.80	0.29	0.77	−1.71	0.09
4日後	−0.56	0.57	0.26	0.80	0.53	0.60	−0.23	0.82	−0.38	0.71	1.22	0.22
5日後	−0.22	0.83	−1.92	0.05	0.64	0.52	−1.21	0.23	0.16	0.87	−0.03	0.98
6日後	0.44	0.66	0.77	0.44	1.64	0.10	−1.20	0.23	−1.71	0.09	−0.44	0.66
7日後	−0.02	0.98	−1.41	0.16	−0.05	0.96	0.50	0.62	0.44	0.66	0.51	0.61

後半	貿易		卸売物価		小売物価		予想なし公定歩合		予想あり公定歩合		長期国債	
	t値	P値	t値	P値	t値	P値	t値	P値	t値	P値	t値	P値
当日	−1.76	0.08	0.49	0.63	0.17	0.87	−6.29	0.00	−4.07	0.00	0.95	0.34
1日後	0.41	0.68	−0.01	0.99	0.21	0.84	4.01	0.00	2.47	0.01	2.07	0.04
2日後	−0.19	0.85	−0.73	0.47	2.55	0.01	−0.85	0.40	−3.15	0.00	2.25	0.02
3日後	−1.46	0.14	−1.10	0.27	0.92	0.36	−5.95	0.00	−0.30	0.76	−2.13	0.03
4日後	0.07	0.94	−0.05	0.96	1.25	0.21	−2.79	0.01	1.92	0.06	0.35	0.73
5日後	−1.37	0.17	−0.03	0.97	0.96	0.34	1.97	0.05	0.22	0.83	−0.51	0.61
6日後	−0.79	0.43	−0.30	0.77	0.97	0.33	−1.38	0.17	−3.89	0.00	1.51	0.13
7日後	0.10	0.92	1.50	0.13	−0.35	0.72	−4.43	0.00	−1.66	0.10	−0.02	0.99

表3-9b　実物4分利（ダミー，区分期間）の推定結果

前半	貿易		卸売物価		小売物価		予想なし公定歩合		予想あり公定歩合		長期国債	
	t値	P値	t値	P値	t値	P値	t値	P値	t値	P値	t値	P値
当日	0.98	0.33	1.30	0.19	−0.60	0.55	0.22	0.83	−1.24	0.22	−2.08	0.04
1日後	−0.36	0.72	−0.85	0.39	−1.31	0.19	−0.22	0.83	0.25	0.80	−0.48	0.63
2日後	−0.46	0.65	1.56	0.12	−0.69	0.49	0.22	0.83	0.33	0.74	0.39	0.70
3日後	−0.34	0.73	−0.73	0.47	−1.50	0.13	0.22	0.82	0.30	0.76	0.66	0.51
4日後	0.77	0.44	−0.53	0.59	1.24	0.22	−0.22	0.82	0.76	0.45	−0.48	0.63
5日後	−0.48	0.63	−0.43	0.67	1.27	0.21	0.00	1.00	−0.44	0.66	−0.68	0.50
6日後	0.79	0.43	−0.09	0.93	1.52	0.13	0.22	0.82	−0.73	0.46	0.51	0.61
7日後	0.04	0.97	−0.77	0.44	1.66	0.10	−0.22	0.82	1.02	0.31	−1.16	0.25

後半	貿易		卸売物価		小売物価		予想なし公定歩合		予想あり公定歩合		長期国債	
	t値	P値	t値	P値	t値	P値	t値	P値	t値	P値	t値	P値
当日	−0.25	0.80	−0.65	0.52	−0.29	0.77	−2.53	0.01	−1.32	0.19	0.55	0.58
1日後	−0.84	0.40	0.17	0.86	1.41	0.16	2.06	0.04	−1.88	0.06	2.09	0.04
2日後	−0.44	0.66	−1.29	0.20	0.25	0.80	0.02	0.98	−3.79	0.00	0.90	0.37
3日後	−0.19	0.85	0.96	0.33	1.34	0.18	−3.04	0.00	−0.30	0.77	−2.09	0.04
4日後	−0.42	0.68	−1.42	0.16	1.29	0.20	−1.49	0.14	0.08	0.94	0.42	0.68
5日後	−2.15	0.03	0.64	0.52	1.37	0.17	0.02	0.98	−0.09	0.93	−0.90	0.37
6日後	0.86	0.39	1.36	0.17	−0.45	0.66	−1.73	0.08	−1.05	0.29	2.23	0.03
7日後	−0.59	0.56	−1.47	0.14	1.19	0.24	−0.73	0.47	−1.08	0.28	−0.18	0.86

表3-9c 長期甲号（ダミー，区分期間）の推定結果

前半	貿易		卸売物価		小売物価		予想なし公定歩合		予想あり公定歩合		長期国債	
	t値	P値	t値	P値	t値	P値	t値	P値	t値	P値	t値	P値
当日	−0.68	0.49	0.06	0.96	−0.45	0.65	−1.87	0.06	−0.83	0.41	4.04	0.00
1日後	−0.23	0.82	−0.55	0.58	1.27	0.21	−0.97	0.33	1.59	0.11	−4.19	0.00
2日後	−1.38	0.17	−0.19	0.85	0.82	0.41	−0.24	0.81	−2.19	0.03	0.85	0.40
3日後	−1.46	0.15	1.14	0.26	0.13	0.89	−2.32	0.02	0.65	0.51	−1.29	0.20
4日後	0.27	0.79	−2.38	0.02	2.39	0.02	−1.24	0.21	0.86	0.39	−0.31	0.75
5日後	−0.75	0.45	−1.19	0.24	0.63	0.53	−0.06	0.95	−2.04	0.04	0.57	0.57
6日後	−0.21	0.84	1.50	0.13	0.89	0.37	−1.72	0.09	0.30	0.76	0.42	0.68
7日後	2.14	0.03	0.84	0.40	0.40	0.69	0.12	0.91	−0.82	0.41	−0.03	0.98

後半	貿易		卸売物価		小売物価		予想なし公定歩合		予想あり公定歩合		長期国債	
	t値	P値	t値	P値	t値	P値	t値	P値	t値	P値	t値	P値
当日	−0.50	0.62	1.37	0.17	−0.90	0.37	0.00	0.00	0.26	0.80	2.29	0.02
1日後	1.09	0.28	−0.40	0.69	−0.17	0.87	0.00	0.00	−1.30	0.20	0.73	0.47
2日後	1.08	0.28	0.06	0.96	0.97	0.33	0.00	0.00	0.18	0.85	1.43	0.15
3日後	−0.15	0.88	−0.47	0.64	0.76	0.45	0.00	0.00	−1.48	0.14	0.28	0.78
4日後	−0.93	0.35	0.79	0.43	−0.29	0.77	0.00	0.00	0.39	0.69	0.93	0.35
5日後	0.46	0.65	0.76	0.45	−0.71	0.48	0.00	0.00	−0.35	0.73	−0.16	0.88
6日後	1.21	0.23	−0.45	0.65	0.07	0.94	0.00	0.00	−1.27	0.20	−0.18	0.86
7日後	0.00	1.00	−0.15	0.88	0.86	0.39	0.00	0.00	−0.54	0.59	0.05	0.96

第3章　戦前国債市場の利回り決定と効率性

表3-10a　実物甲号（公表値，全期間）の推定結果

変数	貿易		卸売物価		小売物価	
	t値	P値	t値	P値	t値	P値
当日	−0.86	0.39	−0.27	0.79	−0.07	0.95
1日後	0.42	0.68	−0.28	0.78	−0.07	0.94
2日後	−1.25	0.21	−0.09	0.93	0.10	0.92
3日後	0.65	0.51	−0.35	0.73	−3.26	0.00
4日後	−0.33	0.74	−0.20	0.84	3.72	0.00
5日後	−0.35	0.72	−0.40	0.69	0.14	0.89
6日後	0.25	0.80	−0.10	0.92	0.31	0.76
7日後	0.34	0.73	−3.87	0.00	−0.06	0.95

表3-10b　実物4分利（公表値，全期間）の推定結果

変数	貿易		卸売物価		小売物価	
	t値	P値	t値	P値	t値	P値
当日	2.23	0.03	0.49	0.63	−0.44	0.66
1日後	0.13	0.90	−0.44	0.66	0.04	0.96
2日後	0.02	0.98	0.58	0.56	−0.24	0.81
3日後	−0.20	0.84	0.40	0.69	0.14	0.89
4日後	1.66	0.10	−1.08	0.28	1.46	0.14
5日後	−2.47	0.01	0.04	0.97	1.54	0.12
6日後	0.96	0.34	0.94	0.35	0.60	0.55
7日後	0.91	0.36	−1.50	0.13	1.77	0.08

表3-10c　長期甲号（公表値，全期間）の推定結果

変数	貿易		卸売物価		小売物価	
	t値	P値	t値	P値	t値	P値
当日	−1.77	0.08	0.51	0.61	−0.90	0.37
1日後	0.33	0.74	−0.65	0.52	0.82	0.41
2日後	−1.32	0.19	0.13	0.90	0.91	0.36
3日後	0.66	0.51	0.87	0.38	0.50	0.62
4日後	−0.08	0.93	−1.56	0.12	1.47	0.14
5日後	−0.32	0.75	−0.48	0.63	0.17	0.86
6日後	0.63	0.53	0.72	0.47	0.61	0.54
7日後	0.88	0.38	0.52	0.60	0.74	0.46

表3-11a 実物甲号（公表値，区分期間）の推定結果

前半	貿易		卸売物価		小売物価	
	t値	P値	t値	P値	t値	P値
当日	1.76	0.08	－1.18	0.24	－0.89	0.37
1日後	0.19	0.85	－0.41	0.68	－0.48	0.63
2日後	0.61	0.54	1.31	0.19	－1.46	0.14
3日後	0.17	0.86	－0.54	0.59	1.21	0.23
4日後	－0.98	0.33	0.28	0.78	0.56	0.57
5日後	1.13	0.26	－1.93	0.05	0.60	0.55
6日後	0.13	0.90	0.81	0.42	1.58	0.12
7日後	1.19	0.23	－1.47	0.14	－0.16	0.87

後半	貿易		卸売物価		小売物価	
	t値	P値	t値	P値	t値	P値
当日	－0.42	0.68	－0.12	0.90	0.04	0.97
1日後	0.13	0.89	－0.23	0.82	－0.01	0.99
2日後	－0.44	0.66	－0.25	0.80	0.29	0.77
3日後	0.14	0.89	－0.28	0.78	－3.56	0.00
4日後	0.03	0.98	－0.24	0.81	3.82	0.00
5日後	－0.26	0.79	－0.17	0.87	0.07	0.94
6日後	0.08	0.94	－0.20	0.84	0.12	0.90
7日後	0.07	0.95	－3.66	0.00	－0.04	0.97

表3-11b 実物4分利（公表値，区分期間）の推定結果

前半	貿易		卸売物価		小売物価	
	t値	P値	t値	P値	t値	P値
当日	1.97	0.05	1.55	0.12	－0.71	0.48
1日後	0.75	0.46	－0.72	0.47	－1.26	0.21
2日後	1.21	0.23	1.57	0.12	－0.65	0.51
3日後	0.70	0.48	－0.23	0.82	－1.33	0.18
4日後	1.75	0.08	－0.81	0.42	1.11	0.27
5日後	－1.57	0.12	－0.57	0.57	1.14	0.26
6日後	0.81	0.42	0.23	0.82	1.45	0.15
7日後	0.87	0.38	－1.01	0.31	1.67	0.09

後半	貿易		卸売物価		小売物価	
	t値	P値	t値	P値	t値	P値
当日	1.05	0.29	－0.66	0.51	0.00	1.00
1日後	－0.90	0.37	0.03	0.98	1.09	0.28
2日後	－1.78	0.07	－0.55	0.58	0.22	0.83
3日後	－1.43	0.15	0.71	0.47	1.25	0.21
4日後	0.35	0.73	－0.73	0.47	0.97	0.33
5日後	－2.07	0.04	0.54	0.59	1.04	0.30
6日後	0.51	0.61	1.05	0.29	－0.43	0.67
7日後	0.32	0.75	－1.10	0.27	0.91	0.36

表3-11c 長期甲号（公表値，区分期間）の推定結果

前半	貿易		卸売物価		小売物価	
	t値	P値	t値	P値	t値	P値
当日	−1.18	0.24	0.00	1.00	−0.47	0.63
1日後	0.13	0.90	−0.52	0.60	1.10	0.27
2日後	−1.00	0.32	0.20	0.84	0.72	0.47
3日後	0.56	0.58	1.38	0.17	0.21	0.84
4日後	−0.08	0.94	−2.61	0.01	2.06	0.04
5日後	−0.04	0.97	−0.92	0.36	0.66	0.51
6日後	0.87	0.38	1.34	0.18	0.64	0.52
7日後	1.31	0.19	0.89	0.37	0.61	0.54

後半	貿易		卸売物価		小売物価	
	t値	P値	t値	P値	t値	P値
当日	−1.41	0.16	0.96	0.34	−0.98	0.33
1日後	0.45	0.65	−0.47	0.64	−0.11	0.91
2日後	−0.77	0.44	−0.01	0.99	0.66	0.51
3日後	0.20	0.84	−0.22	0.83	0.66	0.51
4日後	−0.04	0.97	0.63	0.53	−0.34	0.73
5日後	−0.70	0.49	0.37	0.71	−0.67	0.50
6日後	−0.60	0.55	−0.44	0.66	0.21	0.84
7日後	−1.07	0.28	−0.21	0.83	0.50	0.62

表3-12a 実物甲号（サプライズ，全期間）の推定結果

変数	貿易		卸売物価		小売物価	
	t値	P値	t値	P値	t値	P値
当日	0.05	0.96	0.33	0.74	−1.11	0.27
1日後	−1.02	0.31	0.15	0.88	−0.77	0.44
2日後	0.49	0.62	0.58	0.56	0.28	0.78
3日後	0.19	0.85	1.29	0.20	2.22	0.03
4日後	0.66	0.51	1.55	0.12	0.31	0.76
5日後	−0.18	0.85	1.09	0.27	0.49	0.63
6日後	0.15	0.88	−0.41	0.68	0.26	0.80
7日後	0.55	0.58	1.07	0.28	0.19	0.85

表3-12b 実物4分利（サプライズ，全期間）の推定結果

変数	貿易		卸売物価		小売物価	
	t値	P値	t値	P値	t値	P値
当日	−0.67	0.50	0.59	0.56	0.35	0.73
1日後	0.41	0.68	0.94	0.35	−0.92	0.36
2日後	0.46	0.65	0.84	0.40	−0.30	0.76
3日後	−0.47	0.64	−0.68	0.50	0.14	0.89
4日後	0.42	0.68	3.07	0.00	1.18	0.24
5日後	−0.57	0.57	2.79	0.01	−0.65	0.52
6日後	−0.11	0.91	0.34	0.73	0.42	0.67
7日後	0.15	0.88	1.32	0.19	−0.14	0.89

表3-12c 長期甲号（サプライズ，全期間）の推定結果

変数	貿易		卸売物価		小売物価	
	t値	P値	t値	P値	t値	P値
当日	−1.36	0.17	−0.31	0.76	−0.98	0.33
1日後	−0.80	0.43	0.07	0.95	0.13	0.90
2日後	0.33	0.74	0.46	0.65	0.27	0.79
3日後	−0.59	0.55	−1.18	0.24	0.30	0.76
4日後	1.10	0.27	1.62	0.11	1.51	0.13
5日後	0.38	0.70	1.62	0.11	−1.30	0.19
6日後	0.56	0.57	0.11	0.92	0.49	0.62
7日後	−0.74	0.46	2.32	0.02	0.65	0.51

表3-13a 実物甲号(サプライズ,期間区分)の推定結果

前半	貿易		卸売物価		小売物価	
	t値	P値	t値	P値	t値	P値
当日	−0.20	0.84	1.96	0.05	−1.44	0.15
1日後	−1.19	0.24	−0.36	0.72	−0.51	0.61
2日後	1.10	0.27	0.34	0.73	−0.21	0.83
3日後	0.03	0.98	1.38	0.17	2.59	0.01
4日後	1.18	0.24	1.44	0.15	−0.18	0.86
5日後	−0.58	0.56	1.06	0.29	0.54	0.59
6日後	0.93	0.35	−1.13	0.26	0.53	0.60
7日後	0.33	0.74	−1.14	0.25	−0.92	0.36

後半	貿易		卸売物価		小売物価	
	t値	P値	t値	P値	t値	P値
当日	−0.21	0.83	−0.15	0.88	−0.07	0.95
1日後	−0.10	0.92	0.11	0.91	−0.09	0.92
2日後	0.05	0.96	−0.04	0.97	0.16	0.88
3日後	−0.08	0.93	0.02	0.98	−1.61	0.11
4日後	−0.04	0.97	0.20	0.84	1.79	0.07
5日後	0.03	0.97	0.11	0.91	0.04	0.97
6日後	−0.23	0.82	0.04	0.97	−0.03	0.97
7日後	−0.01	0.99	5.04	0.00	0.33	0.74

表3-13b 実物4分利(サプライズ,期間区分)の推定結果

前半	貿易		卸売物価		小売物価	
	t値	P値	t値	P値	t値	P値
当日	−0.49	0.62	−0.26	0.79	0.04	0.96
1日後	0.33	0.74	0.70	0.48	−0.77	0.44
2日後	0.32	0.75	1.28	0.20	−0.46	0.65
3日後	0.18	0.85	−0.73	0.47	−0.29	0.77
4日後	0.51	0.61	1.21	0.23	0.54	0.59
5日後	−0.52	0.60	2.45	0.01	−1.30	0.19
6日後	0.14	0.89	0.01	0.99	0.99	0.32
7日後	0.19	0.85	−0.37	0.71	−0.67	0.50

後半	貿易		卸売物価		小売物価	
	t値	P値	t値	P値	t値	P値
当日	−0.46	0.65	1.04	0.30	0.57	0.57
1日後	0.25	0.80	0.64	0.53	−0.48	0.63
2日後	0.34	0.73	−0.02	0.98	0.20	0.84
3日後	−1.07	0.29	−0.24	0.81	0.78	0.43
4日後	0.00	1.00	3.06	0.00	1.39	0.17
5日後	−0.25	0.80	1.54	0.12	0.96	0.34
6日後	−0.39	0.70	0.47	0.64	−0.87	0.38
7日後	−0.01	0.99	2.14	0.03	0.87	0.39

表3-13c　長期甲号（サプライズ，期間区分）の推定結果

前半	貿易		卸売物価		小売物価	
	t値	P値	t値	P値	t値	P値
当日	-1.00	0.32	0.61	0.54	-1.44	0.15
1日後	-0.40	0.69	0.07	0.94	-0.01	0.99
2日後	0.40	0.69	0.37	0.71	0.41	0.68
3日後	-0.25	0.80	-1.39	0.17	0.77	0.44
4日後	0.92	0.36	0.17	0.86	1.47	0.14
5日後	0.09	0.93	1.38	0.17	-1.30	0.19
6日後	0.81	0.42	-0.26	0.80	0.64	0.52
7日後	-0.44	0.66	0.03	0.97	0.69	0.49

後半	貿易		卸売物価		小売物価	
	t値	P値	t値	P値	t値	P値
当日	-0.70	0.49	-1.28	0.20	0.54	0.59
1日後	-1.07	0.28	0.04	0.97	0.29	0.77
2日後	-0.47	0.64	0.39	0.70	-0.16	0.87
3日後	-1.02	0.31	-0.44	0.66	-0.72	0.47
4日後	0.07	0.95	2.69	0.01	0.48	0.63
5日後	0.94	0.35	1.25	0.21	-0.35	0.72
6日後	-1.29	0.20	0.50	0.62	-0.12	0.91
7日後	-0.79	0.43	4.12	0.00	0.13	0.90

　以下では，(A)まずマクロ指標などの効き方をみるとともに，前・後半で差があるかを調べ，次に(B)市場が効率的か否かを検討し，前・後半で効率性に変化はあるかをみる。

　初めに，(A)マクロ指標などが10％水準で有意である日が存在するかどうかをみよう。全期間を通しての計測から有意である日がまったく存在しないのは，ダミー変数を用いる場合の実物甲号債に対する卸売物価・小売物価，実物4分利債に対する卸売物価であり，公表値を用いるときの実物甲号債に対する貿易，実物4分利債に対する卸売物価，長期取引甲号債に対する卸売物価・小売物価，およびサプライズ変数を用いるときの全銘柄に対する貿易と実物4分利債・長期取引甲号債に対する小売物価である（表3-8，3-10，3-12の各a，b，c表参照）。

　また，部分期間の前半と後半を通して有意である日がまったく存在しないのは，ダミー変数を用いる場合の実物4分利債に対する卸売物価，公表値を用いるときの実物4分利債に対する卸売物価，長期取引甲号債に対する貿易，およ

びサプライズ変数を用いるときの全銘柄に対する貿易，実物甲号債に対する卸売物価と実物4分利債・長期取引甲号債に対する小売物価である（表3-9, 3-11, 3-13の各a, b, c表参照）。このようにとりわけサプライズ変数の設定には問題が残る。

次いで，市場への介入がそれほど行われなかった前半期とかなり行われた後半期おいて，マクロ指標などの効き方に差があるかを調べる。まず，指標などの発表日もしくは翌営業日[46]における即時的な影響が有意である，そのような指標などイベントの数が前半と後半で異なるかを比べる。ダミー変数を用いる場合，前半で有意であるのは実物甲号債に対する予想なしの公定歩合，実物4分利債に対する長期国債発行，長期取引甲号債に対する予想なしの公定歩合・長期国債発行であり，後半で有意であるのは実物甲号債に対する貿易・予想なしの公定歩合・予想ありの公定歩合・長期国債発行，実物4分利債に対する予想なしの公定歩合・予想ありの公定歩合・長期国債発行，長期取引甲号債に対する長期国債発行である。公表値を用いると前半で貿易が実物甲号債・実物4分利債に対して有意である。サプライズ変数を用いると前半で卸売物価が実物甲号債に対して有意である。総計すると有意であるのは前半が7イベント，後半が8イベントである。

さらに，あるイベントがその発表日の2日後から7日後までにおいて有意である，つまり即時的ではない影響をもつイベントを前半と後半で比べてみよう。ダミー変数を用いる場合，前半で有意であるのは実物甲号債に対する貿易・卸売物価・小売物価・予想ありの公定歩合変更・長期国債発行，実物4分利債に対する小売物価，長期取引甲号債に対する貿易・卸売物価・小売物価・予想なしの公定歩合・予想ありの公定歩合であり，後半で有意であるのは実物甲号債に対する小売物価・予想なしの公定歩合・予想ありの公定歩合・長期国債発行，実物4分利債に対する貿易・予想なしの公定歩合・予想ありの公定歩合・長期国債発行で，長期取引甲号債に対する有意なものはない。

公表値を用いると，前半で有意であるのは，実物甲号債に対する卸売物価，実物4分利債に対する貿易・小売物価，長期取引甲号債に対する卸売物価・小売物価であり，後半で有意であるのは，実物甲号債に対する卸売物価・小売物

価,実物4分利債に対する貿易である。サプライズ変数を用いると,前半で有意であるのは実物甲号債に対する小売物価,実物4分利債に対する卸売物価で,長期取引甲号債に対する有意なものはない。後半で有意であるのは3銘柄に対する卸売物価と実物甲号債に対する小売物価である。即時的以外の影響があるものの合計は前半で18,後半で15イベントであり,ここでは前半の方が多い。また,即時的と非即時的な影響があるものを総計すると,前半が25イベント,後半が23イベントである。

次に,(B)各銘柄の市場が効率的であったかを検討する。前述のように,イベントの即時的な影響が有意でかつイベントの4営業日後以降にも影響があれば市場は非効率的と判断する。

全期間通しての結果のうちダミー変数を使うと,実物甲号債が予想なしの公定歩合・予想ありの公定歩合に関し,長期取引甲号債が予想なしの公定歩合に関していずれも非効率的である。他方,効率的であるのは実物甲号債が貿易に関し,実物4分利債が予想ありの公定歩合に関し,長期取引甲号債が長期国債発行に関してである。公表値を使うと,実物4分利債が貿易に関して非効率的であり,長期取引甲号債が貿易に関して効率的である。サプライズ変数を使うと何もいえない。

続いて部分期間別の計測によれば,ダミー変数を使うと,実物甲号債は前半において予想なしの公定歩合に関し効率的であり,後半は貿易・長期国債発行に関し効率的,予想なしの公定歩合・予想ありの公定歩合に関しては非効率的である。実物4分利債は前半で長期国債発行に関し効率的,後半で予想ありの公定歩合に関して効率的,予想なしの公定歩合・長期国債発行に関し非効率的である。長期取引甲号債は前半で長期国債発行に関し効率的,予想なしの公定歩合に関し非効率的,後半で長期国債発行に関して効率的である。公表値を使うと,前半の実物甲号債・実物4分利債が貿易に関し非効率的である。サプライズ変数を使うと前半の実物甲号債が卸売物価に関し効率的である。部分期間別の小計では,効率性をもたらすイベントが前半で5,後半で4あり,非効率性をもたらすそれは前半で3,後半で4存在する。

なお,即時的影響は有意でないが4営業日以降への長く持続する影響が認め

られるケースが散見される。これらからは効率的か否かの判断は直ちには下せないものの，影響が長く持続することは非効率性を示唆すると考えてよいであろう。これらのケースは次のとおりである。

まずダミー変数を用いる場合であるが，全期間では，実物4分利債が貿易・小売物価・長期国債発行により，長期取引甲号債が貿易・卸売物価・小売物価・予想ありの公定歩合により，それぞれ長い影響を受ける。部分期間別では，実物甲号債が前半で卸売物価・小売物価・予想ありの公定歩合により，実物4分利債が前半で小売物価により，後半で貿易により，長期取引甲号が前半で貿易・卸売物価・小売物価・予想ありの公定歩合により，それぞれ長い影響を受ける。

公表値を用いると，全期間では，実物甲号債が卸売物価・小売物価により，実物4分利債が小売物価により，部分期間別では，実物甲号債が前半で卸売物価により，後半で卸売物価・小売物価により，実物4分利債が前半で小売物価により，後半で貿易により，長期取引甲号債が前半で卸売物価・小売物価により，それぞれ長い影響を受ける。サプライズ変数を用いると，全期間では実物4分利債・長期取引甲号債が卸売物価により長い影響を受ける。部分期間ごとの結果によれば，実物甲号債の後半，実物4分利債の前・後半，長期取引甲号債の後半がいずれも卸売物価により，また実物甲号債の後半が小売物価により，それぞれ長い影響を受ける。以上を小計すると，部分期間別では長い影響をもつイベントが前半で13，後半で8存在する。

このように，いずれのイベントを用いても，また期間を分割するか否かにかかわらず，多くの銘柄の市場は効率性の条件を満たすとはいえない。

加えて，即時的影響は有意でないが4営業日以降に影響が持続する場合も非効率的であるとみなすとすると，前半から後半へより効率的になったケースはなく，より非効率的になったのが3ケース（ダミー変数で，実物甲号債に対する予想なしの公定歩合と実物4分利債への長期国債発行，およびサプライズ変数で実物甲号債に対する卸売物価）である。これらの結果を併せ考えると，前半から後半へ時間が経過するにつれて市場がより非効率的になったと判断してよいのかもしれない[47]。

以上を総合し，かつ，ある銘柄へのイベントのうち非効率性をもたらすもの

が1つでもあればその銘柄の市場は非効率的であると判断すると，全期間では，各銘柄の市場とも非効率的あるいは非効率に近い状況であったと考えられる。期間区分して前期から後期へと時間の経過につれて違いがあるのは，特に実物取引の国債市場が効率的から非効率的，あるいはそれに近い状況へ変化したことがあげられる。市場介入が進められて効率性が低下した可能性があるのかもしれない。

そうであるとすれば，このような状態をもたらした原因の1つとして公的部門の市場参加があげられよう。詳しくは第1章§4でみたとおりであり，市場メカニズムに従うとはみられないこれら公的部門が市場で行動し，その影響を無視できないことが上記のような非効率性をもたらした要因であったのかもしれない。

§4 おわりに

本章の結果をまとめると，まず均衡テストから暫定的には，戦前国債市場がかなりの期間において均衡にあった，あるいは均衡状態に近かったようにみえるが，一部の期間つまり価格支持策がとられていた期間については均衡が実現していたとみなすには問題が残る。また需給関数の推定にも改善の余地がある。

次に，効率性のテストからは，市場介入期たる後半期とそれ以前の時期とでマクロ指標などの効き方に差があり，介入期ではそれ以前よりも市場メカニズムが働く余地が減少したと考えることができるかもしれない。また，各銘柄の市場とも非効率的か非効率に近い状況であったとみられる。その一因として公的部門が売買を行っていたことがあげられよう。

注

1　銀行が市場の中心であることについて，例えば「大口の投資先である銀行」(「大阪時事新報」1928年9月16日) と指摘され，「中外商業新報」1931年3月16日，「東京朝日新聞」1931年6月28日などにも同様の表現がある。あわせて藤崎 (1954) p.24, 77, 155, 志村

(1980) p.74, 76, 78, 122参照。また，生命保険会社も重要な参加者であると「時事新報」1931年8月21日，「東京朝日新聞」1940年3月29日，「大阪毎日新聞」1940年4月7日などで指摘されている。保有シェアからもこれらのことはうかがえる。第1章§5-2参照。
2 第2章§2参照。
3 長期取引の4分利債は34年8月，35年3月〜36年3月においてほとんどデータが存在しないので，テストの対象としない。また，釜江（2012）で取り上げた仏貨債は実物・長期清算取引とも39年以降はデータの欠損している日が多いので，同じく取り上げない。
4 注1に掲げた記事のほかに，例えば「他に好適の放資物件に乏しい金融業者が遊資適用策として偶々公債社債類に著眼［ママ］して買進み来った」（「大阪時事新報」1924年7月6日）などの記事も参照。
5 需給関数が識別可能であるための必要条件は，ある式から除かれている外生変数の数が，その式の右辺に含まれている内生変数の数を上回るか，または等しいことである。伴他（2006）p.183参照。
6 なお，実物と長期の甲号債利回りとコール・レートとの相関係数はそれぞれ0.86，0.83，長期4分利債利回りと貸出金利のそれは0.90で高く（実物の4分利債利回りとコール・レートはそれぞれ0.78），コール・レートなどを使わない定式化が望ましい。しかし，保険会社の資金運用状況は月次データが得られないなど適切な変数がほかに見あたらないので，本章での定式化はコール・レートなどを使う。また，このようにしても，需要関数の計測結果によれば利回りとコール・レートなどの双方が有意でなくなるわけではなく，マルチコが生じているとはみられない。森口（1974）p.139参照。
7 売買代金は月次でしか得られず，均衡テストは他の債券を含めすべて月次ベースで行う。これに対し，後記の効率性テストは他の債券を含めて日次ベースである。
8 まず東京株式取引所（1928）と東京証券取引所（1970）から毎年の売買代金を求め，それと大蔵省理財局（各年）から42年までの国債（実物）プラス地方債の売買代金を計算する。国債（実物）と地方債の比率は1年間を通して変わらないと仮定して，これと東京証券取引所（1970）から国債（実物）の各月の代金を求める。
9 なお，経過利子分を価格から差し引き，真の価格を出して計測することは可能であるが，日本銀行の当時の「意見」によれば，「時日の経過に依り端数利子額が漸次増加し行くの事実は実際上閑却せられ勝ちとなり，日々の相場には現われ悪しく，不知不識の間に価格を引下ぐる傾き」（「大阪朝日新聞」1920年9月8日）があった。したがって，線形近似の方法などで価格を修正するのにも限界があろうが，これらは今後の課題である。
10 後に使うマクロ指標のうち，貿易は1940年10月まで，小売物価は22年4月〜42年8月のみが発表されている。
11 山一證券（1958）p.682参照。
12 「東京朝日新聞」1931年2月18日参照。
13 「東京朝日新聞」1932年10月14日参照。

14 「東京朝日新聞」1933年8月10日参照。

15 第1章の注294参照。

16 山一證券（1958）p.597,「東京朝日新聞」1918年5月11日,「読売新聞」1919年9月22日,「大正8年日本銀行営業報告」（日本銀行調査局編（1958）p.453）参照。

17 竹内（1956）p.101参照。また, 取引量が国債よりかなり少ない社債でもこれらを材料に織り込んでいたとの指摘がある。石塚（1958）p.95参照。

18 当時の勧銀副総裁。

19 値下がりを予想して先物市場で空売りしたが, 予想が外れて値上がりしてしまった場合に損を覚悟で買い戻すこと。

20 公定歩合変更以外の要因はその発生日の特定が容易ではない。

21 ほかに短期金利の影響もある。「東京朝日新聞」1925年4月17日,「大阪朝日新聞」1925年12月12日, 1933年7月4日, 大竹（1935）p.90参照。しかし短期金利の変化は頻繁であってイベントとして扱うのは容易でなく, 本章では取り上げない。

22 日本銀行百年史編纂委員会（1983, 第3巻）p.117-18にも同様の記述がある。

23 ほかに,「東京朝日新聞」1933年7月4日にも公定歩合変更時に貿易を考慮したとの記事がある。

24 「大阪朝日新聞」1921年1月16日に「政府が去月発表せる勅令, 即ち政府に対する保証金納入に関し従来公債又は他の有価証券を以て代弁し得とあるを公債のみに限定し, 他の社債, 株式の代用を許さざる事とする」との記事がある。

25 公的部門の市場参加についての詳細は第1章第4節で取り上げた。

26 日本銀行百年史編纂委員会（1983）第3巻, p.466に指摘があるように, 1930年7月12日の「中外商業新報」が公定歩合引き下げの可能性を伝えていたが, 10月の実行までに時間の経過があったため「突如」との報道になったのであろう。

27 「中外商業新報」1931年9月30日に「日本銀行でもこの形勢には特に注目しているから, 恐らく銀行の処分物はその際市場から離れて日本銀行に肩替りすることとなるべく, その他一般貸出についてもかなりの緩和策をとるのではないか」とあるが, 同年10月3日の「時事新報」は「今後の正貨流出入の趨勢如何によっては我が日本銀行も金利引上の挙に出てるのではなかろうかとも見られるのである。何れにしても日銀当局も余り之れを否定せず, 民間にも利上必要論をなすものの多くなって来た」, 同月4日の「大阪毎日新聞」は「日本銀行の通貨政策は金利の激変を避けたい意向であるが, 積極的に低金利策を採り得ない立場にある, 即ちそれはさなきだに顕著なる円資本逃避の傾向に拍車をかける結果となるからであって, この意味で日銀は高金利策を採らねばならぬ立場にありというべく」としている。

28 この点は釜江（2012）を修正した。

29 RATSのDurbin and Koopmanサブルーティンによる。Durbin and Koopman（2001）参照。

30 防諜上の見地から40年10月分以降は公表が停止された。「読売新聞」1940年12月29日参照。
31 山本（1988）p.93参照。
32 マクロ指標公表日が不明のケースがあるため。
33 国債の後場取引は，20年以降13-15時（東京株式取引所（1928）p.92参照），または25年以降実物の2回目が13時50分から，長期清算の大引けが14時10分からであり（「大阪朝日新聞」1925年11月13日参照），それぞれ20～30分程度行われたと推定される。本章の国債価格データは新聞の朝刊と夕刊のどちらに掲載されたかを区別していない。午前中にマクロ指標や公定歩合変更が発表されれば午前の価格に影響するのに対し，午後発表のものは午後の価格，あるいは翌営業日の価格に初めて影響することもあり得るが，マクロ指標などの発表時刻を正確に特定することはできず，発表が遅い時刻に行われると翌営業日以降の債券価格にしか影響を与えない可能性がある。その場合，翌営業日の結果が即時的な影響を示すことになる。そこで，当日に加え翌営業日も「即時的な影響」を表していると見なすことにする。
34 客観的な基準がないので判断の恣意性は残る。
35 第2章の注24参照。
36 志村（1980）p.72参照。
37 日本銀行調査局（1927）12月参照。
38 「東京朝日新聞」1932年10月14日参照。
39 志村（1980）p.73参照。
40 第1章§5-2の説明のほか，28年秋について藤崎（1954）p.75参照。なお，第1章でふれたように，実物価格には支持政策がとられた一方，長期清算価格は比較的自由であったとの見方がある。そのため29年頃の長期4分利債の乖離が小さいのかもしれない。
41 説明変数の変更は次のとおり。実物甲号債：供給関数の預貸率を預貸差に，長期甲号債：供給関数のコール・レートを預貸率に，かつ需要関数の貸出金利をコール・レートに，実物4分利債：供給関数の国債発行額を預貸差に，長期4分利債：供給関数の国債発行額を預貸率に，かつ需要関数の預貸率をコール・レートに，それぞれ変更。これらの変更を加える場合，需給均衡をもたらす利回りの実現値と推計値の乖離のRMSPEは，実物甲号債が0.036，長期甲号債が0.048，実物4分利債が0.103，長期4分利債が0.093である。
42 第1章§5-2で説明したように，1910年の引受シ団発足後，価格支持の方策がとられていた。
43 甲号債と4分利債はクーポン・レート一定のデータを使っているため（流通）利回りの変動が小さいのに対し，他債の分析ではほぼ最長期物のデータを使い銘柄が切り替わってクーポン・レートに変動が生じるため，利回りの変動も相対的に大きい。このことからも，他債の利回りは推計値と実現値の乖離が大きくなる傾向がある。
44 OLSを使うと最小2乗推定量バイアスがあるので操作変数法での推定の余地があるが，小標本ではこのバイアスと操作変数推定量バイアスに大きな差はない。伴他（2006）

p.179参照。
45 Prock他（2003）p.423参照。
46 注33参照。
47 本章で用いているマクロ指標の選択が必ずしも最適ではなく，これら以外の変数が影響を与えていた可能性はあるかもしれない。

第3章 付論 戦前国債市場の弱度効率性テスト

§1 はじめに

　この付論では1920年から42年までの国債流通市場のウイーク・フォーム（弱度）[1]の効率性を調べる。分析対象は実物取引の甲号債・第1回4分利債と長期清算取引の甲号債であり、期間は、実物の甲号債と同第1回4分利債が20年7月から42年10月までの22年間[2]、長期清算の甲号債はその取引が開始された25年11月から42年10月までの17年間である。

　ところで、このように同一銘柄を長期にわたって使うと、残存年数が徐々に減少してその変化が利回りに影響を与えてしまう可能性がある。つまり、利回りが変化して長期間ではこの変化が累積し、とりわけ弱度効率性のテスト結果を左右するかもしれない。そこで次のように残存期間を固定して、利回りの変化分を機械的に取り除くという処理をしたデータも使用する[3]。具体的には、まず年平均価格を使って、価格が変わらないで残存期間だけが1ヵ月減少するときの利回りの差（修正幅）を求め、この差を銘柄の切換え月から順に減じていく。このようにすれば、得られる修正利回りはその銘柄の切換月と同じ残存期間を恒にもっている債券の利回りになる。こういった修正を施したデータと施さないデータの双方を用いて検定を行う。

§2 テストの方法と結果

　弱度効率性テストの詳細は釜江（2012）第3章で説明しているので、ここでは簡潔な記述にとどめる。純粋期待仮説から得られる弱度の効率的市場仮説の成立を、長短金利の間の共和分関係を検定する方法によって調べる。MacDonald and Speight（1991）は純粋期待仮説と合理的期待仮説を組み合わせて得

られる効率的市場仮説から長短金利の間の共和分関係を導き，共和分ベクトルが（1，－1）になることを示している。

　この付論で用いる国債利回りデータは本章§2-1のとおりであり，短期金利はコール・レートである。

　ところでテストの対象期間が比較的長いことから，流通市場で構造変化が生じている可能性がある。そこで，変数の定常性は「単位根があり定常ではない」を帰無仮説とするADFテストで検定するが，構造変化[4]を前提とするZivot and Andrews（1992），Perron（1997）の両テストもあわせて行う。前者は「構造変化はなく，かつ単位根がある」を帰無仮説，「1回の構造変化があり，かつ単位根がない」を対立仮説とし，Perronは構造変化を前提とした上で「単位根あり」を帰無仮説，「単位根なし」を対立仮説とする。

　次に変数に非定常性がみられるのであれば，構造変化を考慮しないで共和分関係が存在するかをADF検定を用いるEngle and Grangerの方法によって検定する。帰無仮説は「共和分関係なし」である。さらに構造変化を明示的に考慮して「共和分関係なし」を帰無仮説，「1回の構造変化があり，共和分関係が存在する」を対立仮説とするGregory and Hansen（1996a，1996b）のテストを行う。またHansen（1992）の方法により，前章と同様に非定常な変数をFM-LSで推定し，「共和分関係あり」を帰無仮説，「共和分関係なし」を対立仮説とするLcテストを用いる。これらのテスト法は以下のいくつかの章の付論でも同様に用いる。

　テスト結果のうち，まず，修正しない利回りを使う場合の結果は次のとおりである。対象期間全体をとおしてでは，ADF検定はコール・レートがほぼ定常であることを示している[5]。国債利回りのうち長期取引の利回りは構造変化の有無の前提にかかわらず単位根が存在しており定常ではない。実物取引のそれらについてADFテストは単位根の存在を示すのに対し，Zivot and AndrewsとPerronのテストはその可能性を示さず，断定的なことはいえない（表3A-1a〜3A-3a参照）。実物取引の甲号債・4分利債の利回りとコール・レートの関係は，「共和分関係なし」を帰無仮説とするEngle and Grangerのテスト（表3A-4a）と，同じく「共和分関係なし」を帰無仮説とするGregory and Hansenのテスト（表３A-5a）でともに帰無仮説は棄却される。そこでHansenテストを行うと共和分関係は存在しないことが示される（表３A-6a）。長期清算取引の甲号債利回りとコール・レートは，Engle and Grangerのテストと Gregory and Hansenのテストからこれらの間に「共和分関係なし，構造変化なし」の帰無仮説が棄却されないことが示唆される。

また，残存期間を一定にした修正利回りを使う場合の結果も上記の修正しない利回りを使う場合の結果とほとんど違いはない。

表３A-1a　利回りのADFテスト

トレンドと定数項	ラグ数決定法	実物甲号	コール・レート	実物4分利	コール・レート	長期甲号	コール・レート
ともに有り	BIC	−2.39	−4.27*	−2.31	−7.28*	−2.34	−10.49*
ともに有り	AIC	−2.29	−4.27*	−2.61	−7.28*	−2.75	−7.47*
ともに有り	LM	−2.24	−4.28*	−2.52	−5.61*	−2.67	−6.58*
定数項のみ有り	BIC	−1.28	−3.69*	−0.47	−5.09*	−1.12	−8.66*
定数項のみ有り	AIC	−1.40	−3.69*	−0.69	−5.09*	−1.30	−6.13*
定数項のみ有り	LM	−1.36	−4.14*	−0.63	−3.81*	−1.27	−5.22*
ともに無し	BIC	−0.32	−1.52	−1.17	−2.04*	−1.54	−2.13*
ともに無し	AIC	−0.45	−1.52	−1.01	−1.04*	−1.35	−2.13*
ともに無し	LM	−0.46	−1.16	−1.06	−1.25	−1.38	−1.75

注：コール・レートはそれぞれの左列の債券と同期間の結果。＊は「単位根なし」を示す。

表３A-1b　修正利回りのADFテスト

トレンドと定数項	ラグ数決定法	実物甲号	実物4分利	長期甲号
ともに有り	BIC	−2.43	−2.29	−2.31
ともに有り	AIC	−2.33	−2.61	−2.71
ともに有り	LM	−2.28	−2.28	−2.31
定数項のみ有り	BIC	−1.13	−0.49	−1.22
定数項のみ有り	AIC	−1.28	−0.71	−1.39
定数項のみ有り	LM	−1.24	−0.65	−1.36
ともに無し	BIC	−0.40	−1.26	−1.55
ともに無し	AIC	−0.52	−1.09	−1.35
ともに無し	LM	−0.52	−1.13	−1.55

表3A-2a 利回りのZivot and Andrewsテスト

モデル	実物甲号	実物4分利	長期甲号
切片に変化	−5.16*	−6.62*	−4.32
トレンドに変化	−3.67	−2.48	−2.63
両方に変化	−5.15*	−6.35*	−4.60

注：＊は「単位根あり」の帰無仮説を5％で棄却する。表3A-2bも同様。

表3A-2b 修正利回りのZivot and Andrewsテスト

モデル	実物甲号	実物4分利	長期甲号
切片に変化	−5.02*	−6.61*	−4.50
トレンドに変化	−3.72	−2.52	−2.67
両方に変化	−5.18*	−6.30*	−4.66

表3A-3a 利回りのPerronテスト

モデル	変化時点決定法	実物甲号	実物4分利	長期甲号
IO1	UR	−5.43*	−6.67*	−4.48
IO1	tABS	−5.26*	−6.67*	−4.48
IO1	t	−5.26*	−6.67*	−4.48
IO2	UR	−5.42*	−6.50*	−4.75
IO2	tABS	−5.03*	−6.50*	−2.66
IO2	t	−5.03*	−6.50*	−2.66
AO	UR	−3.81	−2.62	−2.81
AO	tABS	−3.75	−2.42	−2.81
AO	t	−3.75	−2.42	−2.81

注：IO1は切片の変化を想定するinnovational outlierモデル，IO2は切片と傾きの変化を想定するinnovational outlierモデル，AOは傾きの変化を想定するadditive outlierモデル。URはt値最小の点，tABSは傾きまたは切片の変化に関わるt値の絶対値最大の点，tは傾きまたは切片の変化に関わるt値の最小の点をそれぞれ探す。＊は5％で「単位根あり」の帰無仮説を棄却する。表3A-3bも同様。

表3A-3b　修正利回りのPerronテスト

モデル	変化時点決定法	実物甲号	実物4分利	長期甲号
IO1	UR	−5.28*	−6.68*	−4.65
IO1	tABS	−5.14*	−6.68*	−4.65
IO1	t	−5.14*	−6.68*	−4.65
IO2	UR	−5.45*	−6.42*	−4.81
IO2	tABS	−5.06*	−3.63	−2.69
IO2	t	−5.06*	−3.63	−2.69
AO	UR	−3.85	−2.65	−2.84
AO	tABS	−3.85	−2.40	−2.84
AO	t	−3.85	−2.40	−2.84

表3A-4a　利回りのEngle and Grangerテスト

トレンドと定数項	ラグ数決定法	実物甲号	実物4分利	長期甲号
ともに有り	BIC	−5.91*	−4.02*	−4.80*
ともに有り	AIC	−5.91*	−4.02*	−3.78*
ともに有り	LM	−5.02*	−3.28	−4.42*
定数項のみ有り	BIC	−2.55	−2.18	−2.01
定数項のみ有り	AIC	−2.55	−2.18	−1.48
定数項のみ有り	LM	−2.02	−1.69	−1.73
ともに無し	BIC	−2.56*	−2.18*	−1.90
ともに無し	AIC	−2.56*	−2.18*	−1.48
ともに無し	LM	−2.02*	−1.69	−1.73

注：＊は5％で「単位根あり，共和分関係なし」の帰無仮説を棄却する。表3A-4bも同様。

表3A-4b　修正利回りのEngle and Grangerテスト

トレンドと定数項	ラグ数決定法	実物甲号	実物4分利	長期甲号
ともに有り	BIC	−6.17*	−4.31*	−4.86*
ともに有り	AIC	−6.17*	−4.31*	−3.80*
ともに有り	LM	−5.23*	−3.48*	−4.46*
定数項のみ有り	BIC	−2.66	−2.28	−2.09
定数項のみ有り	AIC	−2.66	−2.28	−1.57
定数項のみ有り	LM	−2.12	−1.77	−1.82
ともに無し	BIC	−2.66*	−2.28*	−1.99*
ともに無し	AIC	−2.66*	−2.28*	−1.57
ともに無し	LM	−2.12*	−1.77	−1.82

表3A-5a　利回りのGregory and Hansenテスト

モデル	実物甲号	実物4分利	長期甲号
切片に変化，トレンド無し	−5.34*	−5.57*	−3.83
切片に変化，トレンド有り	−4.65	−5.53*	−3.87
全体に構造変化	−7.68*	−6.79*	−6.21*

注：t値最小の時点のt値である。*は「共和分関係なし」の帰無仮説を棄却する。
　　表3A-5bも同様。

表3A-5b　修正利回りのGregory and Hansenテスト

モデル	実物甲号	実物4分利	長期甲号
切片に変化，トレンド無し	−5.36*	−5.59*	−3.99
切片に変化，トレンド有り	−4.56	−5.58*	−4.00
全体に構造変化	−7.75*	−7.31*	−6.29*

表3A-6a　利回りのFM−LSテスト

説明変数	実物甲号		実物4分利		長期甲号	
	回帰係数	s.e.	回帰係数	s.e.	回帰係数	s.e.
定数項	3.64	0.04	2.27	0.06	3.33	0.04
コール・レート	0.40	0.01	0.61	0.01	0.51	0.10
	Lc = 553.0		Lc = 999.5		Lc = 1858.	

注：Lcの臨界値は0.62で，検定統計量がこれより大なら「共和分関係あり」の帰無仮説を棄却する。
　　表3A-6bも同様。

表3A-6b　修正利回りのFM−LSテスト

説明変数	実物甲号		実物4分利		長期甲号	
	回帰係数	s.e.	回帰係数	s.e.	回帰係数	s.e.
定数項	3.51	0.04	2.12	0.06	3.32	0.04
コール・レート	0.41	0.01	0.61	0.01	0.50	0.10
	Lc = 453.9		Lc = 951.6		Lc = 1702.	

　次に，期間を第3章本文と同様に明示的に分割して部分期間ごとの計測を行う。ADF検定からはとりわけ後半期のコール・レートがかなりの程度で定常であるとみてよいであろう（表3A-7a）。国債利回りに関し，Perronテストは前半期の実物甲号債に（表3A-9a），Zivot and Andrewsテストは後半期の実物4分利債に（表3A-8a），ADFテストは後半期の長期甲号債に（表3A-

7a），それぞれ単位根が存在しない可能性を示すが，以上の3テストがそろってその可能性を示すことはない。それ以外の期間・銘柄の利回りには単位根が存在する（表3A-7a〜3A-9a）。

国債利回りとコール・レートの関係をみると，前・後半の長期甲号債，前半の実物甲号債・実物4分利債はEngle and Grangerテスト（表3A-10a）において，前半の3銘柄と後半の実物4分利債はGregory and Hansenテスト（表3A-11a）において，それぞれ「共和分関係なし」の帰無仮説が棄却される。そこでHansenテスト（表3A-12a）を行うと共和分関係がないことが示される。後半の実物甲号債とコール・レートの関係については，Engle and GrangerテストとHansenテストが共和分関係のないことを示す。

表3A-7a　利回りのADFテスト

（前半）

トレンドと定数項	ラグ数決定法	実物甲号	コール・レート	実物4分利	コール・レート	長期甲号	コール・レート
ともに有り	BIC	−3.68*	−3.42*	−2.24	−2.96	−2.17	−1.30
ともに有り	AIC	−3.89*	−3.19	−2.24	−2.96	−2.30	−1.30
ともに有り	LM	−3.68*	−6.96*	−2.24	−2.94	−2.17	−1.82
定数項のみ有り	BIC	−1.17	−3.09*	−2.13	−2.62	−2.18	−1.68
定数項のみ有り	AIC	−1.34	−2.86	−2.13	−2.62	−2.30	−1.68
定数項のみ有り	LM	−1.17	−6.60*	−2.13	−2.58	−2.18	−2.15
ともに無し	BIC	−0.66	−0.98	−0.15	−0.86	−0.50	−0.75
ともに無し	AIC	−0.69	−0.87	−0.15	−0.86	−0.47	−0.75
ともに無し	LM	−0.66	−2.36*	−0.15	−0.81	−0.50	−0.75

（後半）

トレンドと定数項	ラグ数決定法	実物甲号	コール・レート	実物4分利	コール・レート	長期甲号	コール・レート
ともに有り	BIC	−2.14	−8.31*	−1.16	−8.36*	−3.42*	−13.40*
ともに有り	AIC	−2.03	−8.31*	−1.16	−8.36*	−2.85	−10.60*
ともに有り	LM	−2.03	−9.02*	−1.14	−9.07*	−2.96	−52.40*
定数項のみ有り	BIC	−0.84	−7.66*	−1.00	−7.71*	−2.99*	−13.40*
定数項のみ有り	AIC	−0.75	−7.66*	−1.00	−7.71*	−2.51	−10.60*
定数項のみ有り	LM	−1.10	−7.66*	−1.25	−7.71*	−2.61	−52.40*
ともに無し	BIC	−1.18	−2.05*	−1.55	−2.05*	−1.99*	−2.36*
ともに無し	AIC	−1.24	−2.05*	−1.55	−2.05*	−2.05*	−2.36*
ともに無し	LM	−1.19	−1.67	−1.46	−1.68	−2.15*	−1.91

注：コール・レートはそれぞれの左列の債券と同期間の結果。＊は「単位根なし」を示す。表3A-7bも同様。

表3A-7b 修正利回りのADFテスト

(前半)

トレンドと定数項	ラグ数決定法	実物甲号	実物4分利	長期甲号
ともに有り	BIC	−3.70*	−2.25	−2.17
ともに有り	AIC	−3.91*	−2.25	−2.30
ともに有り	LM	−3.70*	−2.25	−2.17
定数項のみ有り	BIC	−1.01	−1.84	−2.18
定数項のみ有り	AIC	−1.17	−1.84	−2.30
定数項のみ有り	LM	−1.01	−1.84	−2.18
ともに無し	BIC	−0.75	−0.30	−0.50
ともに無し	AIC	−0.79	−0.30	−0.47
ともに無し	LM	−0.75	−0.30	−0.50

(後半)

トレンドと定数項	ラグ数決定法	実物甲号	実物4分利	長期甲号
ともに有り	BIC	−2.06	−1.15	−2.17
ともに有り	AIC	−2.34	−1.53	−2.30
ともに有り	LM	−2.34	−1.52	−2.17
定数項のみ有り	BIC	−2.24	−1.01	−2.18
定数項のみ有り	AIC	−0.97	−1.12	−2.30
定数項のみ有り	LM	−1.11	−1.10	−2.18
ともに無し	BIC	−1.15	−1.53	−0.50
ともに無し	AIC	−1.03	−1.29	−0.47
ともに無し	LM	−1.03	−1.29	−0.50

表3A-8a 利回りのZivot and Andrewsテスト

(前半)	実物甲号	実物4分利	長期甲号
切片に変化	−5.10*	−3.91	−3.35
トレンドに変化	−4.39	−4.04	−2.75
両方に変化	−5.04	−4.11	−3.10

(後半)	実物甲号	実物4分利	長期甲号
切片に変化	−4.63	−6.49*	−5.36*
トレンドに変化	−2.92	−3.22	−3.54
両方に変化	−4.95	−6.52*	−4.96

注：＊は5％で「単位根あり」の帰無仮説を棄却する。表3A-8bも同様。

表3A-8b　修正利回りのZivot and Andrewsテスト

(前半)	実物甲号	実物4分利	長期甲号
切片に変化	−5.09*	−3.91	−3.34
トレンドに変化	−4.38	−4.06	−2.75
両方に変化	−5.04	−4.12	−3.10

(後半)	実物甲号	実物4分利	長期甲号
切片に変化	−4.77	−6.45*	−5.29*
トレンドに変化	−2.97	−3.14	−3.54
両方に変化	−5.03	−6.53*	−4.87

表3A-9a　利回りのPerronテスト

(前半) モデル	変化時点決定法	実物甲号	実物4分利	長期甲号
IO1	UR	−5.25*	−4.13	−3.51
IO1	tABS	−5.25*	−4.13	−3.44
IO1	t	−5.25*	−4.13	−3.44
IO2	UR	−5.20*	−4.42	−3.37
IO2	tABS	−4.82	−4.42	−1.81
IO2	t	−4.82	−4.34	−1.81
AO	UR	−4.52*	−4.34	−2.72
AO	tABS	−4.52*	−4.34	−2.70
AO	t	−4.87*	−6.30*	−2.70

(後半) モデル	変化時点決定法	実物甲号	実物4分利	長期甲号
IO1	UR	−4.66	−6.27*	−5.41*
IO1	tABS	−4.66	−6.27*	−5.41*
IO1	t	−4.66	−6.49*	−5.41*
IO2	UR	−5.09*	−1.05	−5.13*
IO2	tABS	−2.82	−2.78	−3.12
IO2	t	−2.82	−2.74	−3.12
AO	UR	−2.99	−2.74	−3.62
AO	tABS	−2.98	−1.05	−2.74
AO	t	−2.98	−4.41	−2.74

注：表3A−3aの注参照。＊は5％で「単位根あり」の帰無仮説を棄却する。表3A-9bも同様。

表3A-9b 修正利回りのPerronテスト

(前半)モデル	変化時点決定法	実物甲号	実物4分利	長期甲号
IO1	UR	−5.24*	−4.13	−3.50
IO1	tABS	−5.24*	−4.13	−3.43
IO1	t	−5.24*	−4.13	−3.43
IO2	UR	−5.20*	−4.44	−3.38
IO2	tABS	−4.81	−4.43	−1.81
IO2	t	−4.81	−4.43	−1.81
AO	UR	−4.51	−4.36	−2.72
AO	tABS	−4.51	−4.36*	−2.70
AO	t	−4.51	−4.36*	−2.70

(後半)	変化時点決定法	実物甲号	実物4分利	長期甲号
IO1	UR	−4.99*	−6.26*	−5.34*
IO1	tABS	−4.80	−6.22*	−5.34*
IO1	t	−4.80	−6.22*	−5.34*
IO2	UR	−5.15*	−6.51	−5.05*
IO2	tABS	−2.86	−0.93	−3.13
IO2	t	−2.86	−0.93	−3.13
AO	UR	−3.01	−2.71	−3.71
AO	tABS	−3.01	−2.66	−2.81
AO	t	−3.01	−2.66	−2.81

表3A-10a 利回りのEngle and Grangerテスト

(前半)

トレンドと定数項	ラグ数決定法	実物甲号	実物4分利	長期甲号
ともに有り	BIC	−6.29*	−4.38*	−5.15*
ともに有り	AIC	−3.75*	−2.39	−5.15*
ともに有り	LM	−3.87*	−4.39*	−5.63*
定数項のみ有り	BIC	−3.33*	−4.39*	−5.01*
定数項のみ有り	AIC	−1.68	−2.41	−5.01*
定数項のみ有り	LM	−1.59	−2.49	−5.46*
ともに無し	BIC	−3.33*	−4.39*	−5.01*
ともに無し	AIC	−1.65	−2.41*	−5.01*
ともに無し	LM	−1.76	−2.77*	−5.46*

(後半)

トレンドと定数項	ラグ数決定法	実物甲号	実物4分利	長期甲号
ともに有り	BIC	−3.14	−2.37	−2.89
ともに有り	AIC	−2.73	−1.91	−3.27
ともに有り	LM	−3.14	−2.25	−3.54*
定数項のみ有り	BIC	−1.40	−1.46	−2.51
定数項のみ有り	AIC	−1.23	−1.37	−2.70
定数項のみ有り	LM	−1.40	−1.43	−2.86*
ともに無し	BIC	−1.40	−1.46	−2.51
ともに無し	AIC	−1.23	−1.37	−2.67*
ともに無し	LM	−1.40	−1.43	−2.49*

注:＊は5％で「単位根なし，共和分あり」を示す。表3A-10bも同様。

表3A-10b 修正利回りのEngle and Grangerテスト

(前半)

トレンドと定数項	ラグ数決定法	実物甲号	実物4分利	長期甲号
ともに有り	BIC	−6.47*	−4.86*	−5.75*
ともに有り	AIC	−3.68*	−2.47	−5.29*
ともに有り	LM	−3.62*	−2.50	−5.75*
定数項のみ有り	BIC	−3.19*	−4.69*	−5.69*
定数項のみ有り	AIC	−1.53	−2.28	−5.25*
定数項のみ有り	LM	−1.42	−2.32	−5.69*
ともに無し	BIC	−3.19*	−4.69*	−5.69*
ともに無し	AIC	−1.53	−2.28*	−5.25*
ともに無し	LM	−1.62	−2.32*	−5.69*

(後半)

トレンドと定数項	ラグ数決定法	実物甲号	実物4分利	長期甲号
ともに有り	BIC	−3.03	−2.34	−2.97
ともに有り	AIC	−2.65	−1.89	−3.35
ともに有り	LM	−3.03	−2.21	−3.62*
定数項のみ有り	BIC	−1.48	−1.46	−2.71
定数項のみ有り	AIC	−1.32	−1.38	−2.91*
定数項のみ有り	LM	−1.48	−1.43	−3.26*
ともに無し	BIC	−1.48	−1.46	−2.71
ともに無し	AIC	−1.32	−1.38	−2.88*
ともに無し	LM	−1.48	−1.43	−3.24*

表3A-11a 利回りのGregory and Hansenテスト

(前半)

モデル	実物甲号	実物4分利	長期甲号
切片に変化, トレンド無し	−6.58*	−4.74*	−5.99*
切片に変化, トレンド有り	−5.03*	−5.58*	−6.29*
全体に構造変化	−7.26*	−5.89*	−5.52*

(後半)

モデル	実物甲号	実物4分利	長期甲号
切片に変化, トレンド無し	−3.46	−4.73*	−4.17
切片に変化, トレンド有り	−3.68	−4.91	−4.55
全体に構造変化	−6.77*	−5.40*	−6.66*

注：t値最小の時点のt値である。＊は「共和分関係なし」の帰無仮説を棄却する。表3A-11bも同様。

表3A-11b 修正利回りのGregory and Hansenテスト

(前半)

モデル	実物甲号	実物4分利	長期甲号
切片に変化，トレンド無し	-6.75^*	-4.56	-5.89^*
切片に変化，トレンド有り	-5.01^*	-5.63^*	-6.30^*
全体に構造変化	-7.60^*	-6.05^*	-5.51^*

(後半)

モデル	実物甲号	実物4分利	長期甲号
切片に変化，トレンド無し	-3.64	-4.76^*	-4.20
切片に変化，トレンド有り	-3.76	-4.89	-4.51
全体に構造変化	-6.70^*	-5.53^*	-6.81^*

表3A-12a 利回りのFM-LSテスト

(前半)

説明変数	実物甲号 回帰係数	s.e.	実物4分利 回帰係数	s.e.	長期甲号 回帰係数	s.e.
定数項	4.41	0.19	4.48	0.12	4.82	0.08
コール・レート	0.24	0.03	0.16	0.02	0.17	0.02
	Lc=1.40		Lc=1.63		Lc=1.66	

(後半)

説明変数	実物甲号 回帰係数	s.e.	実物4分利 回帰係数	s.e.	長期甲号 回帰係数	s.e.
定数項	2.83	0.05	0.57	0.10	3.67	0.09
コール・レート	0.68	0.01	1.20	0.02	0.39	0.02
	Lc=3273.0		Lc=2430.0		Lc=321.2	

注：Lcの臨界値は0.62で，検定統計量がこれより大なら「共和分関係あり」の帰無仮説を棄却する。表3A-12bも同様。

表3A-12b 修正利回りのFM-LSテスト

(前半)

説明変数	実物甲号 回帰係数	s.e.	実物4分利 回帰係数	s.e.	長期甲号 回帰係数	s.e.
定数項	4.17	0.22	4.36	0.11	4.79	0.07
コール・レート	0.28	0.04	0.17	0.02	0.17	0.02
	Lc=1.40		Lc=2.03		Lc=1.31	

(後半)

説明変数	実物甲号 回帰係数	s.e.	実物4分利 回帰係数	s.e.	長期甲号 回帰係数	s.e.
定数項	2.78	0.05	0.44	0.10	3.75	0.08
コール・レート	0.66	0.01	1.19	0.02	0.34	0.02
	Lc=3134.0		Lc=2444.0		Lc=329.0	

また，各表のbに示される修正利回りを使う場合も修正しない利回りを使う場合の結果とほとんど違わない。

　以上のテスト結果から，期間全体をとおしてもあるいは期間区分しても，もしくは利回りを修正してもしなくても，長期と短期の金利の間には共和分関係はほぼ存在しない。したがって純粋期待仮説が成立しない，または（あるいは同時に）市場が効率的ではない，という可能性があった。これは第3章本文の結論とほぼ同様である。

注
1　弱度の効率性は，これだけを単独の仮説としてテストするのは困難であり，他の仮説との結合仮説として検定する方法が一般的に用いられる。Campbellほか（1997）p.24参照。本付論では，組み合わせる仮説として金利に期間構造に関する純粋期待仮説を用いるが，これは強すぎる仮定かもしれない。MacDonald and Speight（1988,1991）は純粋期待仮説と合理的期待仮説を組み合わせ，Campbell and Shiller（1987）流のモデルに依拠することによって，得られる弱度の効率的市場仮説から長短金利の間の共和分関係を導いている。したがって，結合仮説が否定されてもそれを構成する一方の仮説が棄却されるとは限らない。
2　釜江（2012）では1915～38年について調べた。
3　トレンドを除去する方法もあろう。ただし，トレンドを除くと機械的でない変動も除去されてしまい，短期金利からの影響がゆがめられる可能性を排除できない。
4　変化の時点を特定しない，暗黙の構造変化と呼ぶべきものである。
5　Lütkepohl（2005, p.246）はいくつかの変数が共和分関係にあることを定義する際，全変数が非定常であることを前提とするEngle and Granger（1987）とは異なり，1つの変数が非定常で，他の変数が定常である，つまり和分の次数が異なる場合も含めている。ここでもこれにならう。

第4章 戦前地方債・社債・金融債の分析

§1 はじめに

　本章では，戦前の地方債・社債・金融債のそれぞれの利回りの動きを解明するべく，1923（大正12）年から37（昭和12）年までの期間における流通市場でのこれらの債券の需給を構造方程式で分析し，これにもとづいて需給均衡条件から利回りを計算する。取り上げる銘柄は大阪・東京の両市債，南満州鉄道（満鉄）社債，金融債の最長期物の組合せである。

　上記の期間におけるこれらの債券の流通市場の状況は第1章第5節に記述しているが，国債市場と同様に銀行が中心的プレーヤーであり[1]，ほかに保険会社，信託会社[2]なども参加した。保有状況をみても銀行などのウエートは大きかった[3]。戦間期にはコール・レートが低下し，コール資金は債券流通金融に用いられて債券市場を活性化した[4]。戦時期においては債券市場にも統制が及んで起債市場は統制下におかれ，流通市場でも価格支持政策により価格が下方硬直的となった[5]。取引所の取引高は40年にピークを迎えた。

　本章の分析の目的は，これらの市場において利回りが人為的に規制されていたか，あるいは需給を均衡させるに足りるほど弾力的に変動していたか，を明らかにすることである。推計される利回りと現実の利回りを比較して，それらの乖離が小さければ需給均衡が達成されていると判断できる。そこで，利回りの推計値と実現値を比較する内挿テストを行い，あてはまりの良さ（適合度）を平均平方誤差によって調べることにする。付論では，満鉄社債について月次データを使って効率性の分析を試みる。

§2　各市場の概観

　地方債・社債・金融債の各市場，とりわけそれらの発行と引受については第1章で詳説したので，以下では簡潔に説明する。地方債は1889（明治22）年に初めて発行され，東京[6]，大阪両市債も1891年に発行が開始された[7]。社債市場では[8]第1次大戦期（1915～18年）に起債が増加し，戦後反動期（20～26年）は鉄道会社債などの発行が増加した。金融恐慌期（27～28年）に預金の集中した大銀行は社債などへの投資を増やした。32～36年は金融緩慢と低金利で社債市場は活況であった。37年以降は起債の統制が行われるようになり，社債は市場性を喪失していった。

　南満洲鉄道は1906（明治39）年11月に設立され，会社の資本金の半分を恒に日本政府が出資する国策会社であった[9]。設立当初は鉄道施設などに要する資金を主に社債に仰ぐ方針をとり，07～11年と23（大正12）年に政府保証付きで英貨社債を発行した[10]。第1次世界大戦の勃発によって外貨債の募集が困難となったため，1917年以降，内国債を一部は政府保証付きで[11]，19年以降，シ団引受によって，発行するようになった。例えば19年11月発行の第9回債は日本興業，横浜正金，台湾，朝鮮，第一，三井，三十四の7銀行から成るシ団によって[12]，また20～25年発行の第11，13～18，20～22回債は日本興業，横浜正金，朝鮮，台湾，第一，三井，三菱，三十四，十五，安田の10銀行の構成するシ団によって[13]，それぞれ引き受けられている[14]。34（昭和9）年以降は簡易生命保険により，38年以降は預金部によっても引受けられた[15]。36年までに12億円余を発行してその後も継続しており，43年12月の第99回までの発行が確認できる[16]。昭和期には鉄道・電力会社などが社債発行において大きなウエートをもち，かつ鉄道会社社債の発行はそのほとんどを満鉄が占めていた[17]。1920年代半ばから30年代半ばまでの社債・金融債の流通市場においても取引は満鉄債と日本興業銀行の興業債に集中していた[18]。

　1900年前後（明治30年代）にいくつかの特殊銀行が設立されて，1898年から利付勧業債（日本勧業銀行），99年から農工債（農工銀行），1902年から興業債（日本興業銀行），05年から拓殖債が金融債として発行され，さらに後年，朝鮮

殖産債券，産業債券，商工債券も発行された。戦時期には日本興業銀行の役割が高まり，興業債は金資金特別会計による買入れ，地方銀行への割り当て，産業組合中央金庫・貯蓄銀行・庶民金庫・共同融資銀行による引き受けがなされ，政府保証も付けられた。これらの金融債は戦時金融体制の中心の一部となった。

§3 定式化とデータ

地方債・社債・金融債の需給を予備的計測の結果にもとづいて，

D＝f(債券利回り(＋)，銀行の預金額(＋))
S＝g(債券利回り(－)，銀行の貸出額(＋))

と定式化する。DとSはそれぞれの銀行による債券の需要と供給（ともにフロー）である。銀行の預金が増せば手元の資金繰りが楽になって債券需要が増えるから係数推定値の符号は正であり，銀行の貸出が増せば手元の資金繰りが苦しくなり債券を売却して改善しようとするから係数推定値の符号は正である，と考えられる。

利用するデータは次のとおりである。まず，地方債の月次の利回りデータが得られるのは大阪と東京[19]の両市債である。野村総合研究所（1978）には関東大震災後の1923（大正12）年9～11月を除き21年10月～37年3月の計数があり，その後は日本勧業銀行調査課（各月）にあるので，23年12月～37年12月の毎月初めの両市債の複利利回りを採集する[20]。大阪市債の銘柄は，

(1) 34年3月まで，大阪市電気鉄道公債第1回[21]

　　1911（明治44）年7月5日および翌年7月6日発行，50年12月31日満期，11年据え置き，発行額1,700万円，クーポン5％，発行価格97円と97.5円

(2) 34年4月から，大阪市電業債第14回[22]

　　34（昭和9）年2月16日発行，51年12月1日満期，据え置き期間なし，発行額3,494.2万円，クーポン4.5％，発行価格98.85円

であり，東京市債の銘柄は次のとおりである。

(1) 35年12月まで，東京市電業債第2回い号[23]

　　16（大正5）年12月1日発行，36年12月1日満期，5年据え置き，発行額

1千万円，クーポン5％，発行価格93.25円
　(2) 36年1月から，東京市電業債第2回は号[24]，
　　　34年8月15日発行，53年10月15日満期，1年7ヵ月据え置き，発行額383.7万円，クーポン4.3％，発行価格100円

　銀行（全国銀行）の預金と貸出は23年10月～42年6月が大蔵省理財局（各年）の「昭和4年調」以降にある。地方債（実物取引[25]）の売買高は地方債全体については東京株式取引所（1933, 1938）に20年～37年12月のデータがあるが，個別銘柄の売買高は得られない。そこで1次近似として，全体の売買高を個別銘柄の売買高とみなすことにするが，問題は残る。

　次に，社債と金融債の月次データであるが，満鉄社債と一部の金融債の利回りは前記の東阪両市債と同じく，野村総合研究所（1978）と日本勧業銀行調査課（各月）にある。23年12月～37年12月の南満洲鉄道社債は以下の銘柄のデータがアベイラブルである。

　29年3月まで第8回債（19年7月発行，34年7月満期，2千万円発行，クーポン6％），
　33年7月まで第27回債（27年12月発行，37年12月満期，5千万円，5.5％），
　36年4月まで第35回債（33年5月発行，40年5月満期，3千万円，5％），
　36年5月から第41回債（34年8月発行，49年8月満期，4千万円，4.5％）。

　これらの詳細は次のとおりである。第8回債は19年7月発行，5年据え置きの15年物でシ団引受がこの銘柄から開始され[26]，高利回りで売れ行きは好調であった[27]。27年に金融恐慌が発生して投資難かつ低金利となって第27回債が発行されたが，多額であったため売れ行きは悪かった[28]。33年に財政インフレで金融緩慢となり，第35回債が本邦初の低利5％社債として発行された[29]。第41回債は34年に発行され，金融は緩慢であったので売れ行き良好であった。

　金融債の23年12月～37年12月の最長期物の内訳は次のとおりである。
　29年9月まで　　勧業債第36回[30]（41年3月満期，30年物，クーポン5％），
　29年10月～33年7月　同第107回（44年3月満期，14年11ヵ月，5.5％），
　33年8月～33年12月　同第118回（48年2月満期，14年10ヵ月，5％），
　34年1月～34年3月　同第121回（48年8月満期，14年11ヵ月，4.5％），

34年4月～35年3月　同第122回（48年9月満期，15年，4.5％），
35年4月　愛知農工銀行債第145回（50年5月満期，4.3％），
35年5月～36年4月　勧業債第126回（51年9月満期，17年，4.2％），
36年5月～37年1月　大阪農工銀行債第89回（52年12月満期，4.3％），
37年2月から　勧業債第127回（52年10月満期，17年，4.2％）。

満鉄債のみの売買高は得られないので，社債全体の売買高で代用する。社債一般（実物取引[31]）の売買高は東京株式取引所（1933，1938）に1920年～37年12月の計数があり，これは広義の社債，つまり狭義の社債（事業債）と金融債を含んでいる。狭義の社債と金融債のそれぞれの売買高は推計によって次のように求める。まず，28～37年の各年の広義の社債の売買高が銘柄別に得られるので，これから狭義の社債の合計と金融債の合計をそれぞれ計算して社債対金融債の比率を求めると表4-1のとおりである。23～27年については比率が一定であると仮定して28～37年の比率の平均値を使い，28～37年は年ごとに比率が一定であると仮定して，各年の比率を使ってそれぞれ狭義社債と金融債の売買高を月ごとに求める。計測期間はデータのアベイラビリティに依拠し，23年12月～37年12月である。

表4-1　社債・金融債の売買代金（実物取引，単位千円）

年	月	広義社債	金融債の比	金融債	狭義社債	年	月	広義社債	金融債の比	金融債	狭義社債
1923	1	693	0.293	203	490	1924	1	1424	0.293	417	1007
	2	355	0.293	104	251		2	275	0.293	81	194
	3	876	0.293	257	619		3	245	0.293	72	173
	4	656	0.293	192	464		4	276	0.293	81	195
	5	1494	0.293	438	1056		5	318	0.293	93	225
	6	516	0.293	151	365		6	607	0.293	178	429
	7	726	0.293	213	513		7	1498	0.293	439	1059
	8	209	0.293	61	148		8	448	0.293	131	317
	9	0	0.293	0	0		9	3751	0.293	1099	2652
	10	39	0.293	11	28		10	994	0.293	291	703
	11	357	0.293	105	252		11	1925	0.293	564	1361
	12	271	0.293	79	192		12	2020	0.293	592	1428

年	月	広義社債	金融債の比	金融債	狭義社債	年	月	広義社債	金融債の比	金融債	狭義社債
1925	1	2969	0.293	870	2099		7	1412	0.271	383	1029
	2	2082	0.293	610	1472		8	210	0.271	57	153
	3	2360	0.293	691	1669		9	779	0.271	211	568
	4	6554	0.293	1920	4634		10	326	0.271	88	238
	5	3544	0.293	1038	2506		11	531	0.271	144	387
	6	1787	0.293	524	1263		12	621	0.271	168	453
	7	2202	0.293	645	1557	1929	1	2475	0.177	438	2037
	8	1551	0.293	454	1097		2	5322	0.177	942	4380
	9	1920	0.293	563	1357		3	6216	0.177	1100	5116
	10	1027	0.293	301	726		4	42	0.177	7	35
	11	3791	0.293	1111	2680		5	1106	0.177	196	910
	12	2420	0.293	709	1711		6	440	0.177	78	362
1926	1	3226	0.293	945	2281		7	339	0.177	60	279
	2	2563	0.293	751	1812		8	1249	0.177	221	1028
	3	664	0.293	195	469		9	245	0.177	43	202
	4	1233	0.293	361	872		10	215	0.177	38	177
	5	2621	0.293	768	1853		11	133	0.177	24	109
	6	738	0.293	216	522		12	1286	0.177	228	1058
	7	1093	0.293	320	773	1930	1	969	0.296	287	682
	8	434	0.293	127	307		2	135	0.296	40	95
	9	472	0.293	138	334		3	223	0.296	66	157
	10	690	0.293	202	488		4	74	0.296	22	52
	11	719	0.293	211	508		5	97	0.296	29	68
	12	836	0.293	245	591		6	61	0.296	18	43
1927	1	4404	0.293	1290	3114		7	301	0.296	89	212
	2	863	0.293	253	610		8	204	0.296	60	144
	3	1614	0.293	473	1141		9	878	0.296	260	618
	4	302	0.293	88	214		10	794	0.296	235	559
	5	2359	0.293	691	1668		11	1780	0.296	527	1253
	6	716	0.293	210	506		12	1619	0.296	479	1140
	7	3140	0.293	920	2220	1931	1	1637	0.385	630	1007
	8	1457	0.293	427	1030		2	2602	0.385	1002	1600
	9	3243	0.293	950	2293		3	568	0.385	219	349
	10	1273	0.293	373	900		4	1245	0.385	479	766
	11	1919	0.293	562	1357		5	1559	0.385	600	959
	12	2399	0.293	703	1696		6	205	0.385	79	126
1928	1	6337	0.271	1717	4620		7	547	0.385	211	336
	2	2984	0.271	809	2175		8	24	0.385	9	15
	3	1472	0.271	399	1073		9	1264	0.385	487	777
	4	2553	0.271	692	1861		10	4	0.385	2	2
	5	9192	0.271	2491	6701		11	8	0.385	3	5
	6	2659	0.271	721	1938		12	67	0.385	26	41

第4章 戦前地方債・社債・金融債の分析

年	月	広義社債	金融債の比	金融債	狭義社債	年	月	広義社債	金融債の比	金融債	狭義社債
1932	1	132	0.19	25	107	1935	1	2930	0.243	712	2218
	2	177	0.19	34	143		2	2311	0.243	562	1749
	3	225	0.19	43	182		3	517	0.243	126	391
	4	310	0.19	59	251		4	300	0.243	73	227
	5	1260	0.19	239	1021		5	211	0.243	51	160
	6	158	0.19	30	128		6	2921	0.243	710	2211
	7	279	0.19	53	226		7	3058	0.243	743	2315
	8	529	0.19	101	428		8	3835	0.243	932	2903
	9	1707	0.19	324	1383		9	798	0.243	194	604
	10	1613	0.19	306	1307		10	1010	0.243	245	765
	11	9567	0.19	1818	7749		11	7872	0.243	1913	5959
	12	1154	0.19	219	935		12	3288	0.243	799	2489
1933	1	1390	0.437	607	783	1936	1	5097	0.386	1967	3130
	2	420	0.437	184	236		2	802	0.386	310	492
	3	815	0.437	356	459		3	1208	0.386	466	742
	4	915	0.437	400	515		4	39	0.386	15	24
	5	11085	0.437	4844	6241		5	2321	0.386	896	1425
	6	900	0.437	393	507		6	871	0.386	336	535
	7	2120	0.437	926	1194		7	1545	0.386	596	949
	8	925	0.437	404	521		8	1181	0.386	456	725
	9	143	0.437	62	81		9	682	0.386	263	419
	10	156	0.437	68	88		10	531	0.386	205	326
	11	12109	0.437	5292	6817		11	8	0.386	3	5
	12	1252	0.437	547	705		12	250	0.386	97	154
1934	1	916	0.438	401	515	1937	1	40	0.263	11	29
	2	2466	0.438	1080	1386		2	493	0.263	130	363
	3	2484	0.438	1088	1396		3	549	0.263	144	405
	4	470	0.438	206	264		4	3835	0.263	1009	2826
	5	625	0.438	274	351		5	1901	0.263	500	1401
	6	192	0.438	84	108		6	9761	0.263	2567	7194
	7	227	0.438	99	128		7	10707	0.263	2816	7891
	8	541	0.438	237	304		8	14013	0.263	3685	10328
	9	55	0.438	24	31		9	1917	0.263	504	1413
	10	1355	0.438	593	762		10	2132	0.263	561	1571
	11	3986	0.438	1746	2240		11	8122	0.263	2136	5986
	12	1361	0.438	596	765		12	13462	0.263	3541	9921

注:1923-27年の金融債の比は28-37年の平均と同じと仮定。本文の説明参照。
出所:東京株式取引所(1928, 1933, 1938)。

§4 計測結果

　表4-2～4-4に示される変数の定常性テストから，債券売買高は定常でなく，他の変数のうち利回りとコール・レートも定常ではない。また，OLSの結果も併せ考慮して，計測には前掲のFM-LS法を取り入れる。結果は表4-5～4-7のとおりである。地方債は両市債とも需要関数の利回りが有意でなく，改善が必要である。社債と金融債は需給関数の係数推定値が想定される符号条件を満たし，かつ有意である。

表4-2　地方債利回り等のADFテスト

トレンドと定数項	ラグ数決定法	地方債売買高	大阪市債利回り	東京市債利回り	銀行預金	貸出
ともに有り	BIC	−9.96*	−1.39	−1.69	−0.55	0.82
ともに有り	AIC	−9.96*	−1.86	−2.45	0.01	0.82
ともに有り	LM	−9.96*	−1.39	−1.69	−0.59	0.75
定数項のみ有り	BIC	−9.59*	−0.84	−0.96	0.98	−0.22
定数項のみ有り	AIC	−9.59*	−0.97	−1.13	1.40	−0.22
定数項のみ有り	LM	−9.59*	−0.84	−0.96	1.09	−0.39
ともに無し	BIC	−5.60*	−2.87*	−2.7*	1.26	1.08
ともに無し	AIC	−5.60*	−2.21*	−1.94	1.45	0.58
ともに無し	LM	−5.60*	−2.87*	−2.7*	1.26	0.82

注：＊は「単位根なし」を示す。表4-3，表4-4も同様。

表4-3　満鉄債利回り等のADFテスト

トレンドと定数項	ラグ数決定法	社債売買高	満鉄利回り	銀行預金	社債発行
ともに有り	BIC	−8.34*	−2.82	−0.55	−7.05*
ともに有り	AIC	−2.49	−2.05	0.01	−7.05*
ともに有り	LM	−3.37	−2.98	−0.59	−7.05*
定数項のみ有り	BIC	−8.15*	−1.52	0.98	−6.79*
定数項のみ有り	AIC	−2.38	−1.01	1.40	−6.79*
定数項のみ有り	LM	−5.05*	−1.56	1.09	−6.79*
ともに無し	BIC	−0.06	−1.97*	1.26	−3.68*
ともに無し	AIC	−0.61	−2.84*	1.45	−1.23
ともに無し	LM	−0.06	−2.23*	1.26	−2.84*

第4章 戦前地方債・社債・金融債の分析

表4-4 金融債利回り等のADFテスト

トレンドと定数項	ラグ数決定法	金融債売買高	金融債利回り	銀行預金	銀行貸出
ともに有り	BIC	-7.73*	-1.56	-0.55	0.82
ともに有り	AIC	-2.49	-2.67	0.01	0.82
ともに有り	LM	-3.37	-1.56	-0.59	0.75
定数項のみ有り	BIC	-7.57*	-1.42	0.98	-0.22
定数項のみ有り	AIC	-2.42	-1.44	1.40	-0.22
定数項のみ有り	LM	-5.52*	-1.42	1.09	-0.39
ともに無し	BIC	-0.15	-3.47*	1.26	1.08
ともに無し	AIC	-0.67	-2.37*	1.45	0.58
ともに無し	LM	-1.63	-3.47*	1.26	0.82

表4-5 FM-LSによる地方債の推定結果

大阪市債需要関数

変数	係数推定値	標準誤差	t値	有意水準
定数項	-2301.93	2637.40	-0.87	0.38
利回り	5.41	212.91	0.03	0.98
預金	253.75	136.78	1.86	0.06

大阪市債供給関数

変数	係数推定値	標準誤差	t値	有意水準
定数項	1107.21	1479.78	0.75	0.45
利回り	-440.14	154.78	-2.84	0.00
貸出	187.87	185.48	1.01	0.31

東京市債需要関数

変数	係数推定値	標準誤差	t値	有意水準
定数項	-2066.70	2675.82	-0.77	0.44
利回り	-5.11	195.31	-0.03	0.98
預金	238.19	145.62	1.64	0.10

東京市債供給関数

変数	係数推定値	標準誤差	t値	有意水準
定数項	1069.80	1482.53	0.72	0.47
利回り	-359.25	126.25	-2.85	0.00
貸出	152.14	175.59	0.87	0.39

表4-6　FM-LSによる満鉄債の推定結果

需要関数

変数	係数推定値	標準誤差	t値	有意水準
定数項	－12797.37	3728.29	－3.43	0.00
利回り	719.13	261.09	2.75	0.01
預金	877.18	204.42	4.29	0.00

供給関数

変数	係数推定値	標準誤差	t値	有意水準
定数項	－3360.36	2140.01	－1.57	0.12
利回り	－630.74	173.05	－3.64	0.00
貸出	813.91	252.72	3.22	0.00

表4-7　FM-LSによる金融債の推定結果

需要関数

変数	係数推定値	標準誤差	t値	有意水準
定数項	－12416.40	3764.99	－3.30	0.00
利回り	708.62	262.49	2.70	0.01
預金	860.71	210.99	4.08	0.00

供給関数

変数	係数推定値	標準誤差	t値	有意水準
定数項	－4069.89	2232.29	－1.82	0.07
利回り	－632.85	176.71	－3.58	0.00
貸出	871.95	264.95	3.29	0.00

　得られた需給関数と需給均衡条件とから利回りを推計すると次のようになる。期間はいずれも23年12月～37年12月である。

　　大阪市債利回り＝7.66＋0.422・銀行の貸出額－0.571・銀行の預金額

　　東京市債利回り＝8.86＋0.429・銀行の貸出額－0.672・銀行の預金額

　　満鉄債利回り＝6.99＋0.603・銀行の貸出額－0.65・銀行の預金額

　　金融債利回り＝6.22＋0.65・銀行の貸出額－0.642・銀行の預金額

　これら利回りの推計値が実現値にどれほど適合しているかを測るために平均平方誤差（RMSE）と平均平方誤差率（RMSPE，カッコ内）を求めると以下のとおりである。

　　　大阪市債　　　0.31（0.062）

東京市債　　0.38（0.076）

満鉄債　　　0.39（0.068）

金融債　　　0.36（0.063）

　利回りの推計値と実現値をグラフに描くと図4-1a～図4-1dのとおりである。需給が恒に均衡し，かつ需給関数が適切に定式化され推定されていれば，推計利回りは実現値と大きくは異ならないはずであるが，図からは両者の乖離が持続している時期が認められる。

　乖離の状況をみると，まず地方債では，特に計測の初期の24年と終期の36年頃に加えて27年前後と33年頃の利回り急落の時期に乖離が発生していることが認められる。これらのうち，24年頃の高利回りは，震災復興を図るべく新規債が高利回りで発行されたため既発債の値下がりを招いたことによる[32]。27年前後の下落は，25年の長期清算取引開始など債券制度が整備されたことと，金融恐慌後の日銀特融の大銀行への集中とにより，それらの債券投資が増加して価格が上昇したためであろう[33]。33～34年は国債と同じく，金輸出再禁止後に低金利政策が浸透し金融緩慢がもたらされたこととインフレ期待[34]とから債券価格が上昇し，利回り低下を招いたためである[35]。36年は低金利政策下で高クーポン債は借換え懸念があって売れ行きが悪かった[36]。そのため実現利回りは推計値よりも高くなったのであろう。以上の乖離は説明変数を変更してもほぼ同じように存在する（図4-2a～4-2b参照）[37]。

　しかし概していえば，図からは推計値と実現値の間に大きな乖離が持続しているとはみられず，平均平方誤差率は0.06～0.07台であるから，需給均衡がもたらされている時期がかなりの程度存在したと判断してもよいであろう。

　次に社債と金融債では，特に計測の初期の24年頃と終期の37年に加えて，いずれも利回りが急落した時期である27年前後と33年頃，および特に社債にそれが顕著である31年頃において，乖離が発生していることが認められる。これらのうち，24年頃と27年前後は地方債と同様の事情による。31年の下落は株式市場の不振から資金が債券に集まり価格が高騰したためである[38]。33～34年は地方債と同様の事情のほかに，銘柄切換（社債は33年8月，金融債は34年1月）でクーポン・レートがそれぞれ0.5％下落したことも影響したのであろう。36

〜37年も地方債と同様の事情による。以上の乖離は説明変数を変更してもほぼ同じように存在する（図4-2c，4-2d参照）[39]。

これらの乖離はあるものの，概していえば推計値と実現値の間に大きな乖離が持続しているとはみられず，平均平方誤差率は社債，金融債とも0.06台である。これらのことから，需給均衡がもたらされている時期がかなり存在していたと判断してもよいであろう。

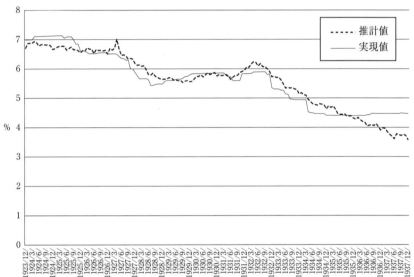

図4-1a　大阪市債の利回り推計1（単位%）

第4章　戦前地方債・社債・金融債の分析

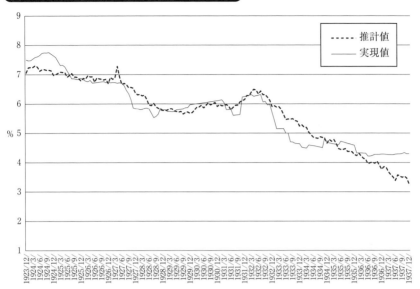

図4-1b　東京市債の利回り推計1（単位%）

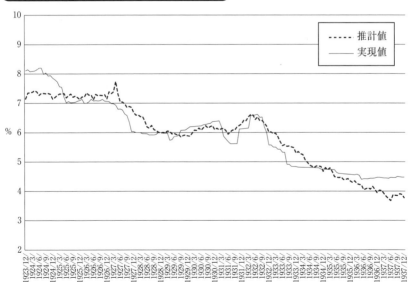

図4-1c　満鉄債の利回り推計1（単位%）

図4-1d 金融債の利回り推計1（単位%）

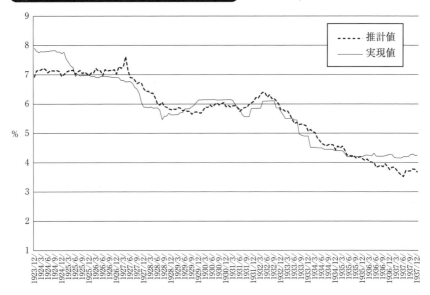

図4-2a 大阪市債の利回り推計2（単位%）

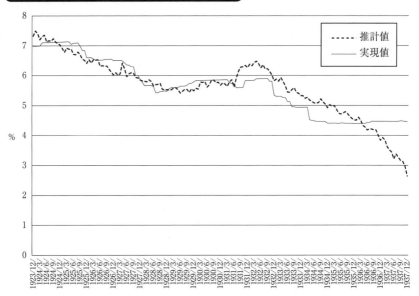

図4-2b 東京市債の利回り推計2（単位%）

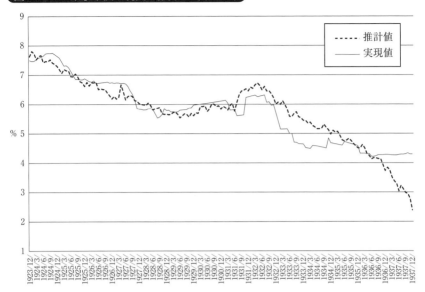

図4-2c 満鉄債の利回り推計2（単位%）

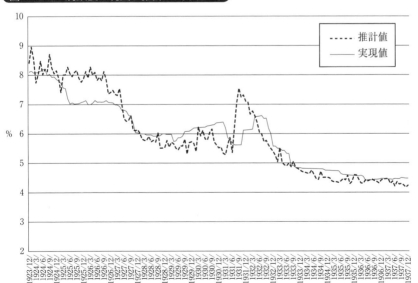

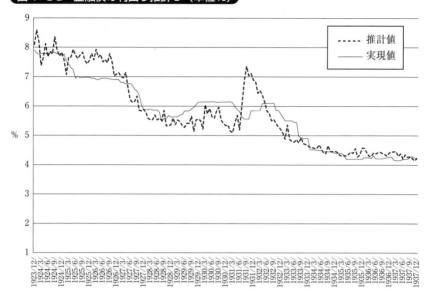

図4-2d 金融債の利回り推計2（単位%）

§5 おわりに

　本章では，戦前の地方債・社債・金融債，具体的には大阪・東京の両市債，満鉄社債，勧業債などの金融債のそれぞれの利回りを分析するために，1923年から37年まで，または42年までの期間における流通市場でのこれらの債券の需給方程式を計測し，それにもとづいて需給均衡条件から利回りを計算した。計測結果からは，戦前債券市場がかなりの期間において均衡にあったとみられるが，一部の期間，つまり価格維持策がとられていた期間については均衡が実現していたとみなすには問題が残る。

注

1　銀行が市場の中心であることについて，例えば「一流銀行に於ける遊資潤沢のため，勢い有価証券に対する投資を誘引し，社債券の昂騰を見つつあった」（「大阪毎日新聞」1925年4月28日）などの記事参照。

2　生命保険会社・信託会社について「公社債類市価奔騰の根本理由は既にしばしば報道した如く目下の金融緩漫金利低下から来たものである事いうまでもないが、この根本理由に刺激されて銀行保険会社その他手持筋は極端に売惜みをなして殆ど市場に売物を出さざるのみならず、将来ますます利回りの低下すべきを慮って盛んに物色買を試み」(「中外商業新報」1925年5月16日)、「信託会社はその資産の運用についても注目すべき点が多い、勿論昭和八年以来の低金利政策の結果、一般金融機関と同様信託財産はぐんぐん増加するが、一般市場の資金需要は起らず、従って貸付方面はこれに従って伸びず、増加した財産の大部分は有価証券化され」(「中外商業新報」1935年5月15日)、「[公債] 大口購入先は地方銀行、生保会社、地方信託会社ならびに貯蓄銀行筋が占め依然として個人の買入れは僅少に止まっている。しかし最近これら大口買入先も採算関係から決して多額を期待出来ぬ情勢にあり、この点を緩和するため条件は有利な政府保証物の一流社債を優先的に按排し（[　] 引用者)」「大阪毎日新聞」1940年4月7日)などの記事参照。

3　志村(1980) p.77参照。

4　第2章§2参照。

5　東京証券取引所(1974) p.75参照。

6　東京市は1889年に市となり、1943年に東京都制が敷かれて東京府とともに廃止された。

7　志村(1980) 巻末p.100参照。

8　竹内(1956) p.35, 51, 111参照。また、社債と金融債全般については釜江(2012)第2章も参照。

9　吉田・藤田(1962) p.541.

10　1907～11年発行分は1919年に日本政府が承継した。大蔵省(1937) p.405参照。

11　南滿洲鐵道株式會社(1928) p.1289,「時事新報」1920年6月5日,「滿州日日新聞」1920年7月26日参照。なお、1億4千万円が限度であった。「中外商業新報」1919年3月29日参照。

12　南滿洲鐵道株式會社(1928) p.1292,「大阪朝日新聞」1919年11月15日参照。

13　南滿洲鐵道株式會社(1928) p.1295,「東京朝日新聞」1920年10月16日,「滿州日日新聞」1920年8月3日参照。

14　36年に上記10行のうち台湾と十五銀行が抜け、川崎第百、三和(三十四などの後継)、住友、野村各行と4信託(三井、三菱、安田、住友)が加わり、41年にはさらに東海、神戸両行と三和信託が加わった。「東京朝日新聞」1936年7月9日, 1941年8月3日参照。

15　安富(1995) p.167, 180参照。

16　「読売新聞」1943年12月10日, 全国金融統制会(各月)1943年4巻2号。

17　竹内(1956) p.63-64参照。なお、1907年からの満鉄社債の発行額合計は26年度末までで268百万円、35年度末までで1,220百万円、35年度末の残高は652百万円である(南滿洲鐵道株式會社(1928) p.1309, 同(1937) p.666)。社債発行額は第1章の表1-12参照。

18　竹内(1956) p.99参照。

19 注6参照。
20 日本勧業銀行調査課（各月）の価格データが東洋経済新報社（各年）に記載されている月間の最高・最低の値幅内に入らないケース（例えば甲号5分利債の1928年1月，同年3月，第1回4分利債の同年10月など）が散見されることから，勧銀データは取引所取引ではなく店頭取引の価格であると判断してよいのであろう。釜江（2012）第3章の注23参照。
21 大阪市（1934）p.550，日本興業銀行（各年）の1918年版参照。
22 日本興業銀行（各年）の1934年版参照。
23 東京都財政史研究会（1969）p.90，日本興業銀行（各年）の1918年版参照。
24 日本興業銀行（各年）の1934年版参照。
25 長期取引は欠損値が多いので使わない。
26 竹内（1956）p.40参照。なお，南満洲鉄道株式会社（1928, p.1292）は第9回からシ団引受とする。
27 「東京朝日新聞」1919年6月20日，同紙同月25日参照。
28 南滿洲鐵道株式會社（1937）p.668参照。
29 「東京日日新聞」1933年4月9日参照。
30 日本勧業銀行（各月）参照。なお以下で対象とする勧業債は割増金の付かない，いわゆる大券である。
31 長期取引は欠損値が多いので使わない。
32 日本銀行調査局（各月）1924年2月参照。
33 山一證券（1958）p.682，日本銀行調査局（1927）12月参照。
34 「東京朝日新聞」1932年10月14日参照。
35 志村（1980）p.73参照。
36 日本銀行調査局（各月）1936年5月参照。
37 説明変数の変更は両市債に共通で次のとおり。供給関数の貸出を預金に，かつ需要関数の預金をコール・レートに，それぞれ変更。この場合，利回りの乖離のRMSPEは，大阪市債が0.095，東京市債が0.103である。
38 日本銀行調査局（1931）7月，志村（1980）p.72参照。
39 説明変数の変更は次のとおり。満鉄債，金融債とも供給関数の貸出を預貸率に，かつ需要関数の預金をコール・レートにそれぞれ変更。この場合，利回りの乖離のRMSPEは，満鉄債が0.084，金融債が0.081である。

第4章 付論 | 戦前社債市場の効率性分析

　本付論は戦前の社債市場の構造を検討する。具体的には，準国債とも称されて[1]社債市場の中心的存在であった南満洲鉄道の社債を対象に弱度効率性を分析する。分析期間は1921（大正10）年から41年までである。採集可能なデータは本章§3に記載の，

　第8回債（21年10月～29年3月），
　第27回債（29年4月～33年7月），
　第35回債（33年8月～36年4月），
　第41回債（36年5月～45年1月）

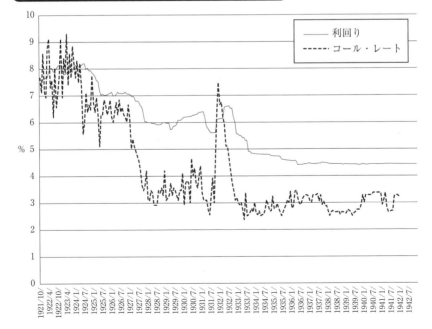

図4A-1　満鉄債利回りとコール・レート（単位％）

図4A-2 満鉄債利回り（単位%）

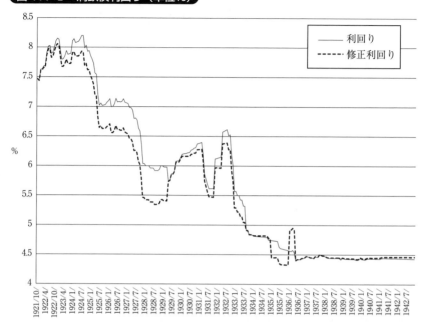

の月次データでこれらの利回りを用いる。コール・レートは大蔵省理財局（各年a）に依り，各月の最大と最小の平均である。

社債の取引もコール資金と密接に関係していたと考えられるので[2]，コールを弱度効率性のテストに用いるのは好都合である。なお，図4A-1で示されているように，社債の利回りは37年頃からほとんど動きがなく，またコール・レートも42年から硬直的であった。そこで，計測期間を短くして21年から36年までの期間も対象とする。テスト法は第3章付論と同様である。

ところで，上記のように銘柄を使うとすると，時間の経過につれてクーポン・レートと残存年数が変化し利回りに影響を与えてしまう可能性がある。図4A-1に示されるように，コール・レートの推移は32年などの一部の時期を除くとクーポン・レートの変化とそれほどかけ離れるわけではないので，弱度効率性のテストではネグリジブルかもしれないが，残存年数の変化の影響は考慮され

る必要があろう。同一銘柄を使い続けると残存年数が逓減して利回りは変化し、長期間使えば変化が累積するからである。

そこで次のように残存期間を固定し、利回りの変化分を機械的に取り除くという処理法も採用する[3]。具体的には、まず年平均価格を使って、価格が変わらないで残存期間だけが1ヵ月減少するときの利回りの差（修正幅）を求め、この差を銘柄の切り換え月から順に減じていく。2番目の銘柄切り換え月では、この操作を改めて繰り返し、修正幅を減じていく。このようにすれば、得られる修正利回りはその銘柄の切り換え月と同じ残存期間を恒にもっている債券の利回りになる（図4A-2参照）。

計測の結果は以下のとおりである。まず、社債利回りとコール・レートは、変数の構造変化を考慮してもしなくても、ともに定常であるとは認められない（表4A-1a～表4A-3a参照）。社債利回りとコール・レートの間の共和分関係は、Engle and Grangerのテストでは認められるが（表4A-4a）、構造変化を考慮するGregory and Hansenのテストでは認められない（表4A-5a）。この点はHansenテストでも確認できる（表4A-6a）。なお、以上の点は修正利回りを用いるテストでもまったく同様である（各表のb表参照）。

したがって純粋期待仮説が成立しない、または（あるいは同時に）市場が効率的ではない、という可能性があった。これらは釜江（2012）で試みた地方債と金融債の同様のテストから得られる結果とほぼ同じであり、第3章§3で国債について指摘したのと同様に、原因としては公的部門の市場参加[4]（保有状況については表4A-7a、表4A-7b参照）があげられるのではないかと思われる。

表4A-1a　ADFテスト（1921－1941年）

トレンドと定数項	ラグ数決定法	満鉄	修正	コール・レート
ともに有り	BIC	−2.37	−2.30	−2.69
ともに有り	AIC	−1.56	−1.74	−2.18
ともに有り	LM	−2.37	−2.41	−2.74
定数項のみ有り	BIC	−1.16	−1.47	−2.04
定数項のみ有り	AIC	−1.78	−1.83	−2.07
定数項のみ有り	LM	−1.13	−1.62	−2.02
ともに無し	BIC	−1.74	−1.67	−1.40
ともに無し	AIC	−2.64*	−2.37*	−1.73
ともに無し	LM	−1.73	−1.71	−1.32

注：満鉄は社債利回り，修正は修正利回り。以下表4A-1b～表4A-6bまで同じ。＊は「単位根なし」を示す。表4A-1bも同じ。

表4A-1b　ADFテスト（1921－1936年）

トレンドと定数項	ラグ数決定法	満鉄	修正	コール・レート
ともに有り	BIC	−3.05	−2.62	−2.80
ともに有り	AIC	−2.75	−1.96	−2.91
ともに有り	LM	−3.05	−2.74	−2.91
定数項のみ有り	BIC	−0.68	−1.07	−1.77
定数項のみ有り	AIC	−0.74	−1.04	−1.75
定数項のみ有り	LM	−0.31	−1.05	−1.75
ともに無し	BIC	−1.61	−1.90	−1.28
ともに無し	AIC	−2.48*	−2.28*	−1.58
ともに無し	LM	−1.65	−1.65	−1.21

表4A-2a　Zivot and Andrewsテスト（1921－1941年）

モデル	満鉄	修正
切片に変化	−3.21	−3.43
トレンドに変化	−3.64	−3.41
両方に変化	−3.94	−3.78

注：＊なしは「単位根あり」の帰無仮説を5％で棄却しない。表4A-2bも同じ。

表4A-2b　Zivot and Andrewsテスト（1921－1936年）

モデル	満鉄	修正
切片に変化	−4.02	−3.43
トレンドに変化	−3.28	−3.16
両方に変化	−4.14	−4.70

表4A-3a Perronテスト（1921-1941年）

モデル	変化時点決定法	満鉄	修正
IO1	UR	−2.84	−2.69
IO1	tABS	−2.33	−1.82
IO1	t	−2.33	−1.82
IO2	UR	−3.54	−2.80
IO2	tABS	−3.54	−2.15
IO2	t	−3.54	−2.15
AO	UR	−3.25	−2.41
AO	tABS	−3.24	−2.25
AO	t	−3.24	−2.25

注：モデルと変化時点決定法は第3章付論の表3A-3a参照。＊なしは5％で「単位根あり」の帰無仮説を棄却しない。表4A-3bも同じ。

表4A-3b Perronテスト（1921-1936年）

モデル	変化時点決定法	満鉄	修正
IO1	UR	−4.20	−3.43
IO1	tABS	−3.47	−3.22
IO1	t	−3.47	−3.22
IO2	UR	−4.35	−4.02
IO2	tABS	−4.17	−4.02
IO2	t	−4.17	−4.02
AO	UR	−3.31	−2.20
AO	tABS	−3.08	−2.13
AO	t	−3.08	−2.13

表4A-4a Engle and Grangerテスト（1921-1941年）

トレンドと定数項	ラグ数決定法	満鉄	修正
ともに有り	BIC	−4.03*	−4.24*
ともに有り	AIC	−3.98*	−4.22*
ともに有り	LM	−3.98*	−4.22*
定数項のみ有り	BIC	−3.08*	−3.49*
定数項のみ有り	AIC	−2.99*	−3.45*
定数項のみ有り	LM	−2.99*	−3.45*
ともに無し	BIC	−3.08*	−3.50*
ともに無し	AIC	−3.00*	−3.46*
ともに無し	LM	−3.00*	−3.46*

注：＊は5％で「単位根あり，共和分関係なし」の帰無仮説を棄却する。表4A-4bも同じ。

表4A-4b　Engle and Grangerテスト（1921－1936年）

トレンドと定数項	ラグ数決定法	満鉄	修正
ともに有り	BIC	-3.53^*	-3.66^*
ともに有り	AIC	-3.53^*	-3.70^*
ともに有り	LM	-3.53^*	-3.53^*
定数項のみ有り	BIC	-2.72	-3.11^*
定数項のみ有り	AIC	-2.73	-3.17^*
定数項のみ有り	LM	-2.73	-2.87
ともに無し	BIC	-2.73^*	-3.12^*
ともに無し	AIC	-2.75^*	-3.19^*
ともに無し	LM	-2.75^*	-2.88^*

表4A-5a　Gregory and Hansenテスト（1921－1941年）

モデル	満鉄	修正
切片に変化，トレンド無し	-3.95	-3.87
切片に変化，トレンド有り	-3.99	-3.53
全体に構造変化	-3.97	-3.86

注：t値最小の時点のt値である。＊なしは「共和分関係なし」の帰無仮説を棄却しない。表4A-5bも同じ。

表4A-5b　Gregory and Hansenテスト（1921－1936年）

モデル	満鉄	修正
切片に変化，トレンド無し	-3.36	-3.31
切片に変化，トレンド有り	-3.91	-4.41
全体に構造変化	-3.52	-3.30

表4A-6a　FM-LSテスト（1921－1941年）

説明変数	満鉄		修正	
	回帰係数	s.e.	回帰係数	s.e.
定数項	2.56	0.28	2.69	0.29
コール・レート	0.72	0.06	0.67	0.06
	Lc＝3.49		Lc＝1.46	

注：Lcの臨界値は0.62で，検定統計量がこれより大なら「共和分関係あり」の帰無仮説を棄却する。表4A-6bも同じ。

表4A-6b　FM-OLSテスト（1921-1936年）

説明変数	満鉄		修正	
	回帰係数	s.e.	回帰係数	s.e.
定数項	3.09	0.33	3.09	0.34
コール・レート	0.64	0.07	0.61	0.07
	Lc = 1.73		Lc = 0.83	

表4A-7a　社債の部門別保有額（単位百万円）

年		民間銀行	特銀	信託会社	産業組合系統	保険会社	預金部	簡保・郵便年金	小計	社債現在高
1921	大10	411	34	0	0	103	326	0	874	1,755
1924	13	502	94	0	0	156	403	0	1,155	2,713
1927	昭2	953	97	111	0	313	493	0	1,967	3,785
1930	5	1,463	117	255	0	412	772	4	3,023	4,979
1933	8	1,413	127	300	50	506	892	43	3,331	5,085
1936	11	1,562	119	480	64	660	781	136	3,802	5,340
1939	14	2,524	145	498	159	812	886	253	5,277	7,524
1942	17	5,387	445	814	941	1,005	2,646	770	12,008	15,662

注：金融債を含む。原則として各年末の簿価。現在高は額面。
出所：志村（1980）。

表4A-7b　社債の部門別保有シェア（単位%）

年		民間銀行	特銀	信託会社	産業組合系統	保険会社	預金部	簡保・郵便年金	小計
1921	大10	47	4	0	0	12	37	0	100
1924	13	43	8	0	0	14	35	0	100
1927	昭2	48	5	6	0	16	25	0	100
1930	5	48	4	8	0	14	26	0	100
1933	8	42	4	9	2	15	27	1	100
1936	11	41	3	13	2	17	21	4	100
1939	14	48	3	9	3	15	17	5	100
1942	17	45	4	7	8	8	22	6	100

注：小計に対する比率。表4A-7a参照。
出所：表4A-7aに同じ。

注

1 第1章注1参照。
2 志村（1969）p.460参照。
3 第3章付論の注3参照。
4 簡易保険は1933年度から南満州鉄道社債を購入できることになった（簡易生命保険郵便年金事業史編纂会（1953）p.345参照）。また，「大阪朝日新聞」1934年6月23日に「簡易保険積立金運用委員会を開会，……積立金をもって購入または引受をなすべき有価証券の範囲を左の通り可決した……従来……勧業，興業，……の各銀行債券，……および南満洲鉄道株式会社の社債なりしが……」，「中外商業新報」1934年10月13日に「社債市場は八月以来買気全く委縮し頗る不振状態に陥った。……最近金融の引締りが漸次緩和するとともに俄然買気擡頭し，殊に簡易保険局，某大銀行等の買物が目立って居る」，預金部については，「中外商業新報」1936年7月1日に「大蔵省では…預金部資金運用委員会を開催，左記の如く……可決，……預金部所有国債証券其の他の証券を昭和十一年度に於て左記条件の下に売却し得ること」などの記載がある。なお，「中外商業新報」1935年12月12日と「大阪毎日新聞」1940年12月10日にも購入との記事がある。

第5章 戦後の公共債市場の推移

§1 はじめに

　本章では，公共債を中心に他の債券も含めて戦後の発行市場の推移を概観するとともに，債券流通市場についても取り上げる。なお，わが国の公共債，ひいては債券全体の中心は国債であり，その発行再開時に引き受けの手本となったのは政府保証債（政保債）であった。釜江（2012）では戦後における債券全般の市場の変遷を取り上げたが，本章では政保債と国債を中心にしてより詳しい説明を試みる。第2節は高度成長期以前の債券市場の推移が対象である。第3節以下では，高度成長期から2000年頃までの期間を取り上げて，公共債の引き受けなど債券発行市場がどのように変化していったかを調べる。対象は第3節が政保債，第4節が国債である。第5節は補足的にその他の債券として高度成長期よりも後の時期の地方債と利付金融債に言及する。

§2 高度成長期より前の債券市場

　戦後復興期はインフレ下で始まった。この時期においては，復興金融金庫（復金）の融資による傾斜的資金配分と人為的低金利政策（信用割当）が間接金融優位の構造を強固なものにした。金融制度の大変革は実施されず，特殊銀行の再編のみがなされた。

　債券市場では1948（昭和23）年度までに中・長期の各種の国債が発行された。軍事費・通信事業費・鉄道事業費・電気通信事業費などの調達を目的としたクーポン3.5〜5.5％の5〜18年物であった。47年施行の財政法により，赤字国債

の発行と日本銀行引き受けによる国債発行が禁止された。公募発行が原則とされて同年9月から行われたが，これは強制消化であった[1]。

1949年のドッジ・ラインで国債不発行主義をとり，50年度から発行額は急減したが[2]，65年度の長期国債の発行再開時まで，一般会計予算の長期国債を除き国債発行をなおも継続した。特別減税国債（5年物）を53年度に，36～50年度発行の3分半利国債を借り換えるための国債（クーポン5.5％程度）などを主に5～7年物の中期債として52～64年度にそれぞれ発行し（表5-1参照），ほかに食糧証券・大蔵省証券などの短期証券も日本銀行による引き受けで46年度から急増した[3]。各種の交付国債もあり，禄高整理のため46年度に発行された54年物が最長であった。

国債の償還法としては1949年度から買入消却[4]を開始し，償還のかなりの部分がこの方法によった。50年4月から個人保有の全銘柄を対象として買上償還を行い[5]，同年6月から金融機関保有分も償還した。50年5月からは繰上償還[6]が行われ，戦前に盛んに取引された甲号5分利公債・4分利公債は51年に，仏貨4分利公債の在内分は62年に，その在外分は85年に，それぞれ償還された[7]。

1947年2月から復興金融金庫（復金）が債券（復金債）を発行したが，発行額の約7割を日本銀行が引き受けており，流通市場は存在しなかった。復金債は復金による融資とともにインフレーションを惹起したため，その収束をはかったドッジ・ラインで49年3月に発行禁止とされ，融資も同年10月に停止された。

復金融資の停止により，企業の長期資金は社債発行か増資でまかなうことが必要となった。復金債の償還が1949年度末までに行われ，日本銀行は金融機関に流れた償還金を起債市場に振り向けて社債を育成するための方策を次のように講じた[8]。まず49年6月に適格担保制度を開始して，事前審査で適格とされた社債を金融債[9]とともに日銀貸出の担保として優遇した。金融債・社債を買うための資金を市中銀行に供給するべく，市中銀行手持ちの国債・復金債を日本銀行が購入する買いオペレーション（ひも付きオペ[10]）も同月開始した。

廃止されていた政保債[11]は1953年8月施行の「鉄道債券及び電信電話債券等に係る債務の保証に関する法律」によって発行が再開された。日本国有鉄道（49年に公社化）と日本電信電話公社（52年に公社化）がそれぞれ鉄道債券と電信

電話債券(ともにクーポン7%で7年債)を発行した際,元本の償還と利子の支払いに政府保証が付いた。その後,50年代後半から60年代前半にかけて各種の公庫・公団と一部の法人[12]も政保債を発行した。

政保債には政府保証が付いたので証券取引法65条が適用されず銀行が引き受けに参加でき,その引き受けは§3で後記するように組成されたシ団が担当した[13]。政保債は日本銀行の債券売買オペの対象とされ,1960年8月から売り戻し条件付買入が行われた[14]。債券を流通市場で取引する途が開かれた。

戦後の地方債発行は1946年から始まった[15]。本格的な公募は52年8月に再開され,東京都・大阪府・兵庫県と横浜・名古屋・京都・大阪・神戸の各市がクーポン8.5%の5年物を発行した。発行団体は以後,順次拡大された[16]。発行再開後,公募地方債は日銀貸出の担保とされた。

政保債は地方債とともに1950年代後半から増加して,66年の長期国債発行再開まで公共債市場の中心であった(表5-1参照)。しかし長期国債発行が再開された後はウエートが減少していった。71年度から,予見しがたい状況変化があれば発行機関は当初の発行限度額の50%まで追加発行可能という弾力措置を

表5-1 国債・政保債発行額(単位億円)

年度	国債	政保債
1945	67	—
1950	0	—
1953	644	149
1955	22	200
1960	645	716
1965	2,213	3,010
1968	4,987	3,232
1970	3,878	2,579
1975	53,627	4,600
1977	101,807	10,303
1980	145,598	15,650
1985	229,980	31,814
1990	390,324	18,996
1995	684,304	32,292
2000	1,053,917	39,301

注:交付国債を含まない。1945年度は戦後発行のみ。
出所:大蔵省(各年b),大蔵省(各月),志村(1980),野村総合研究所(各年)。

とった[17]。

　債券の引き受け手のうち民間金融機関は，戦前の特殊銀行の一部が長期信用銀行になり[18]，残りが普通銀行になった。信託会社は信託業務を兼営する普通銀行に，貯蓄銀行も普通銀行に，それぞれ転換した。加えて，無尽会社が相互銀行に，市街地信用組合と産業組合が信用協同組合にそれぞれ改組し，さらに信用協同組合の一部が信用金庫や農業協同組合などになった。

　債券の流通市場は，1945年に勧業債券・貯蓄債券・報国債券などの小額債券の店頭取引として始まり，集団売買も開始されて[19]実質的には56年3月まで続いた[20]。第1章§2でふれたように，貯蓄債券と報国債券は日本勧業銀行が発行した債券で，それらの売り上げ代金を預金部に預入し国債消化に充てており[21]，これらは43年に上場されていた。46年2月に証券業者が結成した證友会[22]は定期的に気配交換取引（店頭集団取引）を行い[23]，取引は46年11月から週1回，47年6月からは週2回行われた[24]。

　東京・大阪・名古屋の各証券取引所は1949年5月に再開された。旧日本電信電話公社発行の加入者引受電信電話債券（以下，加入者引受電電債）は53年1月に発行が，また55年8月に店頭気配交換取引がそれぞれ開始された。56年4月には東京・大阪の両証券取引所が地方債・政保債・社債などの売買を再開し，店頭市場での気配交換も同月始まったが，これらの売買は取引所・店頭とも活発ではなかった[25]。61年10月に株式市場第2部が発足して加入者引受電電債を東名阪3市場に上場した。電電債以外の一般債は売買が不振であったため，62年4月から66年2月まで取引所での取引は停止された。電電債の売買は，データが利用可能な60年代後半以降では取引所よりも店頭での方が圧倒的に多く（後掲の表5-4と第6章の表6-3参照），かつ店頭市場では国債よりは多かったが利付金融債を下回った。77年の国債流動化後は国債よりも少なくなった。

　1966年の取引所取引の再開に向けた準備のため，日本銀行の要請によって店頭気配価格が発表されることになり[26]，公社債引受協会が65年8月から社債の気配を，同年12月からは政保債・地方債・金融債の気配を，それぞれ発表した。

　日本銀行は1962年11月から新金融調節方式を採用した。成長通貨供給の手段として債券売買操作を活用することとし，政保債の買い戻しまたは売り戻し条

件付のオペを金融機関との間で行った[27]。63年に国債・利付金融債・地方債もオペ対象に加え（利付金融債・地方債については本章§5参照），66年2月の取引所取引の再開後は市場価格による無条件オペに移行して，買い入れ先も従来の銀行などのほかに証券会社・全国信用金庫連合会を追加し，債券市場と金融市場・金融政策との関連を深めた[28]。67年からは発行が再開されていた長期利付国債の買切オペを実施し，以後は国債がオペの主要対象となった。

1951年3月に預金部預金法・大蔵省預金部特別会計法が廃止，同年4月に資金運用部資金法・資金運用部特別会計法が施行されて，大蔵省預金部は資金運用部となった。資金運用部は，郵便貯金と，政府の特別会計の積立金・余裕金などのうち運用部に預託された資金（資金運用部資金）とを統合管理し，確実・有利に運用することを目的とした。資金運用部資金の原資は郵便貯金が主で，その比率は50年代から70年代まで50％台，90年代はほぼ1/3であり，ほかに厚生年金・国民年金の資金，各特別会計の積立金と余裕金の運用部分（国債整理基金特別会計の国債保有を除く）からなっていた。

資金運用部資金は1953年度に開始された財政投融資計画の財源の一部となり，その構成比は50年代で約50％，90年代で約80％であった。ほかに簡易生命保険資金，産業投資特別会計からの資金，さらに補完的に財投機関が発行した政保債と政府保証借入れも財政投融資の財源を構成した。

資金運用部資金の運用先は国債・地方債と一定限度の金融債（1950年度から）[29]などの有価証券であり，それらの合計は50年代から90年代まで運用額全体の10～20％台であって，公団などの政府関係機関への貸付とそれらの発行債券（割合は50～60％台）にも運用された[30]。金融債は起債市場の不振を補うために引き受けられたが[31]，資金運用部が財政投融資に重点を置くようになったことなどにより55年6月に金融債引受はいったん停止された[32]。しかし，電力産業への融資のために61年度に再開し[33]，以後も電力・機械工業・公害防止などの特定分野に対する国の投融資のために行われた[34]。60年代後半から金融債は運用の対象とされ，資金運用部は市場で買い入れる[35]とともに売却[36]も行った[37]。買い入れは97年まで続いたが，国債を優先するために97年4月に購入を停止した[38]。

§3　政保債の引き受け[39]

　政保債は，既述のように，その発行が1953（昭和28）年8月の鉄道債券と電信電話債券から再開され，66年に長期国債の発行が再開されるまで債券発行市場の中心であった。59年から政保債などの公社債は投資信託に組み入れられ[40]，61年1月には公社債のみを構成要素とする公社債投資信託が発足した。政保債は60年代前半に発行が増大し，62年11月に開始された日本銀行の新金融調節方式においてオペの対象になった[41]。67年以降70年代半ばまで政保債の発行額は増加しなかったが，70年代後半からは国債と歩調をあわせて増加した（表5-1参照）。66年に一般債の取引所取引が再開され，政保債も取引された[42]。

　1953年の発行開始時において政保債の利回りは規制下の金利体系と整合的に設定され，応募者利回りは7.43%で約9%の事業債よりもかなり低かった（表5-2参照）。かつ，政保債はなじみが薄く，年度の発行予定額が鉄道債券85億円，電信電話債券75億円[43]と大きかったことなどから，消化が懸念された。そこで日銀貸出の担保とされたほか，金融機関が構成する引受シ団が消化することにもなった。

　政保債の発行は間接発行の引受募集方式に依った。政保債の引き受けの推移を期間区分すると次のとおりである[44]。まず1953年の発行当初は引受シ団による全額公募の残額引受方式で行われた。シ団は銀行（都市銀行，長期信用銀行，地方銀行，信託銀行），証券会社などの主要金融機関を網羅して構成された[45]。戦前の国債シ団に含まれなかった業態のうち，保険会社はまたもシ団に参加しなかったが[46]，地方銀行（代表として常陽，足利，静岡，北海道拓殖[47]の各行）[48]と野村，大和，日興，山一の4証券会社は参加した。引き受け分担率が業態内で同一であるような業態と異なる業態とがあった（表5-3b参照）。

　次いで1956年10月に別口引受制度が始まった。この制度では[49]シ団外に対する公募は証券会社が取り扱い，「別口」と称した公募の残額はシ団メンバーに強制的に割り当てられた。別口引受をさらに細分すると，56年10月からの事前別口引受，59年4月からの事後別口引受，62年5月からの改訂された事後別口引受となる。これらの変更がなされたのは，全額公募方式では募集取扱（請負）

手数料の全額が証券会社に帰属していたが，これを応募者たるシ団メンバーにより多く支払う（「戻す」）ことにより応募を増やすためであった。

（ⅰ）1956年9月に発行された政保債が売れ残った[50]。また同年8月の起債自由化[51]の後，金融引締め予想から社債・地方債の発行希望が増大してこれらを消化する必要もあり[52]，政保債は10月も消化難が見込まれた。そこで事前別口引受方式を採って，政保債発行額の25％（11月からは40％）を別口として公募から外し，公募前（「事前」）に銀行・証券会社などシ団メンバー全員に引受分担率に応じて強制的に[53]引き受けさせた[54]。公募分は証券会社がシ団外に販売し，その残額はシ団銀行が引き受けた[55]。手数料は公募分が証券会社に，別口分はシ団メンバー各員に，それぞれ帰属した。

（ⅱ）発行された一般債に売れ残りが出た[56]1959年4月に採用された事後別口引受方式では，証券会社がシ団外から公募し，シ団銀行は発行額の22％分に応募した。これらの後（「事後」）に，公募分とシ団銀行の応募分の合計[57]を差し引いた残額（別口）をシ団銀行のメンバーが引き受けた[58]。業態内の各メンバーは別口分を均等に分担し，業態の分担率はメンバー数に比例した。これは残額引受に類似の方式であった[59]。手数料は公募分が証券会社に，別口分はシ団銀行各員に，それぞれ帰属した。つまり，シ団銀行の役割はそれまでの親引けから残額引受になった[60]。

（ⅲ）金融引締政策のため1962年度に入って政保債の売れ行きが悪くなった[61]。62年5月からの改訂事後別口引受方式[62]では，シ団銀行による事前応募を廃止し，証券会社が公募でシ団外のみに販売した残額（別口）のすべてをシ団銀行のメンバーが均等に引き受けた[63]。シ団の引き受け分の手数料はシ団銀行に帰属した[64]。

1983年4月からは公共債の窓口販売（窓販。§4-3参照）が開始されて銀行・証券会社ともその引受分担額の範囲内で募集取り扱いを行い，その額が引受分担額を下回る場合に残額を引き受けることになって[65]，別口引受方式はなくなった。

ところで，第9章で取り上げる公営企業金融公庫（現地方公共団体金融機構）は1957年から公営企業債券を発行して資金調達を行い，この債券は大部分が政

保債であった。80年代から90年代では公営企業債の発行額は政保債全体の1/3ないし3/4を占めていた（第9章の表9-2参照）。94年に公営企業債のシ団に外国証券（モルガン・スタンレー証券）と銀行系証券（興銀証券）が加わった[66]。

なお，証券会社は1962～66年度の間，残額引受の責任をもたなかったが，67年度から残額を消化する責任を負うようになった[67]。シ団メンバーには政保債の発行体から「単位」が付与され，これにもとづいて販売シェアが決められていたが，単位は1社1単位であり，各社の引受能力を反映してはいなかった[68]。代表的な発行体の公営企業金融公庫はこれを見直し，証券団の販売シェアを1994年7月に23%から30%へ，96年4月に32%へ，98年6月に50%へと変更した[69]。

シ団外からの公募による消化のほかに以下のような方法も採られたが，これらは1997年度でほぼ廃止された[70]。まず政策協力消化[71]は63年度から行われ，相互銀行，信用金庫，農林中央金庫，生命・損害保険会社のほか，農林共済（農林漁業団体職員共済）などの共済組合にも依頼した。これらのうち相互銀行，信用金庫，農林中央金庫，保険会社には政保債発行額の一定割合の消化が要請され，いくつかの共済組合には責任準備金の一定割合を政保債で運用することが法令で義務づけられた[72]。なお，相互銀行[73]と信用金庫[74]は66年5月から，農林中央金庫は72年度からそれぞれシ団に加盟したため，政策協力消化からはずれた。相互銀行から89年以降に転換していた第2地方銀行は98年にシ団メンバーを入れ替えた。

調整年金（厚生年金基金）制度は1966年度に創設された。厚生年金基金には，67年度から財政投融資に協力して各年度積立金の一定割合を[75]，88年度からは毎年度の積立金増加額の1/3を，それぞれ政保債の購入に充てることを義務化した[76]。さらに別枠消化は78年度以降，余資金融機関や共済組合に依頼したもので，消化額は年度ごとに交渉で決めた[77]。以上の消化状況は表5-3a，5-3bのとおりである。このように発行条件が市場の状況と乖離していてもまた発行額が多額であっても，発行されたものは必ず消化される仕組みになっていた[78]。

また，公的部門のうちで資金運用部は政保債の引き受けと買い支えを行ったが[79]，基本的に買い持ちであった[80]。簡易生命保険資金は1955年から引き受けを行っており[81]，運用法は買い持ちを基本として，買い切り，売り切りのほか，82年に入れ替え商いも行うようになったが[82]，その後もとりわけ売却は頻繁に行われたわけではなかった[83]。90年代には機動的な売買が行われるようになった[84]。郵便貯金資金は自主運用を1987年に開始して，公社公団債・政保債もその対象となった。

流通市場では，公社債全般に関して買い手は中小金融機関，農林系金融機関，投資信託・機関投資家，法人，売り手は都市銀行・地方銀行・長期信用銀行などが主役であった。80年代後半以降の店頭市場における政保債の売買高は国債・利付金融債より少ないが地方債を上回っていたとみられる（表5-4参照）。

表5-2 政保・電電・国債発行条件（単位，年%）

年	月	クーポン・レート			応募者利回り	
		政府保証債	加入者引受電電債	利付国債	政府保証債	利付国債
1953	8	7.0	6.5	—	7.434	—
1955	7	7.5	6.5	—	7.831	—
1960	1	7.0	6.5	—	7.269	—
1965	1	7.0	7.2	—	7.053	—
1966	1	7.0	7.2	6.5	7.053	6.795
1970	1	7.0	7.2	6.5	7.139	6.902
1972	7	6.7	7.2	6.5	6.868	6.717
1975	1	8.7	8.8	8.0	8.793	8.414
1977	7	7.3	7.7	7.2	7.430	7.286
1980	1	7.8	7.8	7.7	7.844	7.788
1982	1	7.8	8.3	7.7	8.025	8.015
1984	1	7.4	—	7.3	7.575	7.563
1986	1	6.2	—	6.1	6.446	6.262
1988	1	5.0	—	4.9	5.113	5.050
1990	1	6.1	—	5.6	6.262	6.095

注：加入者引受電電債は常に100円で発行され，クーポン・レートと応募者利回りは同じ。
出所：大蔵省（各月），野村総合研究所（各年）。

表5-3a　政保債の部門別引受シェア（単位%）

年度末	都銀・長信銀	地銀	信託	保険	農林系	信金・商中	相銀	投信
1953	64.5	26.0	3.6	1.6	1.1	0.5	0.5	0
1955	68.3	26.6	3.0	0.4	0.7	0.1	0.4	0
1960	57.1	28.4	3.9	0.8	0.2	0.1	0.2	7.8
1965	48.7	23.5	3.4	5.2	5.0	5.0	5.0	1.8
1970	46.5	18.7	2.9	3.4	3.9	5.5	5.5	0.1
1975	32.1	17.3	3.0	3.0	3.9	6.3	5.2	—
1980	29.1	23.6	4.2	4.9	7.1	6.1	5.4	—
1985	25.2	15.2	5.5	5.0	7.4	6.5	4.9	—
1990	17.0	15.9	6.4	6.3	5.5	4.2	3.8	—
1995	10.1	11.0	5.1	7.1	4.8	6.3	4.9	—
2000	8.0	13.6	2.8	1.7	5.1	7.1	3.5	—

注：証券会社，資金運用部，75年度以降の投信などのデータはない。
出所：公社債引受協会（1986），野村総合研究所（各年）。

表5-3b　政保債（鉄道債）シ団の引受分担率（1社あたり）

年	1953	1965頃	1978-86
都銀13行	(*1) 4.1	(*5) 4.0	2.9
長信銀	(*2) 4.1	(*2) 4.0	(*8) 2.9
地方銀行	(*3) 6.7	(*6) 4.0	(*6) 2.9
信託銀行	(*4) 0.7	(*7) 4.0	(*7) 2.9
証券4社	4.1	4.0	2.9
農林中金	—	—	2.9
相互銀行	—	—	(*9) 2.9
信用金庫	—	—	(*10) 2.9

注：(*1) 当時地方銀行であった北海道拓殖を除く12行。
　（*2）日本興業（4.1%）と日本長期信用（0.5%）。
　（*3）常陽，足利，静岡，北海道拓殖の4行が代表で各6.7%，これを全64行に預金量を基準として割り当てた。
　（*4）大手4行（各0.7%），日本信託（0.3%），第一信託（0.2%）。
　（*5）東京銀行は引き受けず。
　（*6）代表として6行。
　（*7）代表として1行。
　（*8）3行。日本債券信用銀行は1969年度に全銘柄の引受開始。
　（*9）代表として3行。
　（*10）代表として全国信用金庫連合会（5.9%）と1社（2.9%）。
出所：全国地方銀行協会（1988），石・油井（1997），野村総合研究所（各年），
　　日本債券信用銀行史編纂室（1993），第二地方銀行協会（2002）。

表5-4 東京店頭債券売買高（単位千億円）

年度	国債 利付	国債 短期	地方債	非公募地方債	政保債	利付金融債	加入者引受電電債	合計
1968	2	0	2	3	1	25	7	50
1970	4	0	3	6	2	33	14	88
1975	11	0	7	123	10	204	67	557
1976	24	0	20	171	26	244	55	714
1977	135	0	43	254	73	390	62	1,337
1978	606	0	73	240	105	523	54	1,966
1979	896	0	70	226	107	432	53	2,227
1980	1,569	0	69	230	112	406	61	2,810
1985	12,587	0	78	149	236	201	10	25,147
1990	21,213	11,051	41	43	153	808	1	32,858
1995	12,126	26,322	86	349	296	634	0	39,352
2000	13,872	25,827	120	316	327	426	0	41,478

注：公共債の売買高は1984年6月から証券会社・金融機関のディーリングの売買を合算。売買高は売りと買いの合計額。合計は短期国債などを含む。
出所：東京証券取引所（2000a），野村総合研究所（各年）。

§4　国債の発行と引き受け

　一般会計の赤字を補填する国債は特例公債として発行される。長期国債は，6分半利国庫債券第1回（7年物）[85]が特例公債として1966（昭和41）年1月に，6分半利国庫債券第2回などが建設（4条）国債として66年度以降に，それぞれ発行された。民間部門による長期国債の引き受けは政保債の引受方式を修正してシ団が行い，65年度分の引き受け額は1,100億円であった。また，同年度に資金運用部が900億円を引き受けた。65年度の発行再開時に7年物であった長期国債は71年度に10年物になった。さらに87年度に引受額入札が，89年度には部分的競争入札がそれぞれ導入されてそれらの比率は逓増し，シ団引受の割合は徐々に低下した。入札については本章§4-4で言及する。

§4-1　国債の発行と引き受け

　長期国債は，シ団が発行総額について募集を取り扱い（請け負い），応募額

が発行総額より少なくて残額が生じた場合にはそれを引き受ける引受募集，つまり残額引受方式をとった。その理由は，当時の政保債の発行，とりわけその改訂事後別口方式が残額引受に依っていて市中で慣行になっていたこと，シ団が実質的な残額引受責任を負うとすると募集取り扱いをこれと切り離して国・日本銀行側に留保するのは不自然であり，募集取り扱いと残額引受を一体として請け負うのが適当であると判断されたこと[86]などである。そこで，政保債の引受方式を次のように修正して国債に用いた。

（ⅰ）証券会社も募集残額の引受責任を負った。なお，前記のように，証券会社は政保債についても1967年度以降，残額引受責任を負うことになった。

（ⅱ）§4-2で詳述するように，相互銀行・信用金庫・生命保険会社・農林中央金庫がシ団に参加した[87]。既述のとおり，これらは66年1月時点では政保債シ団に加わっていなかった。

（ⅲ）政保債では日本興業銀行が受託銀行となっていたが，国債には受託銀行を設けなかった[88]。

（ⅳ）前述のように，政保債の事後別口制度においては業態内の各メンバーの分担額は均等であって業態の分担率はメンバー数に比例していていたのに対し，国債では業態内各メンバーの分担率はメンバーの資金量に応じて定められてそれぞれの分担額は均等ではなく，業態の分担率はメンバー数に厳密には比例しなかった[89]（表5-5参照）。

表5-5 長期国債引受シェア（単位%）

年度	都銀	長信銀	地銀	信託	相銀	信金	農中	生保	損保	証券
1965-68(*1)	41.6	9.9	20.5	3.6	3.6	3.6	3.6	3.6	—	10.0
1969-71(*1)	43.5	9.3	19.2	3.6	3.6	3.6	3.6	3.6	—	10.0
1972-75(*1)	39.1	9.4	18.0	5.5	4.0	4.5	4.0	4.5	1.0	10.0
1976-79(*1)	38.0	9.1	17.8	6.0	4.5	5.0	4.0	4.6	1.0	10.0
1980	31.5	7.6	14.8	5.0	3.7	4.2	3.3	3.8	0.8	25.2
1985	30.8	7.4	14.6	4.9	3.5	4.1	3.3	3.7	0.8	26.0
1990(*2)	19.2	4.7	7.5	3.8	1.7	2.6	2.0	2.5	0.4	55.6
1995	21.8	3.9	5.5	2.2	1.4	3.0	2.0	1.4	0.3	58.6
2001	11.8			5.0	1.5	1.2	3.7	4.5	1.1	(*3)71.2

注：(*1)当初予定。(*2)以後，入札分を含む。(*3)個人・投信を含む。2002年度以降は非公表。
出所：北村（1979），松野（1983），安原（1982），野村総合研究所（各年）。

発行時には国とシ団との間で募集引受契約が取り交わされた。その主な内容は，シ団が共同で国債の募集を取り扱い，応募額が募集額を下回る未達の場合は予め決められているシェアに応じてその残額を各金融機関が引き受けること，引受料の支払いに関すること，払込金の取り扱いに関することなどであった。また，1983年4月に金融機関の窓販が開始された際にシ団の引受契約が改定されて，それまでの残額引受方式が個別残額引受方式となり，金融機関はそれぞれの負担額から窓販額を差し引いた部分を引き受けた[90]。

シ団によって引き受けられた国債の一部は証券会社を通じて一般投資家に売られたが，大部分はシ団メンバー金融機関が満期まで保有した。1967年2月以降，発行後1年を経過した国債を日本銀行が成長通貨供給目的のオペの対象に追加して銀行・証券会社から強制的な割当方式で買い入れ[91]，また，国の国債費増大と投資家のキャピタル・ロスをさけるべく証券会社が協調買いを行って人為的に価格維持を行う方策をとったため[92]，長期国債の流通市場は事実上存在しなかった。

長期国債の発行条件は金利体系に従う人為的な低金利であった（表5－2参照）。1970年代後半に国債の大量発行が始まり，日本銀行の買いオペでは全額を吸収することができなくなったので，77年春に金融機関が保有している国債を市場へ売却することを大蔵省が解禁して[93]（「国債流動化」），流通市場が実質的にできた。その後，90年代にかけて金融自由化が進展し，市場実勢を反映する流通利回りの影響を受けて発行条件は一層弾力的となった。

銘柄は長期国債の以外にも多様化された。中期債は5年物割引債（1976～2000年度発行，以下同じ），3年物同（00～02年度）のほかに，利付債として3年物（78～88年度）と2年物（78年度[94]～），4年物（79[95]～00年度[96]），6年物（81[97]，93～00年度），5年物（99年度～）が，超長期利付債は15年物（82年度～）のあと20年物（83年度～），30年物（99年度～），40年物（07年度～）が発行された。短期債は政府短期証券（FB）として2ヵ月物（56年度～），3ヵ月物[98]（99年度～）と6ヵ月物（06年度～），短期国債（TB）として6ヵ月物（85年度～），3ヵ月物（89～99年度）と1年物（99年度～）がそれぞれ出された。

また，新たな発行法も試みられ，後述のように公募入札が78年度の３年物利付国債[99]を嚆矢としてTBの６ヵ月物（85年度），超長期国債の20年物（87年度）に順次導入された。

　長期国債以外では，1976年度から発行の５年物割引国債がシ団引受を採用し，そのシ団は長期国債と同様に拡張されていった[100]。証券会社は募集を行い，応募額が募集取扱分担額に達するように確保する責任を負った。応募額が発行総額を下回る場合の残額はシ団メンバーが引受分担額に応じて引き受けた[101]。５年物割引国債以外の短・中期物も順次入札に移行した。なお，中期国債ファンドが1980年１月に新設され，中期国債を引き受けまたは購入した[102]。

　国債売買にも入札方式がとられて市場実勢をより反映しやすくなり，金利自由化にはずみがついた。日本銀行は1978年１月に資金運用部が保有していた国債を入札方式で市中に売却し[103]，同年６月に国債買いオペを入札方式に変えて実施した[104]。81年５月にはFBの市中への売却を再開したが[105]，これは流通量を増やすべくほぼ実勢レートでの単純売り切りであった[106]。

　こういった市場実勢を尊重しようという動きにもかかわらず，発行側である大蔵省の希望条件とシ団の要求する条件とがなお合致しないことがあった。流通利回りと発行利回りの乖離もシ団の利上げ要求の根拠となった。このような状況下で国債のほかに政保債・地方債も1980年代前半にたびたび休債となった。まず81年６月[107]から８月までは米国の金利高から日本国債の流通利回りが上昇したが，大蔵省は金利体系全体への波及をおそれて条件を合わさず国債は３ヵ月間休債となった[108]。これ以降も，債券増発懸念，米国の金利高と円相場下落などから市場価格が下落，流通利回りは上昇したが，景気への影響を考慮して発行利回りを上げることができず休債となるケースが87年まで続発した。いわば，市場重視への産みの苦しみであった。

§4-2　シ団の構成と引受シェア[109]

　長期国債のシ団はわが国の金融・資本市場を構成するほとんどの金融機関が加入して1965年度に発足した（表５-６a，５-６b参照）。当初は，都市銀行，長期信用銀行，信託銀行[110]，地方銀行[111]，相互銀行，全国信用金庫連合会，農

林中央金庫[112]，生命保険会社[113]，証券会社[114]が構成し，72年度に損害保険会社が加わった。地方銀行以下は業態ごとに主要なメンバーが代表してシ団に入り，傘下の構成機関は一定のシェアにもとづいて引き受けを行った[115]。シ団の代表として定例的・事務的事項を処理するシ団代表幹事（代表世話人）には全国銀行協会会長行が選ばれた[116]。

1984年度に外国銀行[117]と外国証券会社[118]が，85年度には商工組合中央金庫がそれぞれシ団に加入した。80年代以降は，都市銀行や証券会社の合併，外国銀行と外国証券の脱退などに伴いシ団のメンバー数は減少した。94年度に銀行の証券子会社，信用組合，労働金庫と農業協同組合などの農林系金融機関が加入した。65年度に756であったメンバー数は95年度に2,000を超えた。

表5-6a 長期国債シ団の変遷

年度	
65	都市銀行（全13行），長期信用銀行（全3行），信託銀行（代表1行），地方銀行（代表5行）（*1），相互銀行（代表1行）（*2），信用金庫（全国信用金庫連合会），農林中央金庫，生命保険会社（代表1社），証券会社（代表4社）がメンバー
72	損害保険会社（代表1社）がシ団に加入
74	証券会社の代表が6社に
84	外国銀行・外国証券会社（代表4社）がシ団に加入（*3）
85	商工組合中央金庫がシ団に加入（*3）
89	信託銀行の代表が2行に，証券会社の代表が7社に
90年代	都市銀行・証券会社・外国銀行・外国証券会社などのメンバー減少
94	銀行の証券子会社，信用組合，労働金庫，農業協同組合などの農林系金融機関が加入（*3）

注（*1）地銀以下は業態ごとに主要機関が代表してシ団に入ってメンバーとなり，傘下金融機関は一定のシェアにもとづいて引き受け。
　（*2）相互銀行は89年以降，第2地銀に転換。
　（*3）外国銀行には支店開設後5年以上経過などの条件が必要であったが87年に撤廃。外国銀行，商工組合中央金庫，信用組合，労働金庫は全国銀行協会連合会の副会長銀行の傘下として参加して，代表者なし。「日経金融新聞」1988年9月7日参照。
出所：石・油井（1997），浜田（1997），「日本経済新聞」1987年10月11日。

表5-6b 長期国債シ団の構成機関数（年度当初）

年度	1965	1970	1975	1980	1985	1990	1995	2000	2004
都市銀行	13	15	13	13	13	12	11	9	7
長信銀	3	3	3	3	3	3	3	3	2
信託銀行	7	7	7	7	7	7	7	7	5
地方銀行	63	61	63	63	64	64	64	64	64
相互銀行	72	71	72	71	69	68	65	55	50
信用金庫	526	507	473	461	457	453	421	387	307
信用組合	—	—	—	—	—	—	74	64	50
労働金庫	—	—	—	—	—	—	48	42	14
農林系	1	1	1	1	1	1	1074	843	647
商工中金	—	—	—	—	—	1	1	1	1
生命保険	20	20	20	20	21	22	22	18	14
損害保険	—	—	22	22	23	23	24	22	14
証券会社	51	48	53	60	67	114	136	81	42
外国銀行	—	—	—	—	15	36	26	17	11
外国証券	—	—	—	—	8	35	26	21	17
計	756	733	727	721	748	839	2002	1634	1245

注：—はシ団に未加入。
出所：釜江（2015）。原典は財務省資料。

　引受シ団は発行市場で中心的な役割を果たした。シ団は応募シ団，つまり国債の募集に応募して取得するという性格を当初からもっていたため，発足時にはメンバーの国債引受シェアを算定する基準として，前述のように金融機関業態別の資金量シェアが用いられた。引受シェアは表5-5に示されるとおりであり，1987年度の公募入札の採用後はシ団のシェアが低下した。

　シ団発足後，各業態の資金量は比例的には増加せず，長期国債の引受シェアと資金量シェアの間には乖離が生じた。1970年代半ば以降において都市銀行はその引受シェアが預金量シェアに比べて高く（表5-5，5-7参照），79年度以降，一貫して引受額を上回る売却を行ったにもかかわらず資金ポジションは悪化した。引受シェアの変更は69，72，76，84，94年の各年度当初と83年2月，88年10月に行われた。

　証券会社は国債発行額の一部を個人投資家などに販売した[119]。その分担割合は1960～70年代で10％，80年代後半～90年代前半は20％台，90年代後半は50％台であった[120]。募集取扱額が分担額に達しないときには残額を引き受けた。証

第5章 戦後の公共債市場の推移

表5-7 預金量シェア（単位兆円，％）

年度末	都銀	長信銀(*1)	地銀	信託	相銀(*2)	信金	農中(*1)	生保(*3)	損保(*3)	合計
1965	13.1	2.6	7.2	0.9	3.3	3.2	1.2	2.2	—	33.7
	38.9	7.7	21.4	2.7	9.8	9.5	3.6	6.5	—	
1971	33	7.3	17.8	2.6	7.7	9.5	2.8	6.9	—	87.6
	37.7	8.3	20.3	3.0	8.8	10.8	3.2	7.9	—	
1975	54.5	13.1	34.5	4.2	16.8	19.7	4.9	12.8	3.3	163.8
	33.3	8.0	21.1	2.6	10.3	12.0	3.0	7.8	2.0	
1980	87.6	22.2	60.8	5.7	27.2	34.2	11.2	26	6.2	281.1
	31.2	7.9	21.6	2.0	9.7	12.2	4.0	9.2	2.2	
1985	130.6	35.7	94	9.1	37.9	50	21.7	52.9	10.6	442.5
	29.5	8.1	21.3	2.1	8.6	11.3	4.9	12.0	2.4	
1990	210.5	54.7	153.8	15.4	58	82.2	25	127.7	24	751.3
	28.0	7.3	20.5	2.0	7.7	10.9	3.3	17.0	3.2	
1995	219.9	55.4	167.8	13.9	63.0	96.2	40.1	140.1	36.3	832.7
	26.4	6.7	20.2	1.7	7.6	11.6	4.8	16.8	4.4	
2001(*4)	230.9	—	181.4	—	56.9	102.8	43.2	144.4	29.0	788.6
	29.3	—	23.0	—	7.2	13.0	5.5	18.3	3.7	

注：上段は預金量，下段はシェア。（*1）債券発行高を含む。（*2）掛け金を含む。（*3）運用資産，—はデータなし。（*4）長信銀と信託はデータなし。
出所：日本銀行調査統計局（各年）。

表5-8 部門別の国債保有シェア（単位千億円，％）

年度末	国債 現存額	国債 増加額	運用部 保有額	運用部 シェア	整理基金 保有額	整理基金 シェア	日銀 保有額	日銀 シェア	郵貯+簡保 保有額	郵貯+簡保 シェア	郵貯 保有額	郵貯 シェア	簡保 保有額	簡保 シェア	銀行等 保有額	銀行等 シェア
1965	6.88		0.9	13.1	0.00	0.0	2.08	30.2	0.02	0.3			0.02	0.3	1.27	18.5
1970	36.0	29.1	11.2	31.1	0.67	1.9	12.0	33.4	0.01	0.0			0.01	0.0	4.43	12.3
1975	157.8	121.8	29.5	18.7	0.0	0.0	52.8	33.5	0.7	0.4			0.7	0.4	51.6	32.7
1980	719.1	561.3	118.9	16.5	21.2	2.9	86.7	12.1	0.1	0.0			0.1	0.0	237.6	33.0
1985	1,366	646.9	395.2	28.9	13.7	1.0	44.5	3.3	4.7	0.3			4.7	0.3	360.5	26.4
1990	1,685	319.0	568.7	33.8	13.6	0.8	77.2	4.6	65.5	3.9	61.2	3.6	4.3	0.3	478.3	28.4
1995	2,280	595.0	623.9	27.4	0.0	0.0	177.8	7.8	226.2	9.9	151.4	6.6	74.8	3.3	454.5	19.9
2000	4,090	1810.0	726.8	17.8	81.4	2.0	475.3	11.6	572.6	14.0	261.6	6.4	311	7.6	960.5	23.5
2004	6,206	2116.0	500	8.1	121.5	2.0	898.7	14.5	1,519	24.5	968.1	15.6	551	8.9	1,235	19.9
2008	6,769	563.0	12	0.2	271.2	4.0	559	8.3	—		—		—		2,465	36.4

注：FBを除く内国債。2007年度，郵貯・簡保は民営化。
出所：大蔵省理財局（各年b），日本銀行調査統計局（各期）。

券会社経由の消化シェアは60～70年代では目標に届かなかったが，次第に個人による消化が定着した。

なお，郵便貯金・簡易生命保険の両資金などを含む公的部門の合計とシ団の国債の保有シェアは表5-8に掲げたとおりである。日本銀行と資金運用部の保有シェアの合計は1965～75年度までが40～60％台で，80～2000年度はほぼ30％台で推移した。

§4-3　窓販とディーリング

証券会社以外のシ団メンバーは国債の販売を行わないとの取り決めが従来はあったが，1983年度に金融機関の窓販が開始されて銀行なども募集の取り扱いができるようになった。金融機関の長期国債引受総額のうち窓販の占める割合は[121]83年度が34％，84年度55％，80年代後半は60～70％であり，90年代は10％以下とふるわなくなった。これは，金融機関が入札を高値で行って機関投資家には手数料分などを値引きして販売したのに，個人投資家には定価で売るという二重価格であったためである[122]。

公共債のディーリングは1984年6月に都市銀行，地方銀行，長期信用銀行，信託銀行と農林中央金庫が開始し，同年10月に外国銀行，85年6月に相互銀行，86年6月に信用金庫がそれぞれ参入した。ディーリングは金融機関の重要な収益源となり，商品を長期間保有することなく短期で売買益を狙うことができた。加えてディーリングは流通市場の拡大をもたらした。特にディーラー同士で売買する業者間売買のウエートが増加し，87年度では国債全体の売買高の9割近くにも及んだ。このため，発行量が多く流動性の高い銘柄である「指標銘柄」に人気が集中して他銘柄より割高に買われる傾向が強まり，それ以外の銘柄に比べ3円以上の価格差が生じることもあった。かつては恒常的な売り手であった都市銀行，地方銀行もディーリング開始により80年代半ばには買越しに転じた。

§4-4　入札

国債の公募入札発行は1977年10月に出された証券取引審議会基本問題委員会

の「望ましい公社債市場の在り方に関する報告」で提言された。国債発行が巨額になり民間の保有が累積してきたこと、従来の発行・保有方式では特定の金融機関の負担が重くなることなどから、この報告書は市場実勢を発行条件に反映させる入札方式が不可欠であるとした[123]。また金融自由化の動きが胎動して、前述のように、78年1月以降における資金運用部保有国債の日本銀行による売却と同年6月における日本銀行の買いオペがともに入札で行われ、入札方式による発行を受け入れる環境が整いつつあった。

入札発行方式は中期債から導入され、3年物利付国債の発行が1978年6月に開始された際にこの方式に依った。初めての入札で前提となる利率がなかったため利回り・価格の判断が難しく、コンベンショナル方式、つまり利回り・価格が各落札者の提示したレベルに決まる方式では応札が消極的になる懸念があった[124]。そこで、入札利回りを単一にするダッチ方式を採用した[125]。その後、入札者が次第に慣れてきたこと、とられていた方式ではクーポン・レートは発行者が予め設定するのではなく入札結果にもとづき事後的に設定されたので入札結果が市場実勢と乖離したこと[126]などから、5回目の79年8月発行分以降は原則として価格についてのコンベンショナル方式で行われた。

本章§4-5で後述のように、2年物利付債は1979年3月に、4年物利付債は80年3月に、ともに資金運用部引受で発行が始まったが、これらもそれぞれ79年6月と80年6月に入札方式になり、他の短・中期物も86年2月に短期国債、94年2月に6年物利付債、2000年11月に3年物割引債の順に入札を導入した。

次いで、定率公募入札方式が1982年11月に3年物と4年物の利付国債について開始された。これは情報を十分にもたない入札者を対象として、クーポン・レートが直前の競争入札分と等しく、また価格は競争入札において募入平均価格以上で落札された部分の加重平均とされたため[127]、当日の実勢価格と大きく乖離することがあった。この方式には利回り決定に関するリスクがないので、価格と利回りは競争入札に比べて参加者により不利な条件に設定された。83年2月に2年債にも定率公募入札を導入した。

さらに、定率公募入札に代わって非競争入札が98年4月に2、4、6年物利付債に導入され、競争入札に参加しない中小金融機関に対して、発行総額の1

割を競争入札で決まった落札価格の平均で配分した。

　超長期国債のうち20年物利付国債は1986年10月開始のシ団引受から87年9月に公募入札へ移行し，30年物利付債[128]と15年物利付債もそれぞれ99年9月と2000年2月に入札方式を導入した。

　10年物長期国債には，まず1987年11月に引受額入札方式が導入された。これは外国からの圧力の高まりなどにより始められもので，シ団メンバーは各月の発行額の20％について引受希望額のみを入札し，残り80％は固定シェアで割り当てられて，残額引受責任を負った。このやり方は発行条件（クーポン・レートと発行価格）を入札前には決めないブラインド方式をとり，入札後に交渉で決めた。しかし透明性を増して十分な競争を行い，外国金融機関のアクセスも拡大するためには，ブラインド方式以外のやり方が要請された。

　次に部分的（価格）競争入札が1989年4月に開始された。引受額入札と異なって，この方式では発行条件をシ団と発行体が入札前の交渉で決めており，入札時には既知であった。当初は発行額の40％部分は価格についてのコンベンショナル方式でシ団メンバーが入札を行い，残りの60％は募入平均価格により固定シェアに従ってシ団メンバーが引き受けた。入札部分に未達が生じた場合にはシ団メンバーが上記の60％部分と同条件で固定シェアに応じて引き受けた。また非競争入札も併用され，60％の固定シェアのうちの20％はこの方式で配分された。すなわち，シ団内シェアがメンバー当たり0.3％以下であって情報収集や分析の能力が十分でない中小金融機関は，取得希望額を入札して固定シェア部分と同条件で優先的に取得することができた[129]。

　部分的競争入札の導入後，シ団引受分の割合は60％から逓減して1990年10月に40％，2002年5月に25％，03年5月に20％，04年5月に15％，05年4月に10％となって入札部分の割合が逓増し，06年3月末にはシ団引受が廃止された。76年度に発行が始まった5年物割引国債もシ団引受に依っていたが00年9月に発行が廃止された（§4-1参照）。

　なお，市場参加者の意向を取り入れて国債管理政策を進めるべく，2000年9月に国債市場懇談会が，02年4月に国債投資家懇談会が，04年10月に国債市場特別参加者会合が，同年11月には国の債務管理の在り方に関する懇談会がそれ

ぞれ始められた。

§4-5　公的部門の引き受けと売買

(a) 資金運用部

　資金運用部の引き受けの推移は以下のとおりである。1970年代半ばまで，運用部は毎年度の発行国債の10～20%を引き受けて保有した[130]（表5-9参照）。73年の第1次石油ショック後に景気刺激策がとられて財政投融資が増加し，また郵便貯金がそれほど増えなかったこともあいまって（表5-10参照），運用部の国債引き受けは大幅に減少した。

　1978年6月に3年物利付国債の発行が始まった。このころ発行額の増加と債券価格の下落から金融機関保有国債の評価損・売却損が増大して，シ団は資金運用部による引き受けを要求した。当時の運用部の資金繰りからは短期物が望ましかったため，79年3月に2年物利付国債を初めて発行し運用部が引き受けた。79年度には郵便貯金増のため運用部の資金に余裕が生じて，80年3月に発行が始まった4年物利付国債の全額を引き受けた[131]。

　1979年5月に大蔵省が発表した国債管理策（「7項目対策」）によって，シ団の負担軽減のために中期債の引き受け先がシ団から資金運用部に変更された。79年度には条件付（現先）で買い入れた国債を金融機関に売り戻したので，運用部引受の増加とシ団引受の削減が可能となった。80年5月の新たな対策（「5項目対策」）でも運用部引受を増額したが，これは債券の会計処理に低価法[132]を選択していた銀行の償却負担を軽減することが目的であった。

　1993，94年度は不況対策に財政投融資を利用したので資金運用部は原資不足となり，保有国債をそれぞれ前年度より減少させた。90年代後半には住宅金融公庫などへの融資，つまり財政投融資の支出が増加しなかったため，運用部の国債保有は増大した。99年度以降は郵便貯金資金の減少などで運用部の国債保有は減少した。

　1998年には「運用部ショック」が発生した。すなわち，資金運用部からの政府系金融機関・特別会計・地方自治体への貸し出しが増加し，加えて原資である郵便貯金の大量満期が近づいて将来の見通しが不透明であったので，国債の

表5-9　運用部の国債引受（実績，収入金ベース，単位億円，%）

年度	国債発行額(A)	運用部引受(B)	運用部引受率(B/A)	年度	国債発行額(A)	運用部引受(B)	運用部引受率(B/A)
1975	52,829	8,400	15.9	1988	(192,907) 210,986	(23,904) 31,120	(12.4) 14.7
1976	72,007	10,138	14.1	1989	(197,920) 217,183	(21,918) 41,181	(11.1) 19.0
1977	95,630	10,000	10.5	1990	(240,993) 259,652	(20,000) 38,659	(8.3) 14.9
1978	106,760	(3,000) 3,000	2.8	1991	(243,330) 256,057	(10,870) 19,370	(4.5) 7.6
1979	134,720	(11,641) 26,641	19.8	1992	(269,752) 310,329	(19,560) 55,910	(7.3) 18.0
1980	141,702	(2,684) 39,684	28.0	1993	(331,309) 379,869	(30,231) 69,231	(9.1) 18.2
1981	133,401	(2,940) 44,240	33.2	1994	(348,511) 393,717	(5,000) 22,000	(1.4) 5.6
1982	152,599	37,000	24.2	1995	(425,628) 466,238	(33,507) 53,507	(7.9) 11.5
1983	158,633	37,000	23.3	1996	(412,691) 483,007	(49,759) 89,760	(12.1) 18.6
1984	160,115	37,850	23.6	1997	(429,531) 498,900	(48,000) 97,053	(11.2) 19.5
1985	(194,598) 212,653	(60,551) 68,759	(31.1) 32.3	1998	(670,979) 764,310	(110,000) 152,459	(16.4) 19.9
1986	(196,901) 227,435	(52,690) 69,358	(26.8) 30.5	1999	(710,500) 775,979	(—) 28,000	(0.0) 3.6
1987	(218,823) 248,672	(50,413) 66,262	(23.0) 26.6	2000	(825,544) 862,737	(—) —	

注：上段の（　）内は日銀と運用部の乗り換えを除いた計数。—は不明。
出所：大蔵省（各月）。

新規引受を行わず買い入れも停止するとの方針が98年末に出されて金利が上昇した。99年2月に買い入れを再開したが，郵便貯金の大量満期で資金不足となった。98年6月には中央省庁等改革基本法で政府資金の統合運用と預託制度が廃止された。2000年4月に売り現先での資金調達を開始し，01年3月には財政投融資改革に伴い国債買い入れを停止した。

資金運用部の売買の状況は次のとおりである。1978年1月から財政投融資の原資調達のために，運用部は保有国債を公募入札で市中に売却した[133]（表5-11a参照）。78年9月と79年3月に買い入れを行った[134]。79年6月にはロクイチ国

表5-10 郵便貯金残高（単位兆円）

年度	残高	備考
1971	9.7	
1975	24.6	
1980	62.0	定額郵貯へのシフト発生
1985	103.0	
1990	136.3	前半は定額郵貯の集中満期，90年度後半～91年度は資金流入
1991	155.6	4月郵貯預入限度1,000万円に引上げ
1992	170.0	93年1月金利先安感と定額郵貯金利新ルール決定から定額へのシフト最大
1993	183.5	6月金利決定新ルール実施
1994	197.8	10月金利自由化完了。秋，定額郵貯への預替え
1995	213.4	以後90年代後半は低金利期で，伸び鈍化
2000	249.9	00年9月～01年7月定額郵貯の集中満期到来

出所：日本銀行調査統計局（各年）。

表5-11a 資金運用部の国債対市中売買（単位億円）

年度	売買内容	備考
1977	売8,080	
78	買6,388，売3,000	
81	売7,149	※
82	売12,611	
83	売7,620	※（財投の原資不足）
85		5月中期国債の直接発行を引受
90		乗換による借換の一部停止
92	買3,208	
93	買5,732，売3,049	92～93年度に財政投融資資金を不況対策に使用
94	売1,915,	財投拡大で，資金運用部原資不足
96	買18,196	
97	買24,221	
98		公的金融の買越が最大。97年度とともに，財投のスリム化が目標とされ，計画外運用（国債）が増加。
99		買越急減。保有減（郵貯大量満期で運用部資金不足）
2000		保有減。売り操作（郵貯大量満期で運用部資金不足）

注：※印は整理基金の売買と逆。ただし引受額は増えているから保有比は増加。98年度以後データなし。買い切りと売り切りのみ。
出所：野村総合研究所（各年），戸原（2001）。

債（78年度発行，クーポン6.1％）の価格が急落したので，市中から7,000億円の条件付買い入れを行った。81年から83年にかけては財政投融資の原資不足から国債を売却した。その後，郵便貯金増で1993年1月に市中からの買い切りが行われた。97年度に市中からの既発国債の買い入れが予算に計上され，資金運

用部は5年以上の長期保有が可能になった[135]。2000年度末には前記のように国債買い入れを停止した。

このように，資金運用部の国債保有の増減は国債管理政策の下で決定され，また，財政投融資資金の過不足にも影響されている。

(b) 国債整理基金

国債整理基金の資金は資金運用部への預託と国債保有形態での運用が認められていた。1968年度に国債整理基金特別会計法を改正し[136]，前年度首の国債残高の1.6％の定率繰入，一般会計の剰余金の半分の繰入，予算で定める繰入の3種類によって減債基金を予め留保する減債基金制度を導入して，国債整理基金の仕組みが整備された。

国債整理基金は長期国債発行の再開後初めて1974年に国債の買い入れを行い[137]，76年5月には日本銀行保有分を条件付きで買い入れた[138]。その後も，前掲のロクイチ国債が暴落した79年6月に価格支持を試みて市中からの買い入れを行った（表5-11b参照）[139]。81年度には1兆円余を市中から買い入れ，そのほとんどを資金運用部に売却した。資金繰りに余裕があったので市況対策のために83, 84, 87, 90, 92年にも買い入れを行った。85年6月には償還財源の充

表5-11b 整理基金の国債対市中売買（単位 億円）

年　月	売買内容
1974年12月	買200
1979年6月	買3,156（ロクイチ国債の価格支持）
1979年度	買5,291
1980年度	買16,269（相場てこ入れの効果持たず）
1981年度	買12,027（市況悪化の対策。資金運用部へ売却）
1982年度	売4,545（基金の資金繰りのため）
1983年度	買3,293（基金の資金繰りのため）
1984年度	買7,519（市況対策）
1987年度	買9,186
1990年1-2月	買NA
1992年4月	買NA

注：買い切りと売り切りのみ。
出所：野村総合研究所（各年），「読売新聞」1974年11月30日。

表5-11c 運用部・整理基金の国債買い切り状況

入札日	銘柄	買入価格(円)	市場価格(当日の終値, 円)	入札日	銘柄	買入価格(円)	市場価格(当日の終値, 円)
1978.9.7	4	102.75	102.45 &	83.6.27	46	97.60	97.21 &
79.3.22	8	97.61	98.20	83.11.11	46	99.15	98.90 &
79.5.31	10	87.45	87.40 &	84.5.8	53	101.09	101.11
80.2.29	11	82.20	82.17 &	84.5.10	53	101.05	100.98 &
80.3.6	八7	96.50	97.20	84.5.16	53	101.08	100.95 &
80.10.20	八7	98.03	98.06	84.5.18	55	100.21	100.16 &
80.10.27	八12	98.24	98.02 &	84.7.19	55	100.00	100.13
80.10.30	13	84.48	84.44 &	84.7.23	55	99.80	99.65 &
80.11.6	八7	98.56	98.60	84.7.24	59	97.29	99.65
80.11.10	八7	98.65	98.06 &	84.7.25	59	97.54	99.76
80.11.17	八7	98.33	98.06 &	85.2.26	59	101.99	102.25
81.5.11	21	96.28	96.39	85.2.27	63	100.33	100.09 &
81.8.27	八7	97.63	98.21	85.2.28	63	99.94	100.09
81.9.2	八11	97.32	97.27 &	87.7.17	99	97.60	98.00
81.9.8	八11	98.10	97.84 &	87.7.20	100	91.84	91.19 &
81.10.21	八11	98.45	98.46	87.7.22	95	101.98	101.65 &
82.1.20	23	98.29	98.23 &	87.7.24	90	100.76	100.97
82.1.26	23	97.82	97.71 &	87.7.28	90	100.84	100.61 &
82.1.29	23	98.15	98.28	87.8.11	90	97.78	97.31 &
82.2.16	23	97.77	97.72 &	87.8.18	95	97.97	98.09
83.4.22	45	97.46	97.35 &	87.8.21	90	100.60	100.18 &

注：初めの2回のみ運用部，それ以外は整理基金。銘柄の特記以外は利付国債の回数。八＊は8分利国債第＊回を示す。&印は買入価格が市価より高いことを示す。本表記載以外のデータは採集できない。
出所：野村総合研究所（各年）1983,1985,1989年。

実のために，短期国債の発行と借換債の前年度における前倒し発行を可能にするべく，国債整理基金特別会計法が改正された。

　これらの買い入れの影響を調べるために，入札日において入札で決まる買い入れ価格とその日の市場価格の終値を比較すると表5-11cのとおりであり，かなりのケースで市場価格よりも高く買い入れがなされている。入札であるから資金運用部と国債整理基金の意図がどこまで入っているかがわからず，また入札時刻の市場価格がいくらであったかも不明で，大まかな傾向がうかがえるだけであるが，結果として市場価格よりも高く買い入れているケースが多くあり，市場に介入して買い支える[140]という効果をもちえたことは否定できないであろう。

(c) 郵便貯金資金と簡易生命保険資金

　表5-12a，5-12bによれば郵便貯金と簡易生命保険の両資金の国債保有シェアは時間の経過とともに逓増傾向にあり，両者の合計は5％未満（1991年まで），10％未満（95年まで），10％台（96年以降）と変化している。

　郵便貯金資金は1987年5月に金融自由化対策資金として自主運用を開始した（表5-12a参照）。その半分以上で国債を引き受け，ほかに国債・地方債・政府機関債・金融債などを市場で買い入れて[141]，長期保有を原則としたが売買も行った。89年度には指定単（単独運用指定金銭信託）での運用を開始した。郵便貯金資金の国債保有シェアは95年まで5％未満，95年以降は5％以上であった（表5-8参照）。90年代半ばからシェアが増加したのは，金融自由化対策資金による自主運用の枠が92年度に拡大したこと，かつ円高で外債の含み損が発生したので外債への投資を抑制したことなどによる[142]。

　簡易生命保険資金は1953年から積立金の自主運用を行った（表5-12b参照）。財政投融資計画協力分として政府関係機関債などの引き受けが多く，ほかに国債・地方債などを市場で買い入れた[143]。87年9月に指定単での運用を始め，91年度には郵便年金を統合した。2000年度で国債は全資産残高の約2割を占めて

表5-12a　郵便貯金の自主運用と国債引受（単位兆円）

年度	自主運用残高	引受額
1987	2.0	1.00
1988	4.5	1.25
1989	7.5	1.50
1990	11.0	1.65
1991	15.0	2.10
1992	20.4	2.38
1993	25.2	2.38
1994	30.2	2.22
1995	35.2	2.19
1996	40.2	2.50
1997	45.7	2.75
1998	55.2	4.75
1999	58.9	2.75
2000	57.4	0

出所：郵貯資金研究協会（2003,2007）。

表5-12b　簡易保険の資産運用（単位十億円）

年度	積立金総額	地方債	国債	公社債・金融債	社債・株式
1953	109	1	1	0	0
1960	628	0	34	26	0
1965	1,133	4	29	261	10
1970	2,124	22	15	652	1
1975	5,557	88	63	2,004	113
1980	13,336	992	7	4,872	700
1985	25,716	2,862	395	8,138	2,950
1990	44,923	3,418	321	14,827	5,653
1995	82,617	4,953	7,479	24,788	7,881
2000	115,593	7,461	27,352	23,874	*3,535

注：＊は株式を含まない。公社債は公庫・公団債等。0は5億円未満。
出所：大蔵省（各月），郵貯資金研究協会（2003）。

いた。簡易生命保険資金の国債保有シェアは97年度までは5％未満，98年度からは5％以上であった（表5-8参照）。90年代前半から急増したのは，外債の含み損発生のため外債投資を抑制したこと，また，株式相場の低迷と社債発行条件の悪化で株式・社債への投資を控えたことなどによる[144]。

(d) 日本銀行

　本章§2で述べたように，1962年11月に日本銀行は新金融調節方式を開始した。67年から長期利付国債の買切オペを始めて，以後は国債をオペの主要対象とした。70年代後半からのオペの状況は表5-13aに示されており，その方式は様々に変更された。77年12月に日本銀行によるオペ額割当方式から金融機関の希望する額による方式に変え，78年1月にはオペ価格を弾力的に定めた。同年6月に入札方式を導入するとともに[145]，オペを2〜3回に分けて実施する小刻みオペを採用，12月には従来の単一価格によるダッチ方式での買い入れを複数価格によるコンベンショナル方式に変更した。79年には入札の通知から落札までの期間を短縮するオペの機動化をはかり，同年6月にその期間を1日とするクイック・オペを導入した。84年6月にごく少数の銀行や証券会社を対象とし対象先を順番に変えながら実施する輪番（小口）オペを始め，87年12月から長期利付国債の現先買いオペを実施，97年11月に国債の現金担保付き貸借取引（レ

ポ）市場におけるオペ（レポ・オペ，国債借入れオペ）を導入した。これらのオペは長期的な資金供給という政策目的に沿うものである。なお，2002年11月には新現先方式による国債現先オペを導入し，レポ・オペを廃止した。

オペ以外に満期になった国債を再度引き受ける乗り換え[146]も行った。1999年度まで満期を迎えた長期国債は同じ長期国債で借り換えた。2000年度以後は，1年物割引短期国債で借換引受が行われた（表5-13b参照）。

日本銀行の国債保有シェアは20〜30％（1970年代半ばまで），10％台（70年代後半），10％未満（80年代〜90年代半ば）[147]と推移した（表5-8参照）。日本銀行は新規債の引き受けを行わないから，これらは買切オペと現先オペの合計と満期償還分を反映している。

表5-13a 日銀の買い切りオペ（単位億円）

年度	買い切りオペ	備考
1978	11,167	
1980	7,056	
1985	5,440	
1989	21,308	買オペ頻繁，輪番オペの1回あたり額を倍増
1990	23,352	買オペ頻繁
1995	45,537	
2000	48,110	
2002	136,269	

注：売オペと新規債引受はなし。
出所：野村総合研究所（各年）。

表5-13b 日銀の乗り換えによる引受額（実績ベース，単位兆円）

年度	引受額
1975	0.4
1980	0.0
1985	1.0
1990	0.0
1995	2.1
2000	4.2

注：89，90年度は乗り換えによる借り換えを停止。
出所：郵貯資金研究協会（2003）。

(e) 共済組合

共済組合には国家公務員共済組合連合会と各省庁の共済組合，地方公務員共済組合連合会と各種の地方公務員共済組合，日本私学振興・共済事業団，農林漁業団体職員共済組合があり，年金の積立金の運用を行う。資金運用部への預託[148]や本章§3に前掲した政府保証債の引き受けなど財政投融資が一部あるが，原則として自主運用する[149]。野村総合研究所（各年）[150]によればかなり売買しており，これだけ頻繁であると価格変化に対応して行っているのであろうと考えられる。

§5 その他の債券

利付金融債（利金債）は長期信用銀行などが発行し，都市銀行などが買い入れた。1963（昭和38）年1月に日本銀行の債券条件付オペの対象となり，国債発行再開後の66年2月にオペ対象から外れた[151]。都市銀行などは国債の引き受けで資金の余裕がなくなったので市場で利金債などを売却し，機関投資家・中小金融機関・法人などがこれを買い入れた。発行条件は70年代半ば以降，流通市場の実勢を反映するようになった。利金債は60年代後半において流通市場の主役であり，90年代末まで多く取引された。後掲第7章の§3で説明するように，利金債は資金運用部によっても保有された。

1970年代前半以降90年代まで流通市場の中心であったのが地方債，とりわけ59年度に導入された縁故地方債であり，60年代半ばから店頭売買高で公募地方債を上回った（表5-4参照）。

貸付を含む広義の地方債は1948年度以降，毎年度作成された政府の地方財政計画にもとづいてその起債が許可された。さらに，地方債計画は地方財政計画に関連しており，地方債の許可予定の枠を一般会計債，公営企業債，特別地方債に分けて引受原資の枠も示す。引受原資の内訳では政府資金（資金運用部，簡易生命保険，年金）と縁故資金が多く，ほかに公営企業金融公庫の資金[152]もあるので，市場公募分はほとんどの期間で10%前後しかなかった（表5-14参照）。

縁故地方債は1970年代半ばから大量発行され90年代に著増して，公募地方債

表5-14 地方債の資金区分別発行額（単位億円）

年度	発行総額	政府資金	公営企業金融公庫資金	民間資金	市場公募	縁故
1955	1,294	914	＊	380	—	—
1960	1,614	1,274	135	205	165	40
1965	5,464	3,380	550	1,534	470	964
1970	12,066	5,506	1,027	5,533	620	4,570
1975	48,805	20,561	2,699	25,545	2,600	22,100
1980	69,657	31,086	11,385	27,186	7,250	18,359
1985	67,849	37,771	10,437	19,641	6,600	10,643
1990	81,230	42,913	10,156	28,161	7,050	18,229
1995	224,004	97,034	21,919	105,051	14,868	86,493
2000	151,197	76,144	18,478	56,575	16,963	37,252

注：60年度まで地方債計画にもとづく計画額，以後は実績額。＊は公営企業金融公庫未発足，—は不明。
出所：志村（1979）p.165，野村総合研究所（各年）。

の2倍程度が発行された（表5-14参照）。90年代には東京都債が全公募地方債の約1/3を占めた（後掲第8章の表8-3参照）。縁故地方債の引き受け[153]には，少数の金融機関が引き受ける直接募集方式と，多数の金融機関がシ団（「縁故シ団」）を形成する間接募集の総額引受方式があり，発行量の増加につれて70年頃から単独引受が困難になって，シ団を形成した上での引き受けが多くなり，公募債の引受形態に近づいた[154]。

公募地方債は間接発行の残額引受方式で発行され，シ団引受がなされた。シ団引受[155]は銀行が受託会社となり，銀行と大手証券会社がシ団を形成する。起債調整を行っていた起債会が存在していたときは，引き受けの承認を起債会から得ていた[156]。募集の取り扱いは1983年3月までは証券会社のみが，83年4月の公共債の窓販解禁後は銀行も行い，販売だけを担当する取次証券会社もあった。証券会社のみが募集を行っていたのは政保債の別口引受と同様であった。売れ残りは募集取扱証券会社が，また83年4月からは銀行も引き受けた。公募債は70年代後半と90年代に増加した。

なお，日本銀行の適格担保制度のもとで貸出しの担保として使用される貸付適格担保に地方債も順次指定された。1952年の公募地方債に続き，90年4月には起債額30億円以上の大口の縁故地方債[157]が，それぞれ指定を受けた。また前

記の利金債などと同様に，63年1月に日本銀行のオペの対象となり，66年2月にオペ対象から外れた。

資金運用部は地方債の新発債の引き受けを行い，基本的に買い持ちであった[158]（保有高は後掲の表8-2参照）。買い支えを行ったこともある[159]。簡易生命保険の積立金は国，政府関係機関，地方公共団体への融資と，地方債，政保債を含む公団・公庫債の他各種の債券，契約者貸付などで運用された。従来は買い持ち型の投資であった。

§6 おわりに

本章では，政保債と国債の引き受けを中心に債券発行・流通市場の動きを概観した。戦前の公共債のケースと同様に公共部門がかなりの役割を担ってプレゼンスを増している。次章以下でもふれるように，市場，とりわけ債券流通市場が経済的合理性を貫徹して「市場」としての役割を十分に果たしてきたか，また果たしているかについては必ずしも疑問なしとしない。

注

1 日本銀行百年史編纂委員会（1985）第5巻p.109参照。
2 49年度から，市中引き受けを要する国債発行は停止された。志村（1979）p.428参照。
3 日本銀行百年史編纂委員会（1985）第5巻p.19参照。
4 国債の所有者，実行日などが個別に指示される。加藤（1983）p.751参照。
5 額面金額から支払い期の到来した賦札（元利の支払いを割賦の方法で行う国債の1回の支払額を表す）の元金額を差し引いた金額で買い上げた。小口国債の買上償還は50年4月から9月まで行われた。加藤（1983）p.739, 752参照。また，この制度の淵源である小口国債の買い上げは，郵便局で37年から，日本銀行では42年から，それぞれ行われていた。加藤（1983）p.623, 日本銀行百年史編纂委員会（1984）第4巻p.250参照。
6 「小口国債の買上げ［償還］が不振であったため，……銘柄整理のための繰上償還を実施することになり（［　］引用者）」（加藤（1983）p.751），また「記名国債証券の買上償還は買上を必要とする旨の証明書がある証券について」（日本銀行国債事務例規集（代理店用）の630「記名国債証券の買上償還」，631「買上償還代金の支払い」），あるいは「真にやむを得ない場合に」（大蔵省「小口国債の買上制度の変更について」48年9月［日本

証券経済研究所（1985）p.673参照］）行うとの説明があり，買上償還は特別の場合のみになされたのに対し，繰上償還は理由の如何を問わず行われた，とみられる。

7　石・油井（1997）p.81，日本銀行業務局（2015）参照。
8　野村證券引受部（1979）p.42参照。
9　金融債（興業債）の発行は戦後すぐも続き，46年3月に戦後初の公募金融債を発行した。日本興業銀行は債券発行による長期金融機関として再発足（48年12月）して49年1月から割引債を，同年9月から利付債をそれぞれ発行した。日本興業銀行（1982）p.109,128参照。ほかに，商工組合中央金庫・農林中央金庫（ともに50年に債券発行を再開），新設の日本長期信用銀行（52年発行開始）・日本不動産銀行（57年発行開始）が，外国為替専門銀行に転換した東京銀行（旧横浜正金銀行，62年発行開始）とともに金融債を発行した。なお，東京銀行は51年2月に1度だけ1年物割引債を発行したことがある。大月（1978）p.280参照。
10　対象となる銘柄が徐々に削減され，かつオペの対象となる債券が市場に少なくなったことから51年10月に廃止された。菅谷（1978）p.214参照。
11　「法人に対する政府の財政援助の制限に関する法律」（昭和21年9月25日法律第24号）で1946年に一般的に禁止されており，例外的に大蔵大臣の指定する法人は発行可能であった。林（1978）p.260参照。なお，戦後初の政保債は中小の転廃業者対策を行う国民更正金庫（41年発足）が45年9月に発行した更正債券である。山一證券（1958）p.936参照。
12　北海道東北開発，公営企業金融，中小企業金融の各公庫と日本住宅，日本道路，首都高速道路，阪神高速道路，水資源開発の各公団，および電源開発，東北開発，日本航空，日本航空機製造，石油資源開発の各株式会社。石・油井（1997）p.256参照。
13　石・油井（1997）p.25参照。
14　「朝日新聞」1960年7月30日参照。
15　東京都教育公債が46年12月に公募発行された。日本証券経済研究所（1989）p.200参照。
16　2016年度で55団体となっている。
17　大蔵省理財局総務課長（編）（各年）（1982）p.86参照。
18　日本興業銀行は1952年公布の長期信用銀行法にもとづく銀行となった。
19　一定の時間・場所に集団で集まり，一定の方法でする売買。東京証券取引所（1963）p.98，東京証券業協会（1951）p.169-174，志村（1980）p.189参照。
20　東京証券取引所（1963）p.318参照。
21　志村（1980）p.90，115参照。
22　東京証券業協会（1971）p.73参照。1956年8月に解散した。
23　気配値を報告し合う。大手証券4社も1946年5月から参加した。東京証券取引所（1974）p.95，志村（1980）p.189参照。
24　東京証券取引所（1974）p.95，東京才取会員協会（1975）p.160参照。
25　金利規制を受けなかったコール資金はレートが高くなり，その債券流通金融としての

26 日本証券業協会 (1966) 参照。

27 野田 (1966) p.57, 日本銀行金融研究所 (1986) p.452参照。なお，政保債のオペは前記のように60年8月から行われた。

28 日本銀行調査局 (1971) p.140, 日本銀行金融研究所 (1986) p.451, 東京証券取引所 (1974) p.418-19, 野村證券 (1976) p.591-92参照。

29 50年度は農林・商工・興業・勧業・北海道拓殖の各債券（3年以上物），57年からは割引金融債も，それぞれ対象とした。志村 (1979) p.442, 同 (1980) p.184, 山村 (1980) p.869参照。

30 日本銀行金融研究所 (1986) p.391-93参照。

31 発行額に占める引き受けの比率は徐々に低下し，需給緩和に大きくは寄与しなかった。菅谷 (1978) p.242,「読売新聞」1951年4月1日, 1952年11月5日,「朝日新聞」1952年5月18日参照。

32 日本興業銀行 (1982) p.351参照。

33 日本興業銀行 (1982) p.549参照。

34 日本興業銀行 (1982) p.142, 222, 745, 947参照。

35 「日本経済新聞」1994年2月16日参照。

36 「朝日新聞」1957年9月2日, 1965年8月24日,「日本経済新聞」1988年7月20日参照。

37 つまり，特定分野へ投融資を行うといった特別の目的をもたないで単に資金運用するということであろう。これは日本興業銀行の担当者の見方である。「日経金融新聞」1997年6月20日参照。

38 「日本経済新聞」1997年6月20日参照。

39 釜江 (2012) 第8章第4節参照。

40 59年の政保債組み入れ額は約50億円であった。大和證券 (1963) p.463参照。

41 野田 (1966) p.57, 日本銀行金融研究所 (1986) p.452参照。70年代末以降，債券オペの対象にはなっていなかったとみられるが（日本銀行「政策委員会・金融政策決定会合議事録99年3月25日分」参照），近年は共通担保資金供給オペで担保として用いられている。日本銀行HP「オペレーション（公開市場操作）にはどのような種類がありますか」,「日経金融新聞」1991年6月16日参照。

42 「朝日新聞」1966年2月2日参照。

43 「朝日新聞」1953年8月1日参照。

44 龍 (1968) p.121参照。

45 引受シ団を構成した都市銀行は第一，帝国（1954年三井に改称），三菱，富士，住友，三和，大和，東京，東海，神戸，日本勧業，協和の12行，長期信用銀行は日本興業と日本長期信用，信託銀行は三井，三菱，住友，安田，日本，第一の各行であった。

46 保険会社は証券会社からは買い入れた。山中 (1986) p.443参照。

47　北海道拓殖銀行は1955年11月に都市銀行となった。
48　「シ団参加は義務も生じるが将来に有利」との判断があった。全国地方銀行協会（1988）p.210参照。なお，1965年頃の鉄道債券と電信電話債券の地銀代表は静岡，八十二，群馬，埼玉，北陸，福岡の各行（石・油井（1997）p.368），95年の国鉄清算事業団債のそれは横浜，静岡，足利，山口，北陸，福岡の各行（野村総合研究所（各年）1995年，p.260）であった。
49　日本興業銀行（1982）p.568，全国地方銀行協会（1988）p.214，中西（1965），石・油井（1997）p.274参照。
50　日本航空（1953年10月設立，56年5月債券発行開始）が5億円のうち0.3億円，電源開発（52年9月設立，56年9月債券発行開始）は30億円のうち4.6億円がそれぞれ売れ残りとなった。「読売新聞」1956年9月27日参照。
51　日本銀行の適格担保制度の下で貸し出しの担保として優遇される社債を選定していた適格担保社債事前審査制度が1955年12月に廃止された。社債の起債銘柄・格付基準と格付別の起債額・発行条件を決めていた起債懇談会（47年創設の起債調整協議会から分離して49年6月に発足。大蔵省，地方自治庁，経済安定本部，日本銀行，銀行・証券会社の代表で構成）は56年7月に活動を休止し，8月から発行会社・引受証券会社・受託銀行の話し合いで発行条件が決められるようになった。志村（1980）p.232，大和証券（1963）p.405参照。
52　大和証券（1963）p.406参照。
53　志村（1980）p.223参照。
54　日本銀行（各月）1956年11月の「国内経済事情」欄参照。なお，これは戦前の親引けと類似の方法であった。親引けとは，公開された証券全部を公募としないで，その一部を引受会社自身が引き取る，あるいは特定の取引先などに譲渡すると約束する方法であった。竹内（1956）p.91参照。
55　後藤（1982）p.60参照。
56　コール・レートが低下しなかったため銀行が消化に消極的となり，応募者利回りの低い政保債は順調に消化されたが，そのしわ寄せで一般事業債に10億円程度の売れ残りが生じた。日本銀行（各月）1959年5月，p.23-24参照。
57　その計算法は次のとおり。(1) シ団外への販売が発行額の22%以下の場合，シ団外販売分とシ団銀行応募分（22%）の合計，(2) シ団外への販売が発行額の22%超の場合，シ団銀行はシ団外販売と同額になるまで追加応募し，それらの合計。日本興業銀行（1982）p.569，全国地方銀行協会（1988）p.214参照。
58　表5-3bおよび石・油井（1997）p.273，志村（1980）p.223参照。
59　日本興業銀行（1982）p.568参照。
60　注54，日本興業銀行（1982）p.569参照。
61　例えば「読売新聞」1962年7月5日参照。

第 5 章　戦後の公共債市場の推移

62　または（狭義の）別口引受とも呼ぶ。志村（1980）p.224，石・油井（1997）p.278，後藤（1982）p.60参照。

63　志村（1980）p.223参照。なお1982年時点でもこの方式は存続していた。野村総合研究所（各年）1978年p.243，後藤（1982）p.60参照。

64　石・油井（1997）p.278参照。

65　日本経済新聞社（編）（1987c）p.95参照。

66　「日経金融新聞」1994年6月20日，野村総合研究所（各年）1995年参照。

67　志村（1980）p.224，日本銀行（各月）1967年6月p.47参照。1966年に国債の発行が開始され証券会社も募集残の引受責任を負ったので，政保債にも少し遅れて同様の措置がとられたのであろう。なお，崎谷（1967,p.9）は「発行条件はこれまで……低位におかれており，かつ，市場性に乏しいため，……証券会社は引受責任額を分担していなかった。［昭和］42年度は政府保証債の大幅起債増の消化に協力するため……引受責任額として分担することになった」（［　］は引用者）としているが，表5-1に示すように対前年で大幅起債増があったのは1966年度であり，67年度は減少している。

68　丸木・川島（1996）p.304，「日経金融新聞」1991年11月21日参照。

69　「日経金融新聞」1994年6月24日，96年3月27日，98年9月28日参照。

70　「日経金融新聞」1998年4月21日参照。

71　石・油井（1997）p.279，「読売新聞」1963年1月15日参照。

72　農林漁業団体職員共済組合の財務及び会計に関する農林省令で，農林共済は責任準備金の1/3を政保債で運用することが義務づけられた。地方公務員共済連合会には地方公務員等共済組合法施行令で，積立金の30％から資金運用部預託分を差し引いた金額を地方債か公営企業金融公庫債で運用することが義務づけられた。日本私学振興財団の財務及び会計に関する文部省令で，日本私学振興財団は長期勘定資産増加額の1/3を政保債で運用することが義務づけられた。なお，これらは現行規程である。

73　東京相互銀行と日本相互銀行が代表としてシ団に加盟し，全72行が引受分を資金量により按分した。第二地方銀行協会（2002）p.588参照。

74　代表として全国信用金庫連合会，ないしこれと城南信用金庫が加わる。後藤（1982）p.61，野村総合研究所（各年）1978年，p.249参照。

75　暫定的に基金の年金資産のうち代行相当部分の1/3が政保債に割り当てられた。りそな企業年金研究所（2014）p.3参照。

76　丸木・川島（1996）p.296参照。

77　日本経済新聞社（編）（1987c）p.100参照。

78　後藤（1982）p.62参照。

79　「読売新聞」1952年11月5日，「日経金融新聞」1997年6月24日参照。

80　「日経金融新聞」1997年6月24日参照。

81　かんぽ生命へのヒアリングによれば，簡易生命保険積立金の運用法の改正により簡易

生命保険資金が政保債を含む公庫債などを運用できるようになったのは1955年度,同じく公団債などを運用できるようになったのは61年度,預金保険機構債他すべての政保債を対象とするようになったのは2001年度である。

82 「日本経済新聞」1982年4月26日,「日経産業新聞」1982年5月21日参照。
83 かんぽ生命へのヒアリングによる。
84 同じくヒアリングによる。1990年頃に情報ベンダーの端末が整備され,ディーリング・ルームなども整った。
85 1946年度発行の3分半利国庫債券以来の歳入補填債である。
86 北村（1979）p.101参照。
87 金融制度調査会の答申は,今後の国債発行額が政保債より多くなることを考慮してシ団メンバーの範囲を広げるべきである,と提言した。これに対して証券取引審議会は,シ団は募集引受者（アンダーライター）により構成されるべきであるとして,応募引受者の参加には消極的であった。日本興業銀行（1982）p.757,山中（1986）p.444,「朝日新聞」1965年11月12日参照。
88 国債については,日本銀行が国の委託を受けて起債,償還などの事務を行った。
89 石・油井（1997）p.373,日本興業銀行（1982）p.758,石・田近・油井（1997）p.349-50,352参照。なお,分担率を資金量に応じて決める理由として,「メンバーの協力態勢を合理的にする」ことが金融制度調査会の答申（1965年11月）にあげられている。日本興業銀行（1982）p.758参照。
90 「日本経済新聞」1983年2月11日,山元（1983）p.41参照。
91 「読売新聞」1967年1月20日,「日本経済新聞」1977年11月21日参照。
92 日本経済新聞社（編）（1979）p.38参照。
93 1977年2月の衆議院予算委員会で当時の大蔵省理財局長は「銀行について売買禁止しているという事実は全くない」と述べ,さらに4月の同委員会で「金融機関が売るか売らないかは,それぞれの資金ポジションに応じて自主的に判断するべきことである」と答弁した。釜江（2004）第1章参照。
94 本章§4-5（a）参照。
95 本章§4-5（a）参照。
96 1989-92年度は中断。
97 直接発行。
98 1999年4月に大蔵省証券・食糧証券・外国為替資金証券が統合され3ヵ月物になった。
99 発行額が少なく,また中期債であるという特殊ケースであったため,入札が可能であったのであろう。館（1978）p.382参照。
100 浜田（1997）p.59,および野村総合研究所（各年）の「割引国債引受機構」参照。
101 1981～82年にかけ爆発的に売れたこともあったほどで,82年度まで全額を証券会社がシ団外で消化し,シ団引受は実質的にはなかった。83年10月に窓販が開始され,銀行な

第5章 戦後の公共債市場の推移

ども取り扱うようになった。大蔵省理財局総務課長（編）（各年）（1982）p.44，同（1984）p.50，「日本経済新聞」1983年4月17日参照。

102 中期国債の組み入れ比率は当初50％以上であったが，1989年3月以降30％になった。87年度の中期国債の現存額は12兆円，中期国債ファンドの残高は6兆円で，その50％とすると3兆円が組み入れられていたと推定される。

103 「日本経済新聞」1978年4月13日，日本銀行調査局（各月）1978年2月p.25参照。

104 「日本経済新聞」1978年5月4日，日本銀行調査局（各月）1978年7月p.22参照。なお，当初の割り当て方式から金融機関の希望に応じて国債を買い上げる方式に1977年12月に改めていた。「日本経済新聞」1977年11月21日参照。

105 1960年代後半以降にも短資会社へ現先で，再転売禁止の条件付きで売却は行われた。日本経済新聞社（編）（1987b）p.172参照。

106 資金運用部と日本銀行のこれらの行動については本章§4参照。

107 なお，1981年6月には80年度の出納整理期間分の発行は行われたが，81年度分は休債した。

108 1981年の3ヵ月間の休債は，大蔵省に従来のような発行政策をとり続けることはできないとの認識を与え，画期的であった。「日本経済新聞」1985年6月13日参照。

109 手数料については釜江（2012）の第8章§3-4で説明している。

110 1989年4月に信託銀行のシ団メンバー（幹事会社）が従来の1行（信託協会の会長行）から2行（副会長行も）になった。「日経金融新聞」1989年2月23日参照。

111 地方銀行のシ団メンバー（幹事会社）は当初，静岡，埼玉，横浜，北陸，足利の5行であった。2000年度でも5社であったが内訳は不明である。全国地方銀行協会（1988）p.288参照。

112 相互銀行・信用金庫は参加しなくても消化の要請があることと参加すると引受手数料が入ることなどにより，農林中央金庫は資金の運用難であったことにより，それぞれ参加した。「日本経済新聞」1965年12月2日参照。相互銀行のシ団メンバー（代表）は東京相互銀行であった。第二地方銀行協会（2002）p.581参照。

113 生命保険会社は，金融機関としての格を上げることと公債発行について発言権がもてることから参加を決めた。山中（1986）p.445参照。シ団メンバー（代表）は生命保険協会会長会社（当時は朝日生命）であった。日本生命社史編纂室（1992）p.268参照。

114 証券団代表者（幹事）は当初大手4社，1974年4月に6社（新日本証券と日本勧業角丸証券が加わる），89年4月にプラス1社（国際証券，和光証券，三洋証券の3社が持ち回りで担当）で7社となった。日本銀行調査局（各月）1974年4月，p.36，大蔵省理財局総務課長（編）（各年）（1976），p.35，「日経金融新聞」1989年2月23日参照。

115 石・油井（1997）p.373参照。

116 当初，世話人会は各業態の代表10名で構成された。日本生命社史編纂室（1992）p.268，北村（1979）p.98，鈴木（編）（1982）p.57参照。

217

117 支店開設後5年以上経過していることなどの条件が必要であったが，これらの条件は1987年10月に撤廃された。「日本経済新聞」1987年10月11日。
118 1989年4月からソロモン・ブラザーズなど4社が幹事となった。「日経金融新聞」1988年9月7日参照。
119 石・油井（1997）p.502参照。
120 松野（1983）p.114，米沢（1986）p.59，中川（1992）p.58，浜田（1997）p.66参照。
121 釜江（2004）第2章第2節参照。
122 野村総合研究所（各年），「日本経済新聞」1992年2月17日，92年3月3日，94年8月5日参照。なお，2002年度以降の割合は未公表。
123 証券政策研究会（1978）p.14参照。
124 低利回り（＝高価格）の入札者は高利回りの入札者よりも落札の可能性は高くなるが，高価格で購入しなければならないリスクが生じるので（「勝者の災い」），応募者はなるべく低価格で消極的に入札することになる。釜江（2004）p.148参照。
125 日本証券業協会（各月）2000年6月号の「平成11年度の公社債市場」p.52参照。
126 浜田（1997）p.81，釜江（2004）p.149参照。
127 浜田（1997）p.85参照。
128 前記の3年利付国債と同様の理由で利回りでのダッチ方式が採用された。
129 釜江（2004）第3章第3節参照。
130 引き受けは財政投融資計画作成時と追加時に決まる。金沢・金子（2004）の各年度の説明参照。また，国債は国民の貯蓄を借りるのであるから，郵便貯金や資金運用部資金が引き受けるのは当然であるとの考え方があった。石・油井（1997）p.537参照。
131 釜江（2004）p.153参照。
132 市場価格が下がり簿価よりも安くなると含み損が発生し，償却が必要になる。低価法は取得価格と市場価格のどちらか低い方で評価する方法で，1980年3月期からこれと，取得価格で評価する原価法との選択制になっていた。日本経済新聞社（編）（1987a）p.253参照。なお，戦前の1932年以降も時価ではない国債標準価格での評価が認められていた。第1章§2参照。
133 「日本経済新聞」1977年12月27日参照。
134 国債の価格支持を行ったとする見方もある。内閣審議室（1981）p.251，渡瀬（2007）p.22参照。なお78年後半には発行の大幅減額があった。
135 予算に計上しないで買い入れる債券の保有期間は5年未満であるべきという制約が法律上付されていた。「日本経済新聞」1997年6月24日参照。
136 改正前にも，前年度首の国債残高の1.16％の定率繰入と一般会計の剰余金の半分の繰入が規定されていたが，定率繰入は32年度以降1.16％の1/3となっていてかつ61年度以降は停止され，後者の繰入は64年度が剰余金の1/5とされていた。石・油井（1997）p.555参照。
137 「読売新聞」1974年11月30日参照。

138 釜江(2004) p.21参照。
139 黒田(2004) p.554参照。
140 「日本経済新聞」1980年11月17日参照。
141 「日本経済新聞」1987年5月23日，1999年5月30日，「日経金融新聞」1998年6月2日，「読売新聞」1987年6月26日参照。
142 「日本経済新聞」1991年12月28日，1994年7月30日参照。
143 「日経産業新聞」1982年5月21日参照。
144 「日本経済新聞」1995年4月4日参照。
145 「日本経済新聞」1978年4月13日，同年5月4日参照。
146 乗り換えは85年以前にはシ団メンバーの金融機関も行っていたが，その後は日本銀行と資金運用部のみが行った。中川(1992) p.275,「日本経済新聞」1984年11月25日，1989年12月22日参照。
147 特に1981～88において前年よりも減額しているが，とりたててこれを説明できる要因はなく，日本銀行の政策判断に依るとみるのが適当であろう。
148 国家公務員共済組合連合会と地方公務員共済組合連合会を構成する一部の共済組合には，それぞれ国家公務員共済組合施行令第9条と地方公務員共済組合連合会施行令第21条の3で，積立金の一部分を資金運用部に預託することが義務づけられている。なお，注72も参照。
149 「日本経済新聞」1993年2月9日参照。
150 野村総合研究所(各年) 1983年版，p.334参照。
151 日本銀行調査局(各月) 1963年2月p.27,1966年3月p.30参照。
152 公営企業金融公庫(1957年6月発足)からの資金は証書貸付の形態であり，本来の意味の債券ではない。池上(1987) p.302, 304参照。なお運用部・簡易生命保険は債券を引き受けている(日本銀行「資金循環勘定」1976年3月参照)。
153 日本経済新聞社(編)(1982a) p.130-32参照。
154 志村(1979) p.272参照。
155 後藤(1982) p.267参照。
156 地方資金研究会(1984) p.528参照。起債会は銀行・証券会社で構成されていた組織で，90年代初頭に廃止された。
157 林(2003) P.216参照。
158 「日経金融新聞」1997年6月24日参照。
159 「朝日新聞」1973年5月16日参照。

第6章 電電債市場の利回り決定と効率性

§1 はじめに

　旧日本電信電話公社が発行した電電債には加入者引受債，政府保証債（政保債），公募特別債，非公募債があった[1]。加入者引受債は電話加入者が引き受ける一種の非公募債（縁故債）で政府保証は付かない。10年物利付債が1953年1月から毎月発行され，5年据え置き後に定時償還（額面で抽選償還）された。63年1月から据え置き期間が2年へ短縮され[2]，時価による買入消却も採用された。加入者引受制度は83年3月に廃止されて以後の発行はなされず，85年4月に電電公社は民営化されNTT（日本電信電話株式会社）となった。

　加入者引受電電債（以下，電電債と略記）は1950年代後半から60年代前半において，債券流通市場の主役であった。60年代後半から金融債，70年代後半以降は国債の取引が増え主役は交代したが，電電債はこれらの時期においてもなおかなりの売買高をもっていた。61年10月に株式市場第2部が発足して電電債はその気配交換取引が停止され，同時に東証などに上場された。電電債の流通利回りには規制がかけられなかったので[3]，金利の自由化が進展していないこの時期としては弾力的であった（図6-1参照）。

　本章ではまず，61年10月～77年6月の電電債流通市場の需給を月次データによって分析し，この市場がクリアーされていたかを調べる。つまり，フローの債券需給が均衡しているとの仮定の下で需要関数を直接推定し，利回りを推計する。これと現実の利回りとを図で比較し，乖離の程度とその持続期間の長さによって均衡かどうかを判定する。

　次に効率性仮説については，釜江（2012）で1955年から65年までのこの市場

221

図6-1 電電債流通利回りとコール・レート（単位%）

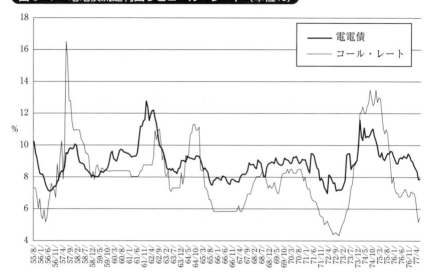

を考察して成立しないことを示したが，本章では対象期間を倍増して55年から日次データが利用可能である77年6月までとして，マクロ経済指標公表値から利回りの変化への因果関係をテストするとともに，マクロ指標の公表に対して電電債利回りが直ちに反応し，かつその反応が速やかに終了するかという準強度の効率性を分析する。付論では弱度の効率性を調べる。

§2 市場の状況

　電電債の発行条件は低位硬直的であり，1960年から政保債に連動するようにはなったが70年代初めまで硬直的であり続けた（表6-1参照）。流通市場では55年8月に気配交換取引[4]が始められ，その気配値は一般紙にも掲載された[5]。前記のように，61年10月に電電債は東証などに上場され，気配交換取引は停止された。国債以外の電電債を含む一般債の取引は午前中に行われた[6]。

　ここで市場の状況を概観する。発行額を比べると60年代から70年代半ばまで電電債は政保債とほぼ同じであった（表6-2参照）。売買高は，そのデータが

第6章　電電債市場の利回り決定と効率性

表6-1　政保債・加入者引受電電債の発行条件（単位年%）

年	月	応募者利回り		クーポン・レート	
		政保債	電電債	政保債	電電債
1955	8	7.831	6.5	7.5	6.5
1960	4	7.269	7.2	7.0	7.2
1965	1	7.053	7.2	7.0	7.2
1970	1	7.139	7.2	7.0	7.2
1971	3	7.434	7.4	7.0	7.4
1972	3	7.236	7.2	7.0	7.2
1973	3	6.868	6.8	6.7	6.8
1974	1	8.337	7.4	8.2	7.4
1975	3	8.793	8.8	8.7	8.8
1976	3	8.391	8.4	8.3	8.4
1977	5	7.676	8.4	7.5	8.4
1979	12	7.844	7.8	7.8	7.8

出所：大蔵省（各月）。

利用可能である60年代後半以降では，取引所よりも店頭での方が圧倒的に多い（表6-3と第5章の表5-4参照）。店頭市場における売買高は利付金融債を下回り，国債よりは多かったが，77年の国債流動化後は国債よりも少なくなった（第5章表5-4参照）。部門別の保有状況をデータのとれる公社公団公庫債の

表6-2　債券発行額（単位千億円）

年度	国債	政保債	地方債	加入者電電債	利金債
1952	1.1	—	0.0	0.0	0.6
1955	0.1	0.2	1.3	0.1	1.0
1960	0.7	0.7	1.6	0.7	2.0
1965	3.1	3.0	5.5	1.7	6.5
1970	6.8	2.6	12.1	3.4	11.8
1975	59.3	4.6	48.9	4.4	29.2
1980	146	15.8	69.7	2.7	46.9
1985	230	27.5	67.8	—	74.2
1990	390	19.1	81.2	—	196
1995	684	32.4	224	—	138
2000	1,054	51.4	151	—	88

注：国債は借換分，交付国債（80年までのみ），FBなどを含む。地方債の52年は年の計数。加入者電電債は83年度で発行終了し，—は発行なしを示す（表6-3も同じ）。
出所：石・油井（1997）p.28，大蔵省理財局（各年），野村総合研究所（各年），公社債引受協会（各年）。

表6-3 東証における普通債の種類別売買高（額面，単位百万円）

年中	合計	国債	地方債	政保債	金融債	利付電電債
1956	4,038	—	421	635	828	—
1960	7,928	—	666	882	1,424	—
1966	48,930	1,124	537	1,019	2,929	16,813
1970	155,754	13,681	325	647	972	114,070
1975	97,792	33,441	284	376	1,298	38,132
1980	1,696,785	1,600,589	285	285	1,426	60,029
1985	39,476,992	39,427,646	285	285	1,425	11,342
1990	37,944,667	37,920,501	246	246	1,240	3,831
1995	4,661,996	4,532,899	249	249	5,025	—

注：1956年4月公社債市場発足，61年10月電電債上場，62年4月電電債を除き取引停止，66年2月公社債市場再開，66年10月国債上場。売買高は79年4月より国債の大口売買取引（額面1千万円以上）を，80年10月より円貨建外国債の特別取引（本券の額面1千万円以上及び登録債）による売買分をそれぞれ含む。
出所：大蔵省（各月），公社債引受協会（各年），東京証券取引所（2000b），野村総合研究所（各年）。

表6-4 公社公団公庫債の部門別保有状況（単位億円，%）

年末	民間金融	公的金融	個人	合計
1955	433	8	130	658
	66	1	20	
1960	2,481	247	349	3,811
	65	6	9	
1965	10,341	2,880	2,804	20,340
	51	14	14	
1970	20,822	16,625	10,987	59,670
	35	28	18	
1975	53,229	33,746	23,293	127,917
	42	26	18	

注：上段は金額，下段はシェア。合計はその他を含む。
出所：公社債引受協会（1986）。

全体でみると，民間金融部門の保有シェアは30%台から60%台までであり，時間の経過とともに公的金融の保有シェアが上昇している（表6-4参照）。

流通市場での相場は金融情勢に影響されて実勢に近く[7]，利回りはコール・レートと似た動きをした（図6-1参照[8]）。電電債の買い手である地方銀行や中小企業金融機関などはコール・レートと比較して投資した，つまり，電電債利回りは短期利子率に影響されていた[9]とみられる。さらに，広く金融政策の

影響，とりわけ公定歩合変更とその予想を受けて変動していたとみることもできる[10]。また，この債券の取引は売り手である電話加入者が投げ売りをし，証券会社が買いたたく状況にあった[11]。

　短期金融市場のうちコール市場での金利形成は60年代半ばまで自由であり，60年代後半から70年代半ばまで硬直的であった。70年代末からは弾力化が進展して，レートの建値は78年6月に弾力化され，79年4月には建値が廃止された。71年にコールよりも長い期間の取引の場として手形売買市場が創設された。

§3　テスト法とデータ

§3-1　均衡テスト

　電電債の需要は中小金融機関が主である[12]。供給側では個人が投げ売りしたが，これは経済合理性にもとづく行動ではない。個人から債券を集めた証券会社はその資金繰りのために売却し，その際コール・レート[13]等の短期金利と比較した[14]。したがって債券の需給は次のように定式化できよう。

　D＝f（債券利回り（＋），中小金融機関の預金（＋））
　S＝g（債券利回り（－），コール・レート（＋））

ここに，コール・レートの上昇は証券会社の調達資金コストを増して資金取り入れを困難にし，それを補うために証券会社はコール以外の資金需要，つまり債券供給を増加させると考えられる。なお，表6-5に示される変数の定常性テストから債券需給の実現値それ自体が定常でないこと，またOLSでは系列相関が認められることを考慮して，第2章と同様にFM-LS法を使う。

　計測は月次データで行う。利用するデータは次のとおりである。

　売買額：取引所取引の分は東京証券取引所（各年），公社債引受協会（各月）に1961年10月以降の利付債のみのデータがある。なお売買は店頭取引の方が多かったが，店頭分の65年までのデータは公社債引受協会（各年）にもない。

　中小金融機関の預金：日本銀行統計局（各年）から地方銀行・相互銀行・信用金庫・農協の預金のデータの合計を採集する。

表6-5　電電債利回り等のADFテスト

トレンドと定数項	ラグ数決定法	債券売買高	利回り	預貸差	コール・レート
ともに有り	BIC	−2.32	−2.77	1.61	−2.81
ともに有り	AIC	−2.78	−2.52	1.61	−3.41
ともに有り	LM	−1.83	−3.64*	1.44	−2.78
定数項のみ有り	BIC	−2.26	−2.81	3.23	−2.83
定数項のみ有り	AIC	−2.61	−2.50	3.23	−3.40*
定数項のみ有り	LM	−1.85	−3.58*	0.99	−2.75
ともに無し	BIC	−1.65	−0.41	3.46	−1.03
ともに無し	AIC	−1.53	−0.49	3.46	−1.06
ともに無し	LM	−1.29	−0.41	3.42	−1.17

注：＊は「単位根なし」を示す。

利回り，コール・レート：利付電電債の店頭取引の気配公表は1955年8月から61年9月まで続けられた。その後，取引所に上場されたため，取引所取引のデータは61年10月から77年までの期間について得られる[15]。取引は午前のみ行われた[16]。取引所は72年11月と，73年1月から83年7月までの第3土曜は休業した。これらの価格データは店頭取引のデータとともに日次で新聞から採集できるので，77年6月までの最長期物の複利利回りを求めて[17]計測に用いる。新規債の上場は63年1月までの毎月と63年4月，63年10月，その後は73年10月まで半年ごとに，74年1月〜77年4月は3ヵ月ごとに行われ，さらに77年6，8，9，11月と続いた。なお，77年7月以降も店頭取引の指標気配は土曜を除く毎日発表されたが，電電債のそれは新聞に掲載されていない。利回りと無条件物コール・レートはともに日次データの月中平均である。

§3-2　効率性テスト

準強度の効率性のテストにはマクロ経済指標の発表のデータを使う。マクロ指標は鉱工業生産指数速報（下記の式で$i=1$，旧通産省発表），卸売物価指数（$i=2$，日本銀行発表），失業率（$i=3$，旧総理府統計局発表の労働力調査），通関貿易統計の入超（$i=4$，旧大蔵省発表），家計消費（$i=5$，勤労者世帯，旧総理府統計局発表），短観（日本銀行による主要企業短期経済観測調査）のうち全産業の業況判断DI（$i=6$，1965年4〜6月期から利用可能）である。こ

第6章　電電債市場の利回り決定と効率性

れら以外の一般のイベントで，債券への影響が大きく事前の情報の漏れが少ないものは本章の計測期間には存在していなかったと判断する。効率性テストは電電債が流通市場の中心の1つであった55年8月から77年6月までについて行う。

前記のように，電電債は1963年1月に据え置き期間が5年から2年へ短縮され，同時に時価による買入消却もなされるようになった。そこで，この時点で構造変化があったとみなし，明示的に期間区分しての計測も行う。ただし，短観は65年4～6月期からしか利用可能でなく，期間区分するとサンプルが少なくなりすぎるので，i＝6についてはこの方法は試みない。

ダミー変数，マクロ指標の公表値，サプライズ変数[18]を用いて以下のような式を推定するのは第3章と同様である。

(1) 　$\Delta r = f(Di0, Di1, Di2, \cdots, Di7, \text{const.})$
(2) 　$\Delta r = g(RAWi0, RAWi1, RAWi2, \cdots, RAWi7, \text{const.})$
(3) 　$\Delta r = h(SPi0, SPi1, SPi2, \cdots, SPi7, \text{const.})$

(1)式で，ダミー変数Di0は第iマクロ指標公表の当日にのみ1をとり，他の日は0，Di1はイベント発生の1営業日後にのみ1をとる，……などとする[19]。
(2)式で，変数RAWi0は第i指標公表の当日にのみ値をもつ，……などとする。
(3)式で，サプライズ変数SPi0は第i指標公表の当日にのみサプライズの値をとる，……などとする。短観以外の予測値はカルマン・フィルターにより求め，短観は日銀短観調査の予測値データをそのまま使う。なお，通関貿易の入超と家計消費は変動幅が大きいので，それぞれ次のように公表値でノーマライズして用いる。

（入超の公表値－予想値）／｜入超｜
（家計消費の公表値－予想値）／家計消費

また，イベント・スタディに先立ち，マクロ指標公表値から利回りの変化への因果関係をテストする。これは，マクロ指標公表値から利回りへの回帰関係を問題にする効率性テストの根拠を探るためである。あわせて，逆方向の因果関係も調べる。

このテストのデータとしては月のうちマクロ指標の報道日だけのサンプルを

使う。ラグ付きの説明変数を個別にテストするので，日次データが使えるが毎月1個しかとれない。1955年9月から77年6月までの262ヵ月で，マクロ指標（鉱工業生産指数，卸売物価指数，失業率，通関貿易統計の入超，家計消費のそれぞれの公表値とサプライズ）→利回りへのテストのサンプル数はマクロ指標により異なり，253～260個である。

§4 計測結果

§4-1 均衡テスト

需給関数の推定結果は表6-6のように得られ，需要関数の利回りの符号は予想の逆である。これらを組み合わせて需給均衡をもたらす利回りを推計すると，

利回り＝2.84＋0.658・コール・レート＋0.0249・中小金融の預金

であり，この推計値と実現値をグラフに描くと図6-2のとおりである。

需給関数が適切に定式化され，かつ需給が恒に均衡していれば，推計される利回りは実現値と大きくは乖離しないはずである。図からは，特に計測期の後半の1974～75年頃に利回りは急上昇から高止まりしたが，この超インフレの時期に乖離が発生し持続しており，前半期にも62，64，66年頃に乖離が認められる。以上のことは説明変数を変更してもほぼ同様である（図6-3参照）[20]。また，71年4月，72年4月，73年4月，74年1月には前月比1％超の利回りの急上昇があり，74年1月には前月と比べてクーポン・レートも変更されている[21]。このようなアウトライヤーを処理するために，これらの月だけ1をとり，他は0であるダミー変数を使い，利回りとの積の形で需給両関数に入れて推定し利回りを推計しても，ほぼ同様の結果が得られる（図6-4）。

これらの乖離のある時期をみると，62年には割引金融債の過剰引き受けから証券会社が資金不足となり[22]，債券供給が増えて利回りが急騰した。64年には金融引き締めから利回りが上昇した[23]。66年は長期国債の発行再開で低金利政策がとられた[24]。70～71年は事業会社の資金調達による債券売り，金融の先行き見通し難などから利回りが上昇した[25]。74～75年には超インフレが発生した。

概していえば，利回り実現値の上下の変動幅が6％と大きいにもかかわらず図6-2の推計値は実現値をかなりトレースしており，平均平方誤差＝1.14，平均平方誤差率＝0.114であって，需給が均衡している時期がある程度存在すると判断できよう。ただし，需給関数の推定には改善の余地があるかもしれず，

表6-6　FM-LSによる電電債の推定結果

需要関数

変数	係数推定値	標準誤差	t値	有意水準
定数項	28045.98	5750.37	4.88	0.00
利回り	-2729.75	637.81	-4.28	0.00
中小金融の預金	55.50	25.62	2.17	0.03

供給関数

変数	係数推定値	標準誤差	t値	有意水準
定数項	21701.69	6071.67	3.57	0.00
利回り	-496.69	898.69	-0.55	0.58
コール	-1469.69	451.75	-3.25	0.00

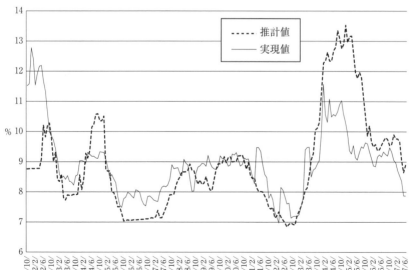

図6-2　電電債の利回り推計1（単位%）

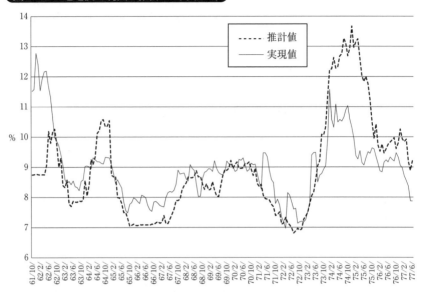

図6-3　電電債の利回り推計2（単位%）

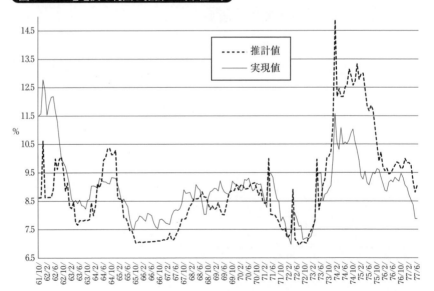

図6-4　電電債の利回り推計3（単位%）

結果の判断は暫定的なものである。

§4-2 効率性テスト

　定常性をチェックすると，利回り変化は定常であるが，利回りとマクロ経済指標は通関貿易を除き定常ではない（表6-7a～c，6-8a～b参照）。因果関係のテスト結果は次のとおりである。

1) マクロ指標発表→利回り変化への因果関係では（表6-9a～e参照），6日前の失業率である失業率（-6）と鉱工業生産指数（-2）が10％水準で有意に因果があるが，5％では有意なものはない。

2) マクロ指標のサプライズ→利回り変化への因果関係では（表6-10a～e参照），鉱工業生産指数（-2）と同（-4），卸売物価（-6）が5％水準で有意であり，卸売物価（-4）と同（-7）が10％水準で有意である。以上のテスト結果はイベント・スタディを行うことについてのサポートを示しているとみてよいのかもしれない。

3) 利回り変化→マクロ指標を調べると，ラグの長さは利回り変化→通関貿易が1，他は0である。利回り変化とマクロ指標のうち通関貿易のみは定常である。表6-11ではマクロ指標のうち通関貿易への因果が5％で有意であり，10％では卸売物価，鉱工業生産指数，家計消費が有意である。

4) 利回り→マクロ指標への因果関係では，ラグの長さは全指標について0である。利回りとマクロ指標のうちの通関貿易以外は非定常である。表6-11ではマクロ指標のうち卸売物価，通関貿易が5％で有意であるが，10％では有意なものはない。

　また，インパルス反応のテスト結果は図6-5a（公表値に対する反応），図6-5b（サプライズ変数に対する反応）である。第3章での説明と同様にみていくと，公表値に対する反応のうち，卸売物価・通関貿易・鉱工業生産指数は多くの期間で有意であり，家計消費も有意な期間がある。サプライズ変数に対する反応では，卸売物価・家計消費・鉱工業生産指数は多くの期間で有意である。これらもイベント・スタディへのサポートを示しているとみなしてよいのかもしれない。

表6-7a　ADFテスト（電電債利回り，全期間）

トレンドと定数項	ラグ数決定法	ADF
ともに有り	BIC	−2.58
ともに有り	AIC	−2.71
ともに有り	LM	−2.71
定数項のみ有り	BIC	−2.58
定数項のみ有り	AIC	−2.71
定数項のみ有り	LM	−2.71
ともに無し	BIC	−0.79
ともに無し	AIC	−0.76
ともに無し	LM	−0.75

注：＊なしは5％水準で「単位根なし」の仮説が棄却されることを示す。以下，表6-7cまで同じ。

表6-7b　ADFテスト（電電債利回り，前半）

トレンドと定数項	ラグ数決定法	ADF
ともに有り	BIC	−2.24
ともに有り	AIC	−2.44
ともに有り	LM	−2.52
定数項のみ有り	BIC	−1.29
定数項のみ有り	AIC	−1.58
定数項のみ有り	LM	−1.40
ともに無し	BIC	−0.44
ともに無し	AIC	−0.35
ともに無し	LM	−0.53

表6-7c　ADFテスト（電電債利回り，後半）

トレンドと定数項	ラグ数決定法	ADF
ともに有り	BIC	−2.68
ともに有り	AIC	−2.68
ともに有り	LM	−2.54
定数項のみ有り	BIC	−2.60
定数項のみ有り	AIC	−2.60
定数項のみ有り	LM	−2.48
ともに無し	BIC	−0.59
ともに無し	AIC	−0.59
ともに無し	LM	−0.59

第6章 電電債市場の利回り決定と効率性

表6-8a マクロ変数→電電債利回り変化のADFテスト

トレンドと定数項	ラグ数決定法	利回り変化	卸売物価	通関貿易	失業率
ともに有り	BIC	−16.36*	−0.57	−3.56*	−1.30
ともに有り	AIC	−10.13*	−1.38	−3.67*	−0.89
ともに有り	LM	−16.36*	−0.88	−3.56*	−1.30
定数項のみ有り	BIC	−16.30*	1.25	−3.39*	−1.96
定数項のみ有り	AIC	−10.06*	0.23	−3.50*	−1.62
定数項のみ有り	LM	−16.30*	0.89	−3.39*	−4.46*
ともに無し	BIC	−16.25*	2.27	−3.43*	−0.73
ともに無し	AIC	−10.01*	1.38	−3.54*	−0.54
ともに無し	LM	−16.25*	1.71	−3.43*	−1.41

注: 利回り変化は卸売物価と同期間の結果であり，他のマクロ変数の期間についてもほぼ同様である。
　*は「単位根なし」を示す。

表6-8b 電電債利回り→マクロ変数のADFテスト

トレンドと定数項	ラグ数決定法	利回り	利回り変化	卸売物価	通関貿易	失業率
ともに有り	BIC	−3.07	−13.60*	−0.62	−3.67*	−1.07
ともに有り	AIC	−2.75	−5.65*	−1.44	−3.66*	−1.07
ともに有り	LM	−3.52*	−4.50*	−1.09	−3.67*	−4.60*
定数項のみ有り	BIC	−3.08*	−13.63*	1.19	−3.50*	−1.58
定数項のみ有り	AIC	−2.75	−5.62*	0.12	−3.48*	−1.58
定数項のみ有り	LM	−3.54*	−13.63*	0.55	−3.50*	−3.20*
ともに無し	BIC	−0.60	−13.65*	2.20	−3.53*	−0.33
ともに無し	AIC	−0.24	−5.64*	1.22	−3.52*	−0.33
ともに無し	LM	−0.44	−13.65*	1.58	−3.53*	−1.03

注: 利回りとその変化は貿易と同期間の結果であり，他のマクロ変数の期間についてもほぼ同様である。
　*は「単位根なし」を示す。

表6-9a Granger因果テストの結果（卸売物価公表値→利回り）

結果＼原因	卸売(−1)	卸売(−2)	卸売(−3)	卸売(−4)	卸売(−5)	卸売(−6)	卸売(−7)
利回り	0.07	1.16	0.82	0.49	0.83	0.04	0.10

注: **は5％で，*は10％でそれぞれ有意を示す。以下，表6-11まで同じ。

表6-9b Granger因果テストの結果（通関貿易公表値→利回り）

結果＼原因	貿易(−1)	貿易(−2)	貿易(−3)	貿易(−4)	貿易(−5)	貿易(−6)	貿易(−7)
利回り	0.06	0.51	0.05	0.03	1.16	0.11	2.60

表6-9c　Granger因果テストの結果（家計消費公表値→利回り）

結果＼原因	家計（-1）	家計（-2）	家計（-3）	家計（-4）	家計（-5）	家計（-6）	家計（-7）
利回り	0.03	0.22	0.15	0.15	0.41	0.17	1.06

表6-9d　Granger因果テストの結果（失業率公表値→利回り）

結果＼原因	失業（-1）	失業（-2）	失業（-3）	失業（-4）	失業（-5）	失業（-6）	失業（-7）
利回り	0	0.26	0.18	1.11	1.76	3.31*	0.93

表6-9e　Granger因果テストの結果（鉱工業生産公表値→利回り）

結果＼原因	IIP（-1）	IIP（-2）	IIP（-3）	IIP（-4）	IIP（-5）	IIP（-6）	IIP（-7）
利回り	0.31	2.97*	0.78	0.07	0.13	2.15	0.03

表6-10a　Granger因果テストの結果（卸売物価サプライズ→利回り）

結果＼原因	卸売（-1）	卸売（-2）	卸売（-3）	卸売（-4）	卸売（-5）	卸売（-6）	卸売（-7）
利回り	0.01	0.98	1.49	3.04*	0.13	6.04**	3.15*

表6-10b　Granger因果テストの結果（通関貿易サプライズ→利回り）

結果＼原因	貿易（-1）	貿易（-2）	貿易（-3）	貿易（-4）	貿易（-5）	貿易（-6）	貿易（-7）
利回り	0.09	1.40	0.21	0.86	0.10	0.07	0

表6-10c　Granger因果テストの結果（家計消費サプライズ→利回り）

結果＼原因	家計（-1）	家計（-2）	家計（-3）	家計（-4）	家計（-5）	家計（-6）	家計（-7）
利回り	0.37	1.53	0.05	1.02	0.82	0.28	0.06

表6-10d　Granger因果テストの結果（失業率サプライズ→利回り）

結果＼原因	失業（-1）	失業（-2）	失業（-3）	失業（-4）	失業（-5）	失業（-6）	失業（-7）
利回り	0.13	1.18	0.03	0.08	0.28	1.59	0

表6-10e　Granger因果テストの結果（鉱工業生産サプライズ→利回り）

結果＼原因	IIP（-1）	IIP（-2）	IIP（-3）	IIP（-4）	IIP（-5）	IIP（-6）	IIP（-7）
利回り	0.04	5.35**	0.14	4.86**	1.58	0.17	0.01

第6章 電電債市場の利回り決定と効率性

表6-11 Granger因果テストの結果（利回り変化・利回り→マクロ変数）

結果＼原因	利回り変化	利回り
卸売物価	3.78*	4.65**
通関貿易	11.97**	13.64**
家計消費	2.88*	0.06
失業率	1.07	0.04
鉱工業生産	2.69	1.66

図6-5a 電電債のインパルス反応1

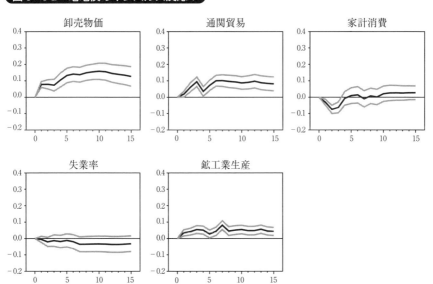

図6-5b 電電債のインパルス反応2

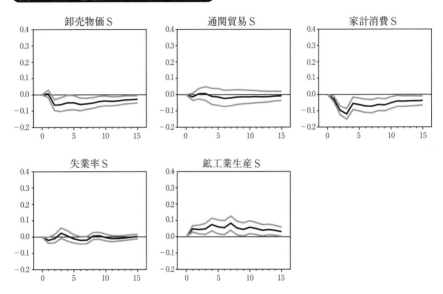

準強度効率性のテスト結果は以下のとおりである（表6-12以下参照）。なお，前記のように電電債の取引時刻は午前のみであり，多くのマクロ指標は午後に発表が行われていたので，これらの即時的影響は1日後に現れると考える。

表6-12a 電電債の推定結果（ダミー，全期間）

変数	鉱工業生産		卸売物価		失業率		通関貿易		家計消費		短観	
	t値	P値	t値	P値	t値	P値	t値	P値	t値	P値	t値	P値
当日	0.16	0.87	−1.60	0.11	−0.65	0.52	0.24	0.81	−0.71	0.48	−0.22	0.82
1日後	0.08	0.94	0.35	0.73	−0.58	0.56	−3.05	0.00	0.61	0.54	−0.11	0.91
2日後	−0.25	0.80	3.27	0.00	−0.19	0.85	−0.41	0.68	0.34	0.74	−0.09	0.93
3日後	−0.14	0.89	−0.30	0.76	0.51	0.61	1.33	0.18	1.88	0.06	−4.11	0.00
4日後	0.58	0.56	−0.38	0.70	−2.32	0.02	0.78	0.44	−0.87	0.38	0.65	0.52
5日後	0.51	0.61	1.04	0.30	0.46	0.64	−0.21	0.83	−0.58	0.56	5.98	0.00
6日後	0.45	0.65	0.33	0.74	0.83	0.41	−0.12	0.90	−1.51	0.13	−0.05	0.96
7日後	0.80	0.42	−0.04	0.96	0.24	0.81	0.44	0.66	−0.79	0.43	−0.06	0.96

表6-12b 電電債の推定結果（ダミー，部分期間）

前半	鉱工業生産		卸売物価		失業率		通関貿易		家計消費	
	t値	P値	t値	P値	t値	P値	t値	P値	t値	P値
当日	0.48	0.63	−0.44	0.66	−0.73	0.47	0.34	0.74	−0.76	0.45
1日後	0.69	0.49	−0.11	0.92	−0.54	0.59	−1.33	0.18	0.79	0.43
2日後	−0.61	0.54	1.21	0.23	−1.04	0.30	0.84	0.40	0.82	0.41
3日後	1.57	0.12	0.70	0.48	0.38	0.71	−0.47	0.64	3.38	0.00
4日後	2.21	0.03	−0.73	0.47	−0.80	0.42	0.77	0.44	−1.51	0.13
5日後	0.96	0.34	1.15	0.25	0.69	0.49	−0.59	0.55	−0.86	0.39
6日後	0.15	0.88	0.03	0.98	−2.66	0.01	−0.57	0.57	−0.86	0.39
7日後	0.62	0.53	−0.80	0.43	0.73	0.46	1.05	0.29	−1.20	0.23

後半	鉱工業生産		卸売物価		失業率		通関貿易		家計消費	
	t値	P値	t値	P値	t値	P値	t値	P値	t値	P値
当日	−0.15	0.88	−0.22	0.82	−0.24	0.81	0.06	0.95	−0.30	0.76
1日後	−0.42	0.67	−1.82	0.07	−0.30	0.77	−2.81	0.00	0.19	0.85
2日後	0.15	0.88	−0.18	0.86	0.57	0.57	−1.13	0.26	−0.17	0.87
3日後	−1.36	0.17	2.63	0.01	0.39	0.70	2.04	0.04	−0.15	0.88
4日後	−0.94	0.35	0.46	0.64	−2.28	0.02	0.41	0.68	0.05	0.96
5日後	−0.08	0.94	−0.06	0.95	0.10	0.92	0.19	0.85	−0.07	0.94
6日後	0.47	0.64	0.72	0.47	3.06	0.00	0.29	0.77	−1.23	0.22
7日後	0.55	0.58	0.48	0.63	−0.22	0.83	−0.23	0.82	−0.07	0.94

表6-13a 電電債の推定結果（公表値，全期間）

変数	鉱工業生産		卸売物価		失業率		通関貿易		家計消費		短観	
	t値	P値	t値	P値	t値	P値	t値	P値	t値	P値	t値	P値
当日	−0.23	0.82	−1.10	0.27	−0.48	0.63	0.82	0.41	−0.70	0.49	0.16	0.87
1日後	−0.07	0.94	−0.16	0.87	0.15	0.88	−1.03	0.30	−0.59	0.56	0.96	0.34
2日後	−1.87	0.06	2.40	0.02	−0.57	0.57	−0.62	0.53	−0.91	0.36	0.96	0.34
3日後	−0.95	0.34	−0.51	0.61	−0.71	0.48	0.14	0.89	0.15	0.88	−4.37	0.00
4日後	−0.03	0.98	−0.83	0.41	−0.46	0.64	−0.20	0.84	−1.00	0.32	0.19	0.85
5日後	0.09	0.93	1.25	0.21	2.05	0.04	−0.31	0.76	−0.59	0.55	5.20	0.00
6日後	0.63	0.53	0.10	0.92	−1.67	0.10	−1.67	0.09	−1.74	0.08	0.53	0.60
7日後	−0.97	0.33	−0.33	0.74	1.66	0.10	1.84	0.07	−0.46	0.65	1.14	0.26

表6-13b　電電債の推定結果（公表値，部分期間）

前半	鉱工業生産		卸売物価		失業率		通関貿易		家計消費	
	t値	P値	t値	P値	t値	P値	t値	P値	t値	P値
当日	1.00	0.32	0.11	0.91	−0.49	0.62	1.30	0.19	−0.26	0.79
1日後	0.91	0.36	0.74	0.46	−0.64	0.52	−0.69	0.49	0.79	0.43
2日後	0.56	0.58	1.50	0.13	−1.09	0.28	2.69	0.01	0.86	0.39
3日後	2.48	0.01	−1.30	0.19	0.36	0.72	2.61	0.01	3.87	0.00
4日後	1.80	0.07	−1.36	0.17	−0.84	0.40	2.27	0.02	−1.73	0.08
5日後	0.68	0.50	1.62	0.10	0.87	0.38	−1.38	0.17	−0.67	0.50
6日後	1.20	0.23	0.73	0.47	−2.27	0.02	0.04	0.97	−1.24	0.22
7日後	−0.85	0.40	−0.68	0.50	1.00	0.32	−0.10	0.92	−0.92	0.36

後半	鉱工業生産		卸売物価		失業率		通関貿易		家計消費	
	t値	P値	t値	P値	t値	P値	t値	P値	t値	P値
当日	−0.21	0.83	−1.25	0.21	−0.28	0.78	0.57	0.57	−0.48	0.63
1日後	−0.03	0.97	−0.52	0.60	0.77	0.44	−0.97	0.33	−0.59	0.56
2日後	−1.83	0.07	2.02	0.04	0.20	0.84	−1.21	0.23	−0.94	0.35
3日後	−1.27	0.20	0.26	0.80	−1.49	0.14	−0.40	0.69	−0.47	0.64
4日後	−0.17	0.86	−0.09	0.93	0.10	0.92	−0.69	0.49	−0.48	0.63
5日後	0.19	0.85	0.61	0.54	1.90	0.06	−0.08	0.94	−0.29	0.77
6日後	0.64	0.53	−0.21	0.83	−0.13	0.90	−1.78	0.07	−1.36	0.17
7日後	−0.60	0.55	0.11	0.91	1.22	0.22	1.90	0.06	−0.10	0.92

表6-14a　電電債の推定結果（サプライズ，全期間）

変数	鉱工業生産		卸売物価		失業率		通関貿易		家計消費		短観	
	t値	P値	t値	P値	t値	P値	t値	P値	t値	P値	t値	P値
当日	−0.52	0.60	−0.99	0.32	0.06	0.95	0.11	0.91	1.95	0.05	0.38	0.70
1日後	−0.09	0.93	1.69	0.09	−0.35	0.73	−0.22	0.83	−0.55	0.58	0.17	0.87
2日後	0.69	0.49	−0.88	0.38	−0.07	0.94	−0.09	0.92	0.07	0.94	0.13	0.90
3日後	−0.13	0.90	−0.50	0.62	0.11	0.91	−0.48	0.63	0.81	0.42	−1.57	0.12
4日後	−0.60	0.55	−0.29	0.77	0.29	0.77	0.16	0.87	−0.98	0.33	−0.15	0.88
5日後	0.37	0.71	−1.53	0.13	0.64	0.52	−0.10	0.92	−0.19	0.85	0.59	0.55
6日後	0.70	0.48	−1.07	0.29	−0.01	0.99	0.57	0.57	−0.38	0.71	0.09	0.93
7日後	0.61	0.54	−0.76	0.44	0.49	0.63	−0.11	0.91	1.29	0.20	0.39	0.70

表6-14b 電電債の推定結果（サプライズ，区分期間）

前半	鉱工業生産		卸売物価		失業率		通関貿易		家計消費	
	t値	P値	t値	P値	t値	P値	t値	P値	t値	P値
当日	0.54	0.59	-0.55	0.58	0.26	0.80	0.24	0.81	2.09	0.04
1日後	1.25	0.21	2.30	0.02	-0.12	0.90	0.49	0.63	-0.07	0.95
2日後	1.44	0.15	0.16	0.87	-0.08	0.93	0.28	0.78	0.04	0.97
3日後	0.93	0.35	0.55	0.59	0.45	0.65	-0.07	0.94	0.53	0.59
4日後	1.08	0.28	1.40	0.16	0.41	0.68	0.23	0.82	-1.20	0.23
5日後	0.45	0.65	0.10	0.92	0.37	0.71	-0.20	0.85	-1.19	0.23
6日後	1.68	0.09	0.04	0.97	-0.08	0.93	1.03	0.30	-1.69	0.09
7日後	0.10	0.92	0.24	0.81	0.33	0.74	-1.49	0.14	1.12	0.26

後半	鉱工業生産		卸売物価		失業率		通関貿易		家計消費	
	t値	P値	t値	P値	t値	P値	t値	P値	t値	P値
当日	-0.71	0.48	-0.98	0.33	-0.18	0.85	0.02	0.99	0.70	0.48
1日後	-0.48	0.63	-0.49	0.63	-0.37	0.72	-0.54	0.59	-0.73	0.46
2日後	0.29	0.77	-1.82	0.07	0.03	0.98	-0.26	0.79	0.00	1.00
3日後	-0.42	0.67	-1.73	0.08	-0.34	0.73	-0.49	0.62	0.54	0.59
4日後	-0.97	0.33	-2.62	0.01	-0.02	0.98	0.08	0.93	-0.32	0.75
5日後	0.27	0.79	-2.87	0.00	0.58	0.56	0.05	0.96	0.71	0.48
6日後	0.22	0.82	-1.98	0.05	0.12	0.91	0.05	0.96	0.89	0.37
7日後	0.65	0.52	-1.74	0.08	0.38	0.70	0.89	0.38	0.67	0.50

　さらに，1963年1月の構造変化を明示的に仮定しての計測も行う。これらの結果から，あるマクロ指標の即時的な影響が10％水準で有意であって，かつ4営業日以後に有意な影響がみられれば市場は非効率的であると判断する。

　全期間では，ダミー変数を使う場合の通関貿易とサプライズ変数を使う場合の卸売物価・家計消費に関して効率的である（表6-12a，6-14a参照）。部分期間については，ダミー変数を使う場合の後半で卸売物価・通関貿易とサプライズ変数を使う場合の前半で卸売物価に関して効率的であり，サプライズ変数を使う場合の前半で家計消費に関して非効率的である（表6-12b，6-14b参照）。

　上記の結果では，即時的な影響が有意でないので非効率性は認められないが，4営業日後以降に有意であって影響を長く持続させる変数が散見され，非効率性に近い可能性を示唆する。長い影響の持続があるのは次のとおりである。まずダミー変数を使う場合，全期間では失業率・短観に関し，部分期間では前半が鉱工業生産・失業率に関して，後半が失業率に関してそれぞれ影響の持続が

ある（表6-12a，6-12b参照）。公表値を使うと，全期間では失業率・通関貿易・家計消費・短観に関し，部分期間の前半が鉱工業生産・失業率・通関貿易・家計消費に関し，後半が失業率・通関貿易に関してそれぞれ影響の持続がある（表6-13a，6-13b参照）。さらにサプライズ変数を使うと部分期間の前半が鉱工業生産に関し，後半が卸売物価に関してそれぞれ影響が持続する（表6-14a，6-14b参照）。

その即時的影響が有意であるか否かにかかわらず，前半から後半へと時間の経過につれてより効率的な方向への変化をもたらす指標はなく，逆により効率的な方向への変化をもたらすのはサプライズ変数を使うときの卸売物価である（表6-14b参照）。

以上をまとめると，全期間，部分期間とも効率的であると判定できるのはダミー変数によって分析する場合の通関貿易の影響だけであり，影響を長く持続させる変数が存在することを考慮すれば，市場が効率的であるとみなすことには無理があろう。

このような結果が得られた理由を説明するには部門別の取引状況を調べることが一法であるが，こういったデータは得られない。そこで表6-4が示す公社・公団・公庫債全体の保有状況をみると，公的金融と個人のシェアが合計で15％から45％までであり，市場メカニズムに従うとはみられないこれらの部門の行動が無視できない。電電債も同様の状況であるとすれば，このことが上記の結果をもたらす1つの要因であるのかもしれない。また，この債券が投げ売りされていたことなども影響したのかもしれない。つまり，価格の動きとは無関係に売り物があったとすれば，効率的な市場にはなりえないであろう。

§5 おわりに

本章では1961年10月〜77年6月の電電債市場の需給を月次データによって分析し，この市場がクリアーされていたかを調べた。暫定的ではあるが，推定結果によれば需給が均衡している時期がある程度あったと判断した。

次に，電電債が活発に取引された55年8月から77年6月までの期間を取り上

げて準強度の効率性を分析した。得られた結果によれば，効率性仮説は支持されなかった。市場メカニズムに従うとは考えられない公的金融と個人のシェアがある程度あり，これらの部門の行動の影響を受けていた，また，価格の動きに関わりなく売り物が出てきていた，などの可能性があることがその原因とみてよいのかもしれない。

注
1 野村総合研究所（各年）1978年p.675-76参照。
2 満期前の償還を増加して満期時の財政負担を軽減するためであった。日本電信電話公社二十五年史編集委員会（1977）p.224参照。
3 後藤（1982）p.67参照。
4 店頭取引と区別する見方もある。志村（1980）p.256参照。
5 対象は，1963年償還物として「い号」1回（53年1月発行）から同12回（53年12月発行）までと「ろ号」（53年8月発行）のほか，64，65年償還物も複数の銘柄があげられており，このうちどれが気配表示の対象になったかは不明である。「日本経済新聞」1955年8月9日，日本証券業協会（各月）1961年5月号参照。そこで，複利利回りの計算に際しては各年償還物のうちの中間月に償還を迎える銘柄を使う。
6 電電債など一般債の取引所取引は午前のみ（61年10月から），9時30分から取引が一巡するまで（66年2月以降と79年4月以降），10時から（75年11月以降），または10時半から11時までにおいて（98年12月以降），各1回行われた。店頭気配は77年7月～91年12月では9時30分か10時，92年1月から15時に行われた。東京証券取引所（1974）p.267，506，同（1980）p.117-8，同（1991）p.110，同（2000a）p.135，日本証券業協会（2011）p.16，同（各月）の92年1月のp.273，同年2月のp.277，日本証券経済研究所（2008）p.85参照。
7 志村（1980）p.257-58，後藤（1982）p.68参照。
8 図6-1では利回り，コール・レートとも月中平均である。
9 志村（1978）p.149-50，「日本経済新聞」1965年9月12日参照。なお，昭和30年代の現先レートの日次データはアベイラブルでなく，短期金利として利用できない。
10 志村（1978）p.150，「日本経済新聞」1963年1月24日，同1965年1月8日参照。
11 後藤（1982）p.68，「朝日新聞」1964年4月28参照。
12 志村（1978）p.149-50参照。なお，既発債の出回りが少なく入手難のときもあった。「日本経済新聞」1965年9月12日参照。
13 コール・レートと債券利回りとの相関係数は0.71である。

14 志村（1980）p.258.
15 なお，70年代以前は土曜日にマクロ経済指標の発表が行われる例が少なからずあったので，この期間は土曜も含めている。
16 東京証券取引所（1974）p.267, 506参照。
17 銘柄が複数ある場合には最長期物を採用する。
18 公表値 – 予想値である。
19 新聞の夕刊に記事があれば，午前中の発表とみなす。また発表元からの正確な発表時刻の提供がある場合，新聞記事は無視する。
20 需要関数の説明変数のうち中小金融機関の預金を預貸差に変更した。
21 クーポン・レート変更に伴う利回りへの影響は大きなものではない。
22 短資協会（1973）p.8参照。
23 短資協会（1973）p.21参照。
24 短資協会（1973）p.48参照。
25 日本銀行調査局（各月）1970年7月p.27, 同年10月p.26参照。

第6章 付論 電電債市場の弱度効率性

　この付論では1955年から77年までの加入者引受電電債（以下，電電債と略記）の流通市場の弱度効率性のテストを行う。用いる利回りデータは本章§3-1に記載のとおりであり，短期金利はコール・レート[1]，つまり有担保無条件物の出し手の中心か平均レートである。コール市場での金利形成は60年代半ばまで自由であり，60年代後半から70年代半ばまで硬直的であった。70年代末から弾力化が進展して，建値は78年6月に弾力化され79年4月に廃止された。71年にコールよりも長い期間の取引の場として手形売買市場が創設された。

　なお，対象期間が比較的長くて経済状況の変化もみられることから，市場で構造変化が生じている可能性は否定できない。そこで構造変化を前提に変数の定常性と共和分関係の存在を検定する[2]。テスト法は第3章付論と同様である。

　テスト結果によれば，まず単位根テストでは電電債利回りとコール・レートは定常ではない（表6A-1a，6A-1b参照）。構造変化[3]を考慮に入れてZivot and Andrews，Perronの両テストを行っても電電債利回りには単位根が存在している（表6A-2a，6A-3a）。次いで構造変化を考慮しないEngle and Grangerテストからは電電債利回りとコール・レートの間の「共和分関係なし」の帰無仮説が多くのケースで棄却され（表6A-4a），Gregory and Hansenのテストからも「共和分関係なし，構造変化なし」の帰無仮説は棄却される（表6A-5a）。また，Hansenテストによれば「共和分関係が存在する」との仮説は棄却されない（表6A-6a）。しかし，得られる共和分ベクトルは（1，-1）に等しくなく，純粋期待仮説が成立するとはいえない。

表6A-1a　ADFテスト（電電債利回り，全期間）

トレンドと定数項	ラグ数決定法	ADF
ともに有り	BIC	−2.58
ともに有り	AIC	−2.71
ともに有り	LM	−2.71
定数項のみ有り	BIC	−2.58
定数項のみ有り	AIC	−2.71
定数項のみ有り	LM	−2.71
ともに無し	BIC	−0.79
ともに無し	AIC	−0.76
ともに無し	LM	−0.75

注：＊なしは5％水準で「単位根なし」の仮説が棄却されることを示す。以下，表6A-1fまで同じ。

表6A-1b　ADFテスト（コール・レート，全期間）

トレンドと定数項	ラグ数決定法	ADF
ともに有り	BIC	−3.35
ともに有り	AIC	−3.08
ともに有り	LM	−3.02
定数項のみ有り	BIC	−3.28*
定数項のみ有り	AIC	−3.01*
定数項のみ有り	LM	−2.75
ともに無し	BIC	−0.94
ともに無し	AIC	−0.88
ともに無し	LM	−0.89

表6A-1c　ADFテスト（電電債利回り，前半）

トレンドと定数項	ラグ数決定法	ADF
ともに有り	BIC	−2.24
ともに有り	AIC	−2.44
ともに有り	LM	−2.52
定数項のみ有り	BIC	−1.29
定数項のみ有り	AIC	−1.58
定数項のみ有り	LM	−1.40
ともに無し	BIC	−0.44
ともに無し	AIC	−0.35
ともに無し	LM	−0.53

表6A-1d　ADFテスト（電電債利回り，後半）

トレンドと定数項	ラグ数決定法	ADF
ともに有り	BIC	－2.68
ともに有り	AIC	－2.68
ともに有り	LM	－2.54
定数項のみ有り	BIC	－2.60
定数項のみ有り	AIC	－2.60
定数項のみ有り	LM	－2.48
ともに無し	BIC	－0.59
ともに無し	AIC	－0.59
ともに無し	LM	－0.59

表6A-1e　ADFテスト（コール・レート，前半）

トレンドと定数項	ラグ数決定法	ADF
ともに有り	BIC	－3.22
ともに有り	AIC	－3.01
ともに有り	LM	－3.58*
定数項のみ有り	BIC	－3.17*
定数項のみ有り	AIC	－2.96*
定数項のみ有り	LM	－3.31*
ともに無し	BIC	－0.45
ともに無し	AIC	－0.36
ともに無し	LM	－0.53

表6A-1f　ADFテスト（コール・レート，後半）

トレンドと定数項	ラグ数決定法	ADF
ともに有り	BIC	－1.64
ともに有り	AIC	－1.86
ともに有り	LM	－1.64
定数項のみ有り	BIC	－1.62
定数項のみ有り	AIC	－1.83
定数項のみ有り	LM	－1.62
ともに無し	BIC	－1.10
ともに無し	AIC	－1.09
ともに無し	LM	－1.10

表6A-2a　Zivot and Andrewsテスト（全期間）

モデル	検定統計量
切片に変化	−3.43
トレンドに変化	−3.21
両方に変化	−4.72

注：以下，表6A-2cまで臨界値より大で，「単位根あり」の帰無仮説を棄却しない。

表6A-2b　Zivot and Andrewsテスト（前半）

モデル	検定統計量
切片に変化	−3.12
トレンドに変化	−2.46
両方に変化	−4.12

表6A-2c　Zivot and Andrewsテスト（後半）

モデル	検定統計量
切片に変化	−3.65
トレンドに変化	−3.04
両方に変化	−4.57

表6A-3a　Perronテスト（全期間）

モデル	変化時点決定法	検定統計量
IO1	UR	−3.53
IO1	tABS	−3.46
IO1	t	−3.46
IO2	UR	−4.78
IO2	tABS	−3.58
IO2	t	−3.58
AO	UR	−3.34
AO	tABS	−3.27
AO	t	−3.27

注：モデルと変化時点決定法は第3章付論の表3A−3a参照。
＊なしは5％で「単位根あり」の帰無仮説を棄却しない。

表6A-3b Perronテスト（前半）

モデル	変化時点決定法	検定統計量
IO1	UR	−2.97
IO1	tABS	−2.88
IO1	t	−2.88
IO2	UR	−3.85
IO2	tABS	−3.85
IO2	t	−3.85
AO	UR	−3.02
AO	tABS	−1.73
AO	t	−1.73

表6A-3c Perronテスト（後半）

モデル	変化時点決定法	検定統計量
IO1	UR	−3.57
IO1	tABS	−3.50
IO1	t	−3.50
IO2	UR	−4.43
IO2	tABS	−4.43
IO2	t	−4.43
AO	UR	−3.28
AO	tABS	−2.53
AO	t	−2.53

表6A-4a Engle and Grangerテスト（全期間）

トレンドと定数項	ラグ数決定法	EG-ADF
ともに有り	BIC	−4.33*
ともに有り	AIC	−4.46*
ともに有り	LM	−4.33*
定数項のみ有り	BIC	−4.24*
定数項のみ有り	AIC	−4.39*
定数項のみ有り	LM	−4.52*
ともに無し	BIC	−4.24*
ともに無し	AIC	−4.39*
ともに無し	LM	−4.52*

注：＊は5％で「単位根なし，共和分あり」を棄却しない。以下，表6A-4cまで同じ。

表6A-4b Engle and Grangerテスト（前半）

トレンドと定数項	ラグ数決定法	EG-ADF
ともに有り	BIC	-3.05
ともに有り	AIC	-2.84
ともに有り	LM	-3.18
定数項のみ有り	BIC	-1.87
定数項のみ有り	AIC	-1.79
定数項のみ有り	LM	-2.17
ともに無し	BIC	-1.87
ともに無し	AIC	-1.79
ともに無し	LM	-2.17

表6A-4c Engle and Grangerテスト（後半）

トレンドと定数項	ラグ数決定法	EG-ADF
ともに有り	BIC	-5.49^*
ともに有り	AIC	-5.49^*
ともに有り	LM	-5.49^*
定数項のみ有り	BIC	-5.06^*
定数項のみ有り	AIC	-5.06^*
定数項のみ有り	LM	-5.06^*
ともに無し	BIC	-5.06^*
ともに無し	AIC	-5.06^*
ともに無し	LM	-5.06^*

表6A-5a Gregory and Hansenテスト（全期間）

モデル	検定統計量
切片に変化，トレンド無し	-5.25^*
切片に変化，トレンド有り	-5.36^*
全体に構造変化	-4.93

注：t値最小の時点のt値である。＊は「共和分なし」
　　の帰無仮説を棄却する。表6A-5cまで同じ。

表6A-5b Gregory and Hansenテスト（前半）

モデル	検定統計量
切片に変化，トレンド無し	-3.18
切片に変化，トレンド有り	-3.10
全体に構造変化	-3.32

表6A-5c　Gregory and Hansenテスト（後半）

モデル	検定統計量
切片に変化，トレンド無し	−5.86*
切片に変化，トレンド有り	−5.87*
全体に構造変化	−5.85*

表6A-6a　Hansen's FM-LSテスト（全期間）

説明変数	回帰係数	s.e.
定数項	4.65	0.720
コール・レート	0.52	0.086

Lc=0.28

注：Lcの臨界値は0.62で，＊は「共和分あり」の帰無仮説を棄却する。表6A-6cまで同じ。

表6A-6b　Hansen's FM-LSテスト（前半）

説明変数	回帰係数	s.e.
定数項	−3.22	3.00
コール・レート	1.42	0.33

Lc=0.65*

表6A-6c　Hansen's FM-LSテスト（後半）

説明変数	回帰係数	s.e.
定数項	6.06	0.350
コール・レート	0.35	0.044

Lc=0.45

　さらに，63年1月に明示的な構造変化があったと仮定して計測を行う。単位根テストから電電債利回りとコール・レートは前半・後半とも定常ではない（表6A-1c〜6A-1f，6A-2b，6A-2c，6A-3b，6A-3c）。Engle and Grangerテストからは，電電債利回りとコール・レートの間の共和分関係が前半で棄却されるが，後半では棄却されない（表6A-4b，6A-4c）。Gregory and Hansenのテストからも，共和分関係は前半で否定されるのに対し後半では否定されない（表6A-5b，6A-5c）。Hansenテストからは，前半では共和分関係が棄却される。後半では共和分関係は棄却されないが，得られる共和

分ベクトルは (1, −1) に等しくなく (表 6 A-6 b, 6 A-6 c), 純粋期待仮説が成立するとはいえない。したがって純粋期待仮説が成立しない, または (あるいは同時に) 市場が効率的ではない, という可能性があった。

注
1 1961年から63年までは実勢を反映せず, また62年5月から11月までは新聞掲載がないので, 61年1月から62年11月までは短資協会 (1966) と「日本経済新聞」に毎週掲載の「内外景気指標」欄にあるレートをもとに実勢値を推計する。釜江 (2012) 第9章参照。
2 詳細は釜江 (2012) 巻末の付論2参照。
3 変化の時点を特定しない構造変化である。

第7章 戦後の利付金融債利回りの決定と効率性

§1 はじめに

　第5章でもふれたように，金融機関，特に都市銀行は集めた預金によって多くの利付金融債（利金債）を引き受けていたが[1]，1966年以降は国債の引き受けが始まって他の債券保有の余裕がなくなり，また66年2月に日本銀行の買いオペ対象から外れたことも影響して，利金債は流通市場に流れた（第6章の表6-3参照）。市場では機関投資家・中小金融機関・法人などが買い入れた[2]。§3で後記するように公的部門も売買に参加した。70年代半ば以降は他の債券と同様に発行条件の弾力化が進み，流通市場の実勢が尊重された（表7-1参照）。利金債は公共債ではないが60年代後半における流通市場の主役であり[3]，その後も90年代末まで多く取引されたので，本章で取り上げる。

　債券の取引所取引は加入者引受電電債を除いて62年4月から66年2月上旬まで停止された。これを再開するべく65年に店頭気配の発表が開始され，金融債は政府保証債・地方債とともに同年12月から発表対象に含まれた。77年1月からは日本証券業協会が機関投資家向けに指標気配を毎日発表した。利金債も他債と同様に，取引高では店頭取引が取引所取引を圧倒していた（第5章表5-4，第6章表6-3参照）。

　本章では66年から81年まで，または98年までのデータを用いて利金債市場を分析する。まず，66年から81年までの月次データにより，店頭市場における債券需給が均衡しているとの仮定の下で需給関数を直接推定し，利回りを推計する。これと現実のレートとを図で比較して，乖離の程度によって均衡かどうかを判定する。次に，取引所市場の日次データを店頭市場のそれとあわせて使用

表7-1 利金債発行条件（単位円，%）

年	月	表面金利	発行価格	応募者利回り
1950	4	8.5	100.00	8.500
1955	12	7.5	98.50	7.919
1956	4	7.0	98.50	7.411
1957	7	7.0	97.75	7.621
1960	7	7.5	99.60	7.610
1961	4	7.3	100.00	7.300
1966	10	7.2	100.00	7.200
1968	2	7.3	100.00	7.300
1970	3	7.5	99.50	7.638
1971	9	7.3	100.00	7.300
1972	4	7.1	100.00	7.100
1973	5	7.1	100.00	7.100
1974	1	8.5	100.00	8.500
1975	8	8.8	100.00	8.800
1977	5	7.5	100.00	7.500
1978	4	6.2	100.00	6.200
1979	5	6.8	100.00	6.800
1980	3	7.9	100.00	7.900
1981	5	7.6	100.00	7.600
1982	1	7.7	100.00	7.700
1983	2	7.5	100.00	7.500
1984	4	7.0	100.00	7.000
1985	1	6.7	100.00	6.700
1986	1	6.3	100.00	6.300

出所：大蔵省（各月）。

して，66年から98年までの期間の準強度の効率性を考察する。付論ではこの期間の弱度の効率性を分析する。

§2 テスト法

§2-1 均衡テスト

　中小金融機関などは債券利回りを貸出金利と比較し，有利であれば債券需要を増やす。コール・レートは第3章と同様に説明される。そこで流通市場における利金債の需給関数を次のように定式化する。

　　D＝f(利金債利回り(＋)，中小金融機関の貸出金利(－))

表7-2 利金債利回り等のADFテスト

トレンドと定数項	ラグ数決定法	債券売買高	利回り	中小預貸差	都貸金利
ともに有り	BIC	-1.45	-2.06	-1.04	-3.39
ともに有り	AIC	-1.29	-2.06	-0.99	-3.39
ともに有り	LM	-1.11	-2.06	-1.05	-3.39
定数項のみ有り	BIC	-1.40	-2.05	2.01	-3.40
定数項のみ有り	AIC	-1.71	-2.05	1.89	-3.40
定数項のみ有り	LM	-1.60	-2.05	4.08	-3.40
ともに無し	BIC	-0.68	-0.21	2.21	-0.45
ともに無し	AIC	-1.05	-0.21	1.93	-0.45
ともに無し	LM	-0.66	-0.32	1.86	-0.33

注：＊なしは「単位根なし」が棄却されることを示す。

$$S = g(利金債利回り(-),\ コール・レート(+))$$

なお，表7-2に示される変数の定常性テスト結果から，債券需給の実現値は定常でない。また，OLSによる結果には系列相関がある。そこでこれまでの章と同様に，FM-LS法による計測を取り入れる。

利金債は店頭と取引所の双方で取引されたが，量的には店頭取引が圧倒的であり，店頭市場における債券需給を分析する。1980年代には取引が減少したので（表5-4参照），66年から81年までの月次データを用いるが，詳細は次のとおりである。

利金債店頭利回り：「公社債月報」による。最長期物[4]の標準気配値。
利金債店頭売買高：「公社債年鑑」による。
中小金融機関の貸出金利：「経済統計年報」による。地銀と相銀の貸出約定
　　　　　平均金利の平均。
コール・レート：無条件物（日次）の月中平均。

§2-2 効率性テスト

このテストには1966〜98年の日次データを用いる。ところで，東証では66年2月7日に債券市場が再開され，債券[5]の取引は9時30分（66年2月〜75年10月，79年4月〜）または10時（75年11月〜79年3月）から1回[6]行われた。「日本経済新聞」には77年11月6日までの5年物興銀債1銘柄の日次データがあり，

このうち77年6月までを使う。また店頭取引は気配値が66年3月から週1回発表され，指標気配として発表当日の10時時点の気配[7]が77年1月から週3日，77年7月からは土曜を除く毎日発表されて「公社債月報」から採集できる。これらのうち77年7月からの最長期物を使う。92年1月には基準気配の公表が始まった。

まとめると，使用するのは66年2月～77年6月（クーポン7.3～8.8％）の上場，77年7月～81年8月（同7.3～8.8％）の店頭[8]，81年9月～91年12月（同7.3～8.8％）の上場[9]，92年1月～98年（同7.3～8.8％）の店頭[10]の，それぞれの最長期物のデータである。

なお，第5章表5-4の店頭売買高でみると，利金債は78年まで継続して増加し，79年に初めて減少した。また，78年からは国債の売買高を下回った。このあたりで構造変化があった可能性があるので，本章では78年末を構造変化の時点とする。

テスト法は前章の電電債の場合とほぼ同様であるが，ここでは一般のイベントも加える。マクロ変数として鉱工業生産指数（IIP），卸売物価指数（WPI），失業率，通関貿易統計の入超，家計消費（勤労者世帯），日銀短観の主要企業の業況判断DI[11]を用い，一般のイベントとしては事前の情報漏れの可能性が少ない以下の4件を選ぶ。

　87年10月20日　　ブラック・マンデー
　95年1月17日　　阪神大震災
　97年11月17日　　拓銀破綻
　98年11月16日　　ムーディーズによる日本国債の格下げ。

ダミー変数のほかに，マクロ指標公表値，サプライズ変数を用いて以下のような式を推定する。

（1）　　$\Delta r = f(Di0, Di1, Di2, \cdots, Di7, const.)$
（2）　　$\Delta r = g(RAWi0, RAWi1, RAWi2, \cdots, RAWi7, const.)$
（3）　　$\Delta r = h(SPi0, SPi1, SPi2, \cdots, SPi7, const.)$

また，通関貿易の入超と家計消費は変動幅が大きいので，前章と同様に次のようにノーマライズして用いる。

（入超の公表値－予想値）／｜入超｜

（家計消費－予想値）／　家計消費

なおイベント・スタディに先立ち，マクロ指標公表から利回りの変化への因果関係をテストし，あわせて逆方向の因果関係も調べる。用いるデータは66年2月から98年12月までの395ヵ月で，マクロ指標（卸売物価，失業率，通関貿易，家計消費，鉱工業生産指数）→利回りへのテストのサンプル数は392～395個，短観→利回りのサンプルは132個である。

§3 計測結果

§3-1 均衡テスト

需給関数の推定結果は表7-3のように得られ，需要関数の利回りの符号は予想の逆である。これらの需給関数を使って需給均衡をもたらす利回りを推計すると，

利回り＝－0.39＋0.672・中小金融機関の貸出金利＋0.406・コール・レート

である。利回りの推計値と実現値とをグラフに描くと図7-1のとおりである。需給関数が適切に定式化されかつ需給が恒に均衡していれば，推計される利回りは実現値と大きくは乖離しないはずである。図からは，特に計測の初期と終期に加え，1972年と76年の利回り下降期，および80年前後の利回り急上昇の時期に食い違いが発生していることが認められる。以上のことは説明変数を変更してもほぼ同様である（図7-2参照）[12]。

これらの乖離の時期のうち，66年は長期国債の発行再開で低金利政策がとられた[13]。72年はマルク危機を契機とする短資流入で金融緩和がもたらされた[14]。76年は金融緩和期であるが，公共債増発のために金融機関が利金債などを売却して[15]，債券価格下落，利回り上昇がもたらされた。79年は新発債の消化難と金融機関の決算対策のための売却増で，81年は米国金利上昇と景況感好転で，それぞれ利回りが上昇した[16]。

しかし概していえば，利回りの変動があるにもかかわらず推計値は実現値を

ある程度トレースしているとみられ，平均平方誤差は0.95，平均平方誤差率は0.116である。これらから，需給均衡がもたらされている時期がある程度存在すると判断してもよいであろう。

表7-3　FM-LSによる利金債の推定結果

需要関数

変数	係数推定値	標準誤差	t値	有意水準
定数項	8748.13	1795.27	4.87	0.00
利回り	−98.99	156.42	−0.63	0.53
中小の貸出金利	−794.23	281.14	−2.83	0.00

供給関数

変数	係数推定値	標準誤差	t値	有意水準
定数項	8284.02	1223.04	6.77	0.00
利回り	−1280.04	225.25	−5.68	0.00
コール	479.82	106.38	4.51	0.00

図7-1　利金債の利回り推計1（単位%）

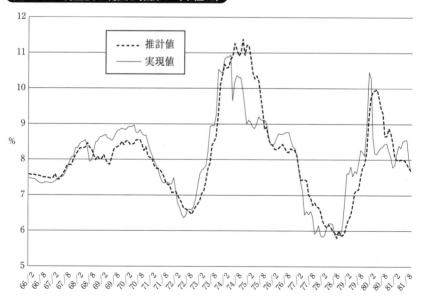

図7-2 利金債の利回り推計2（単位%）

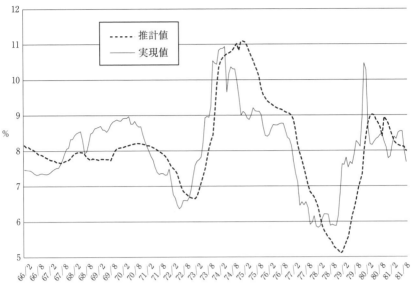

§3-2 効率性テスト

　定常性をチェックすると，利回り変化は定常であるが，利回りとマクロ経済指標は通関貿易を除き定常ではない（表7-4a〜c，7-5a〜b）。因果関係のテストによれば，

1) マクロ指標→利回り変化への因果関係では（表7-6a〜e），5％水準で有意に因果があるのは4日前の失業率である失業率（-4）と家計消費（-1）であり，10％水準で有意であるのは家計消費（-2），鉱工業生産指数（-1），同（-4）である。

2) マクロ指標のサプライズ→利回り変化への因果関係では（表7-7a〜e），卸売物価（-1），同（-3）が5％で有意，鉱工業生産指数（-5）が10％で有意である。

3) 利回り変化→マクロ指標を調べると，ラグの長さは0である。利回り変化

は定常であるが，マクロ指標は非定常である。表7-8では5％で卸売物価，通関貿易が有意である。

4) 利回り→マクロ指標を調べると，ラグの長さは0であり，利回りとマクロ指標は非定常である。表7-8では全5指標がいずれも5％で有意である。

また，インパルス反応のテスト結果は図7-3a（公表値への反応），図7-3b（サプライズ変数への反応）である。図から，公表値に対する反応のうち卸売物価・通関貿易・家計消費・失業率は多くの期間で有意である。サプライズ変数に対する反応では，卸売物価は多くの期間で有意であり，家計消費にも有意な期間がある。これらもイベント・スタディへのサポートを示しているとみてよいのかもしれない。

表7-4a　ADFテスト（利金債利回り，全期間）

トレンドと定数項	ラグ数決定法	ADF
ともに有り	BIC	－2.75
ともに有り	AIC	－2.75
ともに有り	LM	－2.88
定数項のみ有り	BIC	－1.25
定数項のみ有り	AIC	－1.25
定数項のみ有り	LM	－1.37
ともに無し	BIC	－1.02
ともに無し	AIC	－1.02
ともに無し	LM	－1.02

注：＊なしは5％水準で「単位根なし」の仮説が棄却されることを示す。表7-4cまで同じ。

表7-4b　ADFテスト（利金債利回り，前半）

トレンドと定数項	ラグ数決定法	ADF
ともに有り	BIC	－1.02
ともに有り	AIC	－0.94
ともに有り	LM	－1.05
定数項のみ有り	BIC	－1.04
定数項のみ有り	AIC	－0.96
定数項のみ有り	LM	－1.07
ともに無し	BIC	－0.59
ともに無し	AIC	－0.59
ともに無し	LM	－0.59

表7-4c　ADFテスト（利金債利回り，後半）

トレンドと定数項	ラグ数決定法	ADF
ともに有り	BIC	-3.22
ともに有り	AIC	-3.56*
ともに有り	LM	-3.56*
定数項のみ有り	BIC	-1.03
定数項のみ有り	AIC	-1.32
定数項のみ有り	LM	-1.32
ともに無し	BIC	-0.91
ともに無し	AIC	-0.94
ともに無し	LM	-0.91

表7-5a　マクロ変数→利金債利回り変化のADFテスト

トレンドと定数項	ラグ数決定法	利回り変化	卸売物価	通関貿易	失業率	家計	鉱工業
ともに有り	BIC	-19.09*	-0.35	-3.65*	-1.87	0.62	-1.70
ともに有り	AIC	-10.84*	-0.94	-3.65*	-1.87	-0.38	-1.70
ともに有り	LM	-19.09*	-0.56	-3.65*	-2.29	-0.54	-1.52
定数項のみ有り	BIC	-19.11*	-2.02	-1.76*	0.60	-2.37	-1.96
定数項のみ有り	AIC	-10.84*	-1.95	-1.76*	0.60	-2.30	-1.96
定数項のみ有り	LM	-19.11*	-1.99	-1.63*	-0.23	-2.37	-2.00
ともに無し	BIC	-19.10*	0.68	-0.81*	1.40	0.42	1.61
ともに無し	AIC	-10.77*	0.68	-0.67*	1.40	0.26	1.61
ともに無し	LM	-19.10*	0.88	-0.79*	1.85	0.18	1.70

注：利回り変化は卸売物価と同期間の結果であり，他のマクロ変数の期間についてもほぼ同様である。*は「単位根なし」を示す。

表7-5b　利金債利回り→マクロ変数のADFテスト

トレンドと定数項	ラグ数決定法	利回り	利回り変化	卸売物価	通関貿易	失業率	家計	鉱工業
ともに有り	BIC	-2.88	-14.36*	-0.41	-3.64*	-1.75	0.40	-1.88
ともに有り	AIC	-3.57*	-5.15*	-0.96	-3.64*	-1.75	-0.80	-1.88
ともに有り	LM	-3.12	-6.13*	-0.75	-3.64*	-2.40	-0.60	-1.80
定数項のみ有り	BIC	-1.22	-14.34*	-2.06	-1.77	0.30	-2.27	-1.91
定数項のみ有り	AIC	-1.60	-5.11*	-1.91	-1.77	0.30	-2.32	-1.91
定数項のみ有り	LM	-1.27	-6.09*	-1.97	-1.62	0.26	-2.40	-1.70
ともに無し	BIC	-1.06	-14.34*	0.70	-0.79	1.49	0.89	1.61
ともに無し	AIC	-1.07	-5.08*	0.70	-0.65	1.49	0.23	1.61
ともに無し	LM	-1.04	-6.06*	0.90	-0.58	1.69	1.03	1.31

注：利回りとその変化は貿易と同期間の結果であり，他のマクロ変数の期間についてもほぼ同様である。*は「単位根なし」を示す。

表7-6a　Granger因果テストの結果（卸売物価公表値→利回り）

結果＼原因	卸売（-1）	卸売（-2）	卸売（-3）	卸売（-4）	卸売（-5）	卸売（-6）	卸売（-7）
利回り	0.13	0.55	0.17	0.04	1.36	0.64	0.98

注：＊＊は5％で，＊は10％でそれぞれ有意を示す。以下，表7-8まで同じ。

表7-6b　Granger因果テストの結果（通関貿易公表値→利回り）

結果＼原因	貿易（-1）	貿易（-2）	貿易（-3）	貿易（-4）	貿易（-5）	貿易（-6）	貿易（-7）
利回り	1.43	0.25	1.16	0.01	1.26	0.51	1.30

表7-6c　Granger因果テストの結果（家計消費公表値→利回り）

結果＼原因	家計（-1）	家計（-2）	家計（-3）	家計（-4）	家計（-5）	家計（-6）	家計（-7）
利回り	4.67**	3.24*	0	0.53	0.01	0.23	2.18

表7-6d　Granger因果テストの結果（失業率公表値→利回り）

結果＼原因	失業（-1）	失業（-2）	失業（-3）	失業（-4）	失業（-5）	失業（-6）	失業（-7）
利回り	0.3	0	0	8.34**	0.06	0	1.20

表7-6e　Granger因果テストの結果（鉱工業生産公表値→利回り）

結果＼原因	IIP（-1）	IIP（-2）	IIP（-3）	IIP（-4）	IIP（-5）	IIP（-6）	IIP（-7）
利回り	3.65*	0.66	1.02	3.31*	0.62	0.52	1.61

表7-7a　Granger因果テストの結果（卸売物価サプライズ→利回り）

結果＼原因	卸売（-1）	卸売（-2）	卸売（-3）	卸売（-4）	卸売（-5）	卸売（-6）	卸売（-7）
利回り	11.18**	2.01	3.87**	0.01	0.66	2.35	0.13

表7-7b　Granger因果テストの結果（通関貿易サプライズ→利回り）

結果＼原因	貿易（-1）	貿易（-2）	貿易（-3）	貿易（-4）	貿易（-5）	貿易（-6）	貿易（-7）
利回り	0.01	0.30	0.31	0.05	0	0.10	0.18

表7-7c　Granger因果テストの結果（家計消費サプライズ→利回り）

結果＼原因	家計（-1）	家計（-2）	家計（-3）	家計（-4）	家計（-5）	家計（-6）	家計（-7）
利回り	0.95	0.39	2.22	0.28	0	1.36	0.23

第7章 戦後の利付金融債利回りの決定と効率性

表7-7d　Granger因果テストの結果（失業率サプライズ→利回り）

結果＼原因	失業（-1）	失業（-2）	失業（-3）	失業（-4）	失業（-5）	失業（-6）	失業（-7）
利回り	0	0.02	0	0.07	0.46	0.23	0.54

表7-7e　Granger因果テストの結果（鉱工業生産サプライズ→利回り）

結果＼原因	IIP（-1）	IIP（-2）	IIP（-3）	IIP（-4）	IIP（-5）	IIP（-6）	IIP（-7）
利回り	2.15	0.54	0.12	0.22	3.19*	0.01	0.32

表7-8　Granger因果テストの結果（利回り変化・利回り→マクロ変数）

結果＼原因	利回変化	利回り
卸売物価	43.65**	33.51**
通関貿易	4.96**	55.05**
家計消費	0.14	17.28**
失業率	0.63	5.60**
鉱工業生産	0.05	6.72**

図7-3a　利金債のインパルス反応1

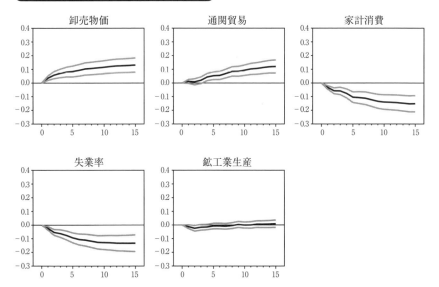

261

図7-3b 利金債のインパルス反応2

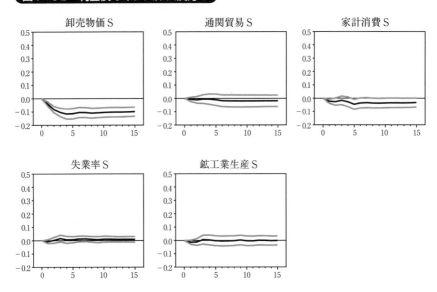

　準強度効率性のテストの結果は以下のとおりである（表7-9a～表7-11b参照）。なお、金融債など一般債の取引時間は1991年まで午前、92年から店頭取引のみ午後も行われた。マクロ指標のいくつかは午後に発表されていて、その時刻を特定することは容易ではないので、本章ではそれらの即時的影響は翌日に現れると考えることにする。さらに、78年末の構造変化を明示的に仮定しての計測も行う。

表7-9a 利金債の推定結果（ダミー，全期間）

	鉱工業生産		卸売物価		失業率		通関貿易		家計消費		短観		一般のイベント	
	t値	P値	t値	P値	t値	P値	t値	P値	t値	P値	t値	P値	t値	P値
当日	-1.04	0.30	-0.23	0.81	-1.51	0.13	1.48	0.14	0.50	0.62	0.38	0.70	0.76	0.45
1日後	-0.91	0.37	0.86	0.39	-0.08	0.94	0.44	0.66	1.86	0.06	-0.21	0.84	-0.29	0.78
2日後	1.63	0.10	-0.51	0.61	-1.28	0.20	0.86	0.39	3.00	0.00	0.13	0.90	0.19	0.85
3日後	1.65	0.10	0.27	0.79	-0.06	0.95	-0.03	0.97	2.05	0.04	0.98	0.33	0.28	0.78
4日後	0.86	0.39	-0.32	0.75	0.53	0.59	0.60	0.55	-1.94	0.05	0.78	0.44	0.33	0.74
5日後	2.00	0.05	-0.01	0.99	0.82	0.41	1.33	0.18	-0.66	0.51	-0.13	0.90	-0.09	0.93
6日後	0.28	0.78	0.18	0.86	-0.14	0.89	0.77	0.44	-0.24	0.81	1.25	0.21	0.61	0.54
7日後	0.52	0.60	-0.95	0.34	1.88	0.06	0.32	0.75	1.15	0.25	3.17	0.00	1.31	0.19

表7-9b 利金債の推定結果（ダミー，部分期間）

前半	鉱工業生産		卸売物価		失業率		通関貿易		家計消費		短観	
	t値	P値	t値	P値	t値	P値	t値	P値	t値	P値	t値	P値
当日	−1.28	0.20	0.13	0.90	0.12	0.91	0.94	0.35	0.95	0.34	−0.11	0.91
1日後	1.42	0.16	0.51	0.61	0.13	0.90	0.47	0.64	3.50	0.00	−0.49	0.63
2日後	2.55	0.01	0.58	0.56	−1.55	0.12	−0.86	0.39	3.80	0.00	−0.28	0.78
3日後	2.82	0.00	0.13	0.90	−0.58	0.56	0.60	0.55	1.40	0.16	0.23	0.82
4日後	2.41	0.02	−0.73	0.47	0.55	0.58	0.23	0.81	−0.17	0.86	0.08	0.93
5日後	1.41	0.16	0.12	0.90	0.16	0.88	0.58	0.56	−2.63	0.01	0.49	0.63
6日後	−2.05	0.04	1.77	0.08	0.29	0.77	0.50	0.62	−0.23	0.82	0.20	0.85
7日後	−0.18	0.86	−0.02	0.99	0.81	0.42	0.57	0.57	−0.11	0.91	2.17	0.03

後半	鉱工業生産		卸売物価		失業率		通関貿易		家計消費		短観	
	t値	P値	t値	P値	t値	P値	t値	P値	t値	P値	t値	P値
当日	−0.45	0.65	−0.36	0.72	−1.81	0.07	1.16	0.25	0.00	1.00	0.51	0.61
1日後	−1.90	0.06	0.67	0.50	−0.17	0.87	0.23	0.82	0.06	0.95	0.06	0.95
2日後	0.36	0.72	−0.95	0.34	−0.55	0.58	1.51	0.13	1.20	0.23	0.32	0.75
3日後	0.21	0.83	0.23	0.82	0.28	0.78	−0.39	0.70	1.53	0.13	1.00	0.32
4日後	−0.45	0.65	0.05	0.96	0.29	0.77	0.56	0.57	−2.15	0.03	0.85	0.39
5日後	1.46	0.15	−0.10	0.92	0.86	0.39	1.20	0.23	0.80	0.42	−0.44	0.66
6日後	1.54	0.12	−0.87	0.39	−0.33	0.74	0.59	0.55	−0.15	0.88	1.34	0.18
7日後	0.69	0.49	−1.10	0.27	1.69	0.09	0.04	0.97	1.38	0.17	2.37	0.02

表7-10a 利金債の推定結果（公表値，全期間）

	鉱工業生産		卸売物価		失業率		通関貿易		家計消費		短観	
	t値	P値	t値	P値	t値	P値	t値	P値	t値	P値	t値	P値
当日	−0.90	0.37	−0.40	0.69	−1.88	0.06	−0.86	0.39	0.19	0.85	−0.90	0.37
1日後	−2.02	0.04	0.78	0.43	−0.56	0.58	0.55	0.58	0.75	0.45	3.00	0.00
2日後	1.18	0.24	−0.81	0.42	−1.12	0.26	−0.57	0.57	1.95	0.05	2.00	0.05
3日後	0.84	0.40	−0.03	0.98	−0.11	0.91	0.96	0.34	1.66	0.10	1.20	0.23
4日後	0.06	0.95	−0.30	0.76	0.24	0.81	−0.01	1.00	−2.47	0.01	0.51	0.61
5日後	1.67	0.09	−0.27	0.79	0.55	0.58	0.23	0.81	−0.49	0.63	0.54	0.59
6日後	0.56	0.58	−0.10	0.92	−0.43	0.67	−0.47	0.64	−0.16	0.87	0.65	0.51
7日後	0.56	0.57	−1.41	0.16	1.87	0.06	0.24	0.81	1.19	0.23	2.21	0.03

表7-10b 利金債の推定結果（公表値，部分期間）

前半	鉱工業生産		卸売物価		失業率		通関貿易		家計消費		短観	
	t値	P値	t値	P値	t値	P値	t値	P値	t値	P値	t値	P値
当日	−1.35	0.18	−0.08	0.94	−0.07	0.95	1.13	0.26	0.48	0.63	−0.03	0.97
1日後	1.32	0.19	0.35	0.73	−0.31	0.76	−0.39	0.69	2.77	0.01	3.91	0.00
2日後	2.58	0.01	0.54	0.59	−1.98	0.05	0.75	0.45	3.56	0.00	1.24	0.22
3日後	2.68	0.01	−0.11	0.92	−1.21	0.23	−0.89	0.37	0.73	0.47	−0.07	0.95
4日後	2.27	0.02	−0.92	0.36	0.27	0.79	0.17	0.86	−0.52	0.60	0.37	0.71
5日後	0.95	0.34	−0.38	0.70	−0.62	0.54	1.77	0.08	−4.18	0.00	0.50	0.62
6日後	−2.49	0.01	1.97	0.05	−0.08	0.94	0.11	0.91	−0.65	0.52	0.01	0.99
7日後	−0.21	0.83	−0.12	0.91	0.46	0.65	−0.53	0.60	−0.28	0.78	1.37	0.17

後半	鉱工業生産		卸売物価		失業率		通関貿易		家計消費		短観	
	t値	P値	t値	P値	t値	P値	t値	P値	t値	P値	t値	P値
当日	−0.44	0.66	−0.40	0.69	−1.84	0.07	−0.93	0.35	0.10	0.92	−1.09	0.28
1日後	−2.40	0.02	0.64	0.52	−0.44	0.66	0.54	0.59	0.07	0.94	0.97	0.33
2日後	0.33	0.75	−1.06	0.29	−0.42	0.68	−0.62	0.53	1.01	0.31	1.61	0.11
3日後	−0.05	0.96	0.00	1.00	0.32	0.75	0.96	0.34	1.42	0.16	1.54	0.12
4日後	−0.67	0.50	0.04	0.97	0.15	0.88	−0.04	0.97	−2.18	0.03	0.38	0.71
5日後	1.33	0.18	−0.14	0.89	0.76	0.44	−0.01	0.99	0.59	0.56	0.32	0.75
6日後	1.36	0.17	−0.89	0.37	−0.39	0.70	−0.45	0.65	0.03	0.97	0.80	0.42
7日後	0.63	0.53	−1.41	0.16	1.70	0.09	0.26	0.79	1.22	0.22	1.78	0.08

表7-11a 利金債の推定結果（サプライズ，全期間）

	鉱工業生産		卸売物価		失業率		通関貿易		家計消費		短観	
	t値	P値	t値	P値	t値	P値	t値	P値	t値	P値	t値	P値
当日	0.78	0.44	0.40	0.69	2.40	0.02	−0.61	0.55	0.45	0.65	−0.17	0.87
1日後	−0.78	0.44	−1.22	0.22	0.29	0.77	0.03	0.98	0.33	0.74	2.78	0.01
2日後	−0.82	0.41	−2.19	0.03	−0.85	0.40	0.56	0.58	0.89	0.37	1.23	0.22
3日後	−1.75	0.08	−1.65	0.10	−0.31	0.76	−0.43	0.67	−1.49	0.14	1.08	0.28
4日後	−0.73	0.47	−0.82	0.41	0.09	0.93	0.15	0.88	2.40	0.02	1.08	0.28
5日後	0.62	0.54	−0.69	0.49	1.38	0.17	0.10	0.92	0.17	0.87	1.60	0.11
6日後	−0.02	0.99	−0.04	0.97	−0.75	0.45	0.02	0.98	1.53	0.13	0.68	0.50
7日後	−2.00	0.05	−0.33	0.74	−0.03	0.97	1.01	0.31	0.35	0.73	0.10	0.92

表7-11b　利金債の推定結果（サプライズ，部分期間）

前半	鉱工業生産		卸売物価		失業率		通関貿易		家計消費		短観	
	t値	P値	t値	P値	t値	P値	t値	P値	t値	P値	t値	P値
当日	1.89	0.06	0.32	0.75	0.02	0.98	−0.35	0.72	0.67	0.50	0.00	1.00
1日後	0.79	0.43	−1.13	0.26	0.49	0.63	−0.32	0.75	−0.03	0.98	4.20	0.00
2日後	−1.81	0.07	−2.51	0.01	0.02	0.98	0.51	0.61	−1.40	0.16	0.61	0.54
3日後	0.28	0.78	−2.58	0.01	−0.18	0.86	−1.05	0.30	−1.61	0.11	−0.08	0.94
4日後	0.68	0.50	−2.61	0.01	0.49	0.62	0.28	0.78	0.31	0.76	0.73	0.47
5日後	1.72	0.09	−1.01	0.31	0.17	0.87	0.15	0.88	−0.41	0.68	0.39	0.70
6日後	1.77	0.08	−0.30	0.76	−0.17	0.87	−0.53	0.59	0.41	0.69	0.00	1.00
7日後	0.64	0.53	−0.49	0.62	0.02	0.98	1.36	0.17	0.56	0.57	0.23	0.82

後半	鉱工業生産		卸売物価		失業率		通関貿易		家計消費		短観	
	t値	P値	t値	P値	t値	P値	t値	P値	t値	P値	t値	P値
当日	0.27	0.79	0.27	0.78	3.06	0.00	−0.48	0.63	0.07	0.94	−0.20	0.84
1日後	−0.94	0.35	−0.71	0.48	0.01	1.00	0.20	0.84	0.44	0.66	0.66	0.51
2日後	−0.33	0.74	−0.83	0.41	−1.10	0.27	0.35	0.73	2.18	0.03	1.07	0.29
3日後	−1.74	0.08	0.02	0.98	−0.26	0.79	0.08	0.94	−0.71	0.48	1.31	0.19
4日後	−0.86	0.39	1.26	0.21	−0.26	0.80	0.03	0.98	2.83	0.00	0.81	0.42
5日後	0.16	0.87	−0.05	0.96	1.64	0.10	0.03	0.98	0.52	0.61	1.63	0.10
6日後	−0.46	0.65	0.23	0.82	−0.84	0.40	0.31	0.76	1.65	0.10	0.79	0.43
7日後	−2.06	0.04	−0.02	0.99	−0.06	0.95	0.40	0.69	0.02	0.99	−0.03	0.98

　前章までと同様に，これらの結果から，即時的な影響が有意であって，かつ4営業日以後に有意な影響がみられれば市場は非効率的であり，またいくつかの指標の影響を調べて非効率性をもたらす指標が1つでも存在すれば市場は非効率的である，と判断する。

　全期間では，ダミー変数を使う場合の家計消費に関して，公表値を使う場合の鉱工業生産・失業率・短観に関して，それぞれ非効率的であるのに対し，サプライズ変数を使うと失業率・短観に関して効率的である（表7-9a，7-10a，7-11a参照）。部分期間については，ダミー変数を使う場合の前半で家計消費に関し，後半で失業率に関して非効率的である。公表値を使う場合の前半で家計消費に関し，後半で失業率に関して非効率的である。サプライズ変数を使うと前半で鉱工業生産に関し，後半で失業率に関して非効率的である。他方，効率性がみられるのは，ダミー変数を使う場合の後半で鉱工業生産に関し，公表

値を使う場合の前半で短観に関し，後半で鉱工業生産に関して，サプライズ変数を使う場合の前半で短観に関してである（表7-9b，7-10b，7-11b参照）。

　上記の結果では即時的な影響は認められないが，4営業日後以降に有意であって影響を持続させる変数も存在し，非効率的であることをうかがわせる。長い影響の持続があるのは次のとおりである。まずダミー変数を使う場合，全期間では鉱工業生産・失業率・短観に関し，部分期間では前半が鉱工業生産・卸売物価・短観に関して，後半が家計消費・短観に関して影響が持続する。公表値を使う場合，全期間では家計消費に関し，部分期間の前半の鉱工業生産・卸売物価・通関貿易に関し，後半の家計消費・短観に関して，サプライズ変数を使うと全期間では鉱工業生産・家計消費に関し，部分期間では前半が卸売物価に関し，後半が鉱工業生産・家計消費・短観に関して，それぞれ影響が持続する。

　その即時的影響が有意であるか否かにかかわらず，前半から後半へと時間の経過につれてより効率的な方向への変化をもたらすのはダミー変数と公表値による場合の鉱工業生産であり，逆に非効率的な方向への変化をもたらすのは公表値とサプライズ変数による場合の短観である。

　このように非効率性を示唆する結果が得られた理由を説明するには部門別の取引状況を調べることが一法であるが，取引データは得られない。そこで表7-12が示す金融債の保有状況をみると，金融債残高が減少してきた2000年を除いて，公的金融[17]のシェアが7％から14％，個人[18]を加えると約50％のシェアである。また表7-13は両部門（「その他」を含む）の利金債の消化シェアが80％にもなる年があることを示している。

　公的部門の売買としては，運用部は日本銀行への売却[19]のほか，市場での買い入れ[20]を行った，日本銀行が67年2月に買いオペの対象にした[21]，簡易保険は従来，買いだけであったのが80年代は売買も行った[22]，郵貯は87年から自主運用を開始した[23]ことなどがあげられる。

　市場メカニズムに従うとはみられないこれらの部門の行動が無視できないことが上記の結果をもたらす要因であるのかもしれない。

第7章 戦後の利付金融債利回りの決定と効率性

表7-12 金融債保有状況（単位億円，%）

| 年 | 民間金融機関 | 公的金融機関 | | 個人 | 計 |
		運用部	簡保		
1964	10,959 47	3,111 13	2,661 11	440 2	5,295 23	25,760
1970	29,176 47	5,271 9	2,981 5	1,901 3	23,475 38	61,780
1975	65,629 42	14,211 9	9,588 6	2,987 2	66,222 43	154,000
1980	102,504 39	17,906 7	11,544 4	5,871 2	126,103 48	261,196
1985	180,483 41	29,223 7	20,550 5	8,671 2	204,665 47	437,957
1990	336,138 50	72,071 11	52,211 8	7,341 1	240,073 35	678,781
1995	396,807 52	104,125 14	86,611 11	14,832 2	232,238 30	762,287
2000	265,420 54	6,201 1	3,174 1	2,306 1	138,786 28	491,303

注：75年まで年末，それ以降年度末。運用部と簡保は年度末。上段は金額，下段はシェアで，その他を含む。
出所：日本銀行調査統計局（各年），同（各期），郵貯資金研究協会（2003）。

表7-13 利金債の消化状況（単位%，億円）

| 年度 | シェア | | | | | | 小計（額） | 運用部・簡保資金（額） |
	都銀・長信銀	地銀	保険	信金	相銀	個人他		
1965	43.3	12.6	2.3	6.3	6.8	27.3	6,054	401
1970	32.7	10.1	4.5	7.1	9.5	35.2	11,280	529
1975	16.4	9.4	4.3	7.1	8.5	53.3	27,880	1,312
1980	11.5	9.8	5.1	5.7	7.4	59.7	46,150	737
1985	7.5	9.2	5.4	4.4	5.9	66.8	73,192	1,017
1990	2.9	5.6	4.8	2.9	3.1	79.5	194,019	1,876
1995	2.8	7.5	7.5	5.4	3.9	69.1	137,639	743
2000	3.4	12.2	9.6	11.4	5.4	54.3	87,626	429

注：金融機関等部門別はシェア。小計と運用部・簡保は金額。
出所：公社債引受協会（各年），野村総合研究所（各年）。

§4 おわりに

　本章では1966年〜81年まで，または98年までのデータを用いて利金債市場を分析した。まず，店頭市場における債券需給が均衡しているとの仮定の下で需給関数を月次データによって推定し，利回りを推計して，これと現実のレートとを比較することによって均衡かどうかを判定した。計測結果は均衡がもたらされている時期がある程度存在することを示した。次に，取引所市場の日次データを店頭市場のそれとあわせて使用して，66年から98年までの期間の準強度の効率性を考察し，市場に非効率性が認められた。公的部門の行動がこういった状況を生み出した一因ではないかと考えられる。

注
1　後藤（1982）p.74参照。
2　日本経済新聞社（編）（1982c）p.30，同（1987）p.201，「日本経済新聞」1988年1月15日参照。
3　日本経済新聞社（編）（1982c）p.29参照。
4　銘柄切換を行うのは前章の電電債と同様であるが，その際に利回りの大きな変化はなく，ダミーを使う処理法は採用しない。クーポンの変更があったのは71年1月，72年4月，73年1月，74年1月（+0.9％），74年5月，74年6月，74年7月（+0.8％），75年1月，76年1月，76年2月，77年6月（-0.8％），77年8月，77年9月，77年11月，78年5月，79年6月（+0.6％），79年9月（+0.7％），80年4月（+0.6％），80年5月（+0.7％），81年4月（-0.7％），81年6月，81年12月で，（　）が不記載であるのは+0.5％から-0.5％までの間の変化である。
5　選定銘柄（すべて円建外債）以外である。
6　東京証券取引所（1980）p.117-8参照。
7　日本証券業協会（2011）p.16参照。
8　土曜のデータなし。78年7月まで価格データのみ。
9　日経データベースの「NEEDS Financial Quest」のデータが利用可能であるので，これらのデータを使う。86年7月までは利回データなし。
10　土曜のデータなし。
11　65年4-6月期から利用可能。
12　供給関数の説明変数のコール・レートを都銀の貸出金利に変更した。

13 短資協会(1973)p.21参照。
14 短資協会(1973)p.99参照。
15 日本銀行調査局(各月)1977年増刊号,p.29参照。
16 日本銀行調査局(各月)1981年5月,p.41参照。
17 簡易保険は市場での買い入れを遅くも77年頃から行い,入れ替え商いも82年春以降実施している。簡易保険事業70周年記念事業史編さん委員会(1987)p.374,「日本経済新聞」82年4月26日参照。郵便貯金も87年度から自主運用を行っている。運用部は金融債を50年代から引き受けており,80年代には売買も行っていた。「日本経済新聞」1986年5月15日,1988年7月20日,1997年6月24日参照。
18 割引金融債は個人が多くを保有していたとみられる。「日本経済新聞」1984年9月28日参照。しかし,個人が現存の割引金融債をすべて保有しているとしても,表7-12が示すように,95年を除き利金債も保有している。
19 「読売新聞」1966年2月17日参照。
20 「日本経済新聞」1981年10月21日,同1986年5月15日参照。
21 「読売新聞」1967年1月20日参照。
22 「日本経済新聞」1982年4月26日,「朝日新聞」1987年8月2日参照。
23 「読売新聞」1987年6月26日,「日本経済新聞」1991年12月28日参照。

第7章 付論 利金債市場の弱度効率性

　ここでは1960年代から90年代までの利金債市場の弱度効率性を調べる。テスト法は第3章付論と同様である。弱度効率性のテストには短期金利として有担保の無条件物コール・レートと翌日物コールを用いる。90年2月に有担保コールの取引仕法が変更され自動継続がなくなって，翌日物コールと呼ばれるようになった。これは「日本経済新聞」，「NEEDS Financial Quest」データベースから採集する。

　対象期間が比較的長くて経済状況の変化もみられることから，市場で構造変化が生じている可能性は否定できない。そこで構造変化を前提に変数の定常性と共和分関係の存在を検定する。

　テスト結果によれば，まず単位根テストでは債券利回りとコール・レートは定常ではない（表7A-1a，7A-1b参照）。構造変化[1]を考慮に入れてZivot and Andrews，Perronの両テストを行っても債券利回りには単位根が存在している（表7A-2a，7A-3a）。次いで構造変化を考慮しないEngle and Grangerテストからは債券利回りとコール・レートの間の「共和分関係なし」の帰無仮説が多くのケースで棄却され（表7A-4a），Gregory and Hansenのテストからも「共和分関係なし，構造変化なし」の帰無仮説は棄却される（表7A-5a）。しかし，Hansenテストによれば「共和分関係が存在する」との仮説は棄却され（表7A-6a），純粋期待仮説が成立するとはいえない。

表7A-1a　ADFテスト（利金債利回り，全期間）

トレンドと定数項	ラグ数決定法	ADF
ともに有り	BIC	−2.75
ともに有り	AIC	−2.75
ともに有り	LM	−2.88
定数項のみ有り	BIC	−1.25
定数項のみ有り	AIC	−1.25
定数項のみ有り	LM	−1.37
ともに無し	BIC	−1.02
ともに無し	AIC	−1.02
ともに無し	LM	−1.02

注：＊なしは5％水準で「単位根なし」の仮説が棄却されることを示す。以下，表7A-1fまで同じ。

表7A-1b　ADFテスト（コール・レート，全期間）

トレンドと定数項	ラグ数決定法	ADF
ともに有り	BIC	−1.95
ともに有り	AIC	−1.95
ともに有り	LM	−1.95
定数項のみ有り	BIC	−0.79
定数項のみ有り	AIC	−0.79
定数項のみ有り	LM	−0.79
ともに無し	BIC	−0.95
ともに無し	AIC	−0.95
ともに無し	LM	−0.95

表7A-1c　ADFテスト（利金債利回り，前半）

トレンドと定数項	ラグ数決定法	ADF
ともに有り	BIC	−1.02
ともに有り	AIC	−0.94
ともに有り	LM	−1.05
定数項のみ有り	BIC	−1.04
定数項のみ有り	AIC	−0.96
定数項のみ有り	LM	−1.07
ともに無し	BIC	−0.59
ともに無し	AIC	−0.59
ともに無し	LM	−0.59

表7A-1d　ADFテスト（利金債利回り，後半）

トレンドと定数項	ラグ数決定法	ADF
ともに有り	BIC	−3.22
ともに有り	AIC	−3.56*
ともに有り	LM	−3.56*
定数項のみ有り	BIC	−1.03
定数項のみ有り	AIC	−1.32
定数項のみ有り	LM	−1.32
ともに無し	BIC	−0.91
ともに無し	AIC	−0.94
ともに無し	LM	−0.91

表7A-1e　ADFテスト（コール・レート，前半）

トレンドと定数項	ラグ数決定法	ADF
ともに有り	BIC	−0.83
ともに有り	AIC	−1.00
ともに有り	LM	−0.86
定数項のみ有り	BIC	−0.90
定数項のみ有り	AIC	−1.06
定数項のみ有り	LM	−0.88
ともに無し	BIC	−0.50
ともに無し	AIC	−0.52
ともに無し	LM	−0.49

表7A-1f　ADFテスト（コール・レート，後半）

トレンドと定数項	ラグ数決定法	ADF
ともに有り	BIC	−2.67
ともに有り	AIC	−2.67
ともに有り	LM	−2.67
定数項のみ有り	BIC	−0.65
定数項のみ有り	AIC	−0.65
定数項のみ有り	LM	−0.65
ともに無し	BIC	−0.89
ともに無し	AIC	−0.89
ともに無し	LM	−0.89

表7A-2a　Zivot and Andrewsテスト（全期間）

モデル	検定統計量
切片に変化	−3.57
トレンドに変化	−2.99
両方に変化	−3.46

注：全て臨界値より大で，「単位根あり」の帰無仮説を棄却しない。以下，表7A-2cまで同じ。

表7A-2b　Zivot and Andrewsテスト（前半）

モデル	検定統計量
切片に変化	−1.93
トレンドに変化	−1.99
両方に変化	−4.02

表7A-2c　Zivot and Andrewsテスト（後半）

モデル	検定統計量
切片に変化	−4.65
トレンドに変化	−3.32
両方に変化	−4.99

表7A-3a　Perronテスト（全期間）

モデル	変化時点決定法	検定統計量
IO1	UR	−3.90
IO1	tABS	−3.90
IO1	t	−3.90
IO2	UR	−3.85
IO2	tABS	−3.67
IO2	t	−3.67
AO	UR	−3.31
AO	tABS	−3.31
AO	t	−3.31

注：第3章付論の表3A-3a参照。＊なしは5％で「単位根あり」の帰無仮説を棄却しない。以下，表7A-3cまで同じ。

表7A-3b Perronテスト（前半）

モデル	変化時点決定法	検定統計量
IO1	UR	−2.15
IO1	tABS	−1.49
IO1	t	−1.49
IO2	UR	−4.06
IO2	tABS	−4.06
IO2	t	−4.06
AO	UR	−2.23
AO	tABS	−1.88
AO	t	−1.88

表7A-3c Perronテスト（後半）

モデル	変化時点決定法	検定統計量
IO1	UR	−5.32*
IO1	tABS	−4.87*
IO1	t	−4.87*
IO2	UR	−5.52*
IO2	tABS	−5.39*
IO2	t	−5.39*
AO	UR	−3.93
AO	tABS	−3.66
AO	t	−3.66

表7A-4a Engle and Grangerテスト（全期間）

トレンドと定数項	ラグ数決定法	EG−ADF
ともに有り	BIC	−5.94*
ともに有り	AIC	−5.57*
ともに有り	LM	−5.74*
定数項のみ有り	BIC	−5.20*
定数項のみ有り	AIC	−4.87*
定数項のみ有り	LM	−4.85*
ともに無し	BIC	−5.20*
ともに無し	AIC	−4.87*
ともに無し	LM	−4.85*

注：＊は5％で「単位根なし，共和分あり」を棄却しない。以下，表7A-4cまで同じ。

表7A-4b　Engle and Grangerテスト（前半）

トレンドと定数項	ラグ数決定法	EG−ADF
ともに有り	BIC	−3.46*
ともに有り	AIC	−4.26*
ともに有り	LM	−4.31*
定数項のみ有り	BIC	−3.39*
定数項のみ有り	AIC	−4.19*
定数項のみ有り	LM	−4.64*
ともに無し	BIC	−3.39*
ともに無し	AIC	−4.20*
ともに無し	LM	−3.63*

表7A-4c　Engle and Grangerテスト（後半）

トレンドと定数項	ラグ数決定法	EG−ADF
ともに有り	BIC	−5.74*
ともに有り	AIC	−4.59*
ともに有り	LM	−5.29*
定数項のみ有り	BIC	−5.52*
定数項のみ有り	AIC	−4.43*
定数項のみ有り	LM	−4.43*
ともに無し	BIC	−5.52*
ともに無し	AIC	−4.43*
ともに無し	LM	−4.43*

表7A-5a　Gregory and Hansenテスト（全期間）

モデル	検定統計量
切片に変化，トレンド無し	−5.86*
切片に変化，トレンド有り	−6.06*
全体に構造変化	−6.35*

注：t値最小の時点のt値である。*は「共和分なし」の帰無仮説を棄却する。以下，表7A-5cまで同じ。

表7A-5b　Gregory and Hansenテスト（前半）

モデル	検定統計量
切片に変化，トレンド無し	−3.42
切片に変化，トレンド有り	−3.82
全体に構造変化	−5.06*

表7A-5c　Gregory and Hansenテスト（後半）

モデル	検定統計量
切片に変化，トレンド無し	-4.79^*
切片に変化，トレンド有り	-5.11^*
全体に構造変化	-5.90^*

表7A-6a　Hansen's FM-LSテスト（全期間）

説明変数	回帰係数	s.e.
定数項	1.84	0.25
コール・レート	0.83	0.04

Lc=1.02*

注：Lcの臨界値は0.62で，*は「共和分あり」の帰無仮説を棄却する。表7A-6cまで同じ。

表7A-6b　Hansen's FM-LSテスト（前半）

説明変数	回帰係数	s.e.
定数項	3.51	0.46
コール・レート	0.64	0.06

Lc=0.13

表7A-6c　Hansen's FM-LSテスト（後半）

説明変数	回帰係数	s.e.
定数項	1.65	0.19
コール・レート	0.81	0.04

Lc=1.95*

　さらに，1978年末に明示的な構造変化があったと仮定して計測を行う。単位根テストから債券利回りとコール・レートは前半・後半とも定常ではない（表7A-1c〜7A-1f，7A-2b，7A-2c，7A-3b，7A-3c）。Engle and Grangerテストからは，債券利回りとコール・レートの間の共和分関係の存在が否定されない（表7A-4b，7A-4c）。しかし，Gregory and HansenとHansenのテストからは共和分関係は前・後半で否定される（表7A-5b，7A-6c）。したがって純粋期待仮説が成立しない，または（あるいは同時に）市場

が効率的ではない，という可能性があったと考えられる。

注
1 変化の時点は特定しない。

第8章 東京都債市場の効率性

§1 はじめに

　地方債，とりわけ縁故地方債は1970年代前半から90年代までにおいて流通市場の主役の1つであって（第5章の表5-4参照），70年代半ばから国債と同様に大量発行された。52年度に発行が再開された公募地方債はシ団引受に依り[1]，70年代後半と90年代に増加した。59年度に導入された縁故地方債は70年代半ばから大量発行され，90年代に著増して公募地方債の2倍程度となった。

　政府資金との関わりは以下のようであった。2000年度の「地方債計画[2]」では発行総額は16.3兆円，資金別では政府資金（資金運用部と簡易保険）および公営企業金融公庫（証書形式のみ）に依るのが9.7兆円，民間資金に依るのが6.6兆円であり，後者のうち公募分（証券形式のみ）は1.6兆円，縁故分（証書・証券の両形式[3]）は4.8兆円であった。従来は政府資金による消化が多かったが，90年代以降は民間資金へのシフト[4]がみられる（表8-1a～b参照）。

　政府資金のうち，資金運用部は地方債の新発債の引き受けのみを行い，基本的に買い持ちであった（地方債の保有状況は表8-2参照）。1986年度に地方債の買い入れも始めた[5]。また，簡易保険はその積立金を地方債・政保債を含む公団・公庫債のほか各種の債券などでも運用した。従来は買い持ち型の投資であったが，市場での買い入れを遅くとも77年頃から行い，82年頃からは入れ替え商いなども行った[6]。BISの自己資本比率規制で地方債のリスク・ウエートは88年10月に10％とされたが，94年3月に0％に変更された。

　流通市場のうち取引所取引は1966年に東証で債券市場が再開され，地方債も上場された。債券[7]の取引は午前のみの1回で[8]，9時30分から（66年2月以

表8-1a 地方債計画の資金区分（単位億円）

年度	計	政府資金	公営公庫資金	民間等資金	市場公募	共済	銀行等引受
1970	9,082	5,386	1,030	2,666	620	120	1,926
1975	28,350	17,100	2,715	8,535	1,800	789	5,946
1980	70,307	30,800	11,430	28,077	7,250	860	19,967
1985	64,800	37,980	11,220	15,600	6,600	1,220	7,780
1990	77,256	41,700	10,280	25,276	7,000	1,638	16,638
1995	160,332	72,500	18,500	69,332	14,000	3,100	52,232
2000	163,106	76,500	20,200	66,406	16,100	2,800	47,506

注：公営公庫は公営企業金融公庫。表8-1bも同じ。
出所：大蔵省（各月）。

表8-1b 地方債計画の資金区分比（単位%）

年度	政府資金	公営公庫資金	民間等資金	市場公募	共済	銀行等引受
1970	59	11	29	7	1	21
1975	60	10	30	6	3	21
1980	44	16	40	10	1	28
1985	59	17	24	10	2	12
1990	54	13	33	9	2	22
1995	45	12	43	9	2	33
2000	47	12	41	10	2	29

表8-2 地方債資金区分別現存額（単位千億円，%）

年度末	現存額合計	運用部 保有額	シェア	簡保 保有額	シェア	銀行 保有額	シェア	公営公庫 保有額	シェア	市場公募 保有額	シェア
1966	34.9	14.1	40.4	5.5	15.8	5.0	14.3	2.40	6.9	2.9	8.3
1970	63.6	32.6	51.3	—	—	11.7	18.4	4.80	7.5	4.9	7.7
1975	202.2	72.7	36.0	19.6	9.7	61.4	30.4	12.3	6.1	9.9	4.9
1980	468.7	158.6	33.8	38.5	8.2	136.7	29.2	53.5	11.4	37.8	8.1
1985	680.4	252.5	37.1	68.4	10.1	144.1	21.2	102.7	15.1	60.7	8.9
1990	889.6	355.4	40.0	101.9	11.5	128.1	14.4	135.8	15.3	73.2	8.2
1995	1,396	539.1	38.6	142.6	10.2	324.0	23.2	189.7	13.6	103.7	7.4
2000	1,880	735.2	39.1	184.4	9.8	446.7	23.8	244.9	13.0	153.8	8.2

注：貸付を含む広義の地方債。日銀，郵貯は0。運用部の1970年度のみ簡保との合計で内訳不明。
出所：野村総合研究所（各年）。原データは自治省「地方債統計年報」。

降),10時から(75年11月以降),9時30分から(79年4月以降)であった。店頭取引については気配値発表がなされるようになり,10時時点の指標気配[9]が77年1月から週3日,77年7月からは土曜を除く毎日,それぞれ発表された[10]。

東京都債の状況は次のとおりである。都債は地方債の中でも発行額が多く流動性が高い。1990年代には市場公募債の全発行額の1/3程度を都債が占めていた(表8-3参照)。また,東京都の一般会計債と公営企業債の99年度許可額合計は1,203億円で,全国の都道府県・指定都市・一部事務組合の地方債総計に占める割合は17%であった。東京都の公募債と縁故債の推移は表8-4のとおりであり,90年代では双方はほぼ拮抗していた。

都債には3年物のほか,5,7,10,20,30年物などと再生債(ミニ市場公募債)があり,10年物が最も多く発行されている。このうち,公募10年物は1992年2月発行の第463回債まで据え置き期間があり,第464回債(92年4月発行)から満期一括償還,第542回債(98年10月発行)からは全額満期償還となった[11]。2000年の公募都債の消化の内訳は銀行が32%,信用金庫・信用組合が2%,農林系金融機関が2%,証券会社が59%などであった(表8-5参照)。

釜江(2012)では1974年から87年までの公募地方債の月次データを用いて考察したが,本章では公募都債の日次データを用い,かつ分析対象期間を拡張して66年から2000年末までとし,準強度の効率性を考察する。債券のウエートからは縁故債を取り上げるべきであるが,データのアベイラビリティから公募債を対象とする。

ところで,東京都は1980年2月に地方財政法が定めた枠を超えて積み立てができるように財政調整基金制度を改正した[12]。従来は,地方債の償還を目的とする減債基金は設けないで財政調整基金に減債基金の役割を代用させていたが,86年にそれまで以上に計画的な償還が必要になって減債基金を設けることになり[13],同年3月19日に条例が施行された。そこで本章では86年3月19日に構造変化があったとみなすことにする。

表8-3 公募地方債発行額の推移（単位億円，％）

年度	東京都		全体
	発行額	シェア	
1991	3,500	38.3	9,139
95	6,000	30.4	19,740
99	5,700	27.5	20,720

出所：地方債協会（各年）。

表8-4 都債の公募分と縁故分の残高比率（単位億円）

年度末	公募	縁故
1970	50	1,180
1981	4,008	14,590
1991	26,883	15,545
1996	37,372	44,942
1999	57,000	53,260

出所：東京都財務局（各年），野村総合研究所（各年）。

表8-5 公募都債10年物の消化シェア（単位％）

年度	銀行	信金・信組	農林系	保険	個人	証券	政府	共済組合	計（十億円）
1995	13.0	1.3	2.6	0.2	2.8	61.9	7.8	3.5	600
1996	6.4	2.0	4.3	0.7	2.1	67.8	8.9	3.2	610
1998	12.7	6.1	1.1	0.4	1.1	61.9	1.8	2.9	505
2000	31.7	2.2	2.2	0.1	0.8	59.2	0.1	1.2	570

注：政府とは簡保などである。
出所：地方債協会（各年）。

§2 テスト法と用いるデータ

テストでは1966年2月～2000年12月の都債を対象とする。77年6月までと91年4月～12月は東証における，また77年7月[14]～91年3月と92年以降は店頭での，それぞれの最長期物の価格データから計算した利回りを利用する。東証からは縁故債のデータがとれないので，ほとんどの期間は公募債データ[15]を使う。基準気配の公表が始められた92年1月以降では，第461回債（92年1月発行，公募債[16]）から発行後ほぼラグなく取引が開始されて，データが揃っている。コール・レートは「日本経済新聞」等から採集する。

第8章　東京都債市場の効率性

準強度の効率性のテストには，マクロ指標として鉱工業生産指数（IIP），卸売物価指数，失業率，通関貿易統計の入超，家計消費（勤労者世帯），日銀短観の主要企業の業況判断DI[17]を用いる。さらに前章と同じく，一般のイベントとして事前の情報の漏れが少ない以下の4件を選ぶ。

87年10月20日　ブラックマンデー
95年 1 月17日　阪神大震災
97年11月17日　拓銀破綻
98年11月16日　ムーディーズによる日本国債の格下げ。

ダミー変数のほかに，マクロ指標公表値，サプライズ変数を用いて以下のような式を推定する。

(1)　　$\Delta r = f(Di0, Di1, Di2, \cdots, Di7, \text{const.})$
(2)　　$\Delta r = g(RAWi0, RAWi1, RAWi2, \cdots, RAWi7, \text{const.})$
(3)　　$\Delta r = h(SPi0, SPi1, SPi2, \cdots, SPi7, \text{const.})$

また，通関貿易の入超と家計消費は変動幅が大きいので，第6章のようにノーマライズして用いる。

（入超の公表値 − 予想値）／｜入超｜
（家計消費 − 予想値）／　家計消費

なおイベント・スタディに先立ち，マクロ指標公表から利回りの変化への因果関係をテストし，あわせて逆方向の因果関係も調べる。用いるデータは1966年2月から2000年12月までの419ヵ月で，マクロ指標（卸売物価，失業率，通関貿易，家計消費，鉱工業生産指数）→利回りへのテストのサンプル数は391～414個である。

§3　テスト結果

定常性をチェックすると，利回り変化は定常であるが，利回りとマクロ経済指標は定常ではない（表8-6a～b）。因果関係のテストによれば，
1）　マクロ指標発表→利回り変化への因果関係では（表8-7b, d），5％水準で有意に因果があるのは6日前の失業率である失業率（−6）と通関貿易（−

1）であり，10％水準で有意に因果あるのは失業率（-4），同（-5）である。
2) マクロ指標のサプライズ→利回り変化への因果関係では（表8-8a），卸売物価（-2）が5％で有意である。
3) 利回り変化→マクロ指標を調べると，まずラグの長さは0である。利回り変化は定常であるが，マクロ指標は非定常である。表8-9では卸売物価が5％で有意である。
4) 利回り→マクロ指標を調べると，まずラグの長さは0であり，利回りとマクロ指標は非定常である。表8-9ではマクロ指標のすべてが5％で有意である。

また，インパルス反応のテスト結果は図8-1a（公表値への反応），図8-1b（サプライズ変数への反応）である。図から，公表値に対する反応のうち，卸売物価・通関貿易・家計消費・失業率は多くの期間で有意であり，サプライズ変数に対する反応では，卸売物価が多くの期間で有意である。これらもイベント・スタディへのサポートを示しているとみてよいのかもしれない。

図8-1a 都債のインパルス反応1

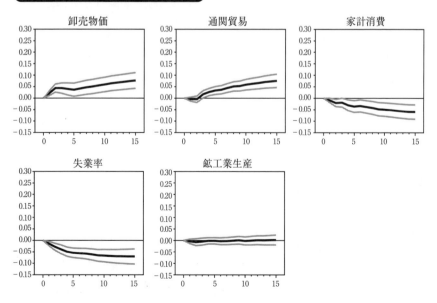

第8章　東京都債市場の効率性

図8-1b　都債のインパルス反応2

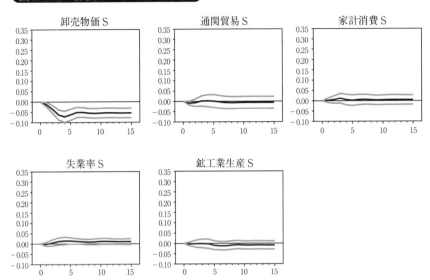

表8-6a　マクロ変数→都債利回り変化のADFテスト

トレンドと定数項	ラグ数決定法	利回り変化	卸売物価	通関貿易	失業率	家計	鉱工業
ともに有り	BIC	−19.54*	−2.44	−4.02*	−2.17	2.40	−1.58
ともに有り	AIC	−11.91*	−1.87	−3.21	−2.17	1.80	−1.58
ともに有り	LM	−14.77*	−2.40	−3.62*	−2.17	1.79	−3.20
定数項のみ有り	BIC	−19.57*	−1.63	−2.31	−0.35	−3.15*	−1.88
定数項のみ有り	AIC	−11.92*	−1.89	−1.84	−0.35	−2.54	−1.88
定数項のみ有り	LM	−14.79*	−1.46	−2.06	−0.09	−2.52	−1.55
ともに無し	BIC	−19.58*	1.63	−1.36	1.26	1.62	2.13
ともに無し	AIC	−11.91*	1.98	−0.91	1.26	1.62	2.13
ともに無し	LM	−14.79*	1.34	−1.36	1.08	1.44	1.51

注：利回り変化は卸売物価と同期間の結果であり，他のマクロ変数の期間についてもほぼ同様である。*は「単位根なし」を示す。

表8-6b 都債利回り→マクロ変数のADFテスト

トレンドと定数項	ラグ数決定法	利回り	利回り変化	卸売物価	通関貿易	失業率	家計	鉱工業
ともに有り	BIC	-2.42	-13.76*	-0.52	-3.59*	-2.44	0.31	-2.22
ともに有り	AIC	-2.16	-11.46*	-1.01	-3.59*	-2.44	-0.23	-1.85
ともに有り	LM	-2.42	-13.76*	-0.83	-2.71	-2.32	-0.09	-2.17
定数項のみ有り	BIC	-0.37	-13.71*	-2.17	-2.13	-0.50	-2.43	-1.76
定数項のみ有り	AIC	-0.05	-11.37*	-1.99	-2.13	-0.50	-2.52	-1.98
定数項のみ有り	LM	-0.04	-13.71*	-2.09	-2.13	-0.45	-2.49	-2.01
ともに無し	BIC	-1.11	-13.67*	0.67	-1.21	1.06	0.27	1.88
ともに無し	AIC	-1.17	-11.30*	0.67	-1.04	1.06	-0.20	2.16
ともに無し	LM	-1.11	-13.67*	1.01	-1.04	1.15	0.13	1.70

注：利回りとその変化は貿易と同期間の結果であり，他のマクロ変数の期間についてもほぼ同様である。
　　*は「単位根なし」を示す。

表8-7a Granger因果テストの結果（卸売物価公表値→利回り）

原因＼結果	卸売(-1)	卸売(-2)	卸売(-3)	卸売(-4)	卸売(-5)	卸売(-6)	卸売(-7)
利回り	2.20	0.04	1.38	0.55	1.67	0.02	0.98

注：**は5％で，*は10％でそれぞれ有意を示す。以下，表8-9まで同じ。

表8-7b Granger因果テストの結果（通関貿易公表値→利回り）

原因＼結果	貿易(-1)	貿易(-2)	貿易(-3)	貿易(-4)	貿易(-5)	貿易(-6)	貿易(-7)
利回り	4.42**	1.16	0.13	0.38	0.47	0	1.18

表8-7c Granger因果テストの結果（家計消費公表値→利回り）

原因＼結果	家計(-1)	家計(-2)	家計(-3)	家計(-4)	家計(-5)	家計(-6)	家計(-7)
利回り	0.68	0.07	0.07	0.96	0.35	0.37	0

表8-7d Granger因果テストの結果（失業率公表値→利回り）

原因＼結果	失業(-1)	失業(-2)	失業(-3)	失業(-4)	失業(-5)	失業(-6)	失業(-7)
利回り	0.41	0.93	2.05	3.69*	3.73*	4.55**	0.88

表8-7e Granger因果テストの結果（鉱工業生産公表値→利回り）

原因＼結果	IIP(-1)	IIP(-2)	IIP(-3)	IIP(-4)	IIP(-5)	IIP(-6)	IIP(-7)
利回り	1.82	0.09	2.18	0.66	0.26	2.61	0.25

表8-8a　Granger因果テストの結果（卸売物価サプライズ→利回り）

結果＼原因	卸売（−1）	卸売（−2）	卸売（−3）	卸売（−4）	卸売（−5）	卸売（−6）	卸売（−7）
利回り	2.54	5.75**	0.69	0.38	0	0.59	0

表8-8b　Granger因果テストの結果（通関貿易サプライズ→利回り）

結果＼原因	貿易（−1）	貿易（−2）	貿易（−3）	貿易（−4）	貿易（−5）	貿易（−6）	貿易（−7）
利回り	0.05	0.04	0.06	0.01	0.03	0	0.01

表8-8c　Granger因果テストの結果（家計消費サプライズ→利回り）

結果＼原因	家計（−1）	家計（−2）	家計（−3）	家計（−4）	家計（−5）	家計（−6）	家計（−7）
利回り	1.87	0.69	0	0.03	0.69	0.20	0.02

表8-8d　Granger因果テストの結果（失業率サプライズ→利回り）

結果＼原因	失業（−1）	失業（−2）	失業（−3）	失業（−4）	失業（−5）	失業（−6）	失業（−7）
利回り	0.01	2.65	0.01	0.09	1.62	0.06	0.07

表8-8e　Granger因果テストの結果（鉱工業生産サプライズ→利回り）

結果＼原因	IIP（−1）	IIP（−2）	IIP（−3）	IIP（−4）	IIP（−5）	IIP（−6）	IIP（−7）
利回り	0.84	1.01	1.36	0.04	0.68	0.11	0.05

表8-9　Granger因果テストの結果（利回り変化・利回り→マクロ変数）

結果＼原因	利回り変化	利回り
卸売物価	26.50**	23.99**
通関貿易	0.03	52.39**
家計消費	0.06	18.87**
失業率	0.49	8.65**
鉱工業生産	1.65	7.64**

　準強度効率性のテストの結果は表8-10a～c以下のとおりである。なお，一般債の取引は1991年まで午前に行われ，店頭取引のみ92年以降は午後にも行われており，他方マクロ指標はそのいくつかが午後に発表されていて，時刻を特定することは容易ではないので，本章ではそれらの即時的影響は翌日に現れる

と考えることにする。また，86年3月の構造変化を明示的に仮定した上での計測も行う。これらの結果を検討して，即時的な影響が有意であって，かつ4営業日以後に有意な影響がみられれば市場は非効率的であると判断する。

表8-10a ADFテスト（都債利回り，全期間）

トレンドと定数項	ラグ数決定法	ADF
ともに有り	BIC	-2.16
ともに有り	AIC	-2.41
ともに有り	LM	-2.41
定数項のみ有り	BIC	-0.21
定数項のみ有り	AIC	-0.48
定数項のみ有り	LM	-0.48
ともに無し	BIC	-1.20
ともに無し	AIC	-1.08
ともに無し	LM	-1.08

注：＊なしは5％水準で「単位根なし」の仮説が棄却されることを示す。

表8-10b ADFテスト（都債利回り，前半）

トレンドと定数項	ラグ数決定法	ADF
ともに有り	BIC	-1.47
ともに有り	AIC	-1.96
ともに有り	LM	-1.93
定数項のみ有り	BIC	-1.33
定数項のみ有り	AIC	-1.84
定数項のみ有り	LM	-1.81
ともに無し	BIC	-0.65
ともに無し	AIC	-0.65
ともに無し	LM	-0.64

表8-10c ADFテスト（都債利回り，後半）

トレンドと定数項	ラグ数決定法	ADF
ともに有り	BIC	-1.82
ともに有り	AIC	-2.49
ともに有り	LM	-2.24
定数項のみ有り	BIC	-0.24
定数項のみ有り	AIC	-0.80
定数項のみ有り	LM	-0.64
ともに無し	BIC	-1.43
ともに無し	AIC	-1.16
ともに無し	LM	-1.23

表8-11a 都債の推定結果（ダミー，全期間）

	鉱工業生産		卸売物価		失業率		通関貿易		家計消費		短観		一般のイベント	
	t値	P値	t値	P値	t値	P値	t値	P値	t値	P値	t値	P値	t値	P値
当日	-1.52	0.13	-0.49	0.62	-0.48	0.63	1.19	0.23	-0.07	0.94	0.52	0.61	2.34	0.02
1日後	-0.72	0.47	0.34	0.73	-1.88	0.06	-0.28	0.78	0.83	0.41	0.26	0.80	-1.91	0.06
2日後	0.75	0.46	-0.71	0.48	0.84	0.40	-0.03	0.97	1.97	0.05	-0.35	0.72	-1.79	0.07
3日後	1.32	0.19	0.05	0.96	0.60	0.55	1.04	0.30	-0.05	0.96	0.63	0.53	-0.73	0.47
4日後	0.25	0.80	-1.12	0.26	0.20	0.84	0.31	0.76	-2.62	0.01	1.18	0.24	-1.76	0.08
5日後	1.12	0.26	-1.36	0.17	1.56	0.12	-0.37	0.71	1.05	0.29	0.83	0.41	-5.51	0.00
6日後	1.55	0.12	0.35	0.72	0.49	0.62	-0.31	0.76	-2.45	0.01	0.96	0.34	0.44	0.66
7日後	0.62	0.54	0.44	0.66	1.75	0.08	-0.98	0.32	-1.22	0.22	0.77	0.44	-1.33	0.18

表8-11b 都債の推定結果（ダミー，部分期間）

前半	鉱工業生産		卸売物価		失業率		通関貿易		家計消費		短観	
	t値	P値	t値	P値	t値	P値	t値	P値	t値	P値	t値	P値
当日	-0.42	0.68	-0.95	0.34	0.11	0.91	0.38	0.70	1.44	0.15	-0.29	0.77
1日後	0.69	0.49	-1.04	0.30	-1.95	0.05	0.09	0.93	1.50	0.13	-0.89	0.37
2日後	1.23	0.22	-0.98	0.33	-0.41	0.69	-0.31	0.76	2.17	0.03	-0.46	0.64
3日後	0.91	0.36	0.51	0.61	0.37	0.71	1.16	0.24	-0.77	0.44	-0.30	0.76
4日後	0.75	0.45	0.02	0.99	0.21	0.84	-0.33	0.74	-0.80	0.42	0.71	0.48
5日後	0.68	0.50	-0.48	0.63	1.09	0.28	-0.07	0.94	1.51	0.13	0.85	0.40
6日後	1.14	0.25	1.24	0.22	1.28	0.20	-0.81	0.42	-1.53	0.13	0.57	0.57
7日後	1.61	0.11	1.03	0.30	1.57	0.12	-0.22	0.83	0.30	0.76	-0.26	0.79

後半	鉱工業生産		卸売物価		失業率		通関貿易		家計消費		短観	
	t値	P値	t値	P値	t値	P値	t値	P値	t値	P値	t値	P値
当日	-1.57	0.12	0.09	0.93	-0.67	0.50	1.19	0.23	-1.18	0.24	0.86	0.39
1日後	-1.41	0.16	1.17	0.24	-0.85	0.40	-0.41	0.68	-0.13	0.89	0.99	0.32
2日後	-0.02	0.99	-0.16	0.87	1.36	0.17	0.20	0.84	0.76	0.44	-0.08	0.94
3日後	0.92	0.36	-0.32	0.75	0.47	0.64	0.41	0.68	0.47	0.64	1.01	0.31
4日後	-0.27	0.79	-1.38	0.17	0.11	0.92	0.64	0.52	-2.65	0.01	0.93	0.35
5日後	0.84	0.40	-1.31	0.19	1.12	0.26	-0.40	0.69	0.13	0.90	0.40	0.69
6日後	1.03	0.30	-0.48	0.63	-0.35	0.72	0.23	0.82	-1.91	0.06	0.76	0.45
7日後	-0.45	0.65	-0.22	0.83	1.00	0.32	-1.04	0.30	-1.75	0.08	1.14	0.25

表8-12a 都債の推定結果（公表値，全期間）

	鉱工業生産		卸売物価		失業率		通関貿易		家計消費		短観	
	t値	P値	t値	P値	t値	P値	t値	P値	t値	P値	t値	P値
当日	−2.01	0.04	−0.65	0.52	−1.07	0.29	−0.59	0.56	−0.29	0.77	0.01	0.99
1日後	−1.38	0.17	0.43	0.66	−2.24	0.03	1.65	0.10	0.43	0.67	1.45	0.15
2日後	0.29	0.77	−0.86	0.39	0.71	0.47	−0.39	0.70	1.92	0.06	1.27	0.21
3日後	1.14	0.26	−0.34	0.74	0.76	0.45	−0.71	0.48	0.46	0.64	0.97	0.33
4日後	−0.04	0.97	−1.39	0.17	−0.66	0.51	0.41	0.68	−2.74	0.01	0.86	0.39
5日後	0.97	0.33	−1.67	0.10	1.69	0.09	1.09	0.27	1.06	0.29	0.26	0.80
6日後	1.67	0.10	0.28	0.78	−0.41	0.68	0.39	0.70	−2.43	0.02	0.17	0.87
7日後	0.23	0.81	0.29	0.77	0.94	0.35	1.42	0.16	−1.76	0.08	0.05	0.96

表8-12b 都債の推定結果（公表値，部分期間）

前半	鉱工業生産		卸売物価		失業率		通関貿易		家計消費		短観	
	t値	P値	t値	P値	t値	P値	t値	P値	t値	P値	t値	P値
当日	−0.77	0.44	−1.33	0.18	−0.15	0.88	1.36	0.17	1.03	0.30	−0.32	0.75
1日後	0.45	0.65	−1.17	0.24	−3.13	0.00	2.08	0.04	0.09	0.93	2.58	0.01
2日後	0.98	0.32	−1.38	0.17	−0.69	0.49	0.14	0.89	1.80	0.07	1.80	0.07
3日後	0.61	0.54	0.17	0.86	0.26	0.80	−0.93	0.35	−1.14	0.25	0.44	0.66
4日後	0.68	0.50	−0.21	0.83	−0.23	0.82	3.24	0.00	−0.05	0.96	0.57	0.57
5日後	0.42	0.67	−1.01	0.31	0.84	0.40	2.75	0.01	1.73	0.08	1.06	0.29
6日後	1.18	0.24	1.14	0.25	0.89	0.38	2.00	0.05	−2.12	0.03	0.94	0.35
7日後	1.99	0.05	1.15	0.25	1.02	0.31	1.18	0.24	0.12	0.90	0.87	0.38

後半	鉱工業生産		卸売物価		失業率		通関貿易		家計消費		短観	
	t値	P値	t値	P値	t値	P値	t値	P値	t値	P値	t値	P値
当日	−1.61	0.11	0.09	0.93	−0.95	0.34	−0.99	0.32	−0.72	0.47	0.23	0.82
1日後	−1.53	0.13	1.18	0.24	−0.75	0.45	0.74	0.46	0.33	0.74	−0.04	0.96
2日後	−0.15	0.88	−0.12	0.91	1.04	0.30	−0.50	0.62	1.05	0.30	0.26	0.79
3日後	0.84	0.40	−0.47	0.64	0.65	0.52	−0.49	0.62	0.85	0.40	0.82	0.41
4日後	−0.33	0.74	−1.40	0.16	−0.52	0.61	−0.63	0.53	−2.60	0.01	0.61	0.54
5日後	0.76	0.45	−1.23	0.22	1.30	0.20	0.08	0.93	0.26	0.79	−0.41	0.68
6日後	1.10	0.27	−0.38	0.70	−0.79	0.43	−0.32	0.75	−1.48	0.14	−0.44	0.66
7日後	−0.65	0.52	−0.38	0.71	0.49	0.63	0.78	0.44	−1.74	0.08	−0.53	0.60

第8章　東京都債市場の効率性

表8-13a　都債の推定結果（サプライズ，全期間）

	鉱工業生産		卸売物価		失業率		通関貿易		家計消費		短観	
	t値	P値	t値	P値	t値	P値	t値	P値	t値	P値	t値	P値
当日	0.45	0.65	0.72	0.47	0.27	0.79	0.31	0.76	0.90	0.37	0.68	0.49
1日後	-2.31	0.02	-1.09	0.28	0.50	0.62	-0.21	0.84	1.28	0.20	2.93	0.00
2日後	-0.64	0.52	-2.20	0.03	-3.39	0.00	0.28	0.78	0.90	0.37	0.55	0.58
3日後	-1.48	0.14	-0.74	0.46	0.35	0.72	-0.12	0.90	1.17	0.24	1.10	0.27
4日後	0.11	0.91	-0.52	0.60	0.02	0.99	0.13	0.90	0.82	0.41	0.21	0.83
5日後	-0.68	0.49	0.38	0.70	-1.34	0.18	-0.16	0.87	0.49	0.62	0.99	0.32
6日後	-0.42	0.67	-0.65	0.51	0.59	0.55	-0.06	0.95	0.60	0.55	0.31	0.76
7日後	0.25	0.80	0.01	0.99	0.92	0.36	0.12	0.91	1.24	0.21	0.54	0.59

表8-13b　都債の推定結果（サプライズ，部分期間）

前半	鉱工業生産		卸売物価		失業率		通関貿易		家計消費		短観	
	t値	P値	t値	P値	t値	P値	t値	P値	t値	P値	t値	P値
当日	0.33	0.74	0.17	0.86	-0.41	0.68	0.33	0.74	-0.72	0.47	0.98	0.33
1日後	1.54	0.12	-1.73	0.08	1.28	0.20	-0.78	0.44	-0.47	0.64	4.88	0.00
2日後	-0.69	0.49	-1.74	0.08	-0.83	0.41	0.36	0.72	-0.41	0.69	2.22	0.03
3日後	-0.88	0.38	-0.96	0.34	-0.44	0.66	-0.37	0.71	0.94	0.35	0.76	0.45
4日後	-1.27	0.21	-0.34	0.73	0.14	0.89	0.10	0.92	0.38	0.71	0.62	0.53
5日後	0.23	0.81	0.26	0.80	-1.10	0.27	0.11	0.92	-0.22	0.83	1.40	0.16
6日後	-0.60	0.55	-0.24	0.81	-0.18	0.86	-0.14	0.89	1.00	0.32	1.34	0.18
7日後	1.33	0.18	0.88	0.38	-0.26	0.79	-0.06	0.95	0.65	0.51	2.39	0.02

後半	鉱工業生産		卸売物価		失業率		通関貿易		家計消費		短観	
	t値	P値	t値	P値	t値	P値	t値	P値	t値	P値	t値	P値
当日	0.30	0.76	1.01	0.31	0.82	0.41	0.20	0.84	2.04	0.04	0.06	0.95
1日後	-2.62	0.01	0.22	0.83	-0.57	0.57	1.47	0.14	2.34	0.02	-0.24	0.81
2日後	-0.35	0.73	-1.64	0.10	-4.28	0.00	-0.01	0.99	1.72	0.08	-1.15	0.25
3日後	-1.05	0.29	-0.11	0.91	0.98	0.33	0.62	0.54	0.79	0.43	0.79	0.43
4日後	0.53	0.60	-0.48	0.63	-0.12	0.90	0.20	0.84	0.84	0.40	-0.26	0.80
5日後	-0.70	0.48	0.34	0.74	-0.90	0.37	-0.88	0.38	0.94	0.34	0.12	0.91
6日後	-0.17	0.86	-0.82	0.41	1.07	0.28	0.21	0.84	-0.10	0.92	-0.73	0.46
7日後	-0.22	0.82	-1.03	0.30	1.65	0.10	0.60	0.55	1.19	0.23	-1.31	0.19

　全期間では，ダミー変数を使う場合の失業率・一般のイベントに関してと，公表値を使う場合の鉱工業生産・失業率に関して，それぞれ非効率的であり，公表値を使う場合の通関貿易とサプライズ変数を使う場合の短観に関してそれぞれ効率的である（表8-11～8-13の各a表参照）。部分期間については，公表値を使う場合の前半で通関貿易に関し，サプライズ変数を使う場合の前半で短観に関して，それぞれ非効率的である。他方，ダミー変数を使う場合の前半で

失業率に関して，公表値を使う場合の前半の失業率・短観に関して，サプライズ変数を使う場合の前半の卸売物価に関して，後半の鉱工業生産・家計消費に関してはいずれも効率的である（表8-11〜8-13の各b表参照）。

上記の結果では即時的な影響が有意でないので非効率性があるとは認められないが，4営業日後以降に有意であって影響を持続させている変数も存在し，これらは非効率性に近い可能性を示唆する。影響の持続があるのは，ダミー変数を使う場合，全期間と部分期間の後半がともに家計消費に関して，公表値を使う場合の全期間の卸売物価に関してと前半の鉱工業生産，前・後半の家計消費に関して，サプライズ変数を使う場合の後半の失業率に関してである。

その即時的影響が有意であるか否かにかかわらず，前半から後半へと時間の経過につれてより効率的な方向への変化をもたらす指標はなく，逆に非効率的な方向への変化をもたらすものも存在しない。

このような結果が得られた理由を探してみよう。公募都債の消化状況のデータは95年度から利用可能であり，90年代半ばにおいては簡易保険などの政府と個人の合計が約10％である（表8-5参照）。保有状況のデータは都債のみについては得られないが，地方債全体では簡易保険と87年の自主運用開始後の郵便貯金のほか，JA共済もかなりのシェアをもっていた[18]（表8-14）。これらの引受シェアは高くなく（表8-15），流通市場で買い入れを行い[19]，その後は満期まで保有している[20]とみられる。

また地方債の売買状況としては，運用部が買オペを行っている[21]，簡易保険は従来買いだけであったのが80年代は売りも行っている[22]，郵便貯金も87年から自主運用を開始した[23]，ことなどがあげられる。

都債についても地方債全体と同様であるとすれば，市場メカニズムに従うとは必ずしもみられないこれらの部門の行動は無視できず，このことが上記の結果をもたらす1つの要因であるのかもしれない。

表8-14 地方債の保有（単位億円）

年度末	残高	簡易保険	郵便貯金	共済保険
1970	19,922	220	—	—
1975	71,314	885	—	1,337
1980	174,224	9,995	—	5,705
1985	207,636	29,594	—	5,883
1990	192,358	35,259	4,674	8,490
1995	342,963	49,532	36,355	13,167
2000	576,814	80,796	106,072	63,055

注：郵貯の自主運用は87年度開始。共済保険の85年度までは全国共済農協連と都道府県共済連の合計，90年度以降は全労済などを含む。
出所：日本銀行「資金循環勘定」，郵貯資金研究協会（2003），全共連35年史編纂委員会（1987）。

表8-15 公募地方債の引受シェア（単位%）

年度	銀行・信金	農林系	保険	個人	その他	発行額計（兆円）
1975	55.5	6.8	1.1	15.4	10.1	0.3
1980	53.0	7.7	0.6	12.2	21.3	0.7
1985	49.9	1.8	0.5	3.8	40.0	0.8
1990	46.7	3.2	0.7	1.1	45.9	0.9
1995	23.8	1.4	0.2	5.5	66.5	2.0
2000	35.5	1.6	0.1	2.5	56.2	2.3

注：その他とは証券・事業法人。
出所：公社債引受協会（各月），野村総合研究所（各年）。

§4 おわりに

本章では66年〜2000年のデータを用いて都債市場を分析した。取引所市場と店頭市場の日次データをあわせて使用して，この期間の準強度の効率性を考察したところ，市場に非効率性が認められた。簡易保険・郵便貯金や運用部などの公的金融部門が市場に参加していることがこういった状況を生み出した一因と考えられる。

注

1 後藤（1982）p.267参照。
2 地方債計画は新規債のみを含み，借換債は計上されない。日本経済新聞社（編）(1987c) p.115参照。
3 都道府県が発行する縁故債は大半が証券形式であった。藤木（2002）p,2参照。
4 金子（2005）P.12-14参照。
5 「日本経済新聞」1986年5月15日参照。ただし「資金循環勘定」には計数が現れない程度であった。また，70年代には縁故債が理論価格で運用部に買い上げられたこともある。「朝日新聞」1973年5月16日，1974年3月16日，同年11月29日参照。
6 簡易保険事業70周年記念事業史編さん委員会（1987）p.374,「日本経済新聞」1982年4月26日，同年5月21日，1996年5月29日参照。
7 選定銘柄（すべて円建外債）以外である。
8 東京証券取引所（1980）p.117-8参照。
9 日本証券業協会（2011）p.16参照。
10 対象はいずれも10年債であり，これらのうちカタカナの号番付は縁故債，他は公募債である。東京都財務局（各年）1991年度版p.297参照。
11 「満期一括償還」は任意（繰上）償還を含む。「全額満期」は満期日に全額が償還される。日本証券業協会（各年）の凡例参照。なお公募債の繰上償還条項は98年10月廃止。
12 税収の増加分の一定比率を財政調整基金の積み立てに回すことを義務づけた。「日本経済新聞」1980年2月2日参照。
13 「日本経済新聞」1986年2月7日参照。
14 88年までの土曜のデータはない。なお，「日本経済新聞」に77年11月6日までの都債1銘柄のみの日次データがある。
15 なお，同時期の縁故債もほぼ同じ条件で発行されている。東京証券取引所（1980,1991），野村總合研究所（各年）1978年p.210-214参照。
16 公募債であることは日本証券業協会（各年）で確認できる。なお，店頭基準気配の公表対象は97年以降公募債のみである。日本証券業協会（2011）p.17参照。
17 既述のように65年4～6月期から利用可能。
18 丹羽（2003）p.15参照。
19 鈴木（2001）p.12参照。
20 丹羽（2003）p.15参照。
21 「日本経済新聞」1986年5月15日参照。
22 「朝日新聞」1987年8月2日参照。
23 「読売新聞」1987年6月26日,「日本経済新聞」1991年12月28日参照。

第8章 付論 都債市場の弱度効率性

　1966年から2000年までの都債市場の弱度効率性を調べる。利回りデータは本章§3と同じであり、短期金利として有担保の無条件物コール・レートを用いる。対象期間が比較的長くて経済状況の変化もみられることから、市場で構造変化が生じている可能性は否定できない。そこで構造変化を前提に変数の定常性と共和分関係の存在を検定する。テスト法は第3章付論と同様である。

　テスト結果によれば、まず単位根テストでは債券利回りとコール・レートは定常ではない（表8A-1a、8A-1b参照）。構造変化[1]を考慮に入れてZivot and Andrews、Perronの両テストを行っても債券利回りには単位根が存在している（表8A-2a、8A-3a）。次いで構造変化を考慮しないEngle and Grangerテストからは債券利回りとコール・レートの間の「共和分関係なし」の帰無仮説が棄却され（表8A-4a）、Gregory and Hansenのテストからも「共和分関係なし、構造変化なし」の帰無仮説が多くのケースで棄却されるが（表8A-5a）、Hansenのテストで説明変数の係数は1に等しくなく、純粋期待仮説が成立するとはいえない。

表8A-1a　ADFテスト（都債利回り、全期間）

トレンドと定数項	ラグ数決定法	ADF
ともに有り	BIC	−2.16
ともに有り	AIC	−2.41
ともに有り	LM	−2.41
定数項のみ有り	BIC	−0.21
定数項のみ有り	AIC	−0.48
定数項のみ有り	LM	−0.48
ともに無し	BIC	−1.20
ともに無し	AIC	−1.08
ともに無し	LM	−1.08

注：＊なしは5％水準で「単位根なし」の仮説が棄却されることを示す。以下、表8A-1fまで同じ。

表8A-1b ADFテスト (コール・レート, 全期間)

トレンドと定数項	ラグ数決定法	ADF
ともに有り	BIC	－2.05
ともに有り	AIC	－2.13
ともに有り	LM	－2.35
定数項のみ有り	BIC	－0.79
定数項のみ有り	AIC	－0.87
定数項のみ有り	LM	－0.75
ともに無し	BIC	－0.98
ともに無し	AIC	－0.99
ともに無し	LM	－0.97

表8A-1c ADFテスト (都債利回り, 前半)

トレンドと定数項	ラグ数決定法	ADF
ともに有り	BIC	－1.47
ともに有り	AIC	－1.96
ともに有り	LM	－1.93
定数項のみ有り	BIC	－1.33
定数項のみ有り	AIC	－1.84
定数項のみ有り	LM	－1.81
ともに無し	BIC	－0.65
ともに無し	AIC	－0.65
ともに無し	LM	－0.64

表8A-1d ADFテスト (都債利回り, 後半)

トレンドと定数項	ラグ数決定法	ADF
ともに有り	BIC	－1.82
ともに有り	AIC	－2.49
ともに有り	LM	－2.24
定数項のみ有り	BIC	－0.24
定数項のみ有り	AIC	－0.80
定数項のみ有り	LM	－0.64
ともに無し	BIC	－1.43
ともに無し	AIC	－1.16
ともに無し	LM	－1.23

第8章付論　都債市場の弱度効率性

表8A-1e　ADFテスト（コール・レート，前半）

トレンドと定数項	ラグ数決定法	ADF
ともに有り	BIC	−1.73
ともに有り	AIC	−1.86
ともに有り	LM	−1.72
定数項のみ有り	BIC	−1.70
定数項のみ有り	AIC	−1.84
定数項のみ有り	LM	−1.67
ともに無し	BIC	−0.55
ともに無し	AIC	−0.59
ともに無し	LM	−0.53

表8A-1f　ADFテスト（コール・レート，後半）

トレンドと定数項	ラグ数決定法	ADF
ともに有り	BIC	−1.04
ともに有り	AIC	−0.97
ともに有り	LM	−0.97
定数項のみ有り	BIC	−0.59
定数項のみ有り	AIC	−0.55
定数項のみ有り	LM	−0.55
ともに無し	BIC	−1.57
ともに無し	AIC	−1.62
ともに無し	LM	−1.63

表8A-2a　Zivot and Andrewsテスト（全期間）

モデル	検定統計量
切片に変化	−3.61
トレンドに変化	−3.44
両方に変化	−3.70

注：全て臨界値より大で，「単位根あり」の帰無仮説を棄却しない。以下，表8A-2cまで同じ。

表8A-2b　Zivot and Andrewsテスト（前半）

モデル	検定統計量
切片に変化	−2.30
トレンドに変化	−2.36
両方に変化	−2.52

表8A-2c　Zivot and Andrewsテスト（後半）

モデル	検定統計量
切片に変化	−4.30
トレンドに変化	−3.32
両方に変化	−4.42

表8A-3a　Perronテスト（全期間）

モデル	変化時点決定法	検定統計量
IO1	UR	−3.76
IO1	tABS	−3.49
IO1	t	−3.96
IO2	UR	−3.96
IO2	tABS	−3.96
IO2	t	−3.63
AO	UR	−3.63
AO	tABS	−3.63
AO	t	−3.49

注：第3章付論の表3A−3a参照。＊なしは5％で「単位根あり」の帰無仮説を棄却しない。表8A-3cまで同じ。

表8A-3b　Perronテスト（前半）

モデル	変化時点決定法	検定統計量
IO1	UR	−2.88
IO1	tABS	−2.64
IO1	t	−2.64
IO2	UR	−2.96
IO2	tABS	−2.96
IO2	t	−2.96
AO	UR	−3.22
AO	tABS	−2.77
AO	t	−2.77

表8A-3c　Perronテスト（後半）

モデル	変化時点決定法	検定統計量
IO1	UR	−4.46
IO1	tABS	−4.46
IO1	t	−4.46
IO2	UR	−4.66
IO2	tABS	−2.97
IO2	t	−2.97
AO	UR	−3.41
AO	tABS	−3.41
AO	t	−3.41

表8A-4a　Engle and Grangerテスト（全期間）

トレンドと定数項	ラグ数決定法	EG−ADF
ともに有り	BIC	−4.29*
ともに有り	AIC	−3.86*
ともに有り	LM	−3.88*
定数項のみ有り	BIC	−3.74*
定数項のみ有り	AIC	−3.34*
定数項のみ有り	LM	−3.37*
ともに無し	BIC	−3.74*
ともに無し	AIC	−3.34*
ともに無し	LM	−3.37*

注：＊は5％で「単位根なし，共和分あり」を棄却しない。表8A-4cまで同じ。

表8A-4b　Engle and Grangerテスト（前半）

トレンドと定数項	ラグ数決定法	EG−ADF
ともに有り	BIC	−2.51
ともに有り	AIC	−2.51
ともに有り	LM	−2.51
定数項のみ有り	BIC	−2.39
定数項のみ有り	AIC	−2.39
定数項のみ有り	LM	−2.39
ともに無し	BIC	−2.39*
ともに無し	AIC	−2.39*
ともに無し	LM	−2.39*

表8A-4c Engle and Grangerテスト（後半）

トレンドと定数項	ラグ数決定法	EG-ADF
ともに有り	BIC	-3.40
ともに有り	AIC	-3.73*
ともに有り	LM	-3.73*
定数項のみ有り	BIC	-2.88*
定数項のみ有り	AIC	-3.17*
定数項のみ有り	LM	-3.17*
ともに無し	BIC	-2.88*
ともに無し	AIC	-3.17*
ともに無し	LM	-3.00*

表8A-5a Gregory and Hansenテスト（全期間）

モデル	
切片に変化，トレンド無し	-4.25
切片に変化，トレンド有り	-5.53*
全体に構造変化	-5.30*

注：t値最小の時点のt値である。＊は「共和分なし」の帰無仮説を棄却する。表8A-5cまで同じ。

表8A-5b Gregory-Hansenテスト（前半）

モデル	
切片に変化，トレンド無し	-2.71
切片に変化，トレンド有り	-3.28
全体に構造変化	-3.03

表8A-5c Gregory-Hansenテスト（後半）

モデル	
切片に変化，トレンド無し	-4.97*
切片に変化，トレンド有り	-5.72*
全体に構造変化	-4.96*

表8A-6a Hansen's FM-LSテスト（全期間）

説明変数	回帰係数	s.e.
定数項	2.64	0.48
コール・レート	0.72	0.076
	$Lc=0.46^*$	

注：Lcの臨界値は0.62で，＊は「共和分あり」の帰無仮説を棄却しない。表8A-6cまで同じ。

表8A-6b Hansen's FM-LSテスト(前半)

説明変数	回帰係数	s.e.
定数項	4.79	0.650
コール・レート	0.44	0.086

Lc=0.618*

表8A-6c Hansen's FM-LSテスト(後半)

説明変数	回帰係数	s.e.
定数項	2.29	0.330
コール・レート	0.71	0.087

Lc=0.25*

　さらに,本章§1で説明したように1986年3月に明示的な構造変化があったと仮定して計測を行う。単位根テストから債券利回りとコール・レートは前半・後半とも定常ではない(表8A-1c〜8A-1f,8A-2b,8A-2c,8A-3b,8A-3c)。Engle and GrangerとGregory and Hansenテストからは,債券利回りとコール・レートの間の共和分関係の存在が前半でのみ否定される(表8A-4b,8A-4c,8A-5b)。また,Gregory and HansenのテストとHansenテストから後半は共和分関係の存在は棄却されないが,説明変数の係数推定値は1と等しくなく(表8A-5c,8A-6c),純粋期待仮説が成立するとはいえない。したがって純粋期待仮説が成立しない,または(あるいは同時に)市場が効率的ではない,という可能性があった。

注

1　変化の時点は特定しない。

第9章 公営企業債の利回り決定と市場効率性

§1 はじめに

　公庫・公団や独立行政法人などの政府関係機関が発行する債券のうち，政府保証の付く公募債である政府保証債（政保債）は1953年度から公募発行され，第5章で説明しているように，シ団による引受のほかに資金運用部や簡易保険によっても引き受けられていた（第5章の表5-3b参照）。政府関係機関債全体ではその保有状況は表9-1のとおりで，郵便貯金・簡易保険の保有シェアは時期により20〜40％にも達する[1]。

　地方公共団体の運営する上下水道・交通・病院などの地方公営企業の運営に資するために，旧公営企業金融公庫は地方公共団体に低利で長期の資金を供給することを目的として1957年に設立された。2008年に地方公営企業等金融機構となり，さらに2009年には地方公共団体金融機構に改組されたが，本章では2000年までを分析対象とするので公営企業金融公庫と記す（公営公庫と略記）。

　同公庫は資金調達のために公営企業債券を発行し，その大部分が政保債であった[2]。1957〜2001年度で総額45.5兆円，そのうち縁故債10.8兆円，外債1.3兆円，政府保証なしの公募債が0.1兆円であり，他は政府保証付き（内債）であった[3]。80年代から90年代では，公営企業債の発行額は政保債全体の約1/3（85年度）から多いと3/4（93年度）を占めていた（表9-2参照）。公営企業債の消化状況を示す表9-3からはうかがえないが，そのかなりの部分を旧資金運用部と簡易保険などの公的資金が購入していたとみられている[4]。なお，公営企業債は87年4月発行分から満期一括償還，99年1月発行分から全額満期償還となった[5]。

80年代後半以降の店頭市場における政保債の売買高は国債・利付金融債には及ばないものの地方債をほぼ上回っていた（第5章表5-4参照）。個別債券の売買シェアは不明であるが，公社債全体でみると買い手の中心は中小金融機関，農林系金融機関，投資信託・機関投資家，法人[6]，売り手の中心は都市銀行・地方銀行・長期信用銀行であった[7]。またすべての債券について郵便貯金の自

表9-1　政府関係機関債の保有シェア（単位%）

年度末	国内銀行	民間生保	年金基金等	郵貯	簡保	運用部	その他	計（千億円）
1985	20.3	5.9	—	—	18.8	9.3	—	389
1990	20.2	5.7	—	—	32.5	21.6	—	440
1995	11.6	2.4	11.2	2.4	30.9	25.8	9.6	825
2000	8.5	6.1	13.7	3.5	32.9	19.1	13.7	774

注：85, 90年度は公社・公団・公庫債（運用部のみ政府関係機関債）。85年度の郵貯は簡保・郵便年金を含む。
出所：日本銀行「資金循環勘定」，野村総合研究所（各年）。

表9-2　政府保証債発行額（単位億円）

	政府保証国内債計	公営公庫	公営公庫の比率（%）	国鉄	国鉄清算事業団	道路公団	中小公庫
1982	22,199	10,800	48.7	3,950	—	2,649	555
83	29,059	12,179	41.9	4,950	—	4,985	555
84	30,325	11,475	37.8	6,200	—	4,701	420
85	31,814	10,600	33.3	6,700	—	5,366	580
86	29,958	10,600	35.4	7,200	—	5,136	198
87	22,121	10,100	45.7	—	4,200	4,017	200
88	22,460	11,900	53.0	—	5,560	2,123	200
89	18,047	12,060	66.8	—	1,589	1,315	200
90	18,996	11,500	60.5	—	3,000	1,394	200
91	18,998	11,350	59.7	—	1,000	1,448	200
92	17,990	11,330	63.0	—	2,000	1,205	200
93	23,462	17,607	75.0	—	2,000	967	200
94	26,115	14,494	55.5	—	4,000	897	500
95	32,292	16,940	52.5	—	5,000	2,936	199
96	29,806	17,379	58.3	—	6,000	1,776	199
97	28,581	20,010	70.0	—	5,000	893	199
98	25,993	19,310	74.3	—	—	400	1,899
99	27,185	17,780	65.4	—	—	2,360	5,189
2000	39,301	16,606	42.3	—	—	3,170	8,584

注：実績。公営公庫のみ全体に占める比率を付記。
出所：大蔵省（各月）。

表9-3 公営債の消化（単位　十億円，%）

年度	都銀	地銀	農林系	その他	合計
1985	183 17	239 22	73 7	387 35	1,100
1990	145 13	234 20	91 8	542 47	1,156
1995	122 7	224 13	119 7	949 56	1,699
2000	225 14	166 10	26 2	1,060 64	1,666

注：その他は相銀，信金，保険，投信，個人など以外。上段は消化額，下段はシェア。
出所：公営企業金融公庫（2003）の付属資料。

主運用が87年に開始され，公社公団債・政保債もその対象となった[8]。資金運用部による買いオペも行われた[9]。

本章では82年から2000年までのデータを用いて，政保債の代表としての公営企業債（以下，公営債と略記）の市場を分析する。まず月次データによる均衡テストであるが，この債券のみの売買高の計数はアベイラブルではないので政保債全体のそれを用い，フローの債券需給が均衡しているとの仮定の下で需給関数を推定して，公営債の利回りを推計する。公営債の発行額は政保債全体のかなりの部分を占めており，売買高も同様であろうと推定されるので，このような方法でも大きな乖離はないと思われる。推計される利回りと現実レートを比較し，両者の乖離の程度によって市場が均衡かどうかを判定する。次に，日次データを用いて流通市場の準強度の効率性を調べる。弱度の効率性のテストは本章付論で行う。

§2 テストの方法

§2-1 均衡テスト

都市銀行等は1966年に国債発行が開始された後，その引き受けで資金に余裕

がなくなり国債以外の債券を売却した。貸出金利が上がるとex anteの貸出が増加して資金繰りが苦しくなり債券供給を増やすであろう。また，中小金融機関などはコール・レートが上がるとコールでの運用を増やし，債券買入れを減少させるであろう。そこで政保債全体の需給関数を次のように想定する。

D＝f（公営債利回り（＋），コール・レート（－））

S＝g（公営債利回り（－），全国銀行の貸出金利（＋））

分析対象期間はデータのアベイラビリティを考慮して1982〜2000年とする。店頭取引の売買高データ（月次）は政保債全体については公社債引受協会（各年）と日本証券業協会HPから採集できる。取引の利回りは代表的な政保債である公営債の利回りである。82年6月〜87年8月は「日本経済新聞」により，92年1以降は「NEEDS Financial Quest」により，ともに店頭価格が，また87年9月〜91年12月は「NEEDS Financial Quest」により上場価格が，それぞれ継続して採集可能であり，これらの期間については複利利回りを計算してそれらの月間平均を採用する[10]。その内訳は，82年6月〜87年8月では15銘柄で，平均3.7ヵ月で交代しクーポンは5.3〜7.8％である。87年9月〜91年12月では第599回債の1銘柄でクーポン4.3％である。92〜96年では33銘柄で，平均2ヵ月で交代，97年以降は毎月交代し，クーポンは1.1〜6.0％である。

なお，表9-2が示すように，本章の対象期間全体を通して公営債と同じ程度多く発行されている政保債はない。時期によって日本国有鉄道，日本国有鉄道清算事業団，日本道路公団，中小企業金融公庫などが交互に多く発行しているが，それらすべてのデータがとれるわけではないので，政保債全体の利回りを計算することは容易ではない。

全国銀行の預金と貸出は，従来の全国銀行あるいは近年は国内銀行としてグルーピングされている金融機関のそれらを，日本銀行統計局（各年），日本銀行調査統計局（1998〜2003）から採集する。89年度からは第2地方銀行を含んでいるが，これを除くと従来の全国銀行の範囲の計数を把握することが可能である。中小金融機関の貸出金利は，第2地方銀行と信用金庫のそれらを日本銀行調査統計局（1998〜2003）から採集して平均する。

§2-2 効率性テスト

　テスト法は電電債の場合と同様である。分析にはデータのアベイラビリティを考慮して1982～2000年の公営債10年物を採用する。店頭取引の日次価格は第445回債（74年12月発行）が82年6月から「日本経済新聞」に掲載され、それ以降継続して採集可能である。第678回債（92年1月発行）[11]以降は発行後まもなく取引が開始され、データは「NEEDS Financial Quest」にある。また、87年8月に第599回債（87年6月発行）が初めて上場され、これと第736回債（96年4月発行）の取引所取引のデータが87年9月～98年11月の期間について「NEEDS Financial Quest」から採集可能である。

　本章で対象とするのは1982年6月～2000年12月の期間である。使用するデータは82年6月～87年8月と92年1月～2000年が店頭、87年9月～91年12月は取引所における各取引のそれである。なお対象期間は比較的短いものの、他債券市場の検討と同様に構造変化の可能性を考慮するために明示的な期間区分を行う。変化時点の候補は多くの銀行・証券会社がマーケット・メークを開始した88年7月とする[12]。

　準強度の効率性のテストには、マクロ指標として鉱工業生産指数（IIP）、卸売物価指数、失業率、通関貿易統計の入超、家計消費（勤労者世帯）、日銀短観の主要企業の業況判断DIを用い、入超と家計消費は前章と同様にノーマライズする。さらに前章と同じく、一般のイベントとして事前の情報の漏れが少ない以下の4件を選ぶ。

　　87年10月20日　ブラックマンデー
　　95年1月17日　阪神大震災
　　97年11月17日　拓銀破綻
　　98年11月16日　ムーディーズによる日本国債の格下げ。

　ダミー変数のほかに、マクロ指標公表値、サプライズ変数を用いて以下のような式を推定する。

(1)　　$\Delta r = f(Di0, Di1, Di2, \cdots, Di7, \text{const.})$
(2)　　$\Delta r = g(RAWi0, RAWi1, RAWi2, \cdots, RAWi7, \text{const.})$

(3)　Δr＝h (SPi0, SPi1, SPi2, …, SPi7, const.)

なお電電債の場合と同様に，イベント・スタディに先立ち，マクロ指標公表から利回りの変化への因果関係をテストし，あわせて逆方向の因果関係を調べる。用いるデータは1982年6月から2000年12月までの223ヵ月で，マクロ指標（卸売物価，失業率，通関貿易，家計消費，鉱工業生産指数）→利回りへのテストのサンプル数は202〜221個である。

§3　テストの結果

§3-1　均衡テスト

表9-4に示される変数の定常性テストから債券需給の実現値それ自体が定常でないこと，またOLSで系列相関がみられること，これらを考慮して前掲のFM-LS法を取り入れる。

需給関数の推定結果は表9-5のように得られ，需給関数とも利回りの符号は予想どおりでかつ有意である。これらを使って需給均衡をもたらす利回りを推計すると，

　　利回り＝0.52＋0.431・コール・レート＋0.583・全国銀行の貸出金利

であり，利回りの推計値と実現値とをグラフに描くと図9-1のとおりである。需給関数が適切に定式化されかつ需給が恒に均衡していれば，推計される利回りは実現値と大きくは乖離しないはずである。図からは計測時期の半ば，特に1987年年初と98年秋の急落期，および89年秋以降と94年，96年の利回り急上昇の時期に乖離が発生していることが認められる。このことは説明変数を変更してもほぼ同様である（図9-2参照）[13]。

乖離が発生している時期における利回りのこれらの変化のうち，87年の低下は緩めの金融調節にもとづく短期金利の低下から金利の先安感が強まったことと円高のためであり[14]，98年は景気後退予想によるものである[15]。87年後半の上昇は円安と金利先高感のためであり[16]，89年は米国経済堅調にもとづく円安のため[17]，94年は米国金利上昇のため[18]，96年は金利先高感による[19]。

また，85年11月，87年6月，87年9月，90年1月，90年8月には前月比0.6％超の利回りの急上昇があり，このようなアウトライヤーを処理するためにこれらの月だけ1をとり他は0であるようなダミー変数を使い，利回りとの積の形で需給両関数に入れて得られるのが図9-3である。この図でも乖離は図9-1とほぼ同じ時期に発生している。

概していえば，利回りは上記のようにかなり変動しているが，図9-1の推計値は実現値をある程度トレースしており（平均平方誤差＝0.54，平均平方誤差率＝0.142），需給均衡がもたらされている時期がある程度存在すると判断してよいと思われる。なお，戦後の他債に比べて平均平方誤差率が大きいのは，利回りとして公営債のそれを使い，売買高は政保債全体のそれを使っていて，両者が完全には対応していないことが影響しているのかもしれない。

表9-4 公営債利回り等のADFテスト

トレンドと定数項	ラグ数決定法	債券売買高	利回り	全銀預貸差	中小預貸差
ともに有り	BIC	-7.17^*	-3.05	-2.15	-1.33
ともに有り	AIC	-4.53^*	-2.10	-2.15	-1.33
ともに有り	LM	-7.17^*	-3.05	-2.15	-1.33
定数項のみ有り	BIC	-7.15^*	-1.34	-2.36	-2.10
定数項のみ有り	AIC	-4.48^*	-1.84	-2.36	-2.10
定数項のみ有り	LM	-7.15^*	-1.34	-2.01	-2.10
ともに無し	BIC	-1.03	-1.83	-1.71	0.27
ともに無し	AIC	-0.20	-2.44^*	-1.71	0.27
ともに無し	LM	-0.57	-1.83	-1.30	0.27

注：＊は「単位根なし」を示す。

表9-5 FM-LSによる公営債の推定結果

需要関数

変数	係数推定値	標準誤差	t値	有意水準
定数項	1.84	0.25	7.23	0.00
利回り	0.20	0.10	1.95	0.05
コール	-0.18	0.08	-2.28	0.02

供給関数

変数	係数推定値	標準誤差	t値	有意水準
定数項	2.06	0.20	10.37	0.00
利回り	-0.23	0.12	-1.86	0.06
全銀貸出金利	0.25	0.14	1.76	0.08

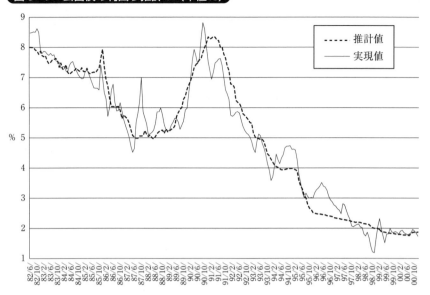

図9-1　公営債の利回り推計1（単位%）

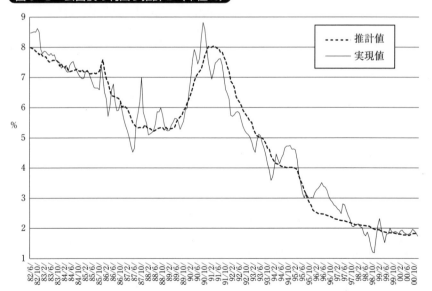

図9-2　公営債の利回り推計2（単位%）

図9-3　公営債の利回り推計3（単位％）

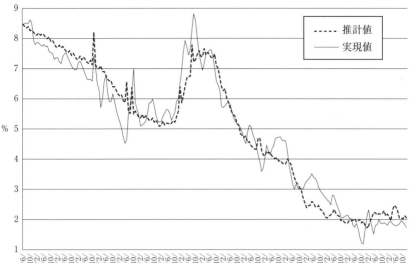

§3-2　効率性テスト

　定常性をチェックすると利回り変化は定常であるが，利回りとマクロ経済指標は定常ではない（表9-6a～b参照）。因果関係のテストによれば，

1) マクロ指標発表→利回り変化への因果関係では（表9-7d），5％水準で有意に因果あるのは4日前の失業率である失業率（-4）である。
2) マクロ指標のサプライズ→利回り変化への因果関係では（表9-8a, c, e），家計消費（-6），鉱工業生産指数（-7）が5％で有意，鉱工業生産指数（-1），卸売物価（-3）が10％で有意である。
3) 利回り変化→マクロ指標を調べると（表9-9），ラグの長さは全変数について0であり，利回り変化とマクロ指標の内の通関貿易のみは定常である。表9-9からマクロ指標のうち5％で卸売物価が有意である。
4) 利回り→マクロ指標を調べると（表9-9），ラグの長さは卸売物価について7，他は0であり，利回りとマクロ指標の内の通関貿易以外は非定常であ

る。マクロ指標のうち鉱工業生産指数，失業率，通関貿易，家計消費が5％で有意である。

また，インパルス反応のテスト結果は図9-4a（公表値に対する反応），図9-4b（サプライズ変数に対する反応）である。図から，公表値に対する反応のうち，失業率は多くの期間で有意であり，卸売物価・鉱工業生産指数・家計消費も有意な期間がある。サプライズ変数に対する反応では，卸売物価・家計消費に有意な期間がある。これらの結果もイベント・スタディへのサポートを示しているとみてよいのかもしれない。

表9-6a　マクロ変数→公営債利回り変化のADFテスト

トレンドと定数項	ラグ数決定法	利回り変化	卸売物価	通関貿易	失業率	家計	鉱工業
ともに有り	BIC	-13.43*	-1.95	-3.41	-2.13	0.22	-2.44
ともに有り	AIC	-10.91*	-2.58	-3.41	-2.13	0.50	-1.67
ともに有り	LM	-13.43*	-1.95	-3.53*	-1.93	0.50	-2.28
定数項のみ有り	BIC	-13.47*	-1.50	-3.41	-0.92	-2.71	-2.26
定数項のみ有り	AIC	-10.93*	-1.53	-3.41	-0.92	-2.94*	-1.81
定数項のみ有り	LM	-13.47*	-1.28	-3.53*	-0.77	-2.97*	-1.99
ともに無し	BIC	-13.50*	-2.33*	-0.76	0.37	2.24	0.92
ともに無し	AIC	-10.96*	-1.57	-0.76	0.73	0.80	1.11
ともに無し	LM	-13.50*	-2.67*	-0.63	1.34	2.21	1.87

注：利回り変化は卸売物価と同期間の結果であり，他のマクロ変数の期間についてもほぼ同様である。
　　＊は「単位根なし」を示す。

表9-6b　公営債利回り→マクロ変数のADFテスト

トレンドと定数項	ラグ数決定法	利回り	利回り変化	卸売物価	通関貿易	失業率	家計	鉱工業
ともに有り	BIC	-2.90	-10.44*	-1.81	-3.46*	-2.28	1.05	-2.53
ともに有り	AIC	-1.98	-9.12*	-2.44	-3.46*	-2.28	-0.67	-2.14
ともに有り	LM	-2.90	-10.44*	-1.81	-3.22	-0.54	0.85	-6.29*
定数項のみ有り	BIC	-1.33	-10.47*	-1.22	-3.45*	-1.02	-2.61	-2.02
定数項のみ有り	AIC	-1.04	-9.14*	-1.39	-3.45*	-1.02	-1.91	-1.90
定数項のみ有り	LM	-1.33	-10.47*	-1.22	-3.32	0.69	-2.55	-1.96
ともに無し	BIC	-1.68	-10.38*	-2.21*	-0.90	0.28	2.04	0.99
ともに無し	AIC	-2.16*	-8.88*	-1.63	-0.73	0.64	0.04	0.99
ともに無し	LM	-1.68	-10.38*	-2.54*	-0.72	1.42	0.48	0.68

注：利回りとその変化は貿易と同期間の結果であり，他のマクロ変数の期間についてもほぼ同様である。
　　＊は「単位根なし」を示す。

第9章 公営企業債の利回り決定と市場効率性

表9-7a　Granger因果テストの結果（卸売物価公表値→利回り）

結果＼原因	卸売(−1)	卸売(−2)	卸売(−3)	卸売(−4)	卸売(−5)	卸売(−6)	卸売(−7)
利回り	0.11	0.01	0.61	0.69	0.23	0.02	0.15

注：**は5％で，*は10％でそれぞれ有意を示す。以下，表9-9まで同じ。

表9-7b　Granger因果テストの結果（通関貿易公表値→利回り）

結果＼原因	貿易(−1)	貿易(−2)	貿易(−3)	貿易(−4)	貿易(−5)	貿易(−6)	貿易(−7)
利回り	0.02	0.18	0.29	1.22	0.41	1.35	0

表9-7c　Granger因果テストの結果（家計消費公表値→利回り）

結果＼原因	家計(−1)	家計(−2)	家計(−3)	家計(−4)	家計(−5)	家計(−6)	家計(−7)
利回り	0	0.71	0.13	0.26	1.36	0.02	0.04

表9-7d　Granger因果テストの結果（失業率公表値→利回り）

結果＼原因	失業(−1)	失業(−2)	失業(−3)	失業(−4)	失業(−5)	失業(−6)	失業(−7)
利回り	1.13	0.05	0.27	5.28**	1.15	0.24	0.42

表9-7e　Granger因果テストの結果（鉱工業生産公表値→利回り）

結果＼原因	IIP(−1)	IIP(−2)	IIP(−3)	IIP(−4)	IIP(−5)	IIP(−6)	IIP(−7)
利回り	1.53	0.08	2.44	0.50	0.14	0.04	0.30

表9-8a　Granger因果テストの結果（卸売物価サプライズ→利回り）

結果＼原因	卸売(−1)	卸売(−2)	卸売(−3)	卸売(−4)	卸売(−5)	卸売(−6)	卸売(−7)
利回り	0	0.82	2.73*	0.03	0.28	0.43	0.03

表9-8b　Granger因果テストの結果（通関貿易サプライズ→利回り）

結果＼原因	貿易(−1)	貿易(−2)	貿易(−3)	貿易(−4)	貿易(−5)	貿易(−6)	貿易(−7)
利回り	1.56	0.11	0.59	0.78	0.05	1.18	0.23

表9-8c　Granger因果テストの結果（家計消費サプライズ→利回り）

結果＼原因	家計(−1)	家計(−2)	家計(−3)	家計(−4)	家計(−5)	家計(−6)	家計(−7)
利回り	0.16	0.03	0.11	0.41	0.84	4.82**	1.64

表9-8d　Granger因果テストの結果（失業率サプライズ→利回り）

結果＼原因	失業(-1)	失業(-2)	失業(-3)	失業(-4)	失業(-5)	失業(-6)	失業(-7)
利回り	1.42	0.95	0.01	0.15	1.03	1.09	0.26

表9-8e　Granger因果テストの結果（鉱工業生産サプライズ→利回り）

結果＼原因	IIP(-1)	IIP(-2)	IIP(-3)	IIP(-4)	IIP(-5)	IIP(-6)	IIP(-7)
利回り	3.64*	0.01	1.01	0.16	0.05	1.70	6.36**

表9-9　Granger因果テストの結果（利回り変化・利回り→マクロ変数）

結果＼原因	利回変化	利回り
卸売物価	4.49**	2.21
通関貿易	0.12	12.09**
家計消費	0.09	33.66**
失業率	1.40	6.94**
鉱工業生産	1.63	9.18**

図9-4a　公営債のインパルス反応1

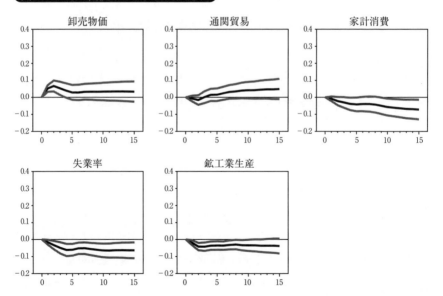

図9-4b 公営債のインパルス反応2

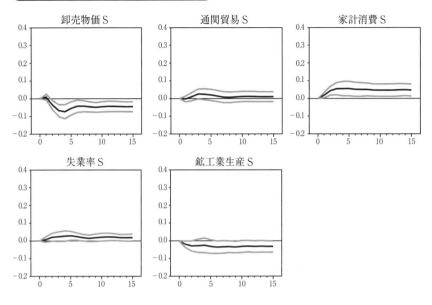

準強度効率性のテスト結果は以下のとおりである（表9-10a〜b〜9-12a〜b参照）。なお、一般債の店頭取引は1992年以降、午後にも行われており、他方、マクロ指標はそのいくつかが午後に発表されていてその時刻を特定することはできないが、前章までと同様に、即時的影響は翌日に現れると考えることにする。また、88年7月に明示的な構造変化を仮定しての計測も行う。推定により即時的な影響が有意であって、かつ4営業日以後に有意な影響がみられれば市場は非効率的であると判断する。

表9-10a 公営債の推定結果（ダミー，全期間）

	鉱工業生産		卸売物価		失業率		通関貿易		家計消費		短観		一般のイベント	
	t値	P値	t値	P値	t値	P値	t値	P値	t値	P値	t値	P値	t値	P値
当日	−0.85	0.40	0.60	0.55	−1.19	0.23	0.20	0.84	−1.49	0.14	0.42	0.68	1.28	0.20
1日後	−0.36	0.72	1.21	0.23	−0.05	0.96	−0.51	0.61	−0.39	0.69	0.21	0.83	−0.10	0.92
2日後	0.65	0.52	−0.83	0.41	−0.30	0.77	2.29	0.02	−0.33	0.74	1.11	0.27	0.06	0.95
3日後	1.34	0.18	0.72	0.47	1.61	0.11	0.14	0.89	0.75	0.45	0.11	0.91	−0.88	0.38
4日後	−0.41	0.68	−0.15	0.88	0.23	0.82	−0.65	0.51	−1.90	0.06	1.03	0.30	0.71	0.48
5日後	0.84	0.40	−0.50	0.62	1.17	0.24	−1.04	0.30	1.21	0.23	0.23	0.82	−0.18	0.86
6日後	0.12	0.90	0.44	0.66	−1.82	0.07	0.92	0.36	−1.82	0.07	0.78	0.43	0.61	0.54
7日後	−0.36	0.72	0.50	0.62	0.33	0.74	−0.70	0.48	0.26	0.80	1.01	0.31	1.38	0.17

表9-10b 公営債の推定結果（ダミー，部分期間）

前半	鉱工業生産		卸売物価		失業率		通関貿易		家計消費		短観	
	t値	P値	t値	P値	t値	P値	t値	P値	t値	P値	t値	P値
当日	0.24	0.81	0.56	0.58	0.01	0.99	−1.39	0.17	−2.31	0.02	0.23	0.82
1日後	0.85	0.39	0.76	0.45	0.03	0.97	−1.17	0.24	0.13	0.90	0.11	0.91
2日後	0.11	0.91	−0.59	0.56	−0.19	0.85	0.75	0.46	−0.03	0.98	0.47	0.64
3日後	0.68	0.50	0.49	0.63	1.11	0.27	0.62	0.54	−0.53	0.60	−0.32	0.75
4日後	0.49	0.63	−0.14	0.89	0.44	0.66	−0.64	0.52	−0.41	0.68	0.27	0.79
5日後	0.68	0.50	−0.18	0.86	0.06	0.96	−0.87	0.38	−0.28	0.78	0.31	0.76
6日後	−0.36	0.72	0.87	0.39	−0.71	0.48	−0.43	0.67	−2.02	0.04	−0.20	0.84
7日後	−0.40	0.69	0.87	0.39	0.44	0.66	−0.49	0.62	−0.37	0.71	−0.44	0.66

後半	鉱工業生産		卸売物価		失業率		通関貿易		家計消費		短観	
	t値	P値	t値	P値	t値	P値	t値	P値	t値	P値	t値	P値
当日	−1.42	0.16	0.28	0.78	−1.68	0.09	1.61	0.11	0.07	0.94	0.36	0.72
1日後	−1.34	0.18	0.93	0.35	−0.11	0.91	0.42	0.67	−0.63	0.53	0.18	0.86
2日後	0.79	0.43	−0.63	0.53	−0.23	0.82	2.48	0.01	−0.41	0.69	1.09	0.28
3日後	1.21	0.23	0.51	0.61	1.17	0.24	−0.39	0.70	1.52	0.13	0.45	0.66
4日後	−1.05	0.29	−0.11	0.91	−0.11	0.91	−0.29	0.77	−2.20	0.03	1.16	0.25
5日後	0.51	0.61	−0.54	0.59	1.57	0.12	−0.61	0.54	1.92	0.06	0.02	0.98
6日後	0.51	0.61	−0.22	0.83	−1.85	0.06	1.70	0.09	−0.63	0.53	1.26	0.21
7日後	−0.12	0.90	−0.14	0.89	0.03	0.97	−0.50	0.62	0.70	0.48	1.79	0.07

第9章 公営企業債の利回り決定と市場効率性

表9-11a 公営債の推定結果(公表値,全期間)

	鉱工業生産		卸売物価		失業率		通関貿易		家計消費		短観	
	t値	P値	t値	P値	t値	P値	t値	P値	t値	P値	t値	P値
当日	-0.87	0.38	0.76	0.45	-1.35	0.18	-0.49	0.63	-0.97	0.33	-1.28	0.20
1日後	-0.58	0.56	1.20	0.23	0.06	0.96	0.47	0.64	-0.14	0.89	-0.43	0.67
2日後	0.66	0.51	-0.76	0.45	-0.43	0.67	-2.00	0.05	-0.13	0.90	0.90	0.37
3日後	1.27	0.20	0.68	0.50	1.62	0.11	-0.33	0.74	1.00	0.31	0.63	0.53
4日後	-0.45	0.65	-0.04	0.97	-0.12	0.90	0.33	0.74	-1.93	0.05	0.80	0.43
5日後	0.83	0.41	-0.29	0.77	1.37	0.17	0.67	0.50	1.40	0.16	-0.87	0.38
6日後	0.14	0.89	0.84	0.40	-1.90	0.06	-0.58	0.56	-1.51	0.13	-0.17	0.86
7日後	-0.43	0.67	0.32	0.75	0.17	0.86	0.57	0.57	0.18	0.86	0.07	0.95

表9-11b 公営債の推定結果(公表値,部分期間)

前半	鉱工業生産		卸売物価		失業率		通関貿易		家計消費		短観	
	t値	P値	t値	P値	t値	P値	t値	P値	t値	P値	t値	P値
当日	0.30	0.76	0.78	0.44	0.16	0.88	1.38	0.17	-2.09	0.04	-1.01	0.31
1日後	0.90	0.37	0.64	0.52	0.15	0.88	0.71	0.48	0.07	0.95	-0.18	0.86
2日後	0.07	0.94	-0.44	0.66	-0.13	0.89	-0.77	0.44	0.00	1.00	-1.12	0.26
3日後	0.72	0.47	0.73	0.46	1.04	0.30	-0.98	0.32	-0.50	0.62	-0.21	0.83
4日後	0.55	0.58	-0.18	0.86	0.53	0.60	0.49	0.63	-0.28	0.78	0.68	0.49
5日後	0.72	0.47	0.07	0.94	0.00	1.00	0.92	0.36	-0.35	0.73	-1.20	0.23
6日後	-0.38	0.71	1.41	0.16	-0.72	0.47	0.50	0.62	-2.08	0.04	0.39	0.70
7日後	-0.39	0.70	0.80	0.42	0.37	0.71	0.48	0.63	-0.49	0.62	0.26	0.79

後半	鉱工業生産		卸売物価		失業率		通関貿易		家計消費		短観	
	t値	P値	t値	P値	t値	P値	t値	P値	t値	P値	t値	P値
当日	-1.41	0.16	0.27	0.79	-1.93	0.05	-1.83	0.07	0.32	0.75	-1.02	0.31
1日後	-1.50	0.13	1.01	0.31	-0.06	0.95	0.02	0.99	-0.24	0.81	-0.44	0.66
2日後	0.79	0.43	-0.68	0.50	-0.47	0.64	-2.02	0.04	-0.17	0.86	1.74	0.08
3日後	1.08	0.28	0.20	0.84	1.29	0.20	0.39	0.69	1.68	0.09	0.89	0.37
4日後	-1.05	0.29	0.07	0.94	-0.61	0.55	0.02	0.98	-2.29	0.02	0.59	0.56
5日後	0.49	0.62	-0.51	0.61	1.81	0.07	0.11	0.91	2.08	0.04	-0.40	0.69
6日後	0.45	0.66	-0.22	0.82	-1.94	0.05	-1.20	0.23	-0.40	0.69	-0.44	0.66
7日後	-0.29	0.77	-0.37	0.71	-0.09	0.93	0.36	0.72	0.60	0.55	-0.07	0.94

表9-12a 公営債の推定結果（サプライズ，全期間）

	鉱工業生産		卸売物価		失業率		通関貿易		家計消費		短観	
	t値	P値	t値	P値	t値	P値	t値	P値	t値	P値	t値	P値
当日	1.59	0.11	0.85	0.40	0.62	0.53	0.07	0.94	2.04	0.04	−0.02	0.98
1日後	−1.56	0.12	0.03	0.98	−0.14	0.89	1.17	0.24	0.98	0.33	−0.38	0.70
2日後	0.44	0.66	−0.70	0.49	−2.57	0.01	0.08	0.94	1.43	0.15	−0.31	0.75
3日後	−0.52	0.60	−0.76	0.45	−0.19	0.85	0.47	0.64	−0.57	0.57	0.71	0.48
4日後	0.31	0.76	−0.31	0.76	0.68	0.50	0.48	0.63	0.27	0.79	0.19	0.85
5日後	0.01	0.99	−0.32	0.75	−1.18	0.24	0.28	0.78	1.33	0.19	−0.39	0.69
6日後	−0.60	0.55	−0.07	0.95	1.53	0.13	1.47	0.14	−0.59	0.55	−0.08	0.94
7日後	−2.64	0.01	0.55	0.58	0.74	0.46	−0.25	0.80	−0.09	0.93	−1.01	0.31

表9-12b 公営債の推定結果（サプライズ，部分期間）

前半	鉱工業生産		卸売物価		失業率		通関貿易		家計消費		短観	
	t値	P値	t値	P値	t値	P値	t値	P値	t値	P値	t値	P値
当日	0.86	0.39	0.08	0.93	−0.22	0.83	0.34	0.73	1.68	0.09	0.30	0.76
1日後	−0.13	0.89	−0.30	0.76	0.46	0.65	0.00	1.00	−0.47	0.64	0.22	0.83
2日後	0.38	0.70	−0.41	0.68	−1.41	0.16	0.08	0.93	0.23	0.82	0.43	0.67
3日後	−0.69	0.49	−0.94	0.35	−0.10	0.92	0.49	0.63	−0.17	0.87	0.38	0.71
4日後	−0.50	0.62	0.29	0.77	0.51	0.61	0.52	0.60	0.64	0.52	0.50	0.62
5日後	−0.94	0.35	−0.76	0.45	−1.56	0.12	0.45	0.65	−0.28	0.78	−0.47	0.64
6日後	0.04	0.97	0.33	0.74	0.63	0.53	0.11	0.91	−0.10	0.92	0.53	0.59
7日後	0.59	0.56	1.77	0.08	−0.16	0.87	−0.22	0.83	−0.81	0.42	0.48	0.63

後半	鉱工業生産		卸売物価		失業率		通関貿易		家計消費		短観	
	t値	P値	t値	P値	t値	P値	t値	P値	t値	P値	t値	P値
当日	1.45	0.15	1.07	0.28	1.41	0.16	−0.52	0.61	1.12	0.26	−0.28	0.78
1日後	−1.89	0.06	0.30	0.76	−0.93	0.35	2.33	0.02	1.96	0.05	−0.69	0.49
2日後	0.31	0.76	−0.59	0.56	−2.19	0.03	0.01	0.99	1.84	0.07	−0.77	0.44
3日後	−0.21	0.83	−0.21	0.84	−0.16	0.87	−0.01	0.99	−0.64	0.52	0.63	0.53
4日後	0.71	0.48	−0.70	0.49	0.37	0.71	−0.06	0.96	−0.33	0.74	−0.17	0.87
5日後	0.61	0.54	0.24	0.81	0.41	0.68	−0.34	0.74	2.26	0.02	−0.13	0.90
6日後	−0.78	0.44	−0.40	0.69	1.65	0.10	2.70	0.01	−0.76	0.45	−0.55	0.58
7日後	−3.70	0.00	−0.86	0.39	1.53	0.13	−0.06	0.96	0.77	0.44	−1.74	0.08

　計測結果から，全期間ではサプライズ変数を使う場合の家計消費に関して効率的である（表9-12a参照）。部分期間については，ダミー変数を使う場合の前半で家計消費に関し，後半で有意性はやや低いが失業率に関して，公表値を使うと前半の家計消費と後半の失業率に関し，サプライズ変数を使うと後半の鉱工業生産・通関貿易・家計消費に関して，それぞれ非効率的であり，他方，公表値を使う場合の後半で通関貿易に関し，サプライズ変数を使う場合の前半

で家計消費に関して，それぞれ非効率的である（表9-10b，表9-11b，表9-12b参照）。

上記の結果では，即時的な影響は有意でないが4営業日後以降に有意であって影響を持続させる変数もあり，非効率的であることを示唆する。影響の持続があるのは，全期間ではダミー変数と公表値を使うときの失業率・家計消費に関して，サプライズ変数を使う場合の鉱工業生産に関してである。部分期間ではダミー変数を使う場合の後半で通関貿易・家計消費・短観に関し，公表値を使う場合の後半で家計消費に関し，サプライズ変数を使うときの後半で失業率に関してである。

その即時的影響が有意であるか否かにかかわらず，前半から後半へと時間の経過につれてより効率的な方向への変化をもたらす指標はなく，逆に非効率的な方向への変化をもたらすのはサプライズ変数を使う場合の家計消費である。

このように非効率性を示唆する結果が得られた理由を説明するために，表9-1が示す政府関係機関債全体[20]の保有状況をみると郵便貯金・簡易保険・資金運用部などの政府部門のシェアの合計が30％から50％あり[21]，表9-13が示す政保債の状況でも政府プラス日本銀行のシェアの合計が3％から10％である。政保債の売買状況としては，運用部が買オペを行っていた[22]，簡易保険が従来からとりわけ買い運用を行い，特に90年代には売買とも機動的に行った[23]，加えて郵便貯金も87年から自主運用を開始した[24]ことなどがあげられる。公営債も同様の状況であれば，市場メカニズムに従うとはみられないこれらの部門の行動が無視できないことが上記のような計測結果をもたらした要因であるのかもしれない。

表9-13 政府保証債の保有（単位 億円，％）

年　月	市中金融	個人他	政府・日銀	合計
1983. 3	65.4	28.1	2.8	104,912
1988. 6	50.3	44.2	4.6	193,465
1990. 9	53.1	40.9	5.4	195,173
1995. 3	46.0	44.1	9.6	204,294

注：政府・日銀の95年3月は政府のみで日銀を含まない。
出所：大蔵省理財局総務課長（各年）。

§4 おわりに

　本章では，政保債市場を分析するためにその代表的存在である公営企業債を取り上げ，1982年～2000年のデータを用いてテストした。まず，市場における債券需給が均衡しているとの仮定の下で需給両関数を月次データによって推定して利回りを推計し，これと現実レートとを比較することによって均衡かどうかを判定した。計測結果によれば，均衡がもたらされている時期がある程度存在すると判断してよいと思われる。次に，取引所市場の日次データを店頭市場のそれと併用して準強度の効率性を考察したが，市場に非効率性が存在することが示唆された。この市場でもこれまで考察した諸市場と同様に，簡易保険・資金運用部など公的金融部門が参加しているが，このことが上記の結果を生み出した一因ではないかと考えられる。

注

1　政保債のみの消化状況は野村総合研究所（2001）p.234などにあるが，公的金融のシェアは明示されていない。
2　公営公庫発行の政保債について，公営企業金融公庫（1992）p.40参照。
3　公営企業金融公庫（2003）p.275参照。
4　丹羽（2002）p.18，岩田（1998）p.291参照。
5　第8章の注11参照。
6　志村，p.418，日本経済新聞社（編）（1982c）p.33-参照。
7　日本経済新聞社（編）（1982c）p.52-参照。
8　「読売新聞」1987年6月26日，「日本経済新聞」1991年12月28日参照。
9　「日本経済新聞」1986年5月15日参照。
10　銘柄切り換えを行うのは電電債のケースと同様であるが，その際でも利回りに大きな変化はないので連続性は保たれていると考えて，ダミーを使う処理法は採用しない。
11　92年1月から15時の公社債店頭気配が日本証券業協会によって毎日発表された。日本証券業協会（各月）1992年2月，p.277，日本証券経済研究所（2008）p.85参照。本章では「NEEDS Financial Quest」のデータを使用する。
12　政府保証債の人気が高まったため，日本興業銀行・住友銀行が88年3月から，東海銀行・三井銀行が6月から，大和銀行と証券会社が7月から，気配値での売買に応じるマーケ

ット・メークを開始した。「日本経済新聞」1988年6月6日,公営企業金融公庫(1998) p.329参照。
13 説明変数の変更は次のとおり。需要関数のコール・レートを中小金融機関の貸出金利に,かつ供給関数の全国銀行の貸出金利をコール・レートにそれぞれ変更。
14 日本銀行調査局(各月)1987年2月p.33,同年6月p.38参照。
15 日本銀行調査局(各月)1998年6月p.17参照。
16 日本銀行調査局(各月)1987年7月p.29,同年8月p.30参照。
17 日本銀行調査局(各月)1989年9月p.62参照。
18 日本銀行調査局(各月)1994年4月p.77参照。
19 日本銀行調査局(各月)1996年4月p.56参照。
20 簡易保険は77年頃から市場で公社債を買い入れている。簡易生命保険事業70周年記念事業史編さん委員会(1987)p.374参照。なお,この公社債は,同書巻末の表5では国債・地方債・社債・外国債以外であるから,「公社」等債券つまり公社・公団・公庫などの債券を指す(この点は(独)郵便貯金・簡易生命保険管理機構に確認済み)。また,政保債の入れ替え商いを82年春以降実施している。「日本経済新聞」1982年4月26日参照。
21 郵便貯金は87年度から自主運用を行っている。資金運用部も86年頃から市場での買入れを行った。「日本経済新聞」1986年5月15日参照。
22 「日本経済新聞」1986年5月15日参照。
23 かんぽ生命有村資産運用部長へのインタビューによる。
24 「読売新聞」1987年6月26日,「日本経済新聞」1991年12月28日参照。

第9章 付論 公営企業債市場の弱度効率性

　この付論では1980-90年代の公営債市場の弱度効率性をテストする。本章§2-2で説明した1982〜2000年の公営債10年物の日次価格からの利回りデータと，短期金利として有担保の無条件物コール・レートを用いる。対象期間が比較的長くて経済状況の変化もみられることから，市場で構造変化が生じている可能性は否定できない。そこで構造変化を前提に変数の定常性と共和分関係の存在を検定する。テスト法は第3章付論と同様である。

　テスト結果によれば，まず単位根テストでは債券利回りとコール・レートは定常ではない（表9A-1a, 9A-1b参照）。構造変化[1]を考慮に入れてZivot and Andrews, Perronの両テストを行っても債券利回りには単位根が存在している（表9A-2a, 9A-3a）。次いでEngle and Granger, Gregory and Hansen, Hansenの各テストからは債券利回りとコール・レートの間の「共和分関係あり」の仮説が棄却されないが（表9A-4a, 9A-5a, 9A-6a），Hansenテストで説明変数の係数推定値は1と有意に異なり，純粋期待仮説が成立するとはいえない。

表9A-1a　ADFテスト（公営債利回り，全期間）

トレンドと定数項	ラグ数決定法	ADF
ともに有り	BIC	-2.14
ともに有り	AIC	-2.71
ともに有り	LM	-2.53
定数項のみ有り	BIC	-1.00
定数項のみ有り	AIC	-1.37
定数項のみ有り	LM	-1.30
ともに無し	BIC	-1.89
ともに無し	AIC	-1.79
ともに無し	LM	-1.76

注：＊なしは5％水準で「単位根なし」の仮説が棄却されることを示す。以下，表9A-1fまで同じ。

表9A-1b　ADFテスト（コール・レート，全期間）

トレンドと定数項	ラグ数決定法	ADF
ともに有り	BIC	-1.56
ともに有り	AIC	-1.35
ともに有り	LM	-1.51
定数項のみ有り	BIC	-0.95
定数項のみ有り	AIC	-0.84
定数項のみ有り	LM	-0.93
ともに無し	BIC	-1.78
ともに無し	AIC	-1.88
ともに無し	LM	-1.85

表9A-1c　ADFテスト（公営債利回り，前半）

トレンドと定数項	ラグ数決定法	ADF
ともに有り	BIC	-2.51
ともに有り	AIC	-4.27*
ともに有り	LM	-4.27*
定数項のみ有り	BIC	-1.22
定数項のみ有り	AIC	-1.98
定数項のみ有り	LM	-1.98
ともに無し	BIC	-1.40
ともに無し	AIC	-1.15
ともに無し	LM	-1.15

表9A-1d　ADFテスト（公営債利回り，後半）

トレンドと定数項	ラグ数決定法	ADF
ともに有り	BIC	-1.96
ともに有り	AIC	-2.56
ともに有り	LM	-2.97
定数項のみ有り	BIC	-0.07
定数項のみ有り	AIC	-0.69
定数項のみ有り	LM	-0.70
ともに無し	BIC	-1.60
ともに無し	AIC	-1.20
ともに無し	LM	-1.16

表9A-1e ADFテスト（コール・レート，前半）

トレンドと定数項	ラグ数決定法	ADF
ともに有り	BIC	−2.89
ともに有り	AIC	−2.18
ともに有り	LM	−2.34
定数項のみ有り	BIC	−1.43
定数項のみ有り	AIC	−1.04
定数項のみ有り	LM	−1.35
ともに無し	BIC	−1.27
ともに無し	AIC	−1.48
ともに無し	LM	−1.40

表9A-1f ADFテスト（コール・レート，後半）

トレンドと定数項	ラグ数決定法	ADF
ともに有り	BIC	−1.96
ともに有り	AIC	−1.96
ともに有り	LM	−1.96
定数項のみ有り	BIC	−0.15
定数項のみ有り	AIC	−0.10
定数項のみ有り	LM	−0.15
ともに無し	BIC	−0.97
ともに無し	AIC	−0.98
ともに無し	LM	−0.97

表9A-2a Zivot and Andrewsテスト（全期間）

モデル	検定統計量
切片に変化	−3.90
トレンドに変化	−2.95
両方に変化	−4.18

注：全て臨界値より大で，「単位根あり」の帰無仮説を棄却しない。以下，表9A-2cまで同じ。

表9A-2b Zivot and Andrewsテスト（前半）

モデル	検定統計量
切片に変化	−4.31
トレンドに変化	−3.67
両方に変化	−4.33

表9A-2c Zivot and Andrewsテスト（後半）

モデル	検定統計量
切片に変化	−2.38
トレンドに変化	−2.46
両方に変化	−3.62

表9A-3a Perronテスト（全期間）

モデル	変化時点決定法	検定統計量
IO1	UR	−4.40
IO1	tABS	−4.40
IO1	t	−4.40
IO2	UR	−4.69
IO2	tABS	−3.87
IO2	t	−3.87
AO	UR	−3.26
AO	tABS	−3.25
AO	t	−3.25

注：第3章付論の表3A-3a参照。＊なしは5％で「単位根あり」の帰無仮説を棄却しない。以下，表9A-3cまで同じ。

表9A-3b Perronテスト（前半）

モデル	変化時点決定法	検定統計量
IO1	UR	−5.09*
IO1	tABS	−5.09*
IO1	t	−5.09*
IO2	UR	−5.13*
IO2	tABS	−5.05*
IO2	t	−5.05*
AO	UR	−4.51*
AO	tABS	−4.51*
AO	t	−4.51*

表9A-3c Perronテスト（後半）

モデル	変化時点決定法	検定統計量
IO1	UR	-3.40
IO1	tABS	-0.89
IO1	t	-0.89
IO2	UR	-3.97
IO2	tABS	-3.57
IO2	t	-3.57
AO	UR	-2.66
AO	tABS	-2.61
AO	t	-2.61

表9A-4a Engle and Grangerテスト（全期間）

トレンドと定数項	ラグ数決定法	EG-ADF
ともに有り	BIC	-4.16*
ともに有り	AIC	-4.43*
ともに有り	LM	-4.06*
定数項のみ有り	BIC	-3.87*
定数項のみ有り	AIC	-4.14*
定数項のみ有り	LM	-3.79*
ともに無し	BIC	-3.87*
ともに無し	AIC	-4.14*
ともに無し	LM	-3.79*

注：*は5％で「単位根なし，共和分あり」を棄却しない。以下，表9A-4cまで同じ。

表9A-4b Engle and Grangerテスト（前半）

トレンドと定数項	ラグ数決定法	EG-ADF
ともに有り	BIC	-3.12
ともに有り	AIC	-3.38
ともに有り	LM	-3.39
定数項のみ有り	BIC	-2.99*
定数項のみ有り	AIC	-3.31*
定数項のみ有り	LM	-3.57*
ともに無し	BIC	-2.99*
ともに無し	AIC	-3.31*
ともに無し	LM	-3.27*

表9A-4c　Engle and Grangerテスト（後半）

トレンドと定数項	ラグ数決定法	EG-ADF
ともに有り	BIC	-2.99
ともに有り	AIC	-3.06
ともに有り	LM	-2.79
定数項のみ有り	BIC	-2.90*
定数項のみ有り	AIC	-3.01*
定数項のみ有り	LM	-2.72
ともに無し	BIC	-2.90*
ともに無し	AIC	-3.01*
ともに無し	LM	-2.79*

表9A-5a　Gregory and Hansenテスト（全期間）

モデル	検定統計量
切片に変化，トレンド無し	-5.07*
切片に変化，トレンド有り	-5.67*
全体に構造変化	-5.07*

注：t値最小の時点のt値である。*は「共和分なし」の帰無仮説を棄却する。以下，表9-5cまで同じ。

表9A-5b　Gregory and Hansenテスト（前半）

モデル	検定統計量
切片に変化，トレンド無し	-3.71
切片に変化，トレンド有り	-4.58
全体に構造変化	-3.91

表9A-5c　Gregory and Hansenテスト（後半）

モデル	検定統計量
切片に変化，トレンド無し	-4.57
切片に変化，トレンド有り	-4.36
全体に構造変化	-4.55

表9A-6a　Hansen's FM-LSテスト（全期間）

説明変数	回帰係数	s.e.
定数項	2.21	0.260
コール・レート	0.81	0.058
Lc=0.39*		

注：Lcの臨界値は0.62で，*は「共和分あり」の帰無仮説を棄却する。

さらに，1988年7月に明示的な構造変化があったと仮定して計測を行う。単位根テストから債券利回りとコール・レートは前半・後半とも定常ではない（表9A-1c～9A-1f，9A-2b，9A-2c，9A-3b，9A-3c）。Engle and Grangerテストからは，債券利回りとコール・レートの間の共和分関係の存在が否定されない（表9A-4b，9A-4c）。しかし，Gregory and Hansenのテストからは前・後半とも共和分関係の存在は否定され（表9A-5b，9A-5c），純粋期待仮説が成立するとはいえない。したがって純粋期待仮説が成立しない，または（あるいは同時に）市場が効率的ではない，という可能性があった。

注
1 変化の時点は特定しない。

第10章 国債現物の利回り決定

§1 はじめに

　現物国債の取引所取引は，1979年4月に東証で国債大口取引が始まり増大したが，98年12月の取引所集中原則の廃止により減少した。店頭取引は国債流動化が行われた77年に急増し，85年以降は年2,000兆円以上の取引が続いた。

　公共債のディーリングは84年に都市銀行，地方銀行，長期信用銀行，信託銀行と農林中央金庫によって開始された。第5章でも述べたように，80年後半以降，ディーラー間で売買する業者間売買のウエートが増し，発行量が多くて流動性も高い指標銘柄に人気が集中したが，90年頃からそのウエートは低下していった[1]。指標銘柄は99年3月に廃止され，その後は最長期物が代表的銘柄として用いられるようになった。

　本章では，1979年4月から99年11月までの期間における月次データを用いて市場の需給関数を推定し，それらにもとづいて利回りを推計する。これと現実の利回りを比較し，両者がどれほど乖離しているかをみて市場が均衡であるかどうかを判定する。なお，市場効率性は1980～2008年の準強度効率性について，および1972～2008年の弱度効率性について，ともに釜江（2012）で検討したので，本章では試みない。

§2 市場の状況とテスト法

　公社債全般に関して当初，買い手の中心は中小金融機関，農林系金融機関，投資信託・機関投資家，法人[2]，売り手の中心は都市銀行・地方銀行・長期信

用銀行であった[3]。金融機関は貸出金利が上がってex anteの貸出供給が増えると手元がタイトになり債券供給を増やす。中小金融機関・法人などは利回りを貸出金利などと比較して債券を買入れた。金融機関は預貸率，つまり貸出／預金の比が上がると手元が窮屈になり債券需要を減らす。そこで需給関数をそれぞれ次のようにする。

　　　D＝f（国債利回り（＋），中小金融機関の預貸率（－））
　　　S＝g（国債利回り（－），都市銀行等の貸出金利（＋））

　データは以下のとおりである。国債取引高は大口売買取引を含み，東京証券取引所（1980，1991，2000）による。国債利回りは最長期物の取引所取引（上場小口[4]）の価格から複利利回りを計算するが，これは「東証統計月報」と野村総合研究所（各年）による。都市銀行等の貸出金利は，都市銀行，地方銀行と長期信用銀行のそれらを日本銀行調査統計局（1998-2003）から採集し平均する。中小金融機関の預金と貸出は第2地方銀行，信用金庫，農業協同組合のそれらを日本銀行調査統計局（1998-2003）から採集する。

§3　テストの方法と結果

　表10-1に示される変数の定常性テスト結果から，債券需給の実現値のほか，各変数ともほぼ定常ではない。また，OLSによる結果には系列相関がある。そこで前掲のFM-LS法の推定を取り入れる。

　表10-2に示される需給両関数の推定から，需給関数とも利回りは符号が予想通りで，かつ有意である。これらの結果を使って需給均衡をもたらす利回りを推計すると，

　　　利回り＝－21.94＋0.836・都銀等の貸出金利＋35.6・中小金融の預貸率

であり，利回りの推計値と実現値とをグラフに描くと図10-1のとおりである。需給関数が適切に定式化され，かつ需給が恒に均衡していれば，推計される利回りは実現値と大きくは乖離しないはずである。図からは，計測時期のうち特に1986～87年の利回り急落期，79～80年，87～88年，90年，94～95年と96年頃の利回り上昇の時期に推計値が実現値を追い切れず，乖離が発生していること

が認められる。このことは説明変数を変更してもほぼ同様である（図10-2参照）[5]。

これらの利回り変動のうち，87年頃の低下は短期金利の低下から金利の先安感が強まったためである[6]。79年は金利先高感の強まり[7]，87年後半以降の上昇は景気回復と米国公定歩合引き上げ[8]，90年は円安[9]，96年頃は景気回復予想にもとづく金利上昇[10]，81～82年，94年と99年の上昇は米国金利上昇[11]，がそれぞれ原因であるとみられる。

こういった乖離は存在するが，概していえば推計値は実現値をある程度トレースしているとみられ，平均平方誤差＝0.47，平均平方誤差率＝0.106である。以上から，需給が均衡していた時期がある程度あったと判断してよいと思われる。

表10-1 国債利回り等のADFテスト

トレンドと定数項	ラグ数決定法	国債売買高	利回り	全銀貸出金利	中小預貸率
ともに有り	BIC	−1.64	−1.92	−2.87	−3.67*
ともに有り	AIC	−1.64	−2.06	−2.87	−3.67*
ともに有り	LM	−1.64	−1.92	−2.76	−1.63
定数項のみ有り	BIC	−1.41	0.79	−0.96	−3.17*
定数項のみ有り	AIC	−1.41	0.34	−0.96	−3.17*
定数項のみ有り	LM	−1.41	0.79	−0.39	−3.17*
ともに無し	BIC	−0.99	−1.63	−1.22	0.19
ともに無し	AIC	−0.99	−1.53	−1.36	0.19
ともに無し	LM	−0.99	−1.63	−1.22	0.16

注：*は「単位根なし」を示す。

表10-2 FM-LSによる国債の推定結果

需要関数

変数	係数推定値	標準誤差	t値	有意水準
定数項	42,279.05	4,631.36	9.13	0.00
利回り	537.44	84.34	6.37	0.00
中小の預貸比	−68,704.80	7,721.11	−8.90	0.00

供給関数

変数	係数推定値	標準誤差	t値	有意水準
定数項	−100.98	540.37	−0.19	0.85
利回り	−1,394.56	314.07	−4.44	0.00
都銀貸出金利	1,615.62	347.70	4.65	0.00

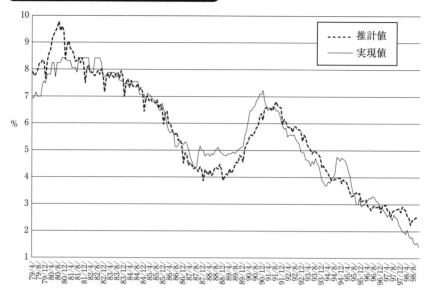

図10-1　国債の利回り推計1（単位%）

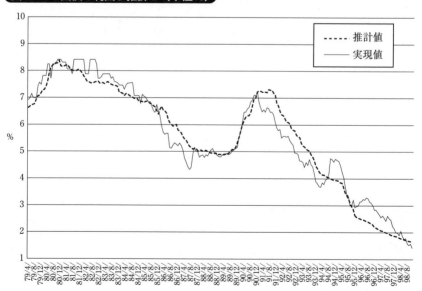

図10-2　国債の利回り推計2（単位%）

§4 おわりに

　本章では1979年4月～99年11月の月次データを用いて現物国債市場の需給両関数を推定し，それらにもとづいて利回りを推計した。得られた推計値と現実値の乖離の程度により市場が均衡であるかを判定して，需給が均衡していた時期がある程度あったとの結論を得た。

注

1　郵政研究所（2001）p.114。
2　志村（1980）p.418，日本経済新聞社（編）（1982c）p.33参照。
3　日本経済新聞社（編）（1982c）p.52参照。
4　小口は額面1千万未満の取引である。
5　需要関数の説明変数のうち中小金融の預貸比をコール・レートに変更する。
6　日本銀行（1987）2月，p.33参照。
7　日本銀行（1979）12月，p.25参照。
8　日本銀行（1987）10月，p.30参照。
9　日本銀行（1990）1月，p.40参照。
10　日本銀行（1996）3月，p.30参照。
11　日本銀行（1994）4月，p.77，同（1999）2月，p.75参照。

第11章 国債先物の価格決定と効率性

§1 はじめに

　長期国債先物（標準物の残存期間10年）の取引は東京証券取引所において1985年10月に開始され，続いて超長期国債先物が88年7月から，中期国債先物が96年2月からそれぞれ取引された。

　本章では，86年1月〜2008年12月における長期国債先物のデータを用いて，その価格決定メカニズムを探り市場の需給関係を検討する。次いで，85年10月〜2008年12月の期間についてマクロ指標公表から国債先物収益率への因果関係をテストするとともに，準強度の効率性をイベント・スタディによって調べる[1]。その際，分析対象を期間区分して計測することも試みる。99年3月に現物国債の指標銘柄が廃止され，指標銘柄が従来担っていた指標性を国債先物が担うようになったと考えられるので[2]，この時点が期間区分の候補である。なお日銀短観のサンプルが少ないのでなるべく長い期間を対象にして分析を進めるが，85年は市場が発足したばかりであってその後の期間と価格決定メカニズムが異なる可能性があるので，価格決定の分析にかぎり86年1月以降について行う。

§2 市場の概要と分析の対象

　国債先物の市場は1985年10月19日に開設された。国債先物の限月（受渡日）は3，6，9，12月の各20日であって休業日の場合は繰り下げられ，取引最終日は決済日の9営業日前（98年3月限月まで）または7営業日前（98年6月限

表11-1 長期国債先物売買高（単位千億円）

年	売買高	建玉残高
1986	9,396	101
1988	18,720	125
1990	16,307	151
1992	11,868	132
1995	13,919	183
1998	10,669	159
2000	9,852	66
2002	6,298	37
2005	9,741	117
2008	10,509	46

注：片道計算。建玉は年末の値。
出所：東京証券取引所（各年），野村総合研究所（各年）。

月から）であり，中心限月は通常，取引最終日の数日前に交代している。市場では前場（9～11時），後場（12時30分～15時）と2000年9月18日開始の夜間取引（15時30分～18時）のそれぞれの寄付き・引けの計6回の取引は板寄せ方式で行われ，始値が決定された後はザラバ方式が用いられる。夜間取引は翌日に含めて取り扱われる。現物市場と同じく83年7月まで土曜も前場のみ取引があったが，83年8月から第2土曜，86年8月から第2，3土曜，89年2月から全土曜が，それぞれ休業した。

本章では1985～2008年を分析対象とするが[3]，期間が長くないのでデータが存在すれば土曜もサンプルに含めている。長期国債先物の売買高・建玉の推移は表11-1のとおりで，80年代後半がピークであり，その後は減少傾向にあった。

§3 テストの方法

表11-2に示されるように，国債先物の取引は銀行・証券会社などが中心で80～90％を占めていた。以下では長期国債先物について計測することとし，それらの需給関数を次のように想定する。

$D = f$（先物価格$(-)$，コール・レート$(-)$）

$S = g$（先物価格$(+)$，全国銀行の預金$(-)$）

表11-2 債券先物投資家別売買シェア（単位%）

年	証券会社	銀行	保険	その他金融	事業法人	個人	海外投資家
1986	58	34	0	3	4	1	1
1990	29	60	3	5	1	0	2
1995	46	39	1	3	0	0	9
2000	38	45	1	1	0	0	15
2005	41	22	0	1	0	0	35
2008	39	20	0	0	0	0	40

出所：野村総合研究所（各年）。

ここに，コール・レートが上昇すると金融機関はコールの取り入れコストが上がり，手元が窮屈になって国債での運用を減らす。全国銀行の預金が増えれば，全国銀行は手元に余裕ができ，国債売却による資金の吸収を減らす。

分析対象期間はデータのアベイラビリティを考慮して1986-2008年とする。データの出所は次のとおりである。

長期国債先物売買高：東京証券取引所（2000b），野村総合研究所（各年），

長期国債先物価格：期近物の月末値（終値）で，出所は「NEEDS Financial Quest」，

全国銀行（従来）あるいは国内銀行（近年）の預金・貸出：
日本銀行調査統計局（1998-2003）と日本銀行HPによる，

コール・レート：有担保翌日物平均，「NEEDS Financial Quest」。

マクロ指標の先物国債価格とその変化への影響は現物への影響と同様であると考えられる。効率性のテストに用いるマクロ指標として[4]，わが国の鉱工業生産指数，卸売物価指数，全国企業短観の大企業製造業の業況判断DI，失業率，現物の長期国債入札利回り（旧大蔵省発表，89年4月に部分的入札開始[5]），および米国の雇用統計[6]を取り上げる。

効率性のテストでは国債先物の期近物の日次収益率rを被説明変数とする。なお，期近物の切り換え日には同一の銘柄で収益率を計算する。前章までと同様に，ダミー変数，マクロ指標公表値，サプライズ変数[7]を説明変数として用いて以下のような式を推定する。

(1)   r = f（Di0, Di1, Di2, …, Di7, const.）
(2)   r = g（RAWi0, RAWi1, RAWi2, …, RAWi7, const.）
(3)   r = h（SPi0, SPi1, SPi2, …, SPi7, const.）

イベント・スタディに先立ち，マクロ指標と国債入札利回りから国債先物収益率への因果関係をテストし，あわせて逆方向の因果関係も調べる。用いるデータは85年11月から2008年12月までの278ヵ月であり，国債入札利回り→収益率のテストのサンプル数は236個，短観→収益率のそれは93個である。逆方向の因果関係については，マクロ指標として鉱工業生産指数，卸売物価指数，失業率を用いる。

§4 テスト結果

§4-1 均衡テスト

表11-3に示される変数の定常性テスト結果から，国債先物需給の実現値など各変数ともほぼ定常ではない。また，OLSによる結果には系列相関がある。そこで前掲のFM-LS法の推定を取り入れる。

表11-4に示される需給両関数によれば，供給関数の価格の符号は予想の逆である。これらの組み合わせを使って需給均衡をもたらす先物価格を推計すると，

    先物価格 = 121.33 − 5.77・コール・レート + 0.00268・全国銀行の預金

であり，先物価格の推計値と実現値とをグラフに描くと図11-1のとおりである。需給関数が適切に定式化されかつ需給が恒に均衡していれば，推計される価格は実現値と大きくは乖離しないはずであるが，図によれば，計測時期のうち特に1987，94年の価格下落期，91年と96～97年の上昇期と2001年以降の時期に推計値が実現値を追い切れず乖離が発生していることが認められる。このことは説明変数を変更してもほぼ同様である（図11-2参照）[8]。

これらの価格変動のうち，87年頃は短期金利の低下から金利の先安感が強まり価格が急変したためであり[9]，94年は米国金利上昇のためである[10]。91年は米

国の金融緩和などにより[11]，96年頃は金利先高感の後退により[12]，それぞれ金利が下落したためである。

　こういった乖離は存在するが，概していえば推計値は実現値をかなりの程度トレースしているとみられ，平均平方誤差＝6.42，平均平方誤差率＝0.054であって，これまでにテストした諸債券よりも小さい。以上から，需給が均衡していた時期が多くあったと判断してよいと思われる。

表11-3　国債先物のADFテスト

トレンドと定数項	ラグ数決定法	売買高	コール	先物価格	全銀預金
ともに有り	BIC	－2.81	－1.79	－2.24	－2.87
ともに有り	AIC	－2.81	－2.46	－1.99	－2.17
ともに有り	LM	－4.45*	－2.46	－2.40	－2.75
定数項のみ有り	BIC	－1.71	－0.87	－1.17	－3.27*
定数項のみ有り	AIC	－1.71	－1.36	－0.87	－2.34
定数項のみ有り	LM	－1.63	－1.36	－0.98	－2.75
ともに無し	BIC	－0.98	－1.05	1.07	－0.08
ともに無し	AIC	－1.06	－1.36	1.17	0.14
ともに無し	LM	－1.79	－1.36	1.33	－0.08

注：＊は「単位根なし」を示す。

表11-4　FM-LSによる国債先物の推定結果

需要関数

変数	係数推定値	標準誤差	t 値	有意水準
定数項	3,927.12	445.75	8.81	0.00
価格	－22.95	3.33	－6.90	0.00
コール	－60.61	21.76	－2.79	0.01

供給関数

変数	係数推定値	標準誤差	t 値	有意水準
定数項	2,650.76	216.02	12.27	0.00
価格	－12.47	1.38	－9.03	0.00
全銀預金	－0.03	0.04	－0.68	0.50

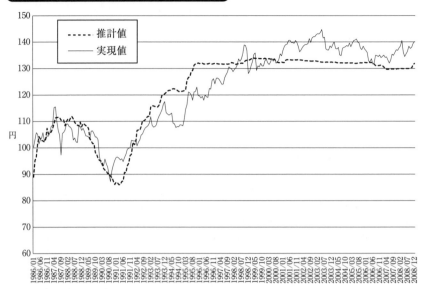

図11-1　国債先物の価格推計1（単位円）

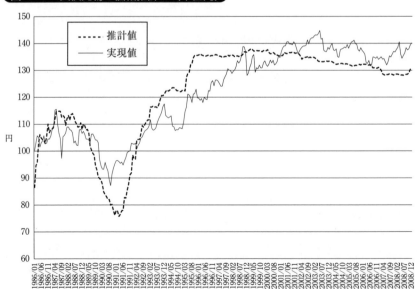

図11-2　国債先物の価格推計2（単位円）

§4-2 効率性テスト

　定常性をチェックすると，収益率は定常であるがマクロ経済指標等はほぼ定常ではない（表11-5参照）。因果関係のテスト[13]によれば，

1) マクロ指標等→収益率への因果関係では（表11-6a～11-6f），5％水準で有意に因果があるのは3日前の卸売物価である卸売物価（-3）と失業率（-7）であり，10％で有意であるのは国債入札利回り（-4），同（-5），短観（-3）である。

2) マクロ指標等のサプライズ→収益率への因果関係では（表11-7a～11-7f），鉱工業生産指数（-5），国債入札利回り（-3），同（-6）が5％で有意，卸売物価（-3），鉱工業生産指数（-7），国債入札利回り（-1），同（-2），同（-7）が10％で有意である。

3) 収益率変化→マクロ指標を調べると，ラグの長さは全変数について0である。表11-8から，マクロ指標のうちで有意なものはない。

4) 収益率→マクロ指標を調べると，ラグの長さは全変数について0である。表11-8から，マクロ指標のうち5％で鉱工業生産指数が有意である。

　また，3つのマクロ指標のインパルス反応のテスト結果は図11-3a（公表値への反応），図11-3b（サプライズ変数への反応）である。図から，公表値に対する反応とサプライズ変数に対する反応とも，卸売物価・鉱工業生産指数・失業率に有意な期間があり，これらもイベント・スタディへのサポートを示しているとみてよいのかもしれない。

表11-5 マクロ変数→国債先物収益率のADFテスト

トレンドと定数項	ラグ数決定法	収益率	卸売物価	失業率	鉱工業	米雇用	国債利回	短観
ともに有り	BIC	-15.43*	-1.49	-0.73	-3.34	-0.72	-1.62	-3.42
ともに有り	AIC	-15.43*	-1.41	-1.96	-3.34	-0.97	-1.62	-3.42
ともに有り	LM	-15.43*	-1.52	-1.79	-2.98	-0.72	-1.62	-3.42
定数項のみ有り	BIC	-15.46*	-2.10	-0.97	-3.19*	-1.87	-1.10	-3.41*
定数項のみ有り	AIC	-15.46*	-1.24	-1.27	-3.19*	-1.94	-1.10	-3.41*
定数項のみ有り	LM	-15.46*	-1.94	-1.37	-2.88*	-1.87	-1.10	-3.41*
ともに無し	BIC	-15.43*	-0.85	0.36	0.28	0.10	-1.42	-3.44*
ともに無し	AIC	-15.43*	-0.61	-0.08	0.15	-0.26	-1.42	-3.44*
ともに無し	LM	-15.43*	-0.74	-0.004	0.28	0.10	-1.42	-3.44*

注:収益率は卸売物価と同期間の結果であり,他のマクロ変数の期間についてもほぼ同様である。*は「単位根なし」を示す。

表11-6a Granger因果テストの結果(卸売物価公表値→収益率)

結果\原因	原因(-1)	原因(-2)	原因(-3)	原因(-4)	原因(-5)	原因(-6)	原因(-7)
収益率	0.64	0.02	4.22**	0.17	3.00*	1.46	0.90

注:**は5%で,*は10%でそれぞれ有意を示す。以下,表11-8まで同じ。

表11-6b Granger因果テストの結果(失業率公表値→収益率)

結果\原因	原因(-1)	原因(-2)	原因(-3)	原因(-4)	原因(-5)	原因(-6)	原因(-7)
収益率	3.69*	0.16	0.41	1.29	2.61	1.08	8.72**

表11-6c Granger因果テストの結果(鉱工業生産公表値→収益率)

結果\原因	原因(-1)	原因(-2)	原因(-3)	原因(-4)	原因(-5)	原因(-6)	原因(-7)
収益率	0.73	0.001	0.03	0.82	1.44	0.64	0.40

表11-6d Granger因果テストの結果(国債利回り公表値→収益率)

結果\原因	原因(-1)	原因(-2)	原因(-3)	原因(-4)	原因(-5)	原因(-6)	原因(-7)
収益率	0.17	0.08	0.94	2.83*	3.01*	0.58	0.45

表11-6e Granger因果テストの結果(短観公表値→収益率)

結果\原因	原因(-1)	原因(-2)	原因(-3)	原因(-4)	原因(-5)	原因(-6)	原因(-7)
収益率	0.002	0.56	2.92*	0.01	0.29	0.05	0.94

第11章　国債先物の価格決定と効率性

表11-7a　Granger因果テストの結果（卸売物価サプライズ→収益率）

結果＼原因	原因（-1）	原因（-2）	原因（-3）	原因（-4）	原因（-5）	原因（-6）	原因（-7）
収益率	0.004	0.13	3.41*	0.02	1.73	1.04	0.03

表11-7b　Granger因果テストの結果（失業率サプライズ→収益率）

結果＼原因	原因（-1）	原因（-2）	原因（-3）	原因（-4）	原因（-5）	原因（-6）	原因（-7）
収益率	0.18	1.12	2.65	1.88	0.04	0.12	0.34

表11-7c　Granger因果テストの結果（鉱工業生産サプライズ→収益率）

結果＼原因	原因（-1）	原因（-2）	原因（-3）	原因（-4）	原因（-5）	原因（-6）	原因（-7）
収益率	0.001	1.65	0.10	0.01	4.06**	0.08	2.99*

表11-7d　Granger因果テストの結果（国債利回りサプライズ→収益率）

結果＼原因	原因（-1）	原因（-2）	原因（-3）	原因（-4）	原因（-5）	原因（-6）	原因（-7）
収益率	3.68*	3.29*	5.03**	0.98	2.27	5.40**	3.32*

表11-7e　Granger因果テストの結果（短観サプライズ→収益率）

結果＼原因	原因（-1）	原因（-2）	原因（-3）	原因（-4）	原因（-5）	原因（-6）	原因（-7）
収益率	0.70	0.85	0.06	1.45	0	0.48	0.13

表11-8　Granger因果テストの結果（収益率変化・収益率→マクロ変数）

結果＼原因	収益率変化	収益率
卸売物価	0.05	2.91
失業率	0.01	0.48
鉱工業生産	0.77	3.97**

図11-3a 国債先物のインパルス反応1

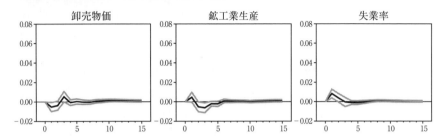

図11-3b 国債先物のインパルス反応2

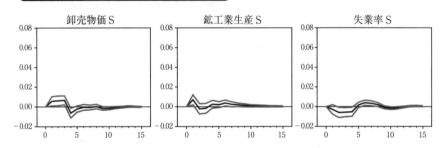

効率性のテスト結果は，全期間に関するもののうちダミー変数を用いる推定が全期間について表11-9a，部分期間について表11-9bであり，公表値を用いて推定した結果が表11-10a，部分期間について11-10b，サプライズ変数を用いる推定結果が表11-11a，部分期間について表11-11bである。なお，国債先物取引は午後にも行われており，他方マクロ指標等はそのいくつかが午後に発表されている。しかし，失業率はその時刻を特定できない期間があり，前章までと同様に，それらの即時的影響は翌日に現れる場合もあると考えることにする。

効率性の検討に先立ち，全期間でマクロ指標が有意であるかどうかを調べると，ダミー変数を用いる場合の鉱工業生産と，公表値・サプライズを用いる場合の短観，サプライズを用いる場合の卸売物価・国債入札利回りには有意な日はないが，それら以外は有意な日があり，また有意な日がない指標でもそれらの部分期間別の計測からは，サプライズを用いる場合の短観を除き，有意な日

第11章　国債先物の価格決定と効率性

表11-9a　国債先物の推定結果（ダミー，全期間）

	鉱工業生産		卸売物価		失業率		短観		国債入札		米雇用	
	t値	P値	t値	P値	t値	P値	t値	P値	t値	P値	t値	P値
当日	0.53	0.60	-0.74	0.46	-0.64	0.52	-1.99	0.05	-2.47	0.01	-0.63	0.53
1日後	1.46	0.14	0.67	0.50	-1.10	0.27	-0.94	0.35	0.51	0.61	-3.07	0.00
2日後	-1.55	0.12	1.70	0.09	-1.95	0.05	0.15	0.88	0.09	0.93	2.12	0.03
3日後	-1.36	0.17	1.48	0.14	-2.11	0.04	-0.47	0.63	0.65	0.51	-0.18	0.85
4日後	-1.39	0.16	1.20	0.23	-0.43	0.67	-1.50	0.13	1.16	0.25	0.20	0.84
5日後	-1.26	0.21	3.46	0.00	-0.52	0.60	-0.88	0.38	0.11	0.92	-1.18	0.24
6日後	-0.92	0.36	0.17	0.86	0.64	0.52	0.40	0.69	0.44	0.66	0.18	0.85
7日後	0.49	0.63	1.55	0.12	-3.42	0.00	-0.05	0.96	1.02	0.31	-0.74	0.46

表11-9b　国債先物の推定結果（ダミー，部分期間）

前半	鉱工業生産		卸売物価		失業率		短観		国債入札		米雇用	
	t値	P値	t値	P値	t値	P値	t値	P値	t値	P値	t値	P値
当日	0.22	0.83	-0.68	0.50	-1.30	0.19	-0.84	0.40	-0.47	0.64	-0.66	0.51
1日後	2.03	0.04	0.85	0.40	0.03	0.98	-0.53	0.60	-0.09	0.93	-2.46	0.01
2日後	-1.01	0.31	1.02	0.31	-1.80	0.07	-0.13	0.90	0.21	0.83	0.56	0.58
3日後	-1.03	0.30	1.30	0.19	-2.35	0.02	-0.58	0.56	0.57	0.57	-1.07	0.29
4日後	-1.43	0.15	1.27	0.20	-0.73	0.46	-1.49	0.14	-0.17	0.87	0.00	1.00
5日後	-1.49	0.14	2.40	0.02	-0.14	0.89	-1.37	0.17	1.15	0.25	-2.59	0.01
6日後	-1.35	0.18	1.56	0.12	0.03	0.97	0.35	0.72	-0.08	0.93	-0.09	0.93
7日後	0.37	0.71	1.45	0.15	-3.84	0.00	-0.30	0.76	1.06	0.29	-0.60	0.55

後半	鉱工業生産		卸売物価		失業率		短観		国債入札		米雇用	
	t値	P値	t値	P値	t値	P値	t値	P値	t値	P値	t値	P値
当日	0.70	0.49	-0.32	0.75	1.00	0.32	-2.52	0.01	-3.48	0.00	-0.09	0.93
1日後	-0.59	0.56	-0.12	0.90	-2.25	0.02	-0.95	0.34	0.98	0.33	-1.88	0.06
2日後	-1.34	0.18	1.64	0.10	-0.78	0.44	0.54	0.59	-0.13	0.89	3.35	0.00
3日後	-0.94	0.35	0.70	0.48	-0.12	0.90	0.06	0.95	0.32	0.75	1.53	0.13
4日後	-0.30	0.77	0.19	0.85	0.43	0.66	-0.41	0.68	2.16	0.03	0.44	0.66
5日後	0.07	0.94	2.80	0.01	-0.78	0.44	0.60	0.55	-1.36	0.17	2.18	0.03
6日後	0.51	0.61	-2.38	0.02	1.26	0.21	0.20	0.84	0.84	0.40	0.55	0.58
7日後	0.35	0.72	0.61	0.54	-0.19	0.85	0.43	0.67	0.29	0.77	-0.42	0.67

表11-10a　国債先物の推定結果（公表値，全期間）

	鉱工業生産		卸売物価		失業率		短観		国債入札	
	t値	P値	t値	P値	t値	P値	t値	P値	t値	P値
当日	0.60	0.55	−0.97	0.33	−0.12	0.90	−0.02	0.99	−1.70	0.09
1日後	1.40	0.16	1.05	0.29	−1.39	0.16	−0.41	0.68	0.22	0.82
2日後	−1.72	0.09	1.38	0.17	−1.43	0.15	0.11	0.91	−0.30	0.77
3日後	−1.32	0.19	1.84	0.07	−1.70	0.09	−1.12	0.26	1.13	0.26
4日後	−1.42	0.16	1.23	0.22	0.23	0.82	1.07	0.29	0.16	0.88
5日後	−1.07	0.29	3.26	0.00	−0.76	0.45	−0.02	0.99	0.81	0.42
6日後	−0.94	0.35	0.37	0.71	0.93	0.35	0.22	0.83	0.01	0.99
7日後	0.43	0.66	1.36	0.17	−2.30	0.02	1.01	0.31	1.30	0.19

表11-10b　国債先物の推定結果（公表値，部分期間）

前半	鉱工業生産		卸売物価		失業率		短観		国債入札	
	t値	P値	t値	P値	t値	P値	t値	P値	t値	P値
当日	0.24	0.81	−0.80	0.42	−0.81	0.42	0.82	0.41	−0.84	0.40
1日後	1.97	0.05	1.17	0.24	0.33	0.74	−0.49	0.63	−0.16	0.88
2日後	−1.24	0.22	0.72	0.47	−1.75	0.08	0.57	0.57	−0.34	0.73
3日後	−0.93	0.35	1.49	0.14	−2.16	0.03	−0.74	0.46	0.91	0.36
4日後	−1.38	0.17	1.33	0.18	−0.15	0.88	0.74	0.46	−0.52	0.60
5日後	−1.40	0.16	2.09	0.04	−0.40	0.69	0.28	0.78	1.01	0.31
6日後	−1.40	0.16	1.60	0.11	0.41	0.68	0.42	0.67	−0.33	0.74
7日後	0.29	0.78	1.34	0.18	−3.20	0.00	0.72	0.47	1.00	0.32

後半	鉱工業生産		卸売物価		失業率		短観		国債入札	
	t値	P値	t値	P値	t値	P値	t値	P値	t値	P値
当日	0.82	0.41	−0.54	0.59	0.77	0.44	−2.04	0.04	−3.27	0.00
1日後	−0.48	0.63	0.02	0.99	−2.51	0.01	0.17	0.87	1.08	0.28
2日後	−1.28	0.20	1.55	0.12	−0.35	0.73	−1.10	0.27	−0.11	0.91
3日後	−1.03	0.30	1.06	0.29	−0.34	0.74	−1.00	0.32	0.20	0.84
4日後	−0.46	0.64	0.09	0.93	0.62	0.54	0.88	0.38	2.27	0.02
5日後	0.25	0.80	2.93	0.00	−0.70	0.48	−0.70	0.48	−1.35	0.18
6日後	0.49	0.63	−2.23	0.03	1.15	0.25	−0.49	0.63	0.96	0.34
7日後	0.39	0.69	0.34	0.73	−0.19	0.85	0.80	0.42	0.47	0.64

表11-11a 国債先物の推定結果（サプライズ，全期間）

	鉱工業生産		卸売物価		失業率		短観		国債入札	
	t値	P値	t値	P値	t値	P値	t値	P値	t値	P値
当日	1.03	0.30	−0.80	0.42	1.11	0.27	0.40	0.69	−0.11	0.91
1日後	−0.14	0.89	−0.15	0.88	1.81	0.07	−1.58	0.12	0.93	0.35
2日後	−0.36	0.72	−0.10	0.92	1.46	0.15	1.11	0.27	−0.54	0.59
3日後	−0.44	0.66	1.62	0.11	0.08	0.94	−1.32	0.19	0.26	0.79
4日後	−1.71	0.09	0.09	0.93	−0.04	0.97	0.10	0.92	−0.12	0.90
5日後	1.93	0.05	−1.28	0.20	0.46	0.65	−0.75	0.46	−0.42	0.67
6日後	−0.24	0.81	1.17	0.24	−0.53	0.60	1.55	0.12	0.51	0.61
7日後	−0.17	0.87	0.90	0.37	−0.21	0.84	0.37	0.71	0.39	0.70

表11-11b 国債先物の推定結果（サプライズ，部分期間）

前半	鉱工業生産		卸売物価		失業率		短観		国債入札	
	t値	P値	t値	P値	t値	P値	t値	P値	t値	P値
当日	0.88	0.38	0.01	0.99	0.60	0.55	−0.01	0.99	−0.06	0.96
1日後	−0.35	0.72	0.39	0.69	1.76	0.08	−1.25	0.21	0.77	0.44
2日後	−0.56	0.57	0.43	0.67	1.49	0.14	1.34	0.18	−0.59	0.56
3日後	0.22	0.83	0.73	0.47	−0.10	0.92	−1.07	0.29	0.22	0.83
4日後	−0.85	0.40	0.28	0.78	0.10	0.92	0.10	0.92	−0.19	0.85
5日後	0.66	0.51	−0.92	0.36	0.37	0.71	−0.64	0.52	−0.44	0.66
6日後	0.47	0.64	0.79	0.43	−0.19	0.85	1.08	0.28	0.41	0.68
7日後	−0.92	0.36	0.74	0.46	−0.75	0.45	0.34	0.73	0.27	0.79

後半	鉱工業生産		卸売物価		失業率		短観		国債入札	
	t値	P値	t値	P値	t値	P値	t値	P値	t値	P値
当日	0.57	0.57	−1.63	0.10	1.13	0.26	0.93	0.35	−1.05	0.29
1日後	0.32	0.75	−0.98	0.33	0.86	0.39	−0.94	0.35	1.20	0.23
2日後	0.22	0.82	−0.94	0.35	0.60	0.55	−0.35	0.73	2.47	0.01
3日後	−1.20	0.23	1.98	0.05	0.25	0.81	−0.75	0.45	0.12	0.90
4日後	−1.94	0.05	−0.30	0.76	−0.20	0.84	0.00	1.00	1.81	0.07
5日後	2.67	0.01	−0.98	0.33	0.31	0.76	−0.34	0.74	1.38	0.17
6日後	−1.22	0.22	0.96	0.34	−0.69	0.49	1.22	0.22	0.76	0.44
7日後	1.18	0.24	0.51	0.61	0.58	0.56	0.12	0.91	1.72	0.09

があることが示されていて，指標の選択はまずまず妥当であると考えてよいであろう。

効率性のテストであるが，初めに全期間で効率的と認められるのは，ダミー変数を用いる場合の短観・国債入札利回りに関して，公表値を用いる場合の国債入札利回りに関して，サプライズ変数を用いる場合の失業率に関してであり，非効率的と認められるものはない。

次いで，前・後半でマクロ指標の効き方に差があるかを調べる。まず，ある指標がその発表日もしくは翌日（米国雇用を除き）において有意である，つまり即時的な影響をもつ，そのような指標の数は前半と後半でどちらが多いかを比べる。即時的に有意であるのはダミー変数を使う場合：前半の鉱工業生産，後半の失業率・短観・国債入札利回り，公表値を使う場合：前半の鉱工業生産，後半の失業率・短観・国債入札利回り，サプライズ変数を使う場合：前半の失業率，後半の卸売物価に関してであり，前半は3個，後半は7個と後半の方がかなり多い。

期間区分する際の効率性を判定すると，ダミー変数を用いる場合，前半は鉱工業生産について効率的，後半は失業率・短観について効率的，国債入札利回り・米国雇用について非効率的である。即時的な影響が有意でない指標のうちでは，前半で失業率・米国雇用，後半で卸売物価がともに4日後以降に有意であり，影響が持続していて非効率性を示唆すると考えられる。

期間区分する際に公表値を用いる場合，前半は鉱工業生産について効率的，後半は失業率・短観について効率的，国債入札利回りについて非効率的である。即時的な影響が有意でない指標のうちでは，前半で卸売物価・失業率，後半で卸売物価がともに4日後以降に有意である。

期間区分する際のサプライズ変数を用いる場合，前半は失業率について効率的，後半は卸売物価について効率的である。即時的な影響が有意でない指標のうちで，鉱工業生産・国債入札利回りは後半に4日後以降に有意である。

その即時的影響が有意ではないものも含めて，前半から後半へと時間の経過につれてより効率的な方向への変化をもたらす指標は次のとおりである。ダミー変数の場合：失業率，公表値：失業率，サプライズ：なし。逆に非効率的な

方向への変化をもたらすものはない。したがって，非効率性を示唆すると考えられる指標が前・後半ともに多く存在するものの，時間の経過とともに市場がより効率的になりつつあったとみなしてよいのかもしれない。

§5 おわりに

本章では，1986年1月～2008年12月の長期国債先物のデータにより，市場の需給関係を検討し，計測結果からは需給が均衡していた時期が多くあったと判断できるとの結論を得た。次に，85年10月～2008年12月についてマクロ指標の公表から国債先物収益率への因果関係をテストするとともに，準強度の効率性をイベント・スタディによって調べた。期間区分して効率性を判定すると，ダミー変数を用いる場合，前半は効率的，後半は非効率的である。公表値を用いる場合，前半は効率的，後半は非効率的である。サプライズ変数を用いる場合，前・後半とも効率的である。即時的な影響が有意でない指標を調べると，ダミー変数を用いる場合と公表値を用いる場合には前・後半とも非効率的，サプライズ変数を用いる場合には後半が非効率的であると示唆される。これらから，非効率性を示唆する指標が前・後半ともに多く存在してはいるが，変化の方向としては時間の経過とともに市場が相対的に効率化したのかもしれない。

非効率性の残存は国債の現物市場についてはつとに指摘されているところであるが[14]，先物にも同様のことが当てはまるのかもしれない。

注

1　釜江（2005）の第4章では，1991年1月～2003年6月について，国債先物の日次収益率とボラティリティがマクロ経済指標の公表にどう反応するかを検討した。また釜江（1999）の第3章では，ベーシスのタームにより，同じ日における国債の現物と先物の価格を比較することによって効率的市場仮説をテストした。そこでは現物同等先物価格と現物価格が共和分関係にあることを使った。

2　郵政研究所（2001）p.114，日本証券経済研究所（2000）p.94参照。

3　因果分析で特に短観のサンプルを増やすために85年も対象とする。

4 以下に示している時期では取引が終了する15時頃よりも後に発表される指標があり，影響は翌日以降に始まる：鉱工業生産指数（96年12月），長期国債入札（89年4月から91年3月まで翌日8:30，93年3月まで16:30）。なお，鉱工業生産指数，卸売物価指数，短観，失業率には発表時刻が不明の期間がある。
5 入札結果の公表は，入札の翌日（91年3月まで），当日の16時半（91年4月以降），当日の14時半（93年4月以降）と順次変更された。
6 例えば「日本経済新聞」1988年5月7日に「前日発表された米国の雇用統計で『米景気の力強さが確認された』との見方が広がり米金利の上昇観測が強まっている。これを受けて日本の金利低下期待は大きく後退」とある。さらに，近年はその影響が一層増大しているようにうかがわれる。なお，この変数はダミーのみ使用する。
7 短観以外の予測値はカルマン・フィルターにより求め，短観は日銀短観調査の予測値データをそのまま使う。
8 説明変数の変更は次の通り。供給関数の全銀の預金を預貸率に変更。
9 日本銀行（1987）2月，p.33参照。
10 日本銀行（1994）4月，p.77参照。
11 日本銀行（1991）4月，p.53参照。
12 日本銀行（1996）5月，p.109参照。
13 米国雇用については試みない。
14 例えば斉藤（2013）参照。

分析の含意と残された課題

　本書では戦前・戦後の債券市場を概観するとともに、戦前のコール、国債、地方債・社債・金融債、戦後の加入者引受電電債、利付金融債、東京都債、公営企業債、国債の現物と先物の各市場を取り上げた。それぞれの市場の需給関数を推定し、その結果を用いて利回りまたはレートを推計して、利回りまたはレートが需給を均衡させるに足りるほど弾力的に変動していたかどうかを調べた。

　また、一部の市場についてはその効率性を分析し、市場が必ずしも効率的であるとはいえないと判断した。この非効率性に関しては、著者のこれまでの分析結果（釜江（1999）、（2012）など）でもほぼ同様の結論が得られており、戦前・戦後をとおして各種の債券市場についてこのように判断してよいのではないかと思われる。本書の分析にもとづく今後の国債などの市場への含意としては、釜江（2012）でも言及したように、発行市場で公的部門と民間部門の参加の場を分けた上で、公的部門に対して米国で行われているような非市場性債券を発行することを提言したい。これにより流通市場の効率性を高めうると考えている。

　次に今後の課題をあげてみよう。まず、データのさらなる探索である。戦前における銀行・証券会社などの原資料、日銀アーカイブス等のデータ・資料を探し、民間部門と公的部門のとりわけ市場における行動を究明することが必要であろう。また、地方債などの日次データを探索できればそれを用いる分析を試みたい。

　当面の課題は、国債市場の分析の始期を甲号債が利用可能な1908（明治41）年までさかのぼらせることである。甲号債以外の銘柄であれば日次データの利

用可能な期間がそれ以上に長くなる。例えば整理公債・軍事公債であれば1897（明治30）年以降がアベイラブルであるので，これらを対象にすることも考えられよう。ただし，第3章でも触れたように，1920（大正9）年以前では裸相場ではなく価格に経過利子が含まれており，この点をどう処理するかが問題である。

　加えて，終戦直後の時期の流通市場の状況を詳しく調べるとともに，これも容易ではないが，この時期のデータを採集できないかを検討したい。また，戦後，特に近年の状況については市場での高頻度取引のデータなどを入手して，分析を拡充することが可能であると考えられる。

　さらに，欧米との比較，欧米からの視点についての資料を使って，分析を拡げることが望まれる。特に，戦前において外貨債を発行した英国・フランス・米国の事情と，それらの国が日本国債についてどのようにみていたのか，が解明されればより興味深いであろう。

　以上の歴史的な分析は債券市場に焦点を当てているが，その背景となっている財政・経済面に視野を広げて，分析を進めることも課題である。

　最後に，21世紀に入ってからの国債市場は超低金利が持続しており，とりわけ直近の時期は日銀の国債大量購入などの影響で市場として機能しているか，といった疑問もあり，従来用いられてきた分析法が適用可能であるかどうか十分な検討が必要であろう。

あとがき

　本書の刊行に至るまでにも，これまでの拙著におけると同様，多くの方に直接あるいは間接にお世話になった。以下，いちいちお名前をあげることはしないが，現勤務先の東京経済大学とかつての勤務先である小樽商科大学・山口大学・一橋大学における先学・同僚の諸先生，様々な形で学恩を被った学界の皆様，ならびに研究の手伝いをしてもらった私のゼミなどの卒業生諸君である。とりわけ畏友遠藤薫小樽商科大学名誉教授には永年にわたり貴重な御教示をいただいた。

　本書の資料収集に際しては東京経済大学図書館・一橋大学付属図書館ほか各大学等の図書館に加えて，神戸大学付属図書館の「新聞記事文庫」を利用した。同文庫は史的研究を行うものにとっては有り難い存在であった。また，財務省財政史室，総務省貯金保険課，（独）郵便貯金・簡易生命保険管理機構，かんぽ生命等から資料閲覧の便宜を受け，郵便貯金・簡易生命保険管理機構とかんぽ生命には旧郵政省時代の資産運用についてのヒアリングの機会を得た。橋本弘子さんには資料収集をお手伝いいただいた。野村資本市場研究所・野村総合研究所・野村證券からは長期間「公社債要覧」・「資本市場要覧」を頂戴した。これらが研究の進展に大いに役だったことを記したい。

　本書は，2012年の私の前著出版の後に受けた各種の研究助成による成果のほかに，前著で記した助成による成果も含んでいる。2012年以降の助成は2012年度信託協会信託研究奨励金，2012-2015年度東京経済大学個人研究助成（研究番号15-11ほか）と2013年度東京経済大学国内研究費，および2010-2012年度と2014-2016年度のJSPS科研費（課題番号22530319，26512013）である。

　また，同文舘出版株式会社には出版事情がますます厳しくなるなかで本書の刊行に際して，前著に引き続き特別のご配慮を賜った。とりわけ同社出版専門書編集部の青柳裕之氏には今回もひとかたならぬお世話になった。さらに，本書は東京経済大学学術研究センターの2016年度学術図書刊行助成を受けた。

　以上の皆様と諸機関に深甚なる感謝を申し述べる。

　最後に，本書の刊行を妻子と母とともに喜びたい。私はまもなく教員生活の定年を迎えるが，研究者に定年はないものと信じて精進を続けて参りたいと考えている。

著者

参考文献

浅見審三（1939）『コールマネー・マーケット』東洋経済新報社。
浅見審三（1966）『戦後の短資市場』金融財政事情研究会。
有沢広巳（監修）阿部康二ほか（編）（1978）『証券百年史』日本経済新聞社。
池上岳彦（1987）「地方債制度の歴史的沿革」地方債問題研究会（編）『郵貯・簡保資金と地方債』全逓信労働組合中央本部。
石　弘光・油井雄二（1997）「国債」大蔵省財政史室（編）『昭和財政史：昭和27～48年度　第7巻（国債）』東洋経済新報社。
石　弘光・田近栄治・油井雄二（1997）「資料3」大蔵省財政史室（編）『昭和財政史：昭和27～48年度　第15巻（資料3　租税・国債）』東洋経済新報社。
石塚一正（1958）『証券』有斐閣。
伊藤光雄（2003）「簡保資金と金融市場」『経済科学論集』3月。
井上敏夫（1957）「昭和金融史」日本銀行調査局（編）（1970）『日本金融史資料　昭和編　第27巻』大蔵省印刷局。
伊牟田敏充（1978）「企業の勃興」有沢広巳（監修）阿部康二ほか（編）『証券百年史』日本経済新聞社。
岩田一政（1998）「財政投融資制度の将来」岩田一政・深尾光洋（編）『財政投融資制度の経済分析』日本経済新聞社。
宇佐美誠次郎（1957）「金融（下）」大蔵省昭和財政史編集室（編）『昭和財政史　第11巻（金融　下）』東洋経済新報社。
梅原英治（1980）「財政危機下における資金運用部資金の財政投融資計画外運用について」『立命館経済学』4月。
永廣　顕（1995）「統制的国債管理政策の展開過程」『甲南経済学論集』9月。
永廣　顕（2012a）「日銀引受国債発行方式の形成過程：1932」（日本金融学会　2012年度秋季大会　金融史パネル）。
永廣　顕（2012b）「第一次大戦後の国債発行・流通市場の変容と制度改革」佐藤政則ほか『国内外債市場と高橋是清：1897～1931』麗澤大学経済社会総合研究センター・ワーキング・ペーパー。
大内兵衛（1974）『大内兵衛著作集　第2巻：日本公債論』岩波書店。
大蔵財務協会（各月）『財政』同会。
大蔵省（編）（1926）『明治財政史　國債1』同省。
大蔵省（編）（1936）『明治大正財政史　第11巻　國債（上）』財政経済学会。
大蔵省（編）（1937）『明治大正財政史　第12巻　國債（下）』財政経済学会。

大蔵省（編）(1939)『明治大正財政史　第13巻　通貨・預金部資金』財政経済学会。
大蔵省（編）(各月)『財政金融統計月報』大蔵省印刷局。
大蔵省理財局（編）(各年a)『金融事項参考書』内閣印刷局。
大蔵省理財局（編）(各年b)『国債統計年報』大蔵省印刷局。
大蔵省理財局（編）(1918)『国債沿革略』同局。
大蔵省理財局（編）(1964)『大蔵省預金部史』同課。
大蔵省理財局総務課長（編）(各年)『図説日本の公共債』大蔵財務協会。
大島　清 (1955)「金融　上」大蔵省昭和財政史編集室（編）『昭和財政史　第10巻』東洋経済新報社。
大島　清 (1978)「金輸出の再禁止」有沢広巳（監修）阿部康二ほか（編）『証券百年史』日本経済新聞社。
大竹虎雄 (1935)『我国の国債：各論』改造社。
大月　高 (1978)「長期信用銀行の発足」有沢広巳（監修）阿部康二ほか（編）『証券百年史』日本経済新聞社。
小川　功 (1991)「明治期における社債発行と保険金融」『文研論集』97号。
奥田孝一 (1957)『公社債市場論』日本評論新社。
貝塚啓明 (1978)「高橋財政の軌跡」有沢広巳（監修）阿部康二ほか（編）『証券百年史』日本経済新聞社。
加藤三郎 (1983)「政府債務」大蔵省財政史室（編）『昭和財政史　終戦から講和まで　第11巻（政府債務）』東洋経済新報社。
加藤三郎 (2001)『政府資金と地方債：歴史と現状』日本経済評論社。
金沢史男 (1985, 1986)「預金部地方資金と地方財政 (1), (2)」『社会科学研究』第37巻第3, 6号。
金沢史男・金子　勝・高橋隆昭 (2000)「財政投融資」大蔵省財政史室（編）『昭和財政史：昭和27～48年度　第8巻（財政投融資）』東洋経済新報社。
金沢史男・金子　勝 (2004)「財政投融資」財務省財務総合政策研究所財政史室（編）『昭和財政史：昭和49～63年度　第5巻（国債・財政投融資）』東洋経済新報社。
金子しのぶ (2005)「地方債制度改革における論点」『みずほリポート』みずほ総合研究所　みずほ銀行ホームページ。
釜江廣志 (1999)『日本の証券・金融市場の効率性』有斐閣。
釜江廣志 (2004)「国債」財務省財務総合政策研究所財政史室（編）『昭和財政史：昭和49～63年度　第5巻（国債・財政投融資）』東洋経済新報社。
釜江廣志 (2012)『日本の債券市場の史的分析』同文舘出版。
釜江廣志 (2015)「資料（2）国債」（財務省財務総合政策研究所財政史室（編）『平

成財政史:平成元年―12年度　第9巻　(資料2)租税・国債』同室。

神山恒雄(1988)「国債引受シンジケートの成立」高村直助(編)『日露戦後の日本経済』塙書房。

簡易生命保険郵便年金事業史編纂会(編)(1953)『簡易生命保険郵便年金事業史』通信教育振興会。

簡易保険事業70周年記念事業史編さん委員会(編)(1987)『簡易生命保険郵便年金事業史:創業70周年記念』簡易保険郵便年金加入者協会。

簡易保険事業80周年記念事業史編さん委員会(1997)『記念簡易生命保険事業史:創業80周年』簡易保険加入者協会。

簡保資金振興センター(編)(1998)『簡保資金』同センター。

簡保資金の運用に関する研究会(1993)『簡保資金の運用に関する提言:当面の課題について』同会。

菊一岩夫(1978)「現物取引」有沢広巳(監修)阿部康二ほか(編)『証券百年史』日本経済新聞社。

北村恭二(編著)(1979)『国債』金融財政事情研究会。

金融研究会(1937)『[金融研究会]調書　別冊第1号附録(自昭和6年下半期至昭和11年上半期)金融日誌』同会。

黒田晃生(2004)「国債の大量発行とマネーサプライ重視政策(1975～1979年)」『政経論叢』3月。

公営企業金融公庫(編)(1967)『公営企業金融公庫十年史』同公庫。

公営企業金融公庫(編)(1992)『公営企業金融公庫現況と35年の歩み』同公庫。

公営企業金融公庫(編)(1998)『公営企業金融公庫40年史』同公庫。

公営企業金融公庫(編)(2003)『公営企業金融公庫45年史』同公庫。

公社債引受協会(各年)『公社債年鑑』同協会。

公社債引受協会(各月)『公社債月報』同協会。

公社債引受協会(編)(1986)『現代日本の公社債市場』同協会。

公社債引受協会(編)(1996)『公社債市場の新展開』東洋経済新報社。

後藤新一(1977)『普通銀行の理念と現実』東洋経済新報社。

後藤新一(1980)『日本金融制度発達史』教育社。

後藤　猛(1982)『やさしい公社債教室』公社債新聞社。

斉藤　仁(1966)「特殊金融機関の発展」,「預金部の多面的活動と改造」渡辺佐平・北原道貫(共編)『現代日本産業発達史　第26巻　銀行』現代日本産業発達史研究会。

斉藤洋二(2013)「ノーベル賞学説と乖離する国債市場の暴落リスク」ロイターホー

ムページ,12月6日。
崎谷武男(1967)「公社債市場41年度の概況と42年度の展望」日本証券業協会,公社債引受協会『公社債月報(128)』4月,日本証券業協会。
佐藤政則(2012)「国債引受シンジケート銀行と売オペ:1931-1937年」(日本金融学会2012年度秋季大会 金融史パネル)。
佐藤政則(2016)『日本銀行と高橋是清:金融財政ガバナンスの研究序説』麗澤大学出版会。
佐藤政則ほか(2012)『国内外債市場と高橋是清:1897〜1931』麗澤大学経済社会総合研究センター・ワーキング・ペーパー。
鎮目雅人(2009)『世界恐慌と経済政策:「開放小国」日本の経験と現代』日本経済新聞出版社。
志村源太郎(1908)「財政と公債市価」『東洋経済新報』東洋経済新報社2月25日。
志村嘉一(1969)『日本資本市場分析』東京大学出版会。
志村嘉一(1979)「証券」大蔵省財政史室(編)『昭和財政史:終戦から講和まで 第14巻(保険・証券)』東洋経済新報社。
志村嘉一(編著)(1980)『日本公社債市場史』東京大学出版会。
証券政策研究会(編)(1978)『証券取引審議会基本問題委員会報告・資料:望ましい公共債市場の在り方』金融財政事情研究会。
菅谷隆介(1978)「公社債市場の再開」有沢広巳(監修)阿部康二ほか(編)『証券百年史』日本経済新聞社。。
鈴木武雄ほか(1962)『財政史』東洋経済新報社。
鈴木達郎(編)(1982)『国債:発行・流通の現状と将来の課題』大蔵財務協会。
鈴木 博(2001)「変革期を迎える地方公共団体の金融活動」『農林金融』2月。
住友銀行行史編纂委員会(編)(1998)『住友銀行百年史』同社。
全共連三十五年史編纂委員会(1987)『全共連三十五年史』全国共済農業協同組合連合会。
全国金融統制会(各月)『全国金融統制会報』同会。
全国地方銀行協会(1988)『全国地方銀行協会50年史』同協会。
第二地方銀行協会(編)(2002)『第二地方銀行協会50年史』同協会。
大和證券株式会社(1963)『大和證券60年史』同社。
高橋 要(1978)「日清戦争と証券市場」有沢広巳(監修)阿部康二ほか(編)『証券百年史』日本経済新聞社。
竹内半寿(1956)『我国公社債制度の沿革』酒井書店。
武田 勝(2012)「1920年代における減債基金と国債価格」佐藤政則ほか『国内外債

市場と高橋是清：1897-1931』麗澤大学経済社会総合研究センター・ワーキング・ペーパー。

館龍一郎（1978）「国債の大量発行時代」有沢広巳（監修）阿部康二ほか（編）『証券百年史』日本経済新聞社。

短資協会（編）（1966）『短資市場七十年史』実業之日本社。

短資協会（1973）『最近10年間の短資市場』同協会。

丹羽由夏（2002）「特殊法人改革下の公営企業金融公庫」農林中金総合研究所（編）『金融市場』 5月。

丹羽由夏（2003）「地方債市場の現状」農林中金総合研究所（編）『金融市場』 2月。

地方資金研究会（編）（1986）『体系地方債:地方資金の理論と実務』大蔵財務協会。

地方債協会（各年）『地方債統計年報』同協会。

靎見誠良（1981）「第1次大戦期におけるコール市場の確立」法政大学経済学部学会（編）『経済志林』 3月。

靎見誠良（1983）「第1次大戦期短期金融市場の発展とビルブローカーの経営軌道」法政大学経済学部学会（編）『経済志林』 7月。

寺西重郎（2011）『戦前期日本の金融システム』岩波書店。

伝田 功（1970）「日本勧業銀行と債券発行」滋賀大学経済学会『彦根論叢』 1月。

伝田 功（1988）「大蔵省預金部の創設」滋賀大学経済学会『彦根論叢』11月。

東京株式取引所（1928）『東京株式取引所五十年史』同所。

東京株式取引所（1933）『東京株式取引所史 第2巻』東京株式取引所。

東京株式取引所（1938）『東京株式取引所史 第3巻』東京株式取引所。

東京株式取引所調査課（編）（1932）『東京株式取引所』同課。

東京銀行集会所（各月）『銀行通信録』同所。

東京銀行集会所（各半期）「成績報告」日本銀行調査局（編）（1959）『日本金融史資料 明治大正編 第12巻（東京銀行集会所・東京手形交換所資料）』大蔵省印刷局。

東証才取会員協会（1975）『才取史』同会。

東京証券業協会（編）（1951）『東京証券業協会十年史』同会。

東京証券業協会（1971）『証券外史』同会証券外史刊行委員会。

東京証券取引所（編）（各年）『東証統計年報』同所調査部。

東京証券取引所（1963）『東京証券取引所10年史』同所。

東京証券取引所（1970）『東京証券取引所20年史：規則・統計』同所。

東京証券取引所（1974）『東京証券取引所20年史』同所。

東京証券取引所（編）（1980）『創立30周年記念東京証券取引所資料集 統計編』同所。

東京証券取引所（編）（1981）『東京証券取引所資料集:創立30周年記念 制度編』同所。

東京証券取引所（1990a）『創立40周年記念東京証券取引所資料集　統計編　昭和54年―昭和63年』同所。

東京証券取引所（1990b）『東京証券取引所資料集：創立40周年記念　制度編』同所。

東京証券取引所（2000a）『東京証券取引所50年史　資料集　制度編』同所。

東京証券取引所（2000b）『東京証券取引所50年史資料集　規則編 1989.4-1999.4』『同　統計編 1989.1-1998.12』同所。

東京都財務局主計部公債課（編）（各年）『東京都債一覧表』同局。

東洋経済新報社（編）（各年）『東洋経済経済年鑑』同社。

東洋拓殖株式会社（1939）『東洋拓殖株式会社三十年誌』同社。

戸原つね子（1965）「公社債市場の沿革と問題の検討」農林中金総合研究所（編）『農林金融』4号。

内閣官房内閣審議室（監修）（1981）『金融の分野における官業の在り方: 懇談会報告並びに関連全資料』金融財政事情研究会。

中島将隆（1977）『日本の国債管理政策』東洋経済新報社。

中西孝雄（1965）「政府保証債引受機構の変遷」日本証券業協会，公社債引受協会『公社債月報（110）』10月。

中村隆英（1971）『戦前期日本経済成長の分析』岩波書店。

中山好三（1978）「証券業者」有沢広巳（監修）阿部康二ほか（編）『証券百年史』日本経済新聞社。

西澤直子（1994）「奥平家の資産運用と福澤諭吉」慶応義塾福沢研究センター『近代日本研究』11巻。

日興證券株式会社（1970）『50年史』同社。

日本勧業銀行調査課（各月）『主要債券利回調』同社。

日本勧業銀行調査部（編）（1953）『日本勧業銀行史:特殊銀行時代』同部。

日本勧業証券株式会社（1967）『日本勧業証券株式会社60年史』日本勧業証券60年史編纂室。

日本銀行（各年）『経済統計年報』同行統計局。

日本銀行（1913）『日本銀行沿革史』同行。

日本銀行（1948）『満州事変以後の財政金融史』日本銀行調査局特別調査室。

日本銀行（1956）「政府短期証券起債方法の変遷（二）」経済発展協会（編）『アナリスト』3月。

日本銀行（1966）『明治以降本邦主要経済統計』日本銀行統計局。

日本銀行（1986，1995）『わが国の金融制度』日本銀行金融研究所。

日本銀行業務局（2015）「国債便覧をご覧になるに当たって」同行ホームページ。

日本銀行金融研究所（1993）『日本金融年表: 明治元年～平成4年』同所。
日本銀行調査局（各月）『調査月報』同行。
日本銀行調査局（1932）「東京株式取引所の概要」同局（編）（1971）『日本金融史資料昭和編第30巻　戦時金融関係資料（4）』大蔵省印刷局。
日本銀行調査局（編）（1955-61）『日本金融史資料　明治大正編』大蔵省印刷局。
日本銀行調査局（編）（1961-74）『日本金融史資料　昭和編』大蔵省印刷局。
日本銀行調査局（編）（1971）『わが国の金融制度』日本銀行。
日本銀行調査統計局（編）（1998-2003）『主要経済・金融データCD-ROM』ときわ総合サービス。
日本銀行百年史編纂委員会（編）（1982-1986）『日本銀行百年史』日本銀行。
日本経済新聞社（編）（1979）『新しい公社債流通市場:200兆円時代の中身を探る』同社。
日本経済新聞社（編）（1982a）『資金調達の場　公社債発行市場』同社。
日本経済新聞社（編）（1982b）『金融革命の中核　短期金融市場』同社。
日本経済新聞社（編）（1987a）『公社債流通市場』同社。
日本経済新聞社（編）（1987b）『短期金融市場』同社。
日本経済新聞社（編）（1987c）『公社債発行市場』同社。
日本興業銀行（1957）『日本興業銀行五十年史』同行臨時史料室。
日本興業銀行（1982）『日本興業銀行七十五年史』同行。
日本興業銀行調査課（1935）『国債市場発展の跡を顧みて』同社。
日本国有鉄道（1973）『日本国有鉄道百年史　第12巻』同社。
日本債券信用銀行史編纂室（編）（1993）『日本債券信用銀行三十年史』同行。
日本証券経済研究所（編）（1985）『日本証券史資料　戦後編　第5巻（証券市場の改革・再編）』同所。
日本証券経済研究所（編）（1989）『日本証券史資料　戦後編　別巻2（証券年表（明治・大正・昭和））』同所。
日本証券経済研究所（編）（2000）『詳説現代日本の証券市場　2000年版』同所。
日本証券経済研究所（編）（2008）『図説日本の証券市場　2008年版』同所。
日本証券業協会，東京証券業協会（各月）『証券業報』日本証券業協会。
日本証券業協会（編）（各年）『公社債便覧』同協会。
日本証券業協会（2011）『公社債店頭売買参考統計値発表制度について』同協会ホームページ。
日本生命保険相互会社企画広報部社史編纂室（編）（1992）『日本生命百年史　下巻』同社。
日本電信電話公社二十五年史編集委員会（編）（1977）『日本電信電話公社二十五年史

下巻』電気通信協会。
日本電信電話公社経理局加入者債券の記録編集グループ（編）(1984)『加入者債券の記録』一二三書房。
農林中央金庫 (1956)『農林中央金庫史　第1-4巻, 別冊』同金庫調査部。
野田正穂 (1966)「政府保証債の本質と機能（下）」経済発展協会（編）『アナリスト』3月。
野田正穂 (1980)『日本証券市場成立史:明治期の鉄道と株式会社金融』有斐閣。
野村銀行（編）(1938)『野村銀行二十年史』同社。
野村資本市場研究所（各年）『資本市場要覧』同所。
野村證券株式会社 (1976)『野村證券株式会社五十年史』同社。
野村證券引受部（編）(1979)『社債ハンドブック』商事法務研究会。
野村総合研究所（各年）『公社債要覧』同社。
浜田恵造（編）(1997)『国債: 発行・流通の現状と将来の課題』大蔵財務協会。
林健久 (1978)「維新期の公債」,「国債の整理」,「国家財政と公債」有沢広巳（監修）阿部康二ほか（編）『証券百年史』日本経済新聞社。
伴金美・中村二朗・跡田直澄 (2006)『エコノメトリックス』有斐閣。
藤木宣行 (2002)「わが国地方債の現状と課題」『資本市場クオータリー』野村資本市場研究所　夏号。
藤崎憲二 (1954)「国債」大蔵省昭和財政史編集室（編）『昭和財政史　第6巻　国債』東洋経済新報社。
藤田武夫 (1954)「地方財政」（大蔵省昭和財政史編集室（編）『昭和財政史　第14巻　地方財政』東洋経済新報社。
藤野正三郎 (1994)『日本のマネーサプライ』勁草書房。
藤野正三郎・寺西重郎 (2000)『日本金融の数量分析』東洋経済新報社。
松尾順介 (1999)『日本の社債市場』東洋経済新報社。
松野允彦（編）(1983)『国債:発行・流通の現状と将来の課題』大蔵財務協会。
丸木強・川島淳子 (1996)「公共債（政府保証債・地方債）発行市場の現状と課題」公社債引受協会（編）『公社債市場の新展開』東証経済新報社。
南満洲鐵道株式會社（編）(1927)『南満洲鉄道株式会社二十年略史』同社〔復刊〕同社 (2001) 明治後期産業発達史資料　第598巻　龍溪書舎。
南満洲鐵道株式會社（編）(1928)『南満洲鉄道株式会社第二次十年史』同社〔復刊〕同社 (1974) 明治百年史叢書　第234巻　原書房。
南満洲鐵道株式會社（編）(1937)『南満洲鉄道株式会社三十年略史』同社〔復刊〕同社 (1981) 明治百年史叢書　第243巻　原書房。

三和良一（2002）『概説日本経済史：近現代』東京大学出版会．

向井鹿松（1932）『綜合取引所論』日本評論社．

迎由理男（1977）「大蔵省預金部制度」渋谷隆一（編著）『明治期日本特殊金融立法史』早稲田大学出版部．

迎由理男（1987）「大蔵省預金部の改革」渋谷隆一（編著）『大正期日本金融制度政策史』早稲田大学出版部．

武藤正明（1978）「金融恐慌とその影響」有沢広巳（監修）阿部康二ほか（編）『証券百年史』日本経済新聞社．

森口親司（1974）『計量経済学』岩波書店．

安富歩（1995）「満鉄の資金調達と資金投入」『人文学報』3月．

山一證券株式会社（1958）『山一證券史』同社社史編纂室．

山口修（編）（1991）『創業75年簡易保険事業史稿』簡易保険加入者協会．

山田雄三（編著）（1957）『日本国民所得推計資料』東洋経済新報社．

山中宏（1986）『生命保険金融発達史』有斐閣．

山村勝郎（1980）「預金部資金・資金運用部資金」大蔵省財政史室（編）『昭和財政史：終戦から講和まで　国庫制度・国庫収支・物価・給与・資金運用部資金　第10巻』東洋経済新報社．

山元高士（1983）「政保債の窓販実施の意義と引受方式の見直しについて」日本証券業協会，公社債引受協会『公社債月報（326）』10月．

山本拓（1988）『経済の時系列分析』創文社．

郵政研究所（2001）『日米長期金利の変動要因と推計に関する調査研究報告書』同所ホームページ．

郵政省（編）（1971）『郵政百年史資料　第30巻』吉川弘文館．

郵貯資金研究協会（編）（1999，2003，2005，2007）『郵便貯金資金運用の概説』同協会．

吉田震太郎・藤田武夫（1962）「大蔵省預金部・政府出資」大蔵省昭和財政史編集室（編）『昭和財政史　第12巻（大蔵省預金部・政府出資）』東洋経済新報社．

吉野道夫（1976）『国債の知識』日本経済新聞社．

りそな企業年金研究所（2014）「厚生年金基金制度の沿革と社会的役割を振り返る」『企業年金ノート』2月．

龍昇吉（1970）「戦後の資本蓄積と公社債」志村嘉一・野田正穂（編）『証券経済講座5　公社債と証券市場』東洋経済新報社．

渡瀬義男（2007）「国債運用面から見た税制投融資制度の改革と課題」『レファレンス』12月．

渡辺佐平・北原道貫（編）（1966）『現代日本産業発達史 第26 銀行』現代日本産業発達史研究会。

Banerjee, A., J. Dolado, J. Galbraith & D. Hendry (1993) *Co-Integration, Error-Correction, and the Econometric Analysis of Non-stationary Data*, Oxford University Press.

Campbell, J.and R. Shiller (1987) "Cointegration and Tests of Present Value Models," *Journal of Political Economy*, 1062-88.

Campbell, J., A.Lo and A.MacKinlay (1997) " *The Econometrics of Financial Markets*," Princeton University Press.

Durbin, J. and S.Koopman (2001) *Time Series Analysis by State Space Methods*, Oxford University Press.

Engle, R.and C.Granger (1987) "Cointegration and Error Correction: Representation, Estimation, and Testing," *Econometrica*, 251-76.

Estima (2010) *RATS Reference manual*, ver.8.

Gregory, A. and B. Hansen (1996a) "Tests for Cointegration in Models with Regime and Trend Shifts," *Oxford Bulletin of Economics and Statistics*, 555-60.

Gregory, A. and B. Hansen (1996b) "Residual-based Tests for Cointegration in Models with Regime Shifts," *Journal of Econometrics*, 99-126.

Hansen, B. (1992) "Testing for Parameter Instability in Regressions with I (1) Processes," *Journal of Business and Economic Statistics*, 321-35.

Hansen, B. and P.Phillips (1990) "Estimation & Inference in Models of Cointegration," Fomby et al (eds.), *Advances in Econometrics*, v.8, JAI Press.

Kamae, H. (2011) "An Econometric Analysis of Japanese Government Bond Markets in the Prewar and Postwar Periods," in M.Susai and S. Uchida (eds.), *Studies on Financial Markets in East Asia*, World Scientific Publishing Co.

Lütkepohl, H. (2005) *New Introduction to Multiple Time Series Analysis*, Springer.

MacDonald, R and A. Speight (1988) "The Term Structure of Interest Rates in U. K." *Bulletin of Economic Research*, 287-99.

MacDonald, R (1991) "The Term Structure of Interest Rates under Rational Expectations," *Applied Financial Economics*, 211-21,

Ohkawa, K. (1957) *The Growth Rate of the Japanese Economy Since*1878, Kinokuniya.

Phillips.P. (1988) "Reflections on Ecomometric Methodology," *Economic Record*, 344-359.

Phillips.P. (1992) "The Long Run Australian Consumption Function Reexamined," in C. Hargreaves (ed.), *Macroeconomic Modelling of the Long Run*, Edward Elgar.

Phillips.P.and B.Hansen (1990) "Statistical Inference in Instrumental Variables Regression with I (1) Processes", *Review of Economic Studies*, 99-125.

Prock, J., G. Soydemir and B. Abugri (2003) "Currency Substitution", *Journal of Policy Modeling*, 415-30.

Sims, C. and T. Zha (1999) "Error Bands for Impulse Responses," *Econometrica*, 1113-55.

Toda, H. and T. Yamamoto (1995) "Statistical Inference in Vector Autoregressions with Possibly Integrated Processes," *Journal of Econometrics*, 225-50.

索　引

あ

赤字国債 …………………………… 19

因果関係 …………………………… 103
インパルス反応 …………… 121, 231, 258, 284, 312, 343

売出発行 …………………………… 38
運用部ショック …………………… 201

FM-LS法 …………………………… 87
縁故債 ………………………… 221, 281, 294

応募シ団 …………………………… 196
大蔵省証券 ……………………… 14, 68
大阪市公債 ……………………… 44, 157
オープン・エンド・モーゲージ …… 39
親引け …………………………… 214
卸売物価 ………………………… 103

か

買上償還 ……………………… 182, 211
買入消却 ………………………… 182
買いオペ ………………………… 49
外国公債 ………………………… 13
改訂事後別口引受 ………………… 187
価格支持 ………… 36, 47, 61, 64, 65, 110, 218
確定換算率 ………………………… 64
貸上 ……………………………… 14
加入者引受電電債 ………………… 184
株式取引所 …………………… 37, 60
為替相場 ………………………… 101
簡易生命保険 …… 38, 46, 49, 185, 189, 198, 206, 207, 211

勧業債券 ………………………… 45
起債会 ……………………… 210, 219
起債計画協議会 ………………… 42
起債懇談会 ……………………… 214
起債調整協議会 ……………… 7, 212
起債の計画化 …………………… 42
期近物 …………………………… 339
既発債利回り …………………… 101
休債 ……………………………… 194
共済組合 ………………………… 209
協調買い ………………………… 193
共和分 …………………………… 142
金解禁 …………………………… 38
銀行法 …………………………… 85
金融恐慌 ………………………… 38
金融梗塞 ………………………… 35
金融債 ……………… 37, 71, 156, 158, 212
金輸出再禁止 ………………… 18, 85
金利体系 ……………… 41, 60, 186, 193

繰上償還 ………………………… 182
軍事公債 ………………………… 50

気配交換取引 …………………… 184
原価法 …………………………… 218
減債基金 ……………… 14, 65, 281
現先取引 ………………………… 9
建設国債 ………………………… 191
現物国債 ………………………… 331
現物取引 ………………………… 60

公営企業金融公庫 ………… 187, 209
公営企業金融公庫債 …………… 303
甲号5分利公債 ……………… 63, 64, 95
公定歩合 …………………… 100, 102

369

交付公債 …………………………………… 17
交付国債 …………………………………… 46
公募 …………………………………… 14, 50
効率性 ……… 98, 132, 226, 236, 262, 287, 315
小売物価 …………………………………… 103
コール協定 ………………………………… 84
コール・コート …… 85, 86, 94, 110, 174, 224
コール資金 ………………………………… 86
コール市場 ………………………………… 83
国債 ………………………………………… 94
国債先物 …………………………………… 337
国債市場懇談会 …………………………… 200
国債市場特別参加者 ……………………… 10, 198
国債市場分設 ……………………………… 60
国債整理基金 ……………… 14, 47, 204, 205
国債担保貸出 ……………………………… 34, 65
国債仲買人制度 …………………………… 60
国債の多様化 ……………………………… 193
国債引き受け ……………………………… 35, 48, 189
国債標準価格 ……………………………… 34, 65
国債郵便貯金 ……………………………… 36
国債流動化 ………………………………… 193
個別残額引受 ……………………………… 193
コンベンショナル方式 ………… 199, 200, 207

さ

債券民衆化運動 …………………………… 62, 66
財政調整基金 ……………………………… 281
財政投融資 ……………………… 185, 188, 201, 202, 206, 209, 218
財政法 ……………………………………… 181
最長期物 ……………………………… 331, 332
差金決済 …………………………………… 59, 61
雑5分利公債 ……………………………… 16
サプライズ ……………………… 102, 105, 227
残額引受 …………………………………… 186, 192

時局匡救費 ………………………………… 19
資金運用部 ……………………… 185, 189, 198, 201-203, 205, 211

自己計算ビル・ブローカー …… 84, 85, 90, 91
事後別口引受 ……………………………… 187
下請銀行組合 ……………………………… 14
下引受 ……………………… 15, 45, 52, 60, 77
シ団 ……………………… 14, 21, 30, 35, 38, 42, 44, 45, 46, 49, 50-52, 57, 58, 60, 64, 156, 186, 188, 191, 193-196, 210
実物取引 ……………………………… 60, 62, 95
指標銘柄 ……………………………… 198, 331
4分利公債 …………………………………… 51, 52
弱度の効率性 ……………… 141, 243, 271, 295, 323
社債 ……………………… 38, 39, 42, 44, 65, 66, 70, 156
社債黄金時代 ……………………………… 38
社債浄化運動 ……………………………… 39
準強度の効率性 …………………………… 94
準国債 ……………………………………… 13
純粋期待仮説 ……………………………… 141, 154
小額公債 ……………………………… 36, 65, 184
証券形式 ……………………………… 277, 292
証券業者 …………………………………… 45, 52
証券取引所 ………………………………… 184
勝者の災い ………………………………… 218
証書貸付 ……………………………… 219, 277
証書形式 …………………………………… 277
新金融調節方式 …………………………… 184
信託会社 …………………………………… 37

政策協力消化 ……………………………… 188
政府保証 ……………………… 37, 38, 43, 46, 72, 74, 156
政保債 ……………………… 182, 183, 186, 192, 212, 303
生保証券会社 ……………………………… 73
整理公債 …………………………………… 14

た

第1回4分利公債 ……………… 53, 54, 64, 95
第1回発行国庫債券 ……………………… 50
台湾銀行 …………………………………… 84
高橋財政 ……………………… 19, 21, 30, 34
ダッチ方式 ……………………………… 199, 207
担保付社債信託法 ………………………… 37

地方還元 ……………………………… 17, 45
地方債 ………………………… 37, 38, 41, 44, 65,
　71, 156, 183, 209, 212
仲介ビル・ブローカー ……………………… 91
中期国債ファンド ……………………… 194
長期国債 …………………………………… 191
長期清算取引 ………………… 61, 62, 81, 95
貯蓄債券 …………………………………… 45

月越し物 ……………………………… 84, 87, 91

低価法 ………………………………… 201, 218
ディーリング ………………………… 198, 331
低金利政策 ………………………………… 35
定率公募入札 …………………………… 199
適格担保 ………………………… 182, 210, 214
手数料 ………………………………… 59, 61
鉄道国有化 ………………………………… 63
電電債 ………………………………… 221, 222
店頭気配価格 …………………………… 184
店頭取引 ………………………………… 60, 182

東京市債 …………………………… 44, 157, 281
特殊銀行 ………………………………… 7, 37, 184
特殊債券 …………………………………… 45
特例公債 ………………………………… 191
ドッジ・ライン ………………………… 182

な

日本勧業銀行 …………………………… 37
日本銀行 ………………………… 14, 19, 35, 42, 46,
　47, 49, 50, 52, 58, 63, 65, 182, 198, 207
日本銀行の国債買入 …………………… 49
日本銀行の国債売却 …………………… 21, 49
日本銀行の国債引受 …………………… 20, 49
日本興業銀行 …………………………… 38, 43
入札 ……………………… 194, 198, 199, 200

農工銀行 ………………………………… 38, 70
乗り換え ………………………………… 208, 219

は

裸相場 …………………………………… 60, 97
引受額入札 ……………………………… 200
引受シェア ……………………………… 196
非競争入札 …………………………… 199, 200
非市場性債券 …………………………… 45
非募債 ……………………………………… 4
ひも付きオペ …………………………… 182
ビル・ブローカー ……………………… 83
物価 ………………………………… 100, 101
仏貨4分利公債 …………………………… 64
復興金融金庫 …………………………… 182
部分的競争入札 ………………………… 200
ブラインド方式 ………………………… 200
分担率 …………………………………… 192
平均平方誤差 ……………………………… 88
平均平方誤差率 …………………………… 88
別口引受 ………………………………… 186
別枠消化 ………………………………… 188

貿易 ……………………………………… 103
北海道拓殖銀行 ………………………… 38

ま

窓販 ………………………………… 193, 198
満期一括償還 …………………………… 281

未達 ………………………………… 193, 200
南満州鉄道（満鉄）…… 35, 65, 156, 158, 173

無条件物 ………………………………… 85, 91
無担保債 ………………………………… 41

銘柄切換 ………………………………… 268

や

有担保債 ……………………………………… 41
郵便局売り出し ……………………… 46, 80
郵便貯金 ……………………… 17, 45, 46, 48,
　185, 189, 198, 201, 206

預金部 ……………… 17, 35, 41, 45, 46, 49,
　50, 58, 63, 65, 74
預金量シェア ……………………………… 196
翌日物 ………………………………………… 84

予想値 ……………………………………… 103

ら

利付金融債 ……………………… 209, 251
臨時軍事費特別会計 …………………… 35
臨時国庫証券 …………………… 49, 58
臨時資金調整法 ………………… 36, 42
臨時事件公債 ……………………………… 51

ロクイチ国債 …………………… 202, 204

《著者紹介》
釜江　廣志（かまえ　ひろし）
1948年　兵庫県生まれ
1970年　京都大学経済学部卒業
1975年　一橋大学大学院経済学研究科博士課程単位取得退学
　小樽商科大学助教授，山口大学助教授，一橋大学教授を経て，
現　在　東京経済大学経済学部教授，一橋大学名誉教授，
　　　　博士（商学，一橋大学）

〈主要著書〉
（単著）
『日本の国債流通市場』有斐閣，1993年。
『日本の証券・金融市場の効率性』有斐閣，1999年（生活経済学会賞受賞）。
『日本の国債市場と情報』有斐閣，2005年。
『日本の債券市場の史的分析』同文舘出版，2012年。
（共著）
『昭和財政史 昭和49-63年度（第5巻 国債・財政投融資）』東洋経済新報社，2004年。
『金融・ファイナンス入門』同文舘出版，2011年。
『平成財政史 平成元-12年度（第5巻 国債・財政投融資）』財務省財務総合政策研究所財政史室，2015年。
Information Technology and Economic Development, Information Science Reference, coeditor, 2007.

2016年度東京経済大学
学術研究センター
学術図書刊行助成

平成28年9月30日　初版発行　　　　　　　略称：公共債市場

日本の公共債市場の数量経済史

　　　　著　者　　釜江廣志
　　　　発行者　　中島治久

発行所　同文舘出版株式会社
東京都千代田区神田神保町1-41　〒101-0051
営業（03）3294-1801　　編集（03）3294-1803
振替 00100-8-42935　　https://www.dobunkan.co.jp

ⒸH.KAMAE　　　　　　　　　　　　製版　一企画
Printed in Japan 2016　　　　　　印刷・製本　萩原印刷
ISBN978-4-495-44241-5

JCOPY〈出版者著作権管理機構 委託出版物〉
本書の無断複製は著作権法上での例外を除き禁じられています。複製される場合は，そのつど事前に，出版者著作権管理機構（電話 03-3513-6969，FAX 03-3513-6979，e-mail: info@jcopy.or.jp）の許諾を得てください。